雄安新区绿色发展报告
（2021—2023）
——创新城市的绿色篇章

Xiongan New Area Green Development Report
(2021-2023)
——A Green Chapter of the Innovative City

雄安绿研智库有限公司　主编

中国城市出版社

图书在版编目（CIP）数据

雄安新区绿色发展报告. 2021—2023：创新城市的绿色篇章 = Xiongan New Area Green Development Report（2021–2023）——A Green Chapter of the Innovative City / 雄安绿研智库有限公司主编. —北京：中国城市出版社，2024.4
ISBN 978-7-5074-3691-4

Ⅰ.①雄… Ⅱ.①雄… Ⅲ.①绿色经济—经济发展—研究报告—雄安新区—2021–2023 Ⅳ.①F127.223

中国国家版本馆CIP数据核字（2024）第054007号

本书为继《雄安新区绿色发展报告（2017—2019）——新生城市的绿色初心》《雄安新区绿色发展报告（2019—2021）——生长城市的绿色版图》后的第三本记录雄安新区绿色发展的图书。重点梳理了2021年7月至2023年7月这一时段雄安新区的绿色发展实践探索历程，注重总结雄安新区由大规模建设逐步转向高水平治理的城市建设运营经验。全书共分五篇、十五章和一个附录。

本书适合城市规划建设相关从业者、城市发展研究者、新区建设者等参考学习。

责任编辑：李天虹
版式设计：锋尚设计
责任校对：赵　力

雄安新区绿色发展报告（2021—2023）
——创新城市的绿色篇章

Xiongan New Area Green Development Report (2021–2023)
——A Green Chapter of the Innovative City

雄安绿研智库有限公司　主编

*

中国城市出版社出版、发行（北京海淀三里河路9号）
各地新华书店、建筑书店经销
北京锋尚制版有限公司制版
建工社（河北）印刷有限公司印刷

*

开本：787毫米×1092毫米　1/16　印张：27¼　字数：593千字
2024年4月第一版　　2024年4月第一次印刷
定价：**86.00元**
ISBN 978-7-5074-3691-4
（904704）

版权所有　翻印必究
如有内容及印装质量问题，请联系本社读者服务中心退换
电话：（010）58337283　QQ：2885381756
（地址：北京海淀三里河路9号中国建筑工业出版社604室　邮政编码：100037）

雄安新区绿色发展报告（2021—2023）组织框架

主 编 单 位　雄安绿研智库有限公司
支 持 单 位　深圳市建筑科学研究院股份有限公司
　　　　　　中国城市科学研究会生态城市研究专业委员会

特 邀 顾 问　汪光焘　赵鹏林　李　迅
专 家 顾 问　周　瑜　任　俊　姚　培　李　冲　吕玉红　徐梦华
　　　　　　张永亮　李志芹　周宇儒　李劲遐　李　芬　夏　雨
　　　　　　严　莉　孙延超　郭顺智　余　涵　李海龙　张白石
　　　　　　金　强

主　　　编　叶　青
副 主 编　徐小伟　龙颖茜
成　　　员　闵家楠　赵　晨　陶小芳　赵聪颖　刘子聪　孙晨耕
　　　　　　马晓晓　张　欢　刘雨菲　张惊鸿　李　宁　周泽阳
　　　　　　张珺玉　任　鹏　赖玉珮　吉淑敏　于　然　勾贺跃
　　　　　　宋　畅　韩　振　吕　南　李梦祥　张宇彤　刘丙辰
　　　　　　陈　曦

合 作 机 构　（排名不分先后顺序）
　　　　　　雄安新区宣传网信局
　　　　　　雄安新区建设和交通管理局
　　　　　　雄安新区生态环境局
　　　　　　雄安新区改革发展局
　　　　　　雄安新区容西管委会
　　　　　　中国雄安集团有限公司
　　　　　　中国雄安集团基础建设有限公司
　　　　　　中国雄安集团数字城市科技有限公司
　　　　　　中国雄安集团智慧能源有限公司
　　　　　　中国雄安集团生态建设投资有限公司
　　　　　　中国雄安集团城市发展投资有限公司

中国雄安集团交通有限公司
河北雄安容西混凝土有限公司
河北雄安轨道快线有限责任公司
雄安绿研检验认证有限公司
中国建筑科学研究院有限公司
国网河北省电力有限公司雄安新区供电公司
国网河北省电力有限公司营销服务中心
河北大学新闻传播学院
中石化绿源地热能开发有限公司
深圳市城市交通规划设计研究中心股份有限公司
中国建筑一局（集团）有限公司
中国建筑设计研究院有限公司
中电建河北雄安建设发展有限公司
同济大学建筑设计研究院（集团）有限公司
国网电易数字科技（雄安）有限公司
中建六局（天津）绿色建筑科技有限公司
河北雄安睿德天芯科技有限公司
北京市市政工程设计研究总院有限公司
北京优游智旅文化传播有限公司
国网雄安综合能源服务有限公司
中建三局集团有限公司
雄安城市规划设计研究院有限公司

序一 关于研究城市科学的思考

党的十八大以来，习近平总书记高度重视我国城市建设与发展，多次发表重要讲话。特别是2020年习近平总书记在《国家中长期经济社会发展战略若干重大问题》中提出"完善城市化战略"。在现阶段研究城市科学、深入思考城市发展问题，需遵循"立足新发展阶段，贯彻新发展理念，构建新发展格局"的指导原则，遵循尊重城镇化和城市发展规律性的要求，以科学视野和科学方法来探索城市的未来，让城市成为人民群众高品质生活的空间，建设社会主义现代化城市。

新时代中国城市化的实施要求与机遇都有新的变化。推进城镇化建设，从本质上把握城市的发展机制，必须从我国社会主义初级阶段基本国情出发，要以人为本，推进以人为核心的城镇化；要优化布局，根据资源环境承载能力构建科学合理的城镇化宏观布局，把城市群作为推进城镇化的主体形态，系统推进城市工作。新时代下的中国城市发展，是以人为核心的城镇化，是培养新的社会结构形态。尊重城市发展规律，完善城市治理体系和治理能力，因地制宜解决城市病等突出问题。我国城市不能再走先污染后治理的工业文明城镇化道路，而要走在实现生态文明的同时带动乡村振兴的中国特色现代化城市建设道路。信息技术发展提高了资源利用效率和生态保护能力，强调信息化技术发展的作用，促进信息化在认知、数据、算法、算力4个维度的能力提升，推进城市智慧化建设。新时代下城市规划应从以推动经济增长为目标，调整到以构建高质量的城市生态系统和安全系统为基础，以及推动经济高质量发展为目标。

坚持人民城市为人民，走好中国特色城市发展道路，我有下列几点思考。

城市发展变化不可预见性愈加显现。新一轮科技革命和产业变革在全球范围蓬勃兴起，新技术在城市多个场景得到应用，正逐步改变城市发展的范式。数字时代将改变传统认知的空间和距离，促进人口流动从单一向少数大规模城市聚集转向同时向众多中小城市转移，增加了城市发展的不可预见性，因此，需要在城市发展的格局与问题研究中仔细思考。同时，城市作为一个完整的不可分隔的系统和对象，应该以系统论的思想研究城市问题。城市科学理论是自然科学与社会科学交叉的应用理论科学，这意味着研究城市问题要研究人在城市社会的活动规律问题，需要建立新的思维视角。

人们关心和规划城市的未来愿景。规划未来城市以广义建筑学和社会管理理论为基础，但城市物理空间状态的稳定性和人们行为的改变速度存在显著差距。城市规划若仅研究城市物理状态，则不足以应对当前城市发展变化的不可预见性。空间是慢变量，人的行为是快变量。在存量提升的高质量发展阶段，慢变量是提高存量实际利用效率，快变量是人对城市发展动力的需求。研究城市科学，要运用系统论、多学科融合的思维和方法，将城市视为物质网络基础上人们活动的需求。

信息化技术进步，数字经济发展已经是经济社会发展的大趋势。进入信息化时代，以透彻感知、互联互通、智能应用为主要特征的新型智慧城市成为城市信息化高级形态，数字技术和数字经济的发展，将会给城市科学研究带来新机遇；提出利用先进技术的同时，更要注重从以人为本的社会视角出发来解决城市问题，正确发挥数据分析在城市科学中的应用价值。借此机遇推进融合城市规划、建设与管理，突破传统发展局限性，扩展城市科学发展研究的深度与广度，实现研究开发可持续。信息化带来生产链的变革，生产组织社会化和社群化制造是数字经济发展的趋势。从信息化到数字经济发展过程中，只有适应并研究信息化带来的变化，才能利用规律性研究结合社会发展，有序推动数字城市建设。

城市科学理论需要城市交通学研究来支撑。城市交通学是城市科学的重要组成部分，城市交通学作为新技术、新服务、新模式广泛应用的领域，是进一步推动城市科学发展的重要力量。城市交通需要应对因人的生活质量提升带来的便捷交通出行需求，以及因城市人口增长带来的高效交通组织需求，直接关系到完善城市化战略的实施。城市科学中人的活动研究，包括信息技术对居民出行的变化影响，需要城市交通的研究支撑，其研究内涵包括：①服务于人的需求、组织城市运行是从研究人的行为的社会学出发，以城市经济社会发展为基本要求。城市交通是人的需求层次的交通运行，直接关联城市化地区发展。②加快培育现代化都市圈，增强城市群实力和竞争力，充分体现了其时代发展阶段的特征，充分体现了城市交通的开放性。③交通支持引领新业态发展，充分体现城市交通支持创新发展的包容性；借助新技术、新业态，促进城市居民出行和服务的公平。

我国进入新发展阶段，坚持人民城市人民建、人民城市为人民，打造宜居、韧性、智慧城市，城市化战略关系到我国城市化道路怎么走的重大问题。城市科学要坚持运用开放复杂的巨系统思维，不断提升适应新发展趋势的研究水平。信息化带来人的需求和城市运行模式的变化，以城市科学来指导研究城市发展，特别是完善城市化战略，是当前紧迫的任务。城市未来发展的不可预见性愈加明显，要让城市成为人民群众品质生活的空间，就要以马克思主义哲学和系统论为指导，以习近平新时代中国特色社会主义思想为指导，体现时代特征，有目标、有理论、有方法地解决城市运行的现实问题，而不是孤零零地解决某一个问题。将城市视为物质网络基础上人们活动的需求，城市规划应以更加系统的社会科学方法支撑未来规划的转变。城市交通直接关系到完善城市化战略，城市科学研究中人的流动，包括信息网络变化，需要城市交通的研究支撑。

汪光焘

二〇二三年十月

序二　雄安，建一座让人幸福的城市

党的十八大以来，以习近平同志为核心的党中央从中华民族永续发展的高度出发，深刻把握生态文明建设在新时代中国特色社会主义事业中的重要地位和战略意义，为新时代我国生态文明建设提供了根本遵循和行动指南。尊重自然，顺应自然，保护自然是全面建设社会主义现代化国家的内在要求，牢固树立和践行绿水青山就是金山银山的理念，要站在人与自然和谐共生的高度谋划发展。

雄安新区是习近平新时代中国特色社会主义思想在城市建设领域上的集中体现。"打造优美生态环境，构建蓝绿交织、清新明亮、水城共融的生态城市"是习近平总书记对规划建设雄安新区提出的"生态任务"。六年来，雄安新区着力实现人与自然和谐共生的现代化，在城市建设运营中重塑人居价值观，实现大自然的回归、生命的共享，打造了中国城市绿色发展的雄安样板。目前，随着工业时代逐渐向生态文明时代转变，在双碳战略背景下，对于城市绿色低碳转型发展之路，我提出三点思考。

思考之一：思维突破、认知更新，城市发展在生态文明时期回归本源。

爱因斯坦曾说："用导致问题的思维方式来解决问题，一定无效。"当工业思维转向生态文明思维时，我们要意识到，生态是个体系，是各种自然要素相互依存而实现循环的自然链条，生态文明需要人和自然和谐共生，建设生态文明需要实现"什么是美好生活"概念的转变，实现价值观的变化。

习近平总书记曾提到，"改善城市生态环境，在统筹上下功夫，在重点上求突破，着力提高城市发展持续性、宜居性"。城市工作是个系统模板，要把创造优良人居环境作为中心目标，把城市建设成为人与人、人与自然和谐共处的美丽家园。城市转型发展要尊重城市发展规律，处理好城市建设中五个统筹的关系，认识到城市发展本身是人类文明发展史，尤其是城市发展速度与技术进步正相关、城市发展质量与创新密切相关。未来城市发展之路将是韧性、低碳、绿色的，城市发展转型也将是生产生活方式全面绿色低碳转型。以系统思维看，城市发展将遵循共生、共享、共同发展的路径，城镇化下半场应以城市设计为抓手，统筹城市产业、空间、投资、运营一体化，提升城市整体效率。

思考之二：赛道变化、路径突围，城市发展在双碳时代面临广泛而深刻的经济社会系统性变革。

2021年3月15日，在中央财经委员会第九次会议上，习近平总书记再次强调，

"十四五"是碳达峰的关键期、窗口期。实现碳达峰、碳中和是一场广泛而深刻的经济社会系统性变革，要把碳达峰、碳中和纳入生态文明建设整体布局，拿出抓铁有痕的劲头，如期实现2030年前碳达峰、2060年前碳中和的目标。

城市发展在生态文明的背景下要恢复母亲般养育生命的功能，让人生活得更加美好。碳达峰，但经济不封顶；碳中和，使人民更幸福。双碳目标下，城市发展将以技术创新践行"两山"理论，实现生态平衡和幸福健康，以绿色、智能、创新创造新价值。面对碳中和愿景，城市发展应做到生态诊断、平衡规划、动态实施、智慧运营、实时评估，全过程全方位管理。在五位一体统筹管理下，资源与时间、资源与人、人与人重组为未来带来了无限可能。以生态思维来考量城市建设，让城市建设适应于当下、适用于未来；以人本思维来考量城市发展，让人在城市生活中实现生活方式、价值需求、健康感知的综合平衡与动态柔性调节。

思考之三：技术创新、实践王道，城市场景共生绿色产业。

建筑行业在工业文明时代本质上是需求侧不断地无限索取，供给侧不断给予供应。从控制建筑能耗值路径来看：建筑节能、围护结构、空调设备、可再生能源、绿电供应……都是以物为主的技术体系进步，但仅仅这样是不够的，甚至说如果所有的关注力仅仅局限于此，建筑行业在生态文明背景下的新发展会走入误区。工业文明的本质是单一思维、单线思维，而绿色发展是生态文明思维，城市要从增长走向生长。这个过程需要勇气，面对现在非常多的约束条件，要有勇气挣脱过去经验的束缚，要有勇气去拥抱未来的美好。围绕生态思维来研究建筑能耗，围绕人的未来生活方式进行绿色建筑探索，让有限的空间成为和自然相连、获得自然能量的载体，绿色建筑应成为城市的青山。

未来科技在城镇化场景的应用将是巨大的机会，多技术融合、集成性和平台性、开放性和包容性，也将带来4万亿行业变更的机会。在新阶段，建筑业作为传统行业，将结合人工智能、区块链、云平台、大数据等智慧方式助力我们达到生态平衡。保持对绿水青山的敬畏、爱护与平衡，用金山银山的经济逻辑、价值判断、交易模式进行城市建设运营，城市要以产业要素集聚的发展模式，不断汇血创新、实现产城融合，激发生态文明新时期内在增长的自身活力，才能最大限度实现人与自然和谐相处的愿景。

未来，雄安新区是与自然共生的，有青山绿水、碧野柔光，让我们的心静下来；是与效率共生的，提升生命效率、改善生存绩效，让我们的生命飞起来；是与文化共生的，有更好的政治善治、公平保障、文化传承，让我们愿意在这里和它一起慢慢变老……城市的发展应回归本源，有温度、可感知，雄安新区也将有机生长为独立自主的系统、共生共栖的联合、幸福生活的载体，逐步成为"妙不可言、心向往之"的未来之城。

叶 青

二〇二三年七月

导言

党的二十大报告中明确提出要高标准、高质量建设雄安新区。设立六年多以来，雄安新区从"一张白纸"到塔吊林立，城市框架全面拉开、城市功能不断完善、城市雏形正在显现，综合承载能力、要素聚集能力、自我发展能力不断增强，已进入承接北京非首都功能疏解和大规模开发建设同步推进的关键时期。

作为梳理、记录雄安新区绿色发展的系列丛书，《雄安新区绿色发展报告（2017—2019）——新生城市的绿色初心》《雄安新区绿色发展报告（2019—2021）——生长城市的绿色版图》先后于2020年3月、2022年4月出版。本书是系列丛书的第三本，重点梳理2021年7月至2023年7月这一时段雄安新区的绿色发展实践探索历程，注重总结雄安新区由大规模建设逐步转向高水平治理的城市建设运营经验。全书共分五篇、十五章、一个附录。

第一篇趋势进展：本篇从梳理绿色发展的国际动态展开，国际社会继续深化全球低碳绿色发展合作，宣布新一轮气候计划，推动最新绿色技术的实践与应用；同时系统梳理近年来我国生态文明建设进展、重点领域绿色发展转型情况、"双碳"战略如何从目标走向实践等内容，全面展现绿色发展前沿动态与实践。

第二篇前沿研究：本篇选取2021—2023年间雄安新区相关前沿研究7篇，向读者介绍最新城市科学研究理论、韧性城市建设的发展思考以及支撑雄安新区绿色低碳发展的热点研究。

第三篇实践进展：本篇重点介绍雄安新区近两年在生态环境治理与保护、清洁能源综合利用、绿色建筑高质量发展、绿色智能交通建设、推动"双碳"战略实施、数字城市打造等方面的具体进展与实践进展，呈现新区智能、绿色、创新的亮丽名片。

第四篇绿色人文：聚焦绿色发展机制、产业政策体系、科技创新三方面，解读新区在管理体制机制方面的创新做法；同时介绍行业协会、第三方智库、媒体平台、居民等多方主体参与下的新区绿色生活与文化的融合实践。

第五篇未来展望：开展居民生活、青年友好、低碳行为、绿色发展事件等多个热点主题的公众调查，定期、动态、多维度了解公众感知，把握新区研究热点。同时结合"十四五"规划实施以及促进加快建成绿色发展典范城市的工作安排，提出新区未来发展的工作重点和展望。

在附录中，报告选编了雄安新区2021年7月至2023年7月的绿色发展大事记。

本报告是回顾雄安新区绿色发展历程的第三本报告。雄安新区作为新时代绿色发展典范城市、中国城镇化下半场的样板，是改革创新的试验田，众多城市建设运营的新思想、新理念、新技术与新实践在此不断发展探索，报告难免有无法涵盖及不当之处，还望各位读者不吝赐教。本报告编制过程中得到了雄安新区相关部门、各参建单位、专家的大力支持，吸纳了相关领域学者、相关单位对于雄安新区的最新研究成果、实践总结与工作建议。在此向所有提供建议、参与写作与编撰工作的各位专家致以最诚挚的谢意！

Introduction

China announced its plan to establish Xiongan New Area on April 1st, 2017. The report of the 20th National Congress of the Communist Party of China has clearly set up the high-standard and high-quality objective of Xiongan' construction. Xiongan New Area has undergone a significant transformation during the past six years of development; following up on its top-level design, Xiongan has taken into the stage of large-scale construction and operation. Its urban framework has been massively expanded while the city's functions have been continually improved, Xiongan is a city finally emerging with comprehensive carrying capacity, essential aggregation ability, and self-developing ability. Now, Xiongan is entering a critical juncture of relocating non-essential functions outside the capital and further advancing large-scale construction to move forward.

Xiongan New Area Green Development Report is a series of books documenting Xiongan's practice and progress. Published in March 2020 and April 2022, the first two books, titled *Xiongan New Area Green Development Report (2017-2019): A Green Beginning of the New City* and *Xiongan New Area Green Development Report (2019-2021): A Green Map of the Growing City*, have been respectively documented the city's green development footprint. Building upon the previous report, *Xiongan New Area Green Development Report (2021-2023)* will review Xiongan's development practice and exploration from July 2021 to July 2023, emphasizing the city's transition from large-scale construction to high-level governance in terms of urban construction and operation experience. The report will include five parts, fifteen chapters, and one appendix.

Part Ⅰ Trends and Developments: This report begins with an overview of the latest international and internal trends in green development. On the one hand, it demonstrates the global efforts to deepen cooperation in green and low-carbon fields, while announcing a new round of climate reactions and promoting innovative green technologies. On the other hand, it systematically reviews China's recent ecological conservation, the transformation of green development in critical areas, as well as the process of promoting carbon peak and carbon neutrality.

Part Ⅱ Advanced Research: This section presents a collection of seven prominent research papers related to Xiongan published from 2021 to 2023, which covers a range of topics, including the latest urban science theories, urban resilience, and innovative concepts to support sustainable development. They provide valuable insights into the Xiongan New Area's growth and help to guide future initiatives.

Part III Practice and Progress: This section discusses the practices and progress made by Xiongan New Area over the past two years in various domains. It gives Xiongan diverse characteristics of intelligence, green, and innovation through introducing its achievements in implementing the dual-carbon strategy, a digital-enabled smart city, and environmental management and protection. Other initiatives, such as the efficient use of clean energy, evaluation of highly standardized green building, and formation of a green transportation network, have also been detailed, which contributes to Xiongan's new city image.

Part IV Green Culture: This section focuses on Xiongan's practices in three areas: green development mechanisms, industrial policies, and technology innovation. Moreover, a people-oriented perspective has been concluded on how Xiongan New Area guides and forms a green lifestyle and culture with the joint effort of associations, think tanks, media platforms, and local residents.

Part V Prospects for Future: To gain insight into the public's concerns, perceptions, and expectations, as well as to identify potential research topics, we periodically conducted public surveys in four dimensions: livelihood, young-adult friendly environment, low-carbon behaviors, and critical green accomplishment. Considering the outlook of Xiongan in the context of the 14th Five-Year Plan, the subsequent section provides prospects and recommendations for accelerating the construction of the model city for green development and highlighting the priorities for future work.

In the appendix, a selection of notable green development events for Xiongan New Area from July 2021 to July 2023 is added for the readers.

Xiongan New Area Green Development Report (2021-2023) is the third document of this series to review and summarize Xiongan's development. Aiming to be built as the model city for green development in the new era and the model city for the second half of China's urbanization, Xiongan is expected for exploring new reformation and innovation methods while seeking for new ideas, conceptions, technologies, and practices. The report will inevitably embroil unresolved issues or inadequate descriptions, and your comments and suggestions will be highly appreciated. This report has been crafted with the support of relevant experts, businesses, and departments of the Xiongan New Area. It has integrated the latest research studies, practical findings, and recommendations from scholars and organizations in pertinent fields. Hereby, we would like to express our sincere gratitude to all who have generously supported and contributed to this report.

目录

第一篇 趋势进展

第一章 国际趋势 ········006
1.1 国际会议动向 ········006
1.2 地区发展动态 ········010
1.3 新兴理念与实践 ········018

第二章 国内进展 ········022
2.1 生态文明建设深入发展 ········022
2.2 全面推进绿色发展转型 ········027
2.3 "双碳"战略逐步落地实施 ········038

第二篇 前沿研究

第三章 新理论与探索 ········053
3.1 城市科学研究现状 ········053
3.2 我国城市科学发展的应用基础 ········056
3.3 提升城市科学研究水平的时代要求 ········061

第四章 新挑战与应对 ········063
4.1 系统韧性视角下雄安新区适应性雨洪管理策略 ········063
4.2 基于CAS理论的雄安新区既有社区韧性评估与提升策略研究 ········072

第五章 新动态与思路 ········081
5.1 生态产品第四产业理论与发展框架 ········081
5.2 碳关税碳中和目标下的碳市场：挑战、机遇与展望 ········091
5.3 雄安新区现代建筑产业发展研究与展望 ········098
5.4 雄安新区合作式智慧治理下城市空间的成长轨迹 ········104

第三篇　实践进展

第六章　深化环境治理与保护……121
6.1　持续推进白洋淀生态治理与保护……121
6.2　完善建立生态空间网络格局……127
6.3　深入推进环境污染防治……140

第七章　推进清洁能源综合利用……147
7.1　综合能源实施路径……147
7.2　清洁能源综合利用……151
7.3　新型电力管理系统示范……159
7.4　城市能源管理系统建设……163

第八章　高质量发展绿色建筑……168
8.1　大力支持"绿色建筑+"融合发展……168
8.2　加快推进工程建设全过程绿色建造……196
8.3　扎实推动绿色建材推广应用……206

第九章　推行绿色智能交通……211
9.1　加快完善区域综合交通网络……211
9.2　构建便捷完备绿色出行体系……215
9.3　探索新型智能城市交通体系……223

第十章　有序推动"双碳"部署……227
10.1　布局碳达峰工作……227
10.2　摸底建筑碳家底……228
10.3　探索多维度实践……234

第十一章　打造未来之城……243
11.1　"云上雄安"孪生共建……243
11.2　"地下雄安"别有洞天……249

第四篇　绿色人文

第十二章　创新管理体制与机制……262
12.1　绿色发展机制构建……262
12.2　产业政策体系引领……273
12.3　科技创新体系建立……278

第十三章　引导绿色生活与文化	283
13.1　多方主体构建绿色发展生态	283
13.2　实践活动引领绿色生活风尚	290
13.3　公共传播助力绿色发展宣传	299

第五篇　未来展望

第十四章　雄安调查	316
14.1　延续年度民生观察	316
14.2　研究青年友好吸引	326
14.3　初探公众低碳行为	330
14.4　十大绿色发展事件	345
14.5　把握新区研究热点	349
第十五章　未来展望	356
15.1　全面推进绿色典范城市建设	356
15.2　加快形成科技与人才双驱动	357
15.3　努力打造开放城市展示窗口	359

附录　雄安新区绿色发展大事记	361
参考文献	367
后记	371

Contents

Part I Trends and Developments

1 International Trends 006
    1.1 International conference..006
    1.2 Regional developments 010
    1.3 Novel concepts and practice 018
2 Progress in China 022
    2.1 Ecological civilization construction 022
    2.2 Green development transition 027
    2.3 "Dual Carbon Goals" progress 038

Part II Advanced Research

3 New Theories and Explorations 053
    3.1 Latest urban science theory 053
    3.2 Basis of urban science development in China 056
    3.3 Improvement of urban science research for the new era 061
4 New Challenges and Responses 063
    4.1 Stormwater management strategy in the Xiongan New Area from the perspective of system resilience 063
    4.2 Research on the resilience assessment and improvement strategy of existing communities in Xiongan New Area based on CAS theory 072
5 New Movement and Notions 081
    5.1 Theory and framework of the quaternary industry of ecological products 081
    5.2 Challenges, opportunities and prospects of carbon markets ...091

| 5.3 | Research and prospect of modern construction industry development in Xiongan New Area 098
| 5.4 | Growth trajectory of the cooperative smart governance in Xiongan New Area..104

Part Ⅲ Practice and Progress

6 Advancing the Environmental Governance and Protection 121
    6.1 Promoting ecological management and protection of Baiyangdian 121
    6.2 Forming the ecological landscape and urban fabric 127
    6.3 Preventing and controlling environmental pollutions 140

7 Promoting the Comprehensive Utilization of Clean Energy 147
    7.1 Comprehensive energy use 147
    7.2 Clean energy utilization..151
    7.3 New electricity management system 159
    7.4 Urban energy management system 163

8 High-quality Development of Green Buildings 168
    8.1 "Green Building +" 168
    8.2 Green building practice in the whole-process of construction 196
    8.3 Green materials utilization..206

9 Proceeding the Green Intelligent Transportation 211
    9.1 Comprehensive transportation network..........................211
    9.2 Green traffic system 215
    9.3 Innovative intelligent urban transportation system 223

10 Strategies toward Carbon Peak and Carbon Neutrality 227
    10.1 Work to carbon peak 227
    10.2 Carbon emission in building construction 228
    10.3 Exploration in multiple dimensions............................234

11	To Build the City of Future	243
	11.1 Digital twin city	243
	11.2 Underground infrastructure	249

Part IV Green Culture

12	Innovative Management and Mechanism	262
	12.1 Green development mechanism	262
	12.2 Industrial policy system	273
	12.3 Innovative scientific and technology system	278
13	Leading a Green Life and Culture	283
	13.1 Effort from various agents	283
	13.2 Green social practice and impacts	290
	13.3 Public communications	299

Part V Prospects for Future

14	Surveys in Xiongan	316
	14.1 Annual survey on livelihood	316
	14.2 Youth-friendly city	326
	14.3 Low-carbon behaviors	330
	14.4 Top 10 green events	345
	14.5 Hot research topics	349
15	Prospects for Future	356
	15.1 Model city for green development	356
	15.2 Technology innovation and talent attraction	357
	15.3 Opening-up platform	359

Appendix Milestones of Xiongan New Area Green Development 361
References 367
Afterword 371

专栏目录

专栏2-1　蓟运河（蓟州段）EOD项目 …………………026
专栏2-2　成都"碳汇交通" …………………030
专栏2-3　成渝双城经济圈建设 …………………032
专栏9-1　雄安行一体化出行平台框架设计 …………………222
专栏12-1　《雄安新区绿色建筑高质量发展的指导意见》解读 ……265
专栏13-1　雄安新区城市志愿服务品牌打造 …………………294

Column Directory

2-1	The EOD project of Jijiang Canal (the section within Jizhou)	026
2-2	"Carbon Credits and Transportation" in Chengdu	030
2-3	Development of Chengdu-Chongqing economic circle	032
9-1	"Xiongan Xing"- the framework design for integrated mobility platform	222
12-1	Interpretation for *Guidelines for High-Quality Development of Green Buildings in Xiongan New Area*	265
13-1	Branding urban volunteer services brand in Xiongan New Area	294

第一篇
趋势进展

第一章 国际趋势

第二章 国内进展

本篇为《雄安新区绿色发展报告（2021—2023）》的开篇总述，主要综述2021—2023年国内外绿色发展的实质性进展情况，期望通过对国内外政策、技术、实践以及案例的总结，分析探讨绿色发展的主要趋势与发展方向，为新区绿色发展提供理论与实践支撑。

　　即使新冠疫情给世界各国的发展都带来了不小的冲击，国际社会依然坚持深化全球低碳绿色发展合作。联合国持续聚焦实际行动，呼吁各国聚焦于提升城市整体韧性，推进中美两国气候对话重启、联合发布《中美关于在21世纪20年代强化气候行动的格拉斯哥联合宣言》，同时号召各国关注全球终结塑料污染等问题。各地区国家积极响应，宣布新一轮气候计划，推动最新绿色技术的实践与应用，以引导打造各地结合实际需求的绿色发展项目。除了欧美等发达国家和地区的积极响应，一些发展中国家也开始发挥重要作用，凸显绿色低碳发展的全球共识。

　　国内来看，生态文明建设的战略地位显著提升，生态文明建设和环境保护成为高质量发展的重要组成部分，在顶层设计、污染防治与生态产品价值实现探索方面取得了显著进展，包括"三区三线"工作正式划定完成，生态补偿制度建设取得显著成效等。此外，各行业全领域全面推动绿色发展转型，明确建筑、能源、交通等重点领域的低碳发展路径，围绕以人为本、乡村振兴进一步提升新型城镇化质量。"双碳"战略实现了从目标到落地，目前各省市逐步建立碳达峰、碳中和的政策体系、明确实施路径，全国从碳市场构建、试点示范推动、碳普惠全民参与等多个角度掀起低碳发展热潮。

绿色低碳发展已经成为各国推进经济社会可持续发展的主流路径，绿色产业已成为各国发展新动能的重要支撑。国际合作机制也在不断完善，共同推进全球低碳转型。未来，城市将成为绿色转型的重点领域，绿色低碳经济已成为全球性趋势。

Part Ⅰ Trends and Developments

Serving as the general opening introduction of the *Xiongan New Area Green Development Report (2021-2023)*, this section reviews the substantial progress of internal and international green development from 2021 to 2023. Aiming to provide theoretical and practical support for the green development of Xiongan, this section summarizes global policies, technologies, practices, and cases while analyzing and discussing the main trends made in the green development field.

The global community has demonstrated perseverance in advancing low-carbon and green development despite the significant impact of the COVID-19 pandemic. The United Nations has maintained its focus on practical measures, urging countries to prioritize enhancing the general resilience of cities. As part of our concerted efforts, the resumption of the *China-U.S.* climate dialogue has been facilitated, and together, issued the *U.S.-China Joint Glasgow Joint Declaration on Enhancing Climate Action in the 2020s*. At the same time, it has also emphasized the importance of addressing the problem of global plastic pollution, which has responded proactively by announcing new rounds of climate plans and promoting the application of the latest green technologies to develop customized green development projects that align with local requirements. Apart from developed countries and regions, including Europe and America, some developing nations have also played a vital role, indicating a global consensus on green and low-carbon development.

In China, the strategic status of ecological civilization construction has been prominently raised, constituting an integral aspect of high-quality development with environmental protection. As a part of the top-level design, ecological civilization construction made notable strides in pollution prevention and control, as well as the theoretical and practical exploration of ecological product value, including the official completion of the "Three zones delineated by three lines for land use" and the set-up of ecological compensation system. Moreover, various industries and related fields comprehensively promote green development transformation by addressing pathways to low-carbon development in critical areas such as architecture, energy, and transportation. Focused on people-oriented approaches and rural revitalization, efforts are being made to enhance the quality of new urbanization. The carbon peak and carbon neutrality goal has shifted from goal-setting to implementation, with provinces and cities gradually establishing policy systems while defining the relevant methods. A nationwide wave of low-carbon development has been spurred from multiple perspectives, including carbon market construction, pilot demonstrations, and public participation.

Green and low-carbon development is now widely regarded as the primary route by which countries can achieve sustainable economic and social development, and green industries have become crucial support for the new drivers of development. In addition, international cooperation mechanisms are constantly improving to advance the global low-carbon transition jointly. In the future, cities will be the focus point of the green transition, and the green low-carbon economy has become a worldwide movement.

第一章　国际趋势

在2021—2023年间，国际社会在绿色发展领域取得了许多实践成果。从宏观形势来看，各国及国际组织从不同角度深化了全球低碳绿色发展合作。例如，全球人居环境论坛年会聚焦于提升城市整体韧性，联合国气候变化大会实现了中美气候对话的重启，联合国环境大会关注全球终结塑料污染等问题。

在具体行动方面，北美、欧洲、亚太等各地结合实际，提出应对气候变化、减排降碳的实施策略，开展相关实践探索。如美国、加拿大、欧盟等国家及地区的城市采取一揽子应对气候变化行动，包括《旧金山气候行动计划2021：探索更公平包容的碳中和路径》、《2030年减排计划——加拿大清洁空气和强劲经济的下一步行动》、欧盟"Fit for 55"（"减碳55"）等，明确下一步减排计划、推进政策立法。发展中国家也纷纷加入低碳发展，如面临海平面上升等多种自然威胁的印度尼西亚首次制定《区域低碳发展计划》，提出区域层面的综合管制政策，整合气候变化减缓和适应活动。

在新兴理念的实践方面，日本东京湾区计划建设"世界首个eSG城市"，沙特阿拉伯公布超前的城市设计方案——THE LINE，展现全球探索绿色低碳发展的决心与行动。

1.1　国际会议动向

1.1.1　全球人居环境论坛年会：提升城市整体韧性

第十六届全球人居环境论坛年会（GFHS 2021）于2021年10月27日至29日在线举办❶。本届年会主题为"加速绿色变革与创新，建设健康、韧性与碳中和的城市"。GFHS 2021致力于"团结全球城市应对气候变化，迈向可持续发展"（图1-1-1），深入探讨新形势下城市如何以绿色复苏为契机，展开全方位的绿色变革与创新，提升城市安全性、韧性和包容性，促进城市绿色增长，实现协调、健康、高质量和可持续的城市发展。

2022年，第十七届全球人居环境论坛年会（GFHS 2022）于12月15日至16日在线成功举办，主题为"携手共创更加安全、绿色的城市未来：韧性、碳中和与自然友好型城市"❷。GFHS 2022与GFHS 2021相比规模更大，话题覆盖范围更广。GFHS 2022呼吁保障能

---

❶ https://gfhsforum.org/page605.html?_l=zh_CN

❷ https://gfhsforum.org/event.html?_l=zh_CN

图1-1-1　第十六届全球人居环境论坛年会主要演讲者
（来源：http://www.far2000.cn/shishi/20211231/2144.html）

源安全，加快推进能源绿色公平转型，在城市层面实现碳中和；将适应气候变化和提升城市整体韧性作为一项主要政策和明智的投资，全面提升系统性防灾减灾能力，从而建设面向未来的韧性城市和社区；将自然融入城市并与自然和谐相处，强化并提升对自然友好型城市的设计、建设、投资和治理；加速全方位的绿色变革与创新，应对多重危机与挑战，在提升城市韧性、包容性、可持续性和多产性方面取得突破性进展，实现"不落下任何一个人和任何一种生命"的理想目标。

1.1.2　联合国气候变化大会：中美气候对话重启

2021年10月31日在格拉斯哥举行的联合国气候变化大会第26次缔约方会议（COP26）汇聚了120位世界领导人和超过4万名注册与会者，包括22274名缔约方代表、14124名观察员和3886名媒体代表（图1-1-2）❶。本次峰会成果《格拉斯哥气候公约》要点内容包括首次承诺降低化石燃料的使用、提升缔约国国家自主贡献目标（NDC）、建立全球碳市场机制以及支持绿色债务和资金等。《格拉斯哥气候公约》是第一个将减少化石燃料的使用纳入国际协定的文件，特别是针对不具备碳捕获技术的煤炭发电厂和低效的化石燃料项目。

COP26期间其他受到国际关注的成果包括签署《森林和土地利用的格拉斯哥领导人宣言》、《全球甲烷减排承诺》正式启动、中美两国联合发布《中美关于在21世纪20年代强

---

❶ https://www.un.org/zh/climatechange/cop26

图1-1-2 联合国气候变化大会第26次缔约方会议
（来源：http://www.news.cn/2021-11/01/c_1128017528.htm）

化气候行动的格拉斯哥联合宣言》、国际可持续准则理事会的成立和民间资本对净零排放的支持等。如果后续这些协议和声明得到落实，可以在保护森林、减少碳排放、节约能源、发展绿色金融等方面产生重大的积极影响。

COP26上各国在一些具体议题方面也进行了深层次的探讨，如同意"要求逐步减少煤电和淘汰'低效'化石燃料补贴"，这两个关键问题以前从未在联合国气候谈判的决定中被明确提及。本次会议还提出应额外加大对适应性和可持续发展的支持力度，《格拉斯哥公约》呼吁提供两倍资金支持发展中国家适应气候变化的影响并构建复原力。此外各国就《巴黎协定》规则手册❶的剩余问题达成了一致，其中包括与碳市场有关的规范——允许难以实现其排放目标的国家从其他已经超过其目标的国家购买减排量。此外，达成关于增强透明度框架的谈判，该框架规定了各国定期报告进展的共同时间框架和商定的格式。

2022年11月联合国气候变化大会第27次缔约方会议（COP27）在埃及海滨城市沙姆沙伊赫举办❷，来自世界各地近200个国家的40000多名各界人士共同讨论如何减缓气候变化并帮助那些已经受到影响的人。COP27的主要议题更强调发展中国家的诉求，对"减缓"的关注有所淡化，沿用了COP26协定的部分文本内容，呼吁减少未采用碳捕获封存技术减排的煤电，淘汰对化石燃料的低效补贴。

COP27最重要的议程之一是对削减化石能源的进一步妥协，强调了推动清洁能源组合建设的重要性，不仅呼吁增加可再生能源，还呼吁增加低排放能源。此外，首次设立气候

---

❶ 为确定如何执行国家自主贡献（NDC），各国花了3年就制定《巴黎协定》规则手册达成一致。
❷ https://www.un.org/zh/climatechange/cop27

"损失和损害"基金,由发达国家在发展中国家物质和基础设施被极端天气严重影响时提供经济援助。另一重要的进步是中美气候对话的重启,两国在气候问题上的合作领域可能包括水泥、钢铁、石化产品等能源密集型商品的通行碳足迹计算以及甲烷减排,这将进一步打开可再生能源的需求空间。

1.1.3 联合国环境大会:全球终结塑料污染

由于疫情原因,第五届联合国环境大会(UNEA-5)分两个阶段举行❶。第一阶段会议(UNEA-5.1)于2021年2月22—23日以线上参会方式举行,来自150多个国家的环境部长和其他高级官员参加了为期2天的线上会议,大会通过了联合国环境规划署2022—2025新版中期战略(MTS)、工作计划和预算。2022年3月2日,第二阶段会议(UNEA-5.2)在肯尼亚首都内罗毕召开,随后于3月3—4日举行了联合国环境大会特别会议以纪念联合国环境规划署成立50周年。来自联合国160多个成员、世界各地的商界领袖、民间社会团体和环保人士共约2000名代表到内罗毕会场(图1-1-3),还有一些成员国代表以线上方式参加本届大会和本次特会。大会通过了14项决议,以加强保护自然的行动,实现可持续发展目标。

图1-1-3　第五届联合国环境大会现场

(来源:https://finance.sina.com.cn/esg/elecmagazine/2022-03-01/doc-imcwiwss3501453.shtml)

---

❶　https://www.unep.org/environmentassembly/zh-hans/unea5

第二阶段会议最主要的成果是两项决议：一是关于"终结塑料污染：迈向达成一项具有国际法律约束力的文书"的决议，该项决议为达成控制塑料污染的全球协定、为未来全球终结塑料污染铺平了道路。二是关于"设立科学政策专门委员会以进一步促进化学品和废物有效管理并预防污染"的决议。

1.2 地区发展动态

1.2.1 北美地区

（1）美国

继2021年初重新加入《巴黎协定》后，美国制定并实施了一系列全面的气候行动计划，如美国就业计划（American Jobs Plan）、气候融资计划等，旨在减少温室气体排放并推动清洁能源转型。在能源领域，美国加大了对可再生能源的投资，鼓励太阳能和风能等清洁能源的发展。如提出推动电动汽车普及计划（EV Everywhere Grand Challenge）蓝图，提出的技术目标包括：电池成本要从目前的每千瓦时500美元降低到每千瓦时125美元；通过轻量化技术使汽车重量降低30%；电驱系统的成本要从目前的每千瓦30美元降低到每千瓦8美元。此外，该计划提出要发展充电基础设施，未来5年工作场所充电设施的就业人数要增加10倍。在工业和农业领域，美国采取了更严格的环保标准，以减少污染和温室气体排放。

美国部分城市也发布了区域性的气候行动方案，2022年旧金山颁布《旧金山气候行动计划2021：探索更公平包容的碳中和路径》，在气候正义核心价值的引导下，该计划制定了旧金山未来20年的减排路线，围绕能源供应、建筑运营、交通和土地利用、住房、负责任的生产和消费以及健康生态系统6个关键领域，形成31项气候行动策略（图1-2-1）。一方面从"气候目标、政策成本、减排潜力、气候指标、公平指标"5个方面对各项气候策略进行综合分析，另一方面，按照气候正义的"4个视角"对各项策略所实现的共同利益进行了评估。

针对气候适应性，美国开展了一些新实践项目、提出了新构想。2021年，美国Data for Progress、Transit Center等智库联合提出实施城市交通"绿色新政"构想[1]。新政主要内容是将交通系统转变为安全、公正、低碳的经济支柱，涵盖五个方面：一是重新规划公交和道路系统；二是基础设施升级和修复；三是降低公众私家车出行意愿；四是建立更公平的交通网络；五是重新思考物流网络形式。2022年，印第安纳州俄亥俄河沿岸计划建立气

---

[1] https://www.greenpeace.org/usa/the-green-new-deal/

图1-2-1 旧金山气候行动框架图
（来源：https://www.jfdaily.com/sgh/detail?id=1025595）

候适应性公园[1]（"Climate-Adaptive" Park Planned for Ohio River Shoreline）。该项目是由河流遗产保护协会主导的PPP项目，通过在俄亥俄瀑布修建水坝，改善长达2英里的瀑布和急流区域，以补救过去发展工业导致的环境破坏，将该区域恢复到更自然的状态，同时缓解河岸侵蚀以适应未来的洪水事件。新公园将为120万人提供数英里的徒步旅行和自行车道，穿越森林、溪流和草地的自然景观。

（2）加拿大

2022年3月，加拿大环境部发布了《2030年减排计划——加拿大清洁空气和强劲经济的下一步行动》[2]，详细介绍一系列减排行动，并以2005年为基准，确保到2030年减排40%~45%，到2050年实现全国净零排放。

该计划表明加拿大政府将用91亿加元新投资开展12项举措，构建全面的2030年减排路线图。包括①制定1.5亿加元建筑战略，到2050年，实现建筑业净零排放；②制定22亿加元的"低碳经济基金"，支持各省和地区、学校、医院、企业、非营利组织以及社区开展减排行动；③向零排放汽车充电站追加9亿加元资金，并拨款17亿加元用于扩展"零排放汽车奖励计划"；④提出能源转型路径，到2030年，将石油和天然气减少75%；⑤制定碳捕集、利用与封存战略，引入投资税收抵免以激励这一重要技术的开发和采用，投资1.94亿加元完善工业能源管理系统；⑥向"自然智能气候解决方案基金"追加7.8亿加元，支持使用基于自然的气候解决方案实现额外减排；⑦设立4.7亿加元的"农场气候行动基金"，将投资于"农业清洁技术计划"的资金提高到3.3亿加元（扩大3倍），支持农业部门

---

[1] "Climate-Adaptive" Park Planned for Ohio River Shoreline | Planetizen News

[2] https://finance.sina.com.cn/esg/ep/2022-04-25/doc-imcwiwst3872282.shtml

采取多种减排措施，并投资1亿加元，支持农业变革性科技研发；⑧提出"保证污染价格"策略，保障到2030年碳价达到170加元/t等。

2022年4月，加拿大设立了3780万加元的气候行动与意识基金（Climate Action and Awareness Fund），其中，超过600万加元将被用来开展一项名为GenAction的项目。该项目由新斯科舍省的哈利法克斯探索中心牵头，面向20万儿童和青少年，在加拿大29个科学中心实施应对气候变化的教育与行动激励计划。其内容包括校园行动、营地活动、主题展览以及其他因地制宜的实践活动。该项目旨在帮助少儿了解气候变化相关的科学知识，树立环保意识并激励他们采取行动，共同为2050年温室气体减排做出贡献。

1.2.2 欧洲地区

在绿色发展方面，欧盟乃至整个欧洲地区是全球公认的先行者和引领者。经过几十年的努力，欧洲推进绿色发展由"被动应对"逐步发展为"主动引领"，形成了一套全面系统的绿色发展模式，其主要内容包括：立法与政策引导；技术创新与碳排放交易体系驱动；绿色金融体系支撑；规则标准的统一与对外推广等。

（1）欧盟层面

2021年7月，欧盟委员会公布了名为"Fit for 55"（"减碳55"）的一揽子气候计划❶，提出了12项更为积极的系列举措（图1-2-2），承诺在2030年底温室气体排放量较1990年减少55%的目标。以下选取具有代表性的欧盟碳排放权交易体系（EU ETS）等五项进行重点介绍。

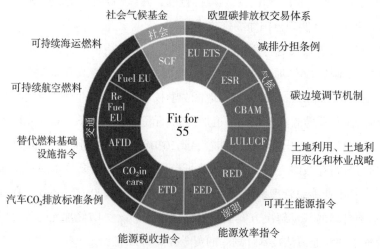

图1-2-2 "Fit for 55"（"减碳55"）一揽子气候计划
（来源：https://mp.weixin.qq.com/s/pRLMzFTVGuwDRp9HgJbv5w）

---

❶ https://www.consilium.europa.eu/en/policies/green-deal/fit-for-55-the-eu-plan-for-a-green-transition/#what

1）欧盟碳排放权交易体系（EU ETS）

欧盟对碳排放交易体系进行了修订，包括以下五大主要方面：与2005年相比，新的排放权交易体系中的碳排放上限将逐年降低，到2030年，排放量预计将减少43%；免费配额的大幅减少将显著提升碳价及各行业企业在欧盟碳交易体系的成本，总量限额的线性折减系数（LRF）将从原来的每年2.2%提升到4.2%；燃料供应商负责监测和汇报他们投放市场的燃料规模，至2026年单独制定新的针对燃料的碳排放交易体系；至2027年，逐步取消航空业的免费碳排放配额，新的体系规定往返欧洲经济区以外国家的欧盟航空公司的碳排放将与CORSIA（国际航空业碳抵换及减量计划）保持一致，当欧洲经济区以外航班的碳排放量超过2019年水平时，则必须用相应的碳信用抵消；扩大欧盟碳排放交易体系范围，将碳定价覆盖至建筑供暖和道路交通行业，并首度将海运碳排放纳入碳排放交易体系。

2）碳边境调节机制（CBAM）

欧盟认为在贸易全球化的背景下，与欧盟碳排放标准不一致的国家将带来"碳泄漏"风险。2019年12月，欧委会在《欧洲绿色协议》中正式提出"碳边境调整机制"（Carbon Border Adjustment Mechanism, CBAM），通过对在生产过程中碳排放量不符合欧盟标准的进口商品征收关税（即"碳边境税"）的方式，避免自身气候政策的完整性及有效性因"碳泄漏"而被破坏，同时还可以保护欧盟企业的竞争力。

在此次"Fit for 55"计划中，欧盟公布了碳边境关税政策立法提案，正式启动立法进程，是全球首个碳边境税政策。碳边境调整机制分阶段实施，2023至2025年作为试点阶段，涵盖电力、钢铁、水泥、铝和化肥五个领域，进口商只需要报告进口产品数量及其相应的碳含量，欧盟在此期间不征收任何费用。2026年前，欧盟将评估考虑是否将纳入新的领域。自2026年1月1日起，欧盟将正式开始征收碳边境税，碳边境调节机制计划全面实施。欧盟将逐年降低境内钢铁、水泥等高碳生产企业免费配额，欧盟进口商在进口特定领域的产品时，需参照欧盟排放交易体系的碳排放价格，缴费购买相应的碳含量交易许可（CBAM certificate），至2035年将完全取消免费配额。为了避免双重征税，对于国外生产者已经承担的碳排放成本，可扣减进口产品在其生产国已实际支付的碳价。

2023年10月1日起，CBAM正式进入试运行阶段，根据CBAM，欧盟将对从境外进口的特定产品额外征收碳边境调节费用，被称为"碳关税"，产品覆盖范围包括"电力、钢铁、铝业、水泥、化工、氢"六大行业。CBAM会给中国相关企业造成一定的影响，将增加中国企业出口产品到欧盟的成本，可能会导致中国企业的竞争力下降。中国需采取积极的应对措施来降低CBAM可能带来的不利影响，并促进其相关行业可持续发展。

3）能源税收指令（ETD）

20世纪初期，出于形成欧洲整体能源安全战略与维护欧洲统一市场公平竞争的需要，欧盟在2003年正式颁布了欧盟能源税收指令（Energy Taxation Directive）。此次"Fit for

55"计划是欧盟继2003年后首次对能源税收指令进行改革，在课税范围、税率结构、减免税政策等多个方面进行了修正。在能源税征收范围方面，逐步取消欧盟在航空业、航运业对化石燃料的免税政策，将海运、航空、渔船、家庭供暖、电力供应所使用的化石燃料重新纳入课税范围，并设定最低税率；同时，允许对汽车燃料、取暖燃料和电力征收不同的最低税率，推广环保能源的使用。如传统化石燃料在用作汽车燃料时，将采用较高费率（即10.75欧元/GJ）进行征税；在电力行业各个应用领域中使用先进的可持续生物质燃料和非生物质的可再生燃料（如绿氢），可按照最低的最低费率（即0.15欧元/GJ）进行征税；此外，欧盟还取消了多条国家相关的减免税政策。

4）可持续航空燃料（Re Fuel EU）

与传统航空燃料相比，可持续航空燃料可减少80%的排放。欧盟在《欧洲绿色协议》已将可持续替代燃料确定为减少航空业对气候影响的关键手段。

在"Fit for 55"计划中，欧盟委员会启动了Re Fuel EU航空计划（Re Fuel EU Aviation Initiative），要求燃料供应商在欧盟机场机载航空燃料中不断提高可持续航空燃油使用比例，力争在2025年将其占航空燃料比重提升至2%以上，到2050年提升至63%以上；同时，要求供应商在2030年至2050年纳入E-燃料，力争2030年达到0.7%，2050年达到28%。此外，引入适用于欧盟内部航班所用航空燃料的最低税率，以刺激使用更可持续的航空燃料，并鼓励航空公司使用效率更高、污染更少的飞机。

Re Fuel EU航空计划的影响在于，通过建议在全欧盟采用统一可持续航空燃料规则，并适用于所有的燃料供应商和航空公司，可创造公平的竞争环境，同时，将提升可持续代替材料的市场需求，拉动相关技术发展与投资。但客观来看，航空业对化石能源的高依赖性，"脱碳"难度较大，目前SAF在现阶段的成本仍要远高于传统燃料，对于利润微薄的航空业来说，航空业降碳仍有较长的路要走。

5）社会气候基金（SCF）

为了解决低收入家庭可能因上述改革可能面临的能源贫困问题，实现社会公平过渡，欧盟委员会将设立一个1444亿欧元的"社会气候基金"（Social Climate Fund），其中722亿欧元由欧盟预算支出。这些资金将在2025—2032年期间为因欧盟碳排放交易而受到影响的弱势群体、中低收入家庭、交通工具使用者以及小企业提供支持用来升级、改善一般住宅或环保车辆的能源效率。

（2）各国层面

荷兰能源部发布了2022年版《能源与气候基础设施多年计划》[1]，该计划由荷兰政府牵头，与相关工业、能源供应商以及能源网络运营部门共同推进，将对制造业、建造业、农业和交通可持续发展转型以及海上大型风电项目产生重要影响，目标是加快可持续能源

---

[1] https://mp.weixin.qq.com/s/lRZ9wIvO7GpNScxgJmQGfQ

的基础设施建设，并通过对能源从生产到消费的全链式管控，突破项目决策瓶颈，加速各系统的集成整合。针对荷兰全域六大产业集群的能源战略，2022年版《多年计划》列出了14个重要项目，其中5个为政府主导的国家级项目，分别为北海海上风电场及输电网络项目、北海运河码头地区建设项目、鹿特丹—穆尔代克氢进口运输枢纽项目、提取氢气的H-vision项目、运输二氧化碳的Aramis项目。在绿色水资源方面，2022年3月颁布的荷兰《国家水规划（2022—2027年）》详细描绘了未来水与空间规划如何结合在一起；在绿色社区方面，荷兰住房协会联合瓦格宁根大学研究所发布《社会住房绿色措施手册》，以协助社会住房更好地适应日益加剧的极端气候，创造健康宜居的建筑及公共环境；在绿色经济方面，2023年荷兰发布《综合循环经济报告》，概括了荷兰全面循环经济转型的进展状况。

法国于2023年2月通过了新一版"可再生能源加速法案"（Renewable Energy Acceleration Act）[1]。该法案的首要目标是通过改善行政程序和扩大进入项目地点的机会来消除可再生能源项目发展的障碍。其主要内容有：

简化行政程序：法案提出引入简化的行政审批程序，大幅缩短可再生能源项目部署时间、加快项目实施；

释放土地空间：法案提出在主要道路和高速公路、沿海荒地和停车场安装太阳能电池板或其他可再生能源工具，同时还鼓励在山区安装光伏电池板，促进人工化地区或不构成重大环境挑战的区域的开发使用；

规划海上风电：法案提出在海岸线规划海上风电项目，优先考虑位于专属经济区内的合适地区，即距离海岸线略超过22km的区域；

优化利润分配：法案提出通过设立基金等更加广泛的措施来帮助受能源问题影响的低收入家庭，提高居民对可再生能源的可接受性。

俄罗斯发布了《俄罗斯到2050年前实现温室气体低排放的社会经济发展战略》，提出以提高森林等生态系统固碳能力、实现能源转型为基础的低碳发展"目标计划"。俄将按照"目标计划"中的发展路径实现减排和碳中和，确保俄在全球能源转型背景下的竞争力和可持续经济增长的同时，实现经济"脱碳"发展。

此外，在技术创新方面，意大利天然气输送运营商Italgas建立智能管理平台DANA，对未来可能面对的碳中和、能源转型背景下，多种可再生气体的分配进行管理。在法案制定上，瑞士全民投票通过气候法案保护环境，政府将在未来10年里提供20亿瑞士法郎财政支持，促进用气候友好型替代品取代天然气或石油供暖系统，并投入12亿瑞士法郎推动企业走向绿色创新。

---

[1] https://mp.weixin.qq.com/s?__biz=MzI4MTEzOTMwNQ==&mid=2247577667&idx=5&sn=ea033536953af6f229f4f420b980b4b9&chksm=ebae3145dcd9b853db00c18ee9b6df0c41bbecb8d0f2267575f0a0d860a19cb2eefe21baf1e9&scene=27

1.2.3 亚太地区

近两年亚太地区可再生能源快速发展，许多国家在太阳能和风能等可再生能源领域取得了重大突破，通过政策支持和投资吸引了大量的清洁能源项目。

（1）日本

2022年日本发布了主题为"着力推动首都圈零碳发展"的令和四年版《首都圈白皮书》，推动了《城市公园无障碍交通发展指南》的修订，国土交通省、农林水产省、环境省联合发布的《绿色基础设施支持计划集》分别在低碳、可持续、基础设施三个方面对于日本绿色发展进行描绘。

2022年日本建设了超级城市型国家战略特区❶与数字田园健康特区❷（图1-2-3），二者各具特色。超级城市型国家战略特区主要包括尖端技术的精进、尖端服务的开发及与二者结合的制度框架改革；数字田园健康特区集中指定一些专注于通过使用数字技术解决当地卫生和医疗问题的城市，大力推动区域数字化和制度改革。二者均为国家战略特区，共同推进实现日本数字田园城市国家构想。随后，日本政府将在全国迅速推动有效的制度改革，从而将试点区域扩大到上述特区之外，并将合作范围延伸至交通、教育等其他领域。

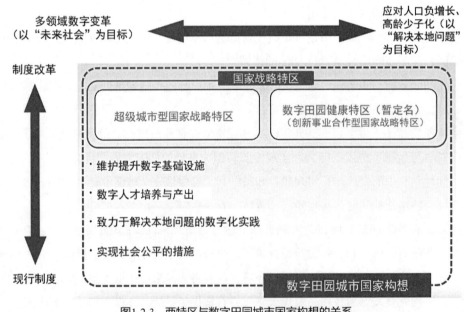

图1-2-3　两特区与数字田园城市国家构想的关系
（来源：https://mp.weixin.qq.com/s/LUHS8HMHhXd0wudlwLwjSg）

---

❶ https://www.chisou.go.jp/tiiki/kokusentoc/supercity/openlabo/supercitycontents.html

❷ https://www.chisou.go.jp/tiiki/kokusentoc/supercity/senmonchyousakai/dai3/No.3_chyousakai.html

（2）韩国

2022年3月，首尔市政府公布了《2040首尔城市总体规划（草案）》❶，以市民的日常生活空间作为城市单元进行规划。这是一项包含数字化转型需求的未来空间战略规划，描绘了未来20年城市空间的形象，提出了六大空间规划方针：建设"日常步行圈"；重组滨水空间；强化核心功能，提高城市竞争力；城市多样化发展，城市规划大变革；地上车道地下化；扩建未来交通基础设施。

其中，建设"日常步行圈"是指全面重组以居住为中心的日常空间，打造步行30分钟就能享受居住、工作、休闲等生活的空间，即以原有的生活圈空间为基础，升级为集工作、休闲文化、滨水公共空间、商业、交通等多种功能为一体的独立生活区。重组滨水空间，是指根据河流的规模和等级，制定不同的滨水空间复兴战略，增强滨水空间的步行、公共交通可达性。将汉江流域定位为商业旅游中心，打破滨水空间与城市空间的界限；在四大溪流打造特色旅游线路，提高腹地可达性；在小河流和支流中，通过水边露台咖啡厅、表演空间来打造社区级的日常滨水友好空间。《2040首尔城市总体规划》强调"水岸"和"感性"，2022年4月，首尔市政府把"支川复兴"项目的名称改为"首尔型水岸感性城市"❷，项目内容不局限于水岸改造，而是以水岸为中心让全首尔地区重生为富有魅力的临水空间，让流经首尔的河川重生为新的景点，提升市民生活质量，为区域经济发展和25个区的均衡发展奠定基础。

2022年9月首尔市政府公布《更清洁的首尔2030》，该计划重点在于加快推进高污染柴油车的淘汰，消除死角地带，针对供暖设施、建设工地、小规模营业所等排放大气污染物质的周边设施进一步加强管理力度。政府计划到2026年将457辆（占28%）柴油社区巴士转换为电动公交车，并到2025年将污染物质排放量相当于轿车五倍的所有外卖摩托车转换为电动摩托车，到2026年将走街串巷送快递的所有货车转换为电动车。此外，市政府将与其他地方政府合作，将进入首尔市区的京畿道和仁川市柴油公交车（占39%）转换为压缩天然气（CNG）公交车或电动公交车。通过执行《更清洁的首尔2030》，计划到2026年首尔的细颗粒物浓度（2021年20μg/m³）降至国家大气环境标准（15μg/m³），到2030年降至海外主要城市水平（13μg/m³），并为此到2030年投入3.8万亿韩元的资金。首尔市政府认为，《更清洁的首尔2030》不仅能显著改善首尔的大气质量，还能创造2.8万个工作岗位和8.4万亿韩元的产值。

（3）其他国家

2021年新加坡教育部、国家发展部、可持续发展部、贸易部和交通部联合发布

---

❶ https://chinese.seoul.go.kr/

❷ 该项目在《首尔愿景2030》中作为"未来感性城市"战略的核心课题推出，命名为"支川复兴"，后改名为"首尔型水岸感性城市"正式推进。

图1-2-4　2030年新加坡绿色规划行动框架
（来源：臧鑫宇，王峤，李含嫣．"双碳"目标下的生态城市发展战略与实施路径．科技导报）

《2030年新加坡绿色规划》，制定了未来10年的具体目标以期尽快实现新加坡碳中和目标（图1-2-4）。同年，面临海平面上升等多种自然威胁的印度尼西亚首次制定《区域低碳发展计划》，该计划是一项区域层面的综合管制政策，整合气候变化减缓和适应活动，帮助印尼实现国家温室气体减排目标，将气候变化进程与地区发展联系起来。此外，大洋洲的澳大利亚和新西兰于2022年先后颁布了气候适应性策略与减碳交通行动计划。

1.3　新兴理念与实践

1.3.1　东京湾区将建设"世界首个eSG城市"

2021年4月，日本东京都政府宣布计划在东京湾区启动名为"东京湾eSG"项目❶（The Tokyo Bay eSG Project），东京都政府计划在其湾区填海建设一个高科技、可持续的城区，旨在结合最新绿色技术建设"世界首个eSG城市"。

作为"世界首个eSG城市"，该城区将围绕环境和社会治理的原则进行建设，并采用最新的绿色技术实现碳中和，并能更好地抵御未来的气候和健康危机，希望能为未来的全球城市设计提供范本。该城区计划于2050年建成，所有的能源需求将由氢气、风能和漂浮式太阳能发电站生产的可再生能源满足，并由智能电网系统管理，还设想了零排放的建筑和公共交通系统。东京都政府设立了一个绿色金融计划为外国资产管理公司和以可持续发展为重点的金融科技公司提供补贴，希望该项目能吸引世界各地关注eSG的风险资本和初创企业。

为了支持eSG项目的实现，东京都政府于2022年发布了《2022年东京湾eSG城市发展

---

❶ https://www.tokyobayesg.metro.tokyo.lg.jp/

战略》，在原有eSG概念的基础上，为e赋予了ecology（生态）、economy（经济）、epoch-making（划时代）的含义，旨在支持与推动eSG项目具象化，通过从未来城市愿景倒推反溯的手法，实现2040年代的湾区建设。东京湾区的未来愿景是打造立足于可持续与修复建设思路的城市，为了实现这一愿景，东京都提出了以下5项具体战略：形成高品质绿地与有魅力的滨水空间，推进智慧化应对灾害的防灾减灾对策，在城市各处装配数字化和尖端技术，实现成为被世界选择的活力、交流、革新之城，充实多样舒适的交通移动手段作为城市魅力与活动基础（图1-3-1）。

作为主导"未来东京"创造的主要项目，"东京湾eSG项目"以具有丰富魅力和高度潜力的东京湾区为舞台，力求让东京进化成能够应对各种危机的可持续发展的城市。为了实现这一目标，东京都政府从2021年开始在"临海副中心"和"中央防波堤"区域着手先行项目的同时，还制定了促进民间开发的"城市建设战略"（图1-3-2）。

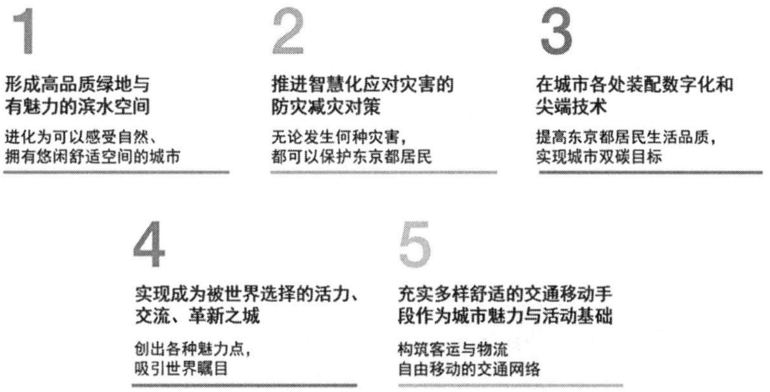

1 形成高品质绿地与有魅力的滨水空间
进化为可以感受自然、拥有悠闲舒适空间的城市

2 推进智慧化应对灾害的防灾减灾对策
无论发生何种灾害，都可以保护东京都居民

3 在城市各处装配数字化和尖端技术
提高东京都居民生活品质，实现城市双碳目标

4 实现成为被世界选择的活力、交流、革新之城
创出各种魅力点，吸引世界瞩目

5 充实多样舒适的交通移动手段作为城市魅力与活动基础
构筑客运与物流自由移动的交通网络

图1-3-1　为实现东京未来城市愿景的五项具体战略
（来源：https://mp.weixin.qq.com/s/IsbnsXt4t-aKsoTv_uc_UA）

图1-3-2　艺术家对于未来东京湾eSG城市的设想
（来源：https://www.tokyobayesg.metro.tokyo.lg.jp/）

1.3.2 沙特线性城市（THE LINE）

2022年7月，沙特公布了一个超前的城市设计方案——THE LINE（图1-3-3），该项目是沙特斥巨资建设的"尼尤姆（NEOM）"新城的一部分，尼尤姆未来城是沙特于2016年推出的"2030愿景"计划中一项工程，定位为充满科技的未来城市，该项目总预算高达5000亿美元。

与以往传统设计不同，THE LINE的设计将完全数字化，并通过大幅提高建筑技术和制造工艺实现建筑产业化。项目提出了一种全新的城市设计方法——将城市功能垂直分布，让人们在三维层面（向上、向下或水平）可以自由移动，这一概念被称为零重力城市主义。该概念将公园、步行区、学校、家庭和工作场所分层布置，以便人们可以毫不费力地在五分钟内满足所有日常需求。项目内部设有许多互联功能社区，每个社区配备标准化核心设施，尽可能提高兼容性，降低建筑成本。

THE LINE "线性城市"全长近170km，仅200m宽，整体高度为500m，具有镜面外立面，能够反射周围景象，使建筑物与周围景色在视觉上融为一体。它横跨三个不同区域：海滨沙漠、山地、山谷，每个区域生态环境各异，各区域可根据环境条件发展不同项目。从远处望去，就像一条会发光的直线。城市里没有传统的道路和汽车，交通工具只有飞行出租车。居民只需要步行5分钟就能到达所有必要的公共设施，比如学校、商场、公园、

图1-3-3 沙特THE LINE效果图

（来源：https://edition.cnn.com/style/article/saudi-arabia-the-line-city-scli-intl/index.html）

办公大楼、体育馆等。新的高速铁路会计划修建，该高速交通预计时速超过500km，能够将任意两点间的行程时间缩短至20分钟以内。

该工程项目已于2022年第一季度开始，"第一阶段"将持续到2030年，耗资1.2万亿沙特里亚尔（约2.15万亿人民币）。除了政府补贴，项目资金来源还包括私营部门，以及预计在2024年新未来城的首次公募。

沙特王储兼首相穆罕默德·本·萨勒曼表示，该项目将解决当前人类城市生活面临的挑战，展示一种全新的生活方式。以垂直分层的社区颠覆传统水平的城市布局，项目将为自然保护和提高城市宜居性创造一个典范。

第二章 国内进展

绿色发展既是新发展理念的重要一环,也与高质量发展并驾齐驱,互为支撑。近年来,生态文明建设加速融入经济社会发展大局,我国生态环境领域顶层设计日趋完善,"三区三线"工作正式划定完成,生态补偿制度建设取得显著成效,生态产品价值实现逐步探索。国家、省市从各个层面持续推动绿色转型发展,明确建筑、能源、交通、生态等重点领域绿色低碳实施路径和行动,围绕城市群打造、城镇生活品质、乡村振兴等提升新型城镇化质量。在"1+N"的政策体系引领下,"双碳"十大行动路径明确、全国碳市场建立健全、碳普惠探索卓有成效,为实现碳达峰、碳中和目标打下坚实基础。

2.1 生态文明建设深入发展

2.1.1 顶层设计日趋成熟完善

(1)全国"三区三线"正式划定完成

科学划定"三区三线"是编制国土空间规划的关键,是关系国家战略安全的重大事件。自2019年11月中共中央办公厅、国务院办公厅印发《关于在国土空间规划中统筹划定落实三条控制线的指导意见》,2021年7月、2022年4月,自然资源部相继印发《关于做好"三区三线"划定试点第一轮试划工作的预通知》《关于在全国开展"三区三线"划定工作的函》(自然资函〔2022〕47号)等文件,要求科学划定城镇、农业、生态空间以及生态保护红线、永久基本农田、城镇开发边界,由试点到全面推开,围绕国家发展战略全局,高质量完成全国"三区三线"划定。

目前"三区三线"成果已纳入国家级国土空间规划"一张图",在2023年两会中,"三区三线"划定被视为重点工作,得到了中央政府肯定,写入政府工作报告。报告中指出,我国已全面划定耕地和永久基本农田保护红线、生态保护红线和城镇开发边界,其中,初步划定的全国生态保护红线面积为陆域国土面积的30%左右,覆盖了重点生态功能区、生态环境敏感区和脆弱区,覆盖了全国生物多样性分布的关键区域,管制核心由耕地资源单要素保护向山、水、林、田、湖、草全要素保护转变。

(2)生态补偿制度建设取得显著成效

从提出"谁开发谁保护,谁破坏谁恢复,谁利用谁补偿",到新的环境保护法明确建立健全生态保护补偿制度,再到各地各部门出台的相关细化文件,我国生态补偿制度建设取得显著成效。2021年9月，中共中央办公厅、国务院办公厅印发《关于深化生态保护补偿制度改革的意见》，提出要围绕生态文明建设总体目标，加强同碳达峰、碳中和目标任务衔接。该文件提出聚焦重要生态环境要素、完善分类补偿制度，围绕国家生态安全重点、健全综合补偿制度，发挥市场机制作用、加快推进多元化补偿，完善相关领域配套措施、增强改革协同，树牢生态保护责任意识、强化激励约束，该文件的出台对加快生态文明制度体系建设、推进绿色发展意义重大。

后续江苏、云南、湖南等多个省落实文件要求，发布省级层面实施意见，推进生态保护补偿制度改革工作，进一步推进生态保护补偿制度建设，发挥生态保护补偿的政策导向作用。

（3）建立以国家公园为主体的自然保护地体系

国家公园是指由国家批准建立，以保护具有国家代表性的自然生态系统为主要目的，实现自然资源科学保护和合理利用的特定陆域或海域，是我国自然保护地最重要的类型之一。建立以国家公园为主体的自然保护地体系，是贯彻生态文明思想的重大举措，2021年10月12日，习近平主席在《生物多样性公约》第十五次缔约方大会上宣布，我国正式设立三江源、大熊猫、东北虎豹、海南热带雨林、武夷山等第一批国家公园，均位于我国生态安全战略格局的关键区域，保护面积达23万平方公里，涵盖近30%的陆域国家重点保护野生动植物种类。2022年3月，国家林业和草原局、国家发展改革委等多部委联合印发《国家公园等自然保护地建设及野生动植物保护重大工程建设规划（2021—2035年）》，明确自然保护地建设和野生动物保护未来15年的目标任务和重点措施，将作为统筹推进自然保护地生态系统稳定和质量提升、国家重点保护物种保护的依据。2022年6月，国家林业和草原局印发《国家公园管理暂行办法》，意味着以文化和自然生态两大类型为主的多样化"国家公园"建设迈出了重要一步，也使得管理自然生态环境的国家公园开始具备了完整、权威的界定。2022年12月，国家林草局、财政部、自然资源部、生态环境部联合印发《国家公园空间布局方案》，遴选出49个国家公园候选区（含正式设立的5个国家公园），总面积约110万平方公里，不但从空间上擘画了国家公园建设蓝图，而且对国家公园创建设立的原则、流程和工作机制都做了明确规定。

（4）黄河流域生态保护和高质量发展

黄河流域是我国重要的生态屏障和重要的经济地带，在我国经济社会发展和生态安全方面具有十分重要的地位。2021年10月，中共中央、国务院印发《黄河流域生态保护和高质量发展规划纲要》，该文件是指导当前和今后一个时期黄河流域生态保护和高质量发展的纲领性文件，是制定实施相关规划方案、政策措施和建设相关工程项目的重要依据。2022年6月，生态环境部等四部门印发《黄河流域生态环境保护规划》，明确着力改善黄河流域生态环境质量的时间表和路线图，提出到2030年黄河流域生态安全格局初步构建，产业结构和空间布局得到优化，环境和气候治理能力系统提升，生态环境监管体系全面建设，生态环境保护体制机制进一步完善，生态环境突出问题从根本上得到有效解决。围绕实现2030年目标，该规划提出了七项四大类重点任务，为当前和今后一段时期黄河流域生态环境保护工作提供了重要依据和行动指南。

2023年4月1日，《中华人民共和国黄河保护法》正式施行，这是我国第二部流域法律。该法在明确适用范围、完善管理体制机制、完善规划与管控制度、健全生态保护与修复制度、强化水资源节约集约利用制度、完善水沙调控与防洪安全制度、健全适合黄河流域的污染防治制度、完善推动高质量发展制度、健全黄河文化保护传承弘扬制度、完善保障与监督制度、强化对违法行为的追责等方面作出了相关规定，为黄河流域生态保护和高质量发展提供了有力的法律保障。

2.1.2 污染防治攻坚成效显著

2021年11月，中共中央、国务院发布《关于深入打好污染防治攻坚战的意见》，针对仍然突出的重点区域、重点行业污染问题，确定了蓝天、碧水、净土三大战役，为后续环境政策的制定指明了方向。从"十三五"坚决打好污染防治攻坚战，到"十四五"深入打好污染防治攻坚战，从"坚决"到"深入"，意味着污染防治触及的矛盾问题层次更深、领域更广，要求也更高。

"蓝天"——大气污染防治。蓝天保卫战包括着力打好重污染天气消除攻坚战、臭氧污染防治攻坚战、柴油货车污染治理攻坚战三个标志性战役。2022年11月，生态环境部会同国家发展改革委、工业和信息化部、交通运输部等14个部门联合制定《深入打好重污染天气消除、臭氧污染防治和柴油货车污染治理攻坚战行动方案》（环大气〔2022〕68号），包含了一个总领性文件和三个攻坚战各自的具体行动方案，聚焦重点地区、重点时段、重点领域开展集中攻坚。亚洲清洁空气中心发布的《大气中国2022：中国大气污染防治进程》中显示，2021年，我国339个地级及以上城市平均优良天数比例达87.5%，我国已成为世界上空气质量改善最快的国家。

"碧水"——水体污染防治。碧水保卫战包括打好城市黑臭水体治理攻坚战、长江保护修复攻坚战、黄河生态保护治理攻坚战、重点海域综合治理攻坚战等四方面。以城市黑臭水体治理为例，2022年7月17日，住房和城乡建设部等四部门以城市黑臭水体治理为关键战役，联合发布《关于印发深入打好城市黑臭水体治理攻坚战实施方案的通知》（建城〔2022〕29号），从黑臭水体排查、流域统筹治理、源头污染治理、水系治理、建立健全长效机制、监督检查、保障措施等几个方面划定了据地工作任务及对应的牵头、负责、配合部门。生态环境部公开数据显示，2022年全年，我国水质优良（Ⅰ~Ⅲ类）断面比例为87.9%，同比上升3.0个百分点；劣Ⅴ类断面比例为0.7%，同比下降0.5个百分点。

"净土"——土壤污染防治。净土保卫战包括持续打好农业农村污染治理攻坚战、稳步推进"无废城市"建设、有效管控建设用地土壤污染风险等。2022年3月7日，生态环境部印发《关于进一步加强重金属污染防控的意见》（环固体〔2022〕17号），确定重金属污染防控的重点重金属污染物、重点行业、重点区域等防控重点，从分类管理、产业发展、污染治理、监管执法、协同共治五个方面提出了具体举措；2022年6月，生态环境部印发《关于进一步推进危险废物环境管理信息化有关工作的通知》（环办固体函〔2022〕230号），提出规范危险废物有关资料在线申报、实现危险废物电子转移联单统一管理、实行危险废物跨省转移商请无纸化运转、规范危险废物集中利用处置情况在线报告等多项工作。

2.1.3 生态产品价值实现探索

（1）生态产品第四产业理论发展

2020年8月15日，在"绿水青山就是金山银山"理念提出15周年理论研讨会上，中国工程院院士王金南首次提出将生态产品服务产业大力培育为"第四产业"，提高生态产品供给能力，推动生态产品价值实现，成为推进美丽中国建设、实现人与自然和谐共生的现代化的增长点、支撑点、发力点。2021年4月26日，中共中央办公厅、国务院办公厅印发《关于建立健全生态产品价值实现机制的意见》，首次将生态产品价值实现机制进行了系统化、制度化阐述，为构建"绿水青山"转化为"金山银山"的政策制度体系指出了明确的方向。生态产品第四产业有望成为经济高质量发展的新动力和生态文明建设的新模式，本书第二篇第五章第一节将重点介绍生态产品第四产业的理论构建、发展机制及核算指标体系，为"两山"理论的发展与实践提供更多新思路、新视野。

（2）EOD实践工作推广深入 ❶

近年来，"两山"转化模式和机制丰富多样，各地积极探索"两山"转化路径，形成了"生态修复、生态农业、生态旅游、生态工业、'生态+'复合产业、生态市场、生态金融、生态补偿"等多种实践模式，生态环境导向的开发（EOD）模式是实现地区经济社会发展和生态环境保护融合共生的重要方式。生态环境导向的开发模式，是生态产品价值实现机制的重要体现，是指以生态文明思想为引领，以生态保护和环境治理为基础，以特色产业为支撑，以区域综合开发为载体，采取产业链延伸、联合经营、组合开发等方式，推动公益性较强、收益性较差的生态环境治理项目与收益较好的关联产业有效融合、统筹推进、一体化实施，开展EOD模式试点工作对于"十四五"期间深入践行"两山"理念具有重要而长远意义。

生态环境部、发展改革委、国家开发银行自2020年启动EOD模式试点工作，并于2021

---

❶ https://mp.weixin.qq.com/s/NxOPh9-JI9vN4QFCfmi_bw

年4月和2022年4月，先后批复了两批EOD模式试点项目共94个项目进入国家库，旨在将生态环境治理项目与资源、产业开发项目有效融合，解决生态环境治理缺乏资金来源渠道、总体投入不足、环境效益难以转化为经济收益等瓶颈问题。EOD模式试点项目主要分为水环境综合治理、流域综合治理、矿山修复、环境综合治理、荒漠化治理、农村人居环境整治、固体废物防治等7大类及湖泊生态治理、城乡水环境保护、生物多样性修复、农业废弃物等15小类。EOD模式试点项目引入产业时，选择原则强调"发展契合当地社会经济发展实际、生态环境关联度高、项目收益能力强的产业"，主要包括生态产业开发、环境敏感型产业集聚区开发、清洁能源三种。

专栏2-1　蓟运河（蓟州段）EOD项目

蓟运河EOD项目是国内首个将EOD模式应用到流域生态环境治理中的项目，具有典型的示范作用，项目实施周期为20年，标额约为65亿元，中交联合体作为中标社会资本方负责项目建设运营，目前已进入项目执行阶段（图1）。

该项目通过生态综合修复和片区综合开发两步走，实现盘活资产、资产增值和产业发展，彰显生态价值。其中，生态综合修复注重生态环境效益，实施以环秀湖湿地公园、于桥水库、州河湿地公园、青甸洼为重点的蓟州全域水系综合治理项目，以及以小龙扒等为重点的矿山修复项目，恢复自然生态系统的功能，盘活生态资产，增加生态产品的供给。片区综合开发是在生态环境修复后，发挥生态优势和资源优势，采取优化国土空间布局、调整土地用途等措施，导入大型文旅及康养基

生态需求	项目内容	融资方式	价值实现
全面改善蓟运河（蓟州段）全流域的生态环境，提升环境承载力。	主要包括水资源配置、蓄滞洪区综合整治、水污染防治、河库水系综合整治与生态修复、山区水土流失保护、流域智慧化管理等七大工程。**导入中国疏浚博物馆、国际会议中心、中心培训中心、国匠城、大型文旅及康养基地等产业及综合开发项目。**	采取**PPP商业模式**，确定合法投资建设主体，与政府指定的平台公司依法成立流域投资公司。项目回款来源包含了水系综合治理专项资金、土地资源收益、经营性资产收益、政府购买生态服务、多元产业收益与股权转让所得。	破解地区发展中环境治理与资金需求的矛盾，发挥政府和央企各自优势，促进资源和资本结合，实现企业投资改善环境，环境改善提升资源价值，**资源溢价反哺环境建设的良性循环**，打通了资源变资产、资产变资本的生态价值转化路径。

图1　蓟运河（蓟州段）EOD项目重点解析
（来源：https://mp.weixin.qq.com/s/NxOPh9-JI9vN4QFCfmi_bw）

地，打造区域会议中心、文旅景点，引入观光农业、康养、新能源等环境友好型项目，注重"环境+社会+经济"效益，以可持续的方式经营开发生态产品，将生态产品的价值附着于农产品、服务产品、工业品的价值中，转化为可以直接交易的商品，实现生态产品价值提升和价值外溢。

2.2 全面推进绿色发展转型

2.2.1 "十四五"引领经济绿色转型

2021年是"十四五"的开局之年。《中华人民共和国国民经济和社会发展第十四个五年规划和2035年远景目标纲要》提出，到2025年，生态文明建设实现新进步，生态环境持续改善；到2035年，生态环境根本好转，美丽中国建设目标基本实现。各部委围绕绿色发展在各个领域发布多项专项规划，例如《"十四五"建筑节能与绿色建筑发展规划》《绿色交通"十四五"发展规划》《"十四五"工业绿色发展规划》等。其中住房和城乡建设部印发的《"十四五"建筑节能与绿色建筑发展规划》，对"十四五"期间建筑节能与绿色建筑发展的基本原则、发展目标、重点任务和重要保障措施等提出了明确的要求，对于实现城乡建设领域节能减排目标，推动建筑业供给侧结构性改革具有重要意义。各项规划积极推动落实"十四五"纲要中的绿色发展任务目标，全面强化绿色发展在我国现代化建设全局中的战略地位。

此外，新时期发布的各项国家规划均涉及绿色低碳发展相关内容。在经济发展方面，2021年7月，国家发展改革委印发《"十四五"循环经济发展规划》，围绕促进循环经济发挥绿色降碳作用提出五大重点工程与六大重点行动。在能源节约方面，2021年6月，国家机关事务管理局与国家发展改革委印发《"十四五"公共机构节约能源资源工作规划》，深入推进"十四五"时期公共机构能源资源节约和生态环境保护工作高质量发展，开创公共机构节约能源资源绿色低碳发展新局面。各专项规划在指导思想、主要目标、实施措施等方面，充分体现出国家在"十四五"期间将绿色作为各领域高质量发展底色的理念，促进经济社会发展各方面的绿色转型（表2-2-1）。

除国家顶层规划外，各省、市、自治区结合自身实际，提出"十四五"期间绿色发展的目标要求与实施路径。天津市是京津冀协同发展的核心之一，具有优越的工业制造产业基础和强大产业基地辐射力，于2022年1月印发《天津市节能"十四五"规划》（津发改环资〔2022〕12号），指出天津市在节能方面着重建设绿色园区、绿色数据中心、燃煤减量

表2-2-1 各领域"十四五"绿色发展相关文件简要汇总

领域	名称	目标	印发时间
能源减排	《"十四五"新型储能发展实施方案》（发改能源〔2022〕209号）	到2025年，新型储能由商业化初期步入规模化发展阶段；到2030年，新型储能全面市场化发展	2022-01-29
	《关于完善能源绿色低碳转型体制机制和政策措施的意见》（发改能源〔2022〕206号）	到2030年，基本建立健全能源绿色低碳发展基本制度和政策体系，非化石能源逐步满足能源需求增量，能源安全保障能力全面增强	2022-02-10
资源节约	《"十四五"循环经济发展规划》（发改环资〔2021〕969号）	到2025年，循环型生产方式全面推行，绿色设计和清洁生产普遍推广，资源综合利用能力显著提升，资源循环型产业体系基本建立	2021-07-01
	《关于加快推动工业资源综合利用的实施方案》（工信部联节〔2022〕9号）	到2025年，大宗工业固废的综合利用水平显著提升，再生资源行业持续健康发展，工业资源综合利用效率明显提升	2022-01-27
	《"十四五"节水型社会建设规划》（发改环资〔2021〕1516号）	到2025年，节水型社会建设取得显著成效；到2035年，形成水资源利用与发展规模、产业结构和空间布局等协调发展的现代化新格局	2021-10-28
	《关于加快废旧物资循环利用体系建设的指导意见》（发改环资〔2022〕109号）	到2025年，废旧物资循环利用政策体系进一步完善，资源循环利用水平进一步提升	2022-01-17
绿色农业	《"十四五"推进农业农村现代化规划》（国发〔2021〕25号）	到2025年，农业基础更加稳固，乡村振兴战略全面推进，农业农村现代化取得重要进展	2022-02-11

清洁替代等低碳工程，结合工业城市基础促进产业结构、能源结构转型。在绿色能源与绿色工业方面，内蒙古结合自身天然的风能、太阳能等新能源优势，发布《内蒙古自治区"十四五"可再生能源发展规划》（内能新能字〔2022〕103号），鼓励开展低碳工业园区示范，并明确指出要大力提升可再生能源存储与消纳能力，设立到2030年可再生能源在能源消费的比重大幅提高，有效支撑清洁低碳、安全高效的能源体系建设的目标。福建省于2022年3月印发《冶金、建材、石化化工行业"十四五"节能降碳实施方案》（闽工信规〔2022〕1号），除了各项促进产业转型相关举措外，还强调对未完成节能降碳改造的项目坚决予以淘汰，从而增强本省冶金、建材、石化化工等优势行业的绿色低碳发展能力。

2.2.2 重点领域绿色化发展

（1）建筑领域

完善绿色建筑规范标准。2023年2月，住房和城乡建设部发布《绿色建筑评价标准（局部修订征求意见稿）》（以下简称《评价标准》），对2019年编制的《绿色建筑评价标准》GB/T 50378—2019进行了修订。《评价标准》主要针对资源节约和提高与创新两个章节进行了修改，此外还首次将建筑全寿命周期碳排放强度纳入指标当中。2021年10月，住房和城乡建设部发布《建筑节能与可再生能源利用通用规范》GB 55015—2021（以下简称《通用规范》），推广绿色建造方式。《通用规范》与过往标准规范等相比，具有更严格的建筑碳排放计算，更细化的可再生能源利用要求，更高的新建建筑节能设计水平、暖通空调系统效率和照明要求等特点。在绿色建材方面，2022年财政部等部门发布《关于扩大政府采购支持绿色建材促进建筑品质提升政策实施范围的通知》（财库〔2022〕35号），在总结过往经验的基础上逐步扩大范围，2025年实现政府采购工程项目政策实施的全覆盖，并鼓励将其他政府投资项目纳入实施范围。

建筑业数字化、智慧化发展。2022年3月，中国信息通信研究院联合建筑数字化行业代表企业，共同编制《数字建筑发展白皮书（2022年）》（以下简称《白皮书》）。《白皮书》中指出我国数字建筑发展处于初期阶段，面临关键技术缺失、应用渗透不足、生态建设不完善、高端人才缺失等挑战，但发展势态良好。未来我国数字建筑应当坚持以新一代信息技术为驱动，加快数字建筑技术攻关、应用推广、生态完善、人才培养，支撑城乡建设绿色发展和高质量发展战略目标。

（2）清洁能源

完善能源绿色低碳转型体制机制。2022年2月，国家发展改革委、国家能源局印发《关于完善能源绿色低碳转型体制机制和政策措施的意见》（发改能源〔2022〕206号），提出完善国家能源战略和规划实施的协同推进机制、完善引导绿色能源消费的制度和政策体系、建立绿色低碳为导向的能源开发利用新机制等十项主要任务，提出到2030年，基本建立完整的能源绿色低碳发展基本制度和政策体系，形成非化石能源既基本满足能源需求增量又规模化替代化石能源存量、能源安全保障能力得到全面增强的能源生产消费格局。

建设多元清洁的能源供应体系。近年来，我国立足基本国情和发展阶段，确立生态优先、绿色发展的导向，优先发展非化石能源，推进化石能源清洁高效开发利用，健全能源储运调峰体系，促进区域多能互补协调发展。推动太阳能多元化利用、全面协调推进风电开发、推进水电绿色发展、安全有序发展核电、因地制宜发展生物质能、地热能和海洋能，全面提升可再生能源利用率。加强能源储运调峰体系建设，统筹发展煤电油气多种能源输运方式，构建互联互通输配网络，打造稳定可靠的储运调峰体系，提升应急保障能力。

全面推进能源消费方式变革。2023年7月，习近平总书记主持召开中央全面深化改革委员会第二次会议，审议通过了《关于推动能耗双控逐步转向碳排放双控的意见》，强调要完善能源消耗总量和强度调控，从能耗双控逐步转向碳排放双控，加强碳排放双控基础能力建设，健全碳排放双控各项配套制度。推进分布式可再生能源发展，推行终端用能领域多能协同和能源综合梯级利用。

（3）绿色交通

绿色交通新标准新要求。2022年8月，交通运输部办公厅印发《绿色交通标准体系（2022年）》（交办科技〔2022〕36号），旨在通过标准体系建设推动绿色交通重点领域标准补短板、强弱项、促提升，系统推进80项绿色交通标准的制修订工作，提出到2025年，基本建立覆盖全面、结构合理、衔接配套、先进适用的绿色交通标准体系；到2030年，绿色交通标准体系进一步深化完善，绿色交通标准供给充分，标准体系及时动态更新。绿色交通标准体系的修订实施将进一步推动交通运输领域节能降碳，加快形成绿色低碳运输方式。

专栏2-2　成都"碳汇交通"[1]

成都以举办大运会为契机，以"赛事侧"交通保障联动"城市侧"交通运输结构调整，加快构建"结构合理、低碳环保、智慧高效"的超大城市绿色交通体系。成都充分利用现有公共交通资源，大运村到中心城区场馆交通90%使用新能源车，大运村内部100%使用新能源摆渡车。同时，成都地铁APP计划上线"碳惠交通"活动，乘客可通过线上参加活动获取绿行积分，用于兑换地铁、公交免费出行单次卡，共享单车骑行优惠券等，引导广大市民绿色错峰出行，减轻赛事和城市交通压力。

据成都生态环境局表示，在全面落实源头减排措施后，成都大运会实现减少碳排放约2.6万t，成都大运会赛事筹备、举办、赛后全过程碳排放量约37万t，并由国家核证碳减排量、林业碳汇和"碳惠天府"机制碳减排量的方式进行全部抵消，成为西部地区首个实现碳中和的体育赛事。

（4）资源节约

大力推动工业资源综合利用。2022年1月，工业和信息化部、国家发展改革委等八部门联合发布《关于加快推动工业资源综合利用的实施方案》（工信部联节〔2022〕9号），明确到2025年，钢铁、有色、化工等重点行业工业固废产生强度下降，大宗工业固废的综合利用水平显著提升，再生资源行业持续健康发展，工业资源综合利用效率明显提升。方案从工业固废综合利用、再生资源高效循环、工业资源综合运用三个角度，提出十七项工业生产过程中资源节约的路径手段与具体要求。

完善废旧物资循环利用体系。2022年1月，国家发展改革委等七部门印发《关于加快废旧物资循环利用体系建设的指导意见》（发改环资〔2022〕109号）（以下简称《指导意见》），着重强调要加快完善废旧物资回收网络，提升再生资源分拣加工利用水平，促进

---

[1] https://new.qq.com/rain/a/20230613A09GMM00

二手商品规范流通，全面提升全社会资源利用效率，提出到2025年，废旧物资循环利用政策体系进一步完善，资源循环利用水平进一步提升的目标。《指导意见》对于完善我国废旧物资循环利用体系，提高资源循环利用水平，全面推动再生资源的发展具有重要意义。

（5）产业发展

优化调整产业结构。《中华人民共和国国民经济和社会发展第十四个五年规划和2035年远景目标纲要》中明确要推进产业基础高级化、产业链现代化，构建实体经济、科技创新、现代金融、人力资源协同发展的现代产业体系。实施创新驱动发展战略，把科技创新作为调整产业结构、促进经济社会绿色低碳转型的动力和保障，战略性新兴产业成为经济发展的重要引擎，经济发展的含金量和含绿量显著提升。大力发展绿色低碳产业，持续培育壮大节能环保、清洁能源、清洁生产等产业，深入推动互联网、大数据、人工智能等新兴技术与绿色低碳产业深度融合，建设绿色制造体系和服务体系。

优化产业区域布局。2021年12月，工业和信息化部、国家发展改革委等10部门联合印发《关于促进制造业有序转移的指导意见》（工信部联政法〔2021〕215号），优化生产力空间布局，维护产业链供应链安全稳定，加快构建新发展格局。优化区域布局需要充分发挥各地区比较优势，依托资源环境禀赋和产业发展基础，探索建立和完善利益共享机制，形成协调联动、优势互补、共同发展的新格局。通过产业转移和地区协作，在破解产业发展资源环境约束的同时，为东部发展高新产业腾出空间、促进中西部欠发达地区工业化和城镇化进程，增强区域发展的平衡性和协调性。

2.2.3 新型城镇化质量提升

我国坚持以创新、协调、绿色、开放、共享的发展理念为引领，以人的城镇化为核心，让新型城镇化建设站在新起点、取得新发展。2022年末，全国常住人口城镇化率达到65.22%，城镇化水平和质量大幅提升。近年来，我国城镇化工作重心从传统城镇化的高效率建设逐渐转移到更符合新时代的以人为本的高质量建设上，优化产业布局、调整用地结构，推进绿色低碳，通过以"提升质量"为内容和抓手的发展模式和发展战略的转型，完成从"人口城镇化"向"人的城镇化"的核心转变，实现绿色、集约和低碳发展。2022年6月，国家发展改革委印发《"十四五"新型城镇化实施方案》（发改规划〔2022〕960号）（以下简称《方案》）。《方案》分析了"十四五"时期城镇化发展面临的问题挑战和机遇动力，提出到2025年，全国常住人口城镇化率稳步提高、"两横三纵"城镇化战略格局全面形成、超大特大城市中心城区非核心功能有序疏解、城市可持续发展能力明显增强等五项主要建设目标，为建立系统完备、科学规范、运行有效的城市治理体系，增强城镇治理能力提供行之有效的方案建议（图2-2-1）。

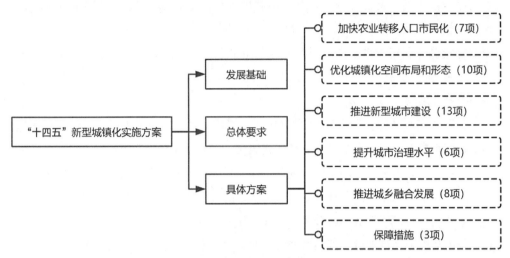

图2-2-1 《"十四五"新型城镇化实施方案》主要框架
(来源：编制组自绘)

（1）促进区域协调发展

我国区域发展存在着南北、东西、城乡不平衡，需要推动形成优势互补高质量发展的区域经济布局。党的十八大以来，党中央提出了京津冀协同发展、长江经济带发展、粤港澳大湾区建设、长三角一体化发展等区域重大战略、区域协调发展战略，不断在发展中促进相对平衡、区域协调。2022年3月，国家发展改革委印发《2022年新型城镇化和城乡融合发展重点任务》，提出积极推进京津冀协同发展，有序推进粤港澳大湾区建设，提升长三角一体化发展水平；制定出台成渝地区双城经济圈建设年度工作要点；印发实施长江中游、北部湾、关中平原城市群发展"十四五"实施方案。党的二十大报告指出："促进区域协调发展，深入实施区域协调发展战略、区域重大战略、主体功能区战略、新型城镇化战略，优化重大生产力布局，构建优势互补、高质量发展的区域经济布局和国土空间体系。"

专栏2-3　成渝双城经济圈建设

2021年10月国务院印发《成渝地区双城经济圈建设规划纲要》，要求成渝紧紧抓住双城经济圈建设契机，走出西南大型城市特色的新型城镇化道路。四川省与重庆市政府先后制定并发布推动成渝地区双城经济圈建设的行动方案，积极响应国家部署的九项重点任务，围绕"十项行动"推进"四重清单"，引领双城经济圈成为西南地区高质量发展重要的增长极。除注重经济协同发展外，协作推进生态保护也是工作重点之一，成渝双城推动生态共建、环境共保，在空间、产业、交通、能源"四大结构"方面推进可持续、高质量建设。遵循协同发展、合作共建发展理念的成渝双城经济圈为成渝地区新一轮发展赋予了全新优势、创造了重大机遇，为我国新时代新型城镇化发展开辟了新道路（图1）。

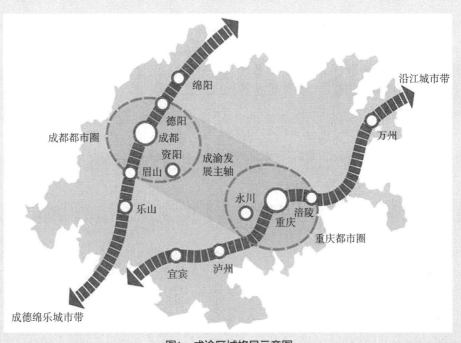

图1 成渝区域格局示意图
（来源：http://scrss.net/news/html/?886.html）

（2）以人为本城镇绿色发展

新型城镇化的核心是以人为本，强调人口集聚、"市民化"和公共服务协调发展。近两年我国从各个方面密切关注城市中"人"的发展，为增强人民幸福感、提升城市整体居住环境开展多项工作。

在新型智慧城市方面，2022年，住房和城乡建设部发布《关于公布智能建造试点城市的通知》（建市函〔2022〕82号），将北京市、雄安新区等24个城市列为智能建造试点城市，试点建设期3年。由国家信息中心牵头组织制定的新版国家标准《新型智慧城市评价指标》GB/T 33356—2022于2023年5月1日起正式实施，与旧版相比首次针对县及县级市的新型智慧城市建设明确评价指标。标准面向地级及以上城市，包含评价指标体系、指标说明和指标权重，共包含9项一级指标，29项二级指标，62项二级指标分项，为各地建

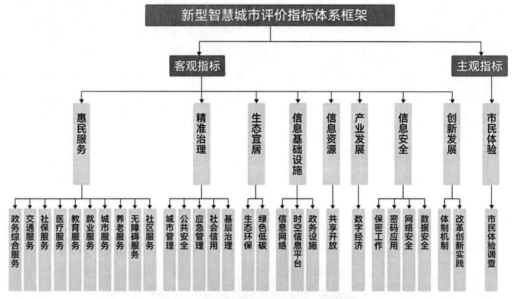

图2-2-2　新型智慧城市评价指标体系框架
（来源：http://www.sic.gov.cn/News/567/11699.htm）

设新型智慧城市的规划、设计、实施、运营与持续改进等环节提供了针对性的提升参考（图2-2-2）。

在城市公共绿地方面，2023年1月，住房和城乡建设部办公厅发布《关于开展城市公园绿地开放共享试点工作的通知》（建办城函〔2023〕31号）等。试点任务旨在将政策文件中的项目落到实地进行实践，从实践中得到成果与教训，形成可复制、可推广的经验，围绕新型城镇化领域的重点难点问题，加强体制机制创新和政策突破，不断创造实践经验和改革成果。此外国家还积极开展"口袋公园"的建设，住房和城乡建设部办公厅2022年发布《关于推动"口袋公园"建设的通知》（建办城函〔2022〕276号），从提高认识、制定实施方案、加强工作指导和加强宣传总结四个方面全面提升"口袋公园"建设的效率与质量。

在城市生活方面，2021年住房和城乡建设部办公厅发布《关于开展第一批城市更新试点工作的通知》（建办科函〔2021〕443号，将北京、唐山等21个城市列入第一批试点清单；2022年基于试点城市的创建经验，印发《关于印发〈实施城市更新行动可复制经验做法清单（第一批）〉的通知》（建办科函〔2022〕393号），供各地借鉴城市更新统筹谋划机制、可持续模式和配套支持政策等。2022年4月，中央宣传部、国家民委、共青团中央等17部门联合印发《关于开展青年发展型城市建设试点的意见》，提出青年发展型城市建设的指导思想、基本原则、适用范围和目标任务，围绕促进青年高质量发展，让城市对青年更友好。2023年，商务部等13部门印发《关于印发〈全面推进城市一刻钟便民生活圈建设三年行动计划（2023—2025）〉的通知》（商办流通函〔2023〕401号），聚焦补齐基本保障类业态、发展品质提升类业态，优化社区商业网点布局，改善社区消费条件，提升居民生活品质。

（3）县域经济与乡村振兴

县城是中国城镇体系的重要组成部分，是城乡融合发展的关键支撑。2022年5月，国务院办公厅印发《关于推进以县城为重要载体的城镇化建设的意见》（以下简称《意见》），对县城建设的指导思想、工作要求及其发展目标作出明确的战略部署。《意见》中合理确定不同类型县城发展路径，重点推进培育特色优势产业、优化市政设施体系、强化公共服务补给等工作，对促进新型城镇化建设、构建新型工农城乡关系具有重要意义。

2004年至2023年间，中央一号文件均以"三农"问题为主题，体现其在中国社会主义现代化时期有着"重中之重"的地位。农业农村在我国县域经济社会结构中占据较大比重，县域经济在带动农业农村长期发展方面具有重要作用。2021年12月，国务院办公厅印发《农村人居环境整治提升五年行动方案（2021—2025年）》，致力于推动全国农村人居环境从基本达标迈向提质升级。2021年12月29日，国务院印发《加快农村能源转型发展助力乡村振兴的实施意见》（国能发规划〔2021〕66号），强调农村地区能源绿色转型发展。2022年1月，中央网信办、农业农村部等十部门印发《数字乡村发展行动计划（2022—2025年）》，部署了数字基础设施升级、智慧农业创新发展、数字治理能力提升等8个方面的重点行动。2022年4月，文化和旅游部、教育部等五部门联合印发《关于推动文化产业赋能乡村振兴的意见》（文旅产业发〔2022〕33号），明确到2025年，文化产业赋能乡村振兴的有效机制基本建立，推动实施一批具有较强带动作用的文化产业赋能乡村振兴重点项目，从农村人居环境整治提升、乡村基础设施建设到塑造乡村精神风貌，充分建设宜居宜业和美乡村，为全面推进乡村振兴、加快农业农村现代化指明了前进方向。

2.2.4 新理念开展落地实践

（1）完整社区

"完整社区"的概念最早由我国两院院士吴良镛先生提出，其不仅包括住房问题，还包括服务、治安、卫生、教育、对内对外交通、娱乐、文化公园等多方面。2022年1月，《完整居住社区建设指南》（建办科〔2021〕55号）发布，指导各地统筹推进完整居住社区建设工作（图2-2-3）。2022年10月，住房和城乡建设部办公厅、民政部办公厅正式印发《关于开展完整社区建设试点工作的通知》（建办科〔2022〕48号）（以下简称《通知》），聚焦群众关切的"一老一幼"设施建设，聚焦为民、便民、安民服务，打造一批安全健康、设施完善、管理有序的完整社区样板。《通知》中涵盖了四点主要具体做法：完善社区服务设施、打造宜居生活环境、推进智能化服务与健全社区治理机制，从社区硬件、软件两方面下手，将试点社区建立成实现完整社区理念的示范先锋。

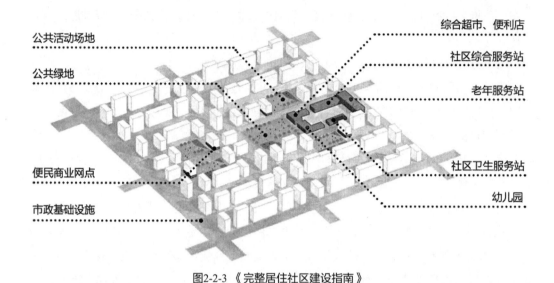

图2-2-3 《完整居住社区建设指南》
（来源：https://www.gov.cn/zhengce/zhengceku/2022-01/12/5667815/files/a84ca3d812e54074a43e332f3cc18eca.pdf）

    各地积极响应政策，结合城镇老旧小区、老旧街区、城中村改造等工作，统筹推动完整社区建设试点，因地制宜探索建设方法、创新建设模式、完善建设标准，以点带面提升完整社区覆盖率。上海市以"小规模、低影响、渐进式、适应性"模式构建15分钟生活圈，引导社区规划师、设计师与居民共同推进社区公共服务设施、公共空间的微更新、小改善，建设了一批安全健康、设施完善、管理有序的完整居住社区；厦门市推动完整社区建设，开展"美丽厦门共同缔造"试点行动，形成"六有、五达标、三完善"的完整社区指标体系，以完善功能为核心，对标完整社区，结合区域实际，完善社区基本公共服务设施、便民商业服务设施、市政配套基础设施和公共活动空间，推进基础设施绿色化，营造社区宜居环境，探索创新基层社会治理的方法和路径，改善了社区环境和服务品质（图2-2-4）。

    推动完整社区的建设对于绿色社区与绿色城市的打造具有重要意义。一方面有助于提升居民生活质量和品质。完整社区重点从保障社区老年人、儿童的基本生活出发，积极完善配套养老、托幼等基本生活服务设施的标准，促进公共服务均等化。另一方面有助于提升城市基层治理能力。建设完整居住社区，是从微观角度出发构建规模适宜、功能完善的基本细胞，从而优化调整城市结构、完善城市功能、激发城市活力，有效促进解决"城市病"问题，推动城市转型发展。

（2）儿童友好城市

    建设儿童友好城市，寄托着人民对美好生活的向往，事关广大儿童成长发展和美好未来，建设儿童友好成为城市高质量发展的重要标识。2021年9月30日，国家发展改革委、国务院妇儿工委办公室等23部门发布《关于推进儿童友好城市建设的指导意见》（发改社

图2-2-4　福建厦门完整社区建设案例——深田社区
（来源：https://mp.weixin.qq.com/s/0swDdxXWhpV0VHOw8ObUoA）

会〔2021〕1380号）（以下简称《意见》），指出到2025年，通过在全国范围内开展100个儿童友好城市建设试点，在社会政策、公共服务、权利保障、成长空间、发展环境等方面充分体现儿童友好。

《意见》提出以后，各城市积极开展儿童友好城市创建先行工作，着力解决当前城市中存在的问题，建立儿童友好城市建设小组。至2023年5月，已有两批共54座城市入选建设国家儿童友好城市名单。河南郑州发布《郑州市儿童友好城市建设方案》《郑州市儿童友好城市规划建设技术导则（试行）》等，为用"一米高度"看城市制定了"郑州标准"，并出台《2023年度郑州市儿童友好城市建设工作要点》，设置2023年重点推动儿童友好城市建设工作40项；2023年5月，雄安新区入选第二批儿童友好城市建设试点，先后发布《雄安新区儿童友好城市建设实施方案》《推进雄安新区儿童友好城市建设倡议书》，从顶层设计规划上，全面导入儿童友好概念，将"一米高度看城市、看世界、看未来"理念融入新区规划建设发展全领域、全周期；在实践层面，推进开放共享的儿童友好社区空间建设，进行适儿化改造，以社区末端服务为切入点，有力有序推动儿童友好示范区建设工作。同时，探索儿童发展与片区建设发展同步规划、同步实施，致力建设具有新区特色的儿童友好城市。

2022年9月，国家发展改革委等部门联合印发《城市儿童友好空间建设导则（试行）》，在城市、街区和社区三个层级上分别提出儿童友好空间建设体系，明确各个层级在不同建设场景下应实现的多项目标、具体建设内容与要求。为保障儿童友好空间建设的质量与效果，导则中还提出制定建设方案、开展试点建设、完善建设指引、实施动态评估、保障儿童参与、强化宣传引导六项实施保障，为儿童友好空间建设的全流程提供指导意见。

2.3 "双碳"战略逐步落地实施

2.3.1 顶层设计日趋完善

我国一贯高度重视应对气候变化，坚持减缓和适应气候变化并重，持续实施积极应对气候变化国家战略。"十四五"规划和2035年远景目标纲要明确提出"加强全球气候变暖对我国承受力脆弱地区影响的观测和评估，提升城乡建设、农业生产、基础设施适应气候变化能力"等适应气候变化工作要求。2022年6月，生态环境部等17部门印发《国家适应气候变化战略2035》（环气候〔2022〕41号），提出新时代我国适应气候变化工作的主要目标，依据各领域、区域对气候变化不利影响和风险的暴露度和脆弱性，明确了我国适应气候变化工作重点领域、区域格局和保障措施。

目前，我国已建立碳达峰碳中和"1+N"政策体系，各省区市积极落实国家要求，制定了本地区碳达峰实施方案，总体上已构建起目标明确、分工合理、措施有力、衔接有序的碳达峰、碳中和政策体系。党的二十大报告中强调，"立足我国能源资源禀赋，坚持先立后破，有计划分步骤实施碳达峰行动""完善能源消耗总量和强度调控，重点控制化石能源消费，逐步转向碳排放总量和强度'双控'制度"。为顺利推动碳达峰、碳中和目标实现，国家部署了十大方面的重点行动，并配套各类保障措施，涵盖社会生活的各方面。

在能源绿色低碳转型行动方面，2022年，国家发展改革委、国家能源局印发《关于完善能源绿色低碳转型体制机制和政策措施的意见》《氢能产业发展中长期规划（2021—2035年）》等多个意见与规划，提出指导方针、主要原则和发展目标的同时，也指出实现社会主义现代化能源碳达峰方面的实现路径。此外，国家能源局、工业和信息化部门等发布《能源碳达峰碳中和标准化提升行动计划》，在能源减排方面为加快构建现代能源体系、推动能源高质量发展起到了重要作用。

在工业减排方面，工业和信息化部于2021年底至2023年初发布了《关于促进钢铁工业高质量发展的指导意见》《工业能效提升行动计划》《关于印发工业领域碳达峰实施方案的通知》等十余项相关文件，以深化供给侧结构性改革为主线，以重点行业达峰为突破，着力构建绿色制造体系，提高资源能源利用效率，推动数字化智能化绿色化融合，扩大绿色低碳产品供给，加快制造业绿色低碳转型和高质量发展。

在城乡减排方面，住房和城乡建设部、农业农村部、国家发展改革委等多部门针对城乡建设领域先后发布了《城乡建设领域碳达峰实施方案的通知》《农业农村减排固碳实施方案》《建设国家农业绿色发展先行区 促进农业现代化示范区全面绿色转型实施方案》《建材行业碳达峰方案》等文件，坚持因地制宜，区分城市、乡村、不同气候区，科学确定节能降碳要求，统筹推进城乡双碳工作。

在交通减排方面，交通运输部从规划政策体系、技术标准体系等多个层面推进绿色交通发展。《数字交通"十四五"发展规划》指出要强化资源要素节约集约利用，推动交通运输绿色低碳转型；《绿色交通"十四五"发展规划》提出大幅提升交通运输绿色发展水平，不断降低二氧化碳排放强度、削减主要污染物排放总量，加快形成绿色低碳运输方式；印发《绿色交通标准体系（2022年）》，在2016年版本基础上进行增补和修订，共收录242项绿色交通国家标准和行业标准，包括综合交通运输和公路、水路领域与绿色交通发展直接相关的技术标准和工程建设标准。此次还列出了与交通运输行业节能降碳、污染物排放和生态环境保护密切相关的国家标准、生态环境行业标准43项，以促进绿色标准的协同实施。

在科技创新方面，国家能源局、科技部等于2022年发布了《科技支撑碳达峰碳中和实施方案（2022—2030年）》，提出要进一步研究突破一批碳中和前沿和颠覆性技术，形成一批具有显著影响力的低碳技术解决方案和综合示范工程，建立更加完善的绿色低碳科技创新体系。

在碳汇方面，国家市场监管总局于2021年底印发《林业碳汇项目审定和核证指南》，有效指导和规范审定和核证人员对林业碳汇项目的审定和核证工作，确保进入我国温室气体自愿减排交易市场的林业碳信用的真实性和有效性，为林业碳汇项目实现"双碳"目标提供保障；自然资源部于2023年初印发《海洋碳汇核算方法标准》，促进海洋碳汇发展，开发海洋负排放潜力，解决海洋碳汇的量化问题和价值确定问题。

各项政策、行动的实施将带动低碳技术和清洁能源产业的发展，促进经济结构转型和创新升级，为中国经济可持续发展和绿色转型提供新的增长动力和发展机遇（表2-3-1）。

表2-3-1 "双碳"行动政策文件

领域	发布单位	名称	时间
能源绿色低碳转型行动	国家发展改革委 国家能源局	关于完善能源绿色低碳转型体制机制和政策措施的意见	2022-01-30
	国家发展改革委 国家能源局	氢能产业发展中长期规划（2021—2035年）	2022-03-23
	国家能源局	能源碳达峰碳中和标准化提升行动计划	2022-09-20
	国家发展改革委	关于进一步做好新增可再生能源消费不纳入能源消费总量控制有关工作的通知	2022-11-16

续表

领域	发布单位	名称	时间
节能降碳增效行动	国家发展改革委等五部门	关于严格能效约束推动重点领域节能降碳的若干意见	2021-10-18
	国家发展改革委等四部门	高耗能行业重点领域节能降碳改造升级实施指南（2022年版）	2022-02-03
	生态环境部等七部门	减污降碳协同增效实施方案	2022-06-10
	国家发展改革委等五部门	重点用能产品设备能效先进水平、节能水平和准入水平（2022年版）	2022-11-10
工业领域碳达峰行动	工信部 国家发展改革委 生态环境部	关于促进钢铁工业高质量发展的指导意见	2022-01-20
	工信部 国家发展改革委	关于化纤工业高质量发展的指导意见	2022-04-21
	工信部 国家发展改革委	关于产业用纺织品行业高质量发展的指导意见	2022-04-22
	工信部等五部门	关于推动轻工业高质量发展的指导意见	2022-06-20
	工信部等六部门	工业水效提升行动计划	2022-06-21
	工信部等六部门	工业能效提升行动计划	2022-06-29
	工信部 国家发展改革委 生态环境部	关于印发工业领域碳达峰实施方案的通知	2022-07-07
	工信部等七部门	信息通信行业绿色低碳发展行动计划（2022—2025年）	2022-08-22
	工信部	加快电力装备绿色低碳创新发展行动计划	2022-08-29
	工信部等三部门	有色金属行业碳达峰实施方案	2022-11-15
城乡建设碳达峰行动	中共中央办公厅 国务院办公厅	关于推动城乡建设绿色发展的意见	2021-10-21
	住房和城乡建设部 国家发展改革委	城乡建设领域碳达峰实施方案	2022-06-30
	农业农村部 国家发展改革委	农业农村减排固碳实施方案	2022-06-30
	农业农村部	建设国家农业绿色发展先行区 促进农业现代化示范区全面绿色转型实施方案	2022-09-28
	财政部	关于扩大政府采购支持绿色建材促进建筑品质提升政策实施范围的通知	2022-10-24
	工信部等四部门	建材行业碳达峰方案	2022-11-02
交通运输绿色低碳行动	交通运输部	交通领域科技创新中长期发展规划纲要（2021—2035年）	2022-03-28
	交通运输部	绿色交通标准体系（2022年）	2022-08-18
	工业和信息化部	关于加快内河船舶绿色智能发展的实施意见	2022-09-28
循环经济助力降碳行动	国家发展改革委	关于组织开展可循环快递包装规模化应用试点的通知	2021-12-08
	工信部	工业废水循环利用实施方案	2021-12-29
	工信部等八部门	关于加快推动工业资源综合利用的实施方案	2022-01-27
	国家发展改革委	关于加快推进废旧纺织品循环利用的实施意见	2022-04-11
	国家发展改革委	关于加强县级地区生活垃圾焚烧处理设施建设的指导意见	2022-11-28

续表

领域	发布单位	名称	时间
绿色低碳科技创新行动	科技部等九部门	科技支撑碳达峰碳中和实施方案（2022—2030年）	2022-08-18
碳汇能力巩固提升行动	国家市场监管总局 国家标准化管理委员会	林业碳汇项目审定和核证指南 GB/T 41198—2021	2021-12-31
	自然资源部	海洋碳汇经济价值核算方法	2022-02-21
绿色低碳全民行动	教育部	加强碳达峰碳中和高等教育人才培养体系建设工作方案	2022-05-07
	教育部	绿色低碳发展国民教育体系建设实施方案	2022-11-08

2.3.2 多维度助力碳减排

2.3.2.1 建立健全全国碳交易市场

（1）全国碳市场"扩容"启动

全国碳排放权交易市场是利用市场机制控制和减少温室气体排放，推动绿色低碳发展的一项制度创新，也是落实我国30·60碳达峰碳中和目标的重要政策工具。全国碳市场自2021年7月正式启动，已成为全球覆盖排放量规模最大的碳市场。截至2023年5月底，全国碳市场累计交易量达到2.36亿t，交易额近108亿元。

2021年，我国完成全国碳市场第一个履约周期（2019—2020）的清缴工作，2023年须完成第二个履约周期配额清缴。经过第一个履约周期（2019—2020）的建设和运行，全国碳市场已建立起基本的框架制度，打通各关键流程环节，初步发挥碳价发现机制作用，有效提升企业减排温室气体和加快绿色低碳转型的意识和能力，实现了预期目标。

目前全国碳市场的参与主体为发电行业，包括2000多家企业，其他控排行业和非履约机构尚未进入。按照生态环境部先前对全国碳市场新增、管控行业"成熟一个、批准发布一个，逐步扩大市场覆盖范围"的原则，钢铁、石化等七个重点排放行业也将逐步纳入全国碳市场，充分发挥市场机制在控制温室气体排放、促进绿色低碳技术创新、引导气候投融资等方面的重要作用。

（2）设立首个国家级绿色交易所

2023年2月，"北京城市副中心建设国家绿色发展示范区——打造国家级绿色交易所启动仪式"在通州区举行，标志着唯一一个国家级绿色交易所——北京绿色交易所正式落户北京城市副中心。北京绿色交易所作为全国温室气体自愿减排（CCER）交易中心，聚焦强化碳定价、碳量化和碳金融三大核心能力，打造双碳管理公共平台和国家级绿色金融基础设施，建立反映企业和项目排放量的碳账户体系，创新绿色债券等金融产品和服务，促进"一带一路"绿色产业绿色项目合作，服务国家绿色发展示范区建设，助力国家高质量发展和双碳目标实现。

绿色交易所的设立，有利于充分利用市场手段控制和减少温室气体排放、优化碳排放资源配置、降低全社会减排成本、带动绿色低碳产业发展，为处理好经济发展与碳减排的关系提供有效途径。具体体现为以下两点：一是使碳定价逐步接近其社会成本，由排放主体承担成本，同时通过强化信息披露要求，让排放主体接受社会公众监督；二是稳步降低绿色溢价，推动绿色转型，从成本上使企业、家庭愿意选择用绿色能源。

（3）CCER市场重启在即

2012年，在清洁发展机制CDM发展受限的情况下，我国开始着手建立国内碳交易市场体系和自愿核证减排机制，但由于前期碳市场不成熟、CCER项目不规范、CCER参与意愿低、供过于求等问题，2017年3月，国家发展改革委暂缓申请CCER。

"双碳"目标提出以后，我国加快推动经济社会各领域绿色低碳转型，各行业排放企业减排降碳意识逐步提升。随着全国碳市场启动并将CCER纳入交易范围，全国控排企业及自愿减排企业对CCER的需求快速激增，同时，结合碳市场扩容和碳配额缩紧的预期，以及欧盟碳关税等外部因素，社会各界对全国CCER市场重启的呼声高涨。

2023年以来，中国CCER市场主管部门加快CCER市场重启各项准备工作，并多次释放信号表示加快CCER市场的年内重启。4月，生态环境部发布《关于公开征集温室气体自愿减排项目方法学建议的函》，向全社会公开征集温室气体自愿减排项目方法学建议；7月，生态环境部联合市场监管总局发布《温室气体自愿减排交易管理办法（试行）》，并面向全社会公开征求意见；9月，生态环境部部长黄润秋主持召开部务会议，审议并原则通过《温室气体自愿减排交易管理办法（试行）》；10月，生态环境部相继公布《温室气体自愿减排交易管理办法（试行）》以及第一批四类CCER项目方法学，基本扫清了CCER市场重启的政策和制度障碍。后续，待生态环境部和市场监管总局批准项目审定与核查机构，以及上线全国统一的注册登记系统和交易系统后，全国CCER市场即可正式启动。

2.3.2.2 建立排放监督与奖惩制度

（1）扩大ESG覆盖范围

ESG是Environmental（环境）、Social（社会）和Governance（治理）的缩写，是一种关注企业环境、社会、公司治理绩效而非传统财务绩效的投资理念和企业评价标准。目前，全球已经有26家证券交易所强制要求企业每年披露ESG信息。近年来，随着我国"两山"理念逐步深入人心、共同富裕工作逐步推进，ESG理念愈发受国内上市企业重视，也逐步形成具有我国特色的ESG评估标准。相比于财务报告，ESG更全面地衡量企业发展的可持续性，有助于深刻展现企业对于新发展理念的贯彻落实，并在完成经济效益之外，积极地为社会可持续发展而做出努力。

2022年3月，国务院国资委成立科技创新局、社会责任局，强调要鼓励企业积极践行ESG理念，主动适应、引领国际规则标准制定，更好推动可持续发展。两局的成立推动加快构建接轨国际、符合国情的ESG评级体系，建设世界一流企业。2022年5月，国资委制定印发《提高央企控股上市公司质量工作方案》，对提高央企控股上市公司质量工作作出部署，要贯彻落实新发展理念，探索建立健全ESG体系，推动更多央企控股上市公司披露ESG专项报告，力争到2023年相关专项报告披露"全覆盖"。中国上市公司协会数据显示，超过1700家上市公司单独编制并发布2022年ESG相关报告，占比34%。较上年的1112家ESG披露企业，净增近600家，ESG逐步成为中国企业可持续发展的"风向标"。探索适合中国企业自身的ESG治理体系，让ESG融入企业发展的脉络，成为企业高质量发展的底色，未来各行业将加快推进ESG原始创新能力提升和重大关键技术突破，助力我国绿色产业转型升级和高质量发展。

（2）探索建立碳普惠制度

碳普惠是以生活消费为场景，为公众、社区、中小微企业绿色减碳行为赋值的激励机制，通过建立商业激励、政策激励和核证减排量交易等公众低碳行为正向引导机制，链接消费端减排和生产端减排。在碳普惠制度下，公众及小微企业低碳行为形成的减排量，能够抵消自身碳排放、参与碳交易或转化为其他更为多元的激励，是生活消费端减碳的重要方式。

2022年1月，国家发展改革委等部门印发《促进绿色消费实施方案》（发改就业〔2022〕107号），明确提出探索实施全国绿色消费积分制度，鼓励地方结合实际建立本地绿色消费积分制度，在政府主导的低碳转型治理框架下，发挥市场机制作用，形成对消费者和其他市场参与主体的有效激励约束机制。近两年，广东、上海、北京、成都、福建、湖北、重庆、浙江等对于碳普惠的市场机制进行了一些探索。2021年7月，苏州市作为工业城市和国家低碳试点城市，成为全国首个建立碳账本的城市，苏州高新区设立了绿普惠碳中和促进中心；2022年3月，浙江碳普惠应用上线，并在全省范围推广，将碳普惠制与节能减排相关政策制度结合，充分利用市场化的补充激励作用，发挥政策的最大功效；广东省自2015年首创提出并成功运营碳普惠制后，目前已有完整的碳普惠政策体系（图2-3-1）

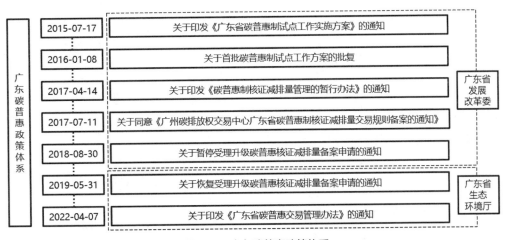

图2-3-1　广东碳普惠政策体系
（来源：https://iigf.cufe.edu.cn/info/1012/5097.htm）

与涵盖能源、碳汇、日常生活等方面的方法学。广东省在碳普惠制度基础上进行个人减排量交易的探索，2023年2月，广州市生态环境局发布《广州市碳普惠自愿减排实施办法》，提出鼓励自然人、法人或非法人组织购买广州市碳普惠自愿减排量，同时鼓励金融机构探索开设个人碳账户、发行碳信用卡等。

2.3.3 以点带面扩大实践

（1）深圳市碳普惠应用

深圳市作为全国第一批碳排放权交易试点城市，率先深入推进应对气候变化的普惠性工作，2021年7月，深圳公布了国内首个生态环境保护全链条法规——《深圳经济特区生态环境保护条例》，指出政府应当建立碳普惠机制，推动建立本市碳普惠服务平台，对小微企业、社区家庭和个人的节能减排行为进行量化，施行政策鼓励与市场激励。2021年11月，深圳市政府办公厅正式发布《深圳碳普惠体系建设工作方案》，致力于构建全民参与且持续运营的碳普惠体系，"深圳碳普惠模式"第一次有了体系化实施规划。

2022年6月，由南方电网深圳供电局、深圳市生态环境局和深圳排放权交易所联合打造的国内首个居民低碳用电"碳普惠"应用上线（图2-3-2）。项目以深圳市生态环境局发布的《深圳市居民低碳用电碳普惠方法学（试行）》为依据，根据家庭用电量进行换算，得出居民家庭减排量等信息，并根据减排量给予个性化标志勋章、"绿色小区"荣誉称号、兑换公益权益等一系列奖励措施，对碳排量高的家庭推送低碳用能小技巧，引导用户绿色低碳生活。居民低碳用电"碳普惠"应用是深圳碳普惠体系建设工作的一个新尝试，据统计，深圳居民用电量约占深圳总用电量的16%，是"碳普惠"生态中的重要一环。

（2）大型活动碳中和

大型活动碳中和是指活动组织者在大型活动的筹备阶段制订碳中和实施计划，在举

图2-3-2 深圳市低碳用电"碳普惠"应用界面
（来源：应用截图）

办阶段开展减排行动，在收尾阶段核算温室气体排放量并采取抵消措施完成碳中和。2021年7月，北京出台《大型活动碳中和实施指南》DB 11/T 1862—2021，规定了北京市大型活动中碳中和实施计划、减排行动实施、温室气体核算、碳中和实现、评价与声明，为大型活动碳中和提供了操作指引。

2022年北京冬奥会成为历史上首个实现"碳中和"的冬奥会。北京冬奥会的低碳管理包括碳减排与碳抵消两方面。北京冬奥组委在公布的《北京2022年冬奥会和冬残奥会低碳管理工作方案》中，提出了北京冬奥会从低碳场馆、低碳能源、低碳交通和北京冬奥组委在行动方面采取的18项碳减排措施。通过冬奥组委低碳办公、低碳交通、低碳能源、低碳场馆等措施，最大限度进行碳减排（图2-3-3）。对无法避免及无法减排的排放量采取碳抵消措施，确保北京冬奥会碳中和目标顺利实现。通过使用大量光伏和风能发电、地方捐赠林业碳汇、企业赞助核证碳减排量等方式，圆满兑现北京冬奥会实现碳中和的承诺。

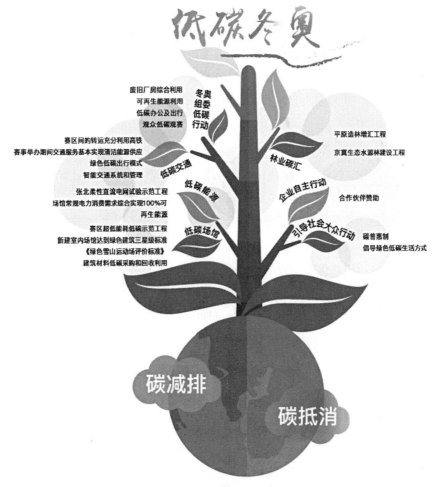

图2-3-3　北京冬奥会低碳管理方案

（来源：https://img76.hbzhan.com/4/20220211/637801664971831952783.pdf）

北京冬奥会有世界上第一座采用二氧化碳跨临界直冷系统制冰的大道速滑馆，国家速滑馆"冰丝带"碳排放趋近于零；全部场馆达到绿色建筑标准、常规能源100%使用绿电；节能与清洁能源车辆占全部赛时保障车辆的84.9%，为历届冬奥会最高。

（3）近零碳排放区示范工程

近零碳排放区示范工程是探索近零碳排放发展模式的重要抓手，也是我国实现"双碳"目标的关键落脚点。我国近零碳排放区示范由近零碳建筑发展而来，逐步形成"以产业低碳化、低碳产业化为方向，以能源低碳转型为核心，以科技创新应用为支撑"的发展模式。目前，已有深圳、成都、天津、上海、雄安新区等多个城市开展了近零碳排放示范试点创建。

2021年11月，深圳生态环境局发布《深圳市近零碳排放区试点建设实施方案》，选取减排潜力较大或低碳基础较好的区域、园区、社区、校园、建筑及企业建设近零碳排放区试点，现正建设两批共56个试点项目，经初步测算，两批试点项目建设完成后，预计可降低约43%的碳排放量。深圳市大梅沙社区为深圳首批近零碳社区创建单位，通过净山净滩、零废弃生活、社区共建花园等行动，在绿色能源、绿色交通、绿色建筑和厨余垃圾处理等方面，积极探索碳中和社区建设的人文生态之道，提出包括清洁能源、绿色建筑、绿色交通、生态修复、废弃物回收再利用、碳排放管理体系、低碳公众参与、扩大中外交流在内的八大减排行动，实现厨余垃圾100%在地资源化，积极开展科普教育活动，打造示范应用场景。

2022年4月，四川省生态环境厅和经信厅发布《关于开展近零碳排放园区试点工作的通知》，按照减源、增汇和替代三条路径，开展近零碳排放区试点。在评价标准上，对接能耗"双控"向碳排放总量和强度"双控"转变等要求，从碳排放控制、能源结构、土地和能源产出效率、减污降碳、基础设施、运营管理六方面具体提出二氧化碳排放总量、可再生能源使用比例、新建建筑中绿色建筑占比等16个指标。同时，设置额外加分项，包括园区内3户以上100%使用非化石能源的规上企业、1户以上碳中和规上企业和研发技术入选国家或四川省节能低碳相关技术目录；设置额外减分项，为园区纳入全国碳市场配额管理的企业存在碳排放数据严重质量问题，对建设期内发生重大环境污染和生态破坏事故的园区实施"一票否决"，以在近零碳路径探索、场景打造、投资融资、技术应用、数字赋能、统计核算、管理机制等方面形成一批可复制可推广的试点经验。

第二篇
前沿研究

第三章　新理论与探索

第四章　新挑战与应对

第五章　新动态与思路

六岁的雄安新区是一座极其年轻的新兴城市，肩负着建设新时代典范之城的历史使命。在奋力打造推动高质量发展的全国样板进程中，雄安新区成为一个探索、试验和创新的绝佳平台，近两年来学术界以雄安新区为应用场景，不断涌现围绕智慧城市、绿色低碳、韧性城市等方面的研究。本篇选取2021—2023年间雄安新区相关前沿研究7篇，向读者介绍最新城市科学研究理论、韧性城市建设的发展思考以及支撑雄安新区绿色低碳发展的热点研究，共同为雄安新区建设"绿色、智能、创新"未来之城提供前沿研究、技术、方法。

第三章新理论与探索，引用学者汪光焘等最新研究成果《城市科学研究的新机遇》一文，通过回顾城市科学理论内涵，结合新型智慧城市建设的目标支撑、关键挑战、应用场景，提出提升城市科学研究水平的时代要求。雄安新区作为中国城镇化下半场高质量、高标准新型城市样板，其发展应极具前瞻性与引领性，城市建设过程需要最新前沿科学理论进行指引。期望本章能为雄安新区下一步的城市开发、建设、运营提供系统科学的观点和方法，促进新区更好地面对数字经济发展、绿色低碳转型带来的新机遇、新挑战。

联合国政府间气候变化专门委员会（IPCC）预测21世纪全球气候变化将日益加剧，偶发性的极端气候事件将逐步常态化。在2023年七八月，全球先后见证超高温、森林山水、特大暴雨等极端气候事件，城市安全、城市韧性已成为重大时代议题，被提到更高城市战略角度。第四章新挑战与应对，以两篇基于雄安新区的论文为例，呈现学者对雄安新区如何应对城市重大事件、提升韧性发展的思考与研究。在雨洪管理策略方面，学者盛广耀基于雄安新区历史和未来暴雨洪涝灾害风险特征进行分析，提出以系统韧性思维为核心，构建空间韧性、生态韧性、设施韧性、设施韧性的雨洪管理策略。在社区韧性方面，学者周霞等基于复杂适应系统理论，构建雄安新区既有社区韧性资源结构模型与韧性评估体系，从健全防灾应急体系、完善设施服务与社会网络体系、构建智慧监测与韧性体检机制三方面提出了合理化建议。

第五章新动态与思路,基于雄安新区正在或即将开展的城市绿色低碳发展相关工作、动态、热点等,选取生态产品价值实现、碳市场建立、现代建筑产业、智慧城市等几方面的文章,以期为新区下一步发展提供参考。在新理念方面,学者王金南等基于生态产品价值实现的理论和实践,提出生态产品第四产业的概念及内涵特征。王金南学者的研究拓宽了绿色发展赋能新区发展的新路径,如探索生态产品,进行生态环境导向的项目开发,实施新模式、创建新场景,促进产业升级与生态保护相结合。在碳市场方面,CCER碳市场蓄势待发,梅德文学者从碳市场发展的机遇与挑战、碳交易试点与全球碳市场现状、碳市场趋势等几方面进行介绍,为加快雄安绿色交易中心建设、支持北京市和雄安新区联合设立国家温室气候自愿减排交易市场,提供基本面的思考与指引。在产业体系方面,学者提出雄安新区现代建筑产业发展的近中远期发展建议,现代建筑产业或可成为雄安新区经济新增长点。在智慧新城建设方面,学者司林波等以雄安绿色智慧新城为例,探讨合作式智慧治理下城市空间的成长轨迹,并针对人工智能时代下政策迭代滞后等问题,提出构建包含人理、事理与物理维度的合作式智慧治理模式基本架构。

Part II Advanced Research

The six-year-old Xiongan New Area is an extremely young and burgeoning city, shouldering the historical mission of building a model city for the new era. In the process of striving to build a national model for promoting high-quality development, Xiongan New Area has emerged as an exceptional platform for exploration, experimentation, and innovation. Taking Xiongan New Area as an application scenario, more and more academic research centering on smart cities, green and low-carbon development, and resilient cities have emerged in the past two years. This section presents seven advanced research papers related to the Xiongan New Area from 2021 to 2023, which aims to introduce our readers to the latest urban science theories, outstanding thoughts on resilient cities, and hit studies that support the sustainable development of Xiongan. Collectively, these papers provide novel studies, technologies, and methods for building this city of the future with "green, intelligent, innovative" characteristics.

Starting with Chapter 3, *New Theories and Explorations* has cited the latest article of scholar Wang Guangtao and others, titled *New Opportunities for Urban Science Research*, which reviews the theoretical insights of urban science and combines it with the target, critical challenges, and scenarios for building new types of the smart city while taking the response of the times. As a high-quality and high-standard new city model in the second half of China's urbanization, the development of Xiongan New Area requires forward-looking scientific theories and a leading approach as guidance. This chapter is expected to provide systematic scientific notions and methods for the subsequent urban development, construction, and operation of Xiongan New Area and a view to better address the new opportunities and challenges brought by the development of the digital economy and the green low-carbon transformation.

According to the Intergovernmental Panel on Climate Change's (IPCC) forecast, climate change will intensify in the 21st century, leading to a normalization of extreme weather events. In the past July and August 2023, a suite of extreme climate events, including high temperatures, wildfires, and heavy rainfalls, happened globally, which has increased the urgency to take urban safety and resilience as a fundamental component into concern. In Chapter 4, *New Challenges and Responses*, two research papers based on Xiongan offer valuable thoughts and recommendations for how the area can meet major urban challenges and enhance its resilience for the future.

On the one hand, from the aspect of rain and flood management strategies, scholar Sheng Guangyao analyzes the flooding risks and characteristics based on the historical storms and forecasts for the future in Xiongan. He proposes to take a resilient system as the core to build the rain and flooding management of spatial resilience, ecological resilience, and facility resilience. On the other hand, in terms of community resilience, scholar Zhou Xia and others propose a community resilient resource structure model and its evaluation system based on the complex adaptive system theory. The recommendations also call for effectively improving the disaster prevention and emergency response system, enhancing the infrastructure service and social network system, and establishing an intelligent monitoring function and resilience examination mechanism to build the community's resilience in the face of adverse climate events.

Chapter 5, entitled *New Movement and Notions*, based on the ongoing or upcoming key areas of work, progress, and hot topics in the field of urban green and low-carbon development in Xiongan, highlights four academic papers that provide valuable insights and reference for the continuing development of Xiongan, which focused on topics such as ecological product value realization, carbon market establishment, modern construction industry, and smart city.

One of the emerging concepts in the field of ecological product value realization is the quaternary industry of ecological products by scholar Wang Jinnan. He and his colleague have proposed this concept, which emphasizes the value of ecological products and their potential to drive the development of a new area. Wang Jinnan's research has broadened the scope of green development by exploring eco-products, conducting ecological and environmental-oriented project development, implementing new modes, and creating new scenarios, which combine the promotion of industrial upgrading and ecological protection.

Meanwhile, the CCER carbon market is poised to operate, and scholar Mei Dewen has analyzed the development opportunities and challenges associated with the carbon market. His studies examine the current state of the global carbon market, carbon trading pilot programs, and emerging trends. Thus, to expedite the construction of the Green Finance Center in Xiongan and support the joint formation of a Voluntary Carbon Market for greenhouse gas by Beijing and Xiongan. Such efforts are intended to provide basic principles and fundamental guidance for the upcoming project.

Regarding the industrial system, the scholars put forward recent and long-term development proposals for modern industrial construction in Xiongan, which could become a new growth point for the Xiongan New Area economy. In terms of building the new smart city, Si Linbo and other scholars have examined the growth trajectory of urban space using Xiongan's green and smart city as a case study. In response to the policy iteration lag in the era of artificial intelligence and other challenges, they provide recommendations on building a cooperative, innovative governance model that encompasses the humanistic, factual, and physical dimensions of urban development.

第三章　新理论与探索 ❶❷

3.1　城市科学研究现状

城市现代化是与时俱进和自我革新的结果，也是国家现代化的重要标志（图3-1-1）。党的二十大报告中提到的中国式现代化的5个特征，即人口规模巨大的现代化、全体人民共同富裕的现代化、物质文明和精神文明相协调的现代化、人与自然和谐共生的现代化、走和平发展道路的现代化，决定了中国城市发展的根本遵循，也体现出城市现代化发展的高度综合性和复杂性。

由于城市涵盖的科学问题极其广泛，涉及内容和群体众多，且伴随着经济社会的发展和信息技术的快速变革，城市的复杂性与日俱增。因此，需要运用"系统思维"来认识城市，借助复杂性科学的方法论组织多学科共同参与研究，从系统规律上予以探索，推进城市科学体系的构建和发展。

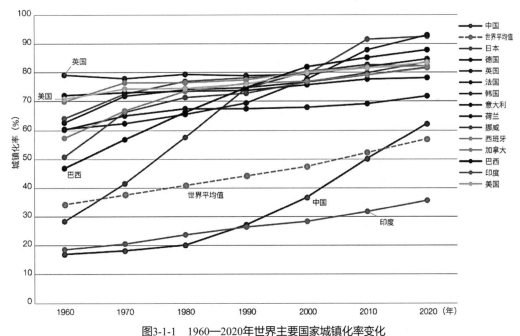

图3-1-1　1960—2020年世界主要国家城镇化率变化
（来源：https://data.worldbank.org/indicator/SP.URB.TOTL.IN.ZS）

---

❶ 本文节选自中国科学院院刊2023年第8期刊登的《城市科学研究的新机遇》。

❷ 作者：汪光焘，住房和城乡建设部原部长，第十一届全国人大环境与资源保护委员会主任委员，长期从事城市规划、城市交通、城市环境等专项研究和行政管理工作；李芬，深圳市建筑科学研究院有限公司总工，中国城市社会科学研究会生态城市研究专委会副秘书长，长期从事低碳生态城市相关研究；刘翔，同济大学城市交通研究院。

3.1.1 城市科学的国内基本观点回顾

"解决复杂的城市问题,首先得明确一个指导思想——理论。"1985年,钱学森在《关于建立城市学的设想》中首次提出建立"城市学"的设想。他指出"城市学是研究城市本身的,它不是什么乡村社会学、城市社会学等,而是城市的科学,是城市的科学理论"。原有将复杂对象不断分解为局部问题的"还原论"求解方法,虽然在自然科学领域中取得了巨大成功,但难以适用于解决自然科学与社会科学相互交织的城市问题。有了城市学,城市的发展规划才能有所依据。城市学是工程技术和基础科学两者兼具的应用理论科学,属于理论科学与工程技术的中间层次;对于这样一门科学的研究,需要:①以马克思主义哲学为指导;②用系统科学的观点和方法。

城市科学研究需要坚持运用定性与定量分析相结合的综合集成方法(图3-1-2)。①依据定性认识提出经验性假设(判断或猜想);②将这些经验性假设用经验性数据、资料及模型对其确实性进行检测;③经过定量模型与仿真分析后,加深对系统的实际理解,通过提炼和总结形成结论和建议,并落实到公共政策的决策中。在此过程中,城市科学研究必须面向城市工作实际,根据发展规律,抓住关键领域,服务国家现代化、城市化战略的实现。

钱学森特别指出过"人"与"人工智能技术"的基本关系——研究开放的复杂巨系统,"当然要靠计算机,靠知识系统,靠人工智能等技术手段,但又不能完全依靠这些机器,最终还要靠人,靠人的智慧"。如借助计算机运算能力的城市模型是对城市作为一个复杂系统进行理论抽象的产物,其目的是简化系统细节,保留关键的系统要素和结构特性,利用数学工具模拟城市系统的运转。然而,城市模型不应脱离具体的政策目标与决策环境,不可盲目追求基于单一模型类型和特定假设得出的系统"最优解",仍需要发挥人的智慧判断,应当秉持反对机械唯物主义,坚持和发展辩证唯物主义的思想态度,在专家组定性分析的基础上建立若干机器模型,帮助决策者在政策实施之前,对政策的多种预期情景进行比较分析,从而规避政策的潜在风险,在决策层面实现政策优化。

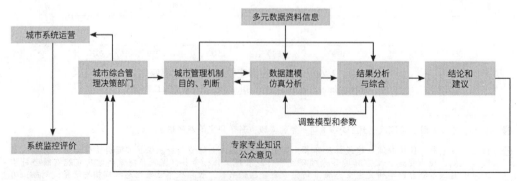

图3-1-2 定性与定量分析相结合的综合集成方法示意图

3.1.2 城市科学的国际研究进展

国外最早关于城市科学的讨论可以追溯到20世纪初,英国城市规划理论家帕特里克·格迪斯(Patrick Geddes)在其1914年出版的《进化中的城市》中提出,城市学既是历史学、科学,也是哲学和艺术,同时还是政治学;城市学的重点是"通向新技术城市之路"所需要的城市研究,是既往学科知识的融合,也是对城市和居民生活的彻底调查,还是对城市问题的深入分析和对城市个性和精神的探索。这一观点突出了城市科学的技术性、综合性和多学科交叉性(表3-1-1)。

表3-1-1 国际社会知名学者关于城市科学的定义

学者	时间	著作	定义
帕特里克·格迪斯(Patrick Geddes)	1915年	《进化中的城市》	城市科学是自然科学和社会科学、基础科学和应用科学的有机结合,是以城市为研究对象的综合性学科
尼格尔·泰勒(Nigel Taylor)	1998年	《1945年后西方城市规划理论的流变》	采用综合预测方法、建立数学模型,运用计算机来模拟某一系统或多个系统的变化规律,以解决城市科学"量化"问题
迈克尔·巴蒂(Michael Batty)	2019年	《新城市科学》	新城市科学是利用过去20~25年内发展出来的新技术和新方法,基于复杂性理论的城市科学,体现离散性、自下而上的思想及演进的视角
路易斯·贝滕考特(Luís M.A.Bettencourt)	2021年	《城市科学导论:城市作为复杂系统的理论与实证》	城市科学是将城市视为复杂适应性系统的一门新颖的综合性学科,治理不断变化的城市需要了解城市作为复杂系统的过程,包括跨学科整合与综合、丰富广泛的实证基础和跨尺度的方法

总体而言,西方自工业化以来有关城市科学研究可以分为规范理论(normative theory)、协同系统(synergism)和政治过程(political process)3种范式。①早期的战后城市理论和实践研究主要关注应该创造什么样的城市环境,以及如何实现相应的城市规划方案2个方面。②自20世纪50年代末期,以物质和设计为核心的规范理论受到显著冲击,并借助计量革命的发展,城市研究逐渐转向协同系统的视角。协同系统视角下的城市被认为是一个复杂的整体,是不同土地使用活动通过交通或其他交流中介连接的系统;城市内的不同部分是相互连接和相互依存的;研究城市是为了对系统进行分析(analysis)和控制(control)。③政治过程视角是对"技术主义"的反思,从协同系统视角认识城市,城市本质上更接近于一种治理;城市研究不应该是一种简单的评估技术,而是与公众价值判断紧密联系,涉及如何评估不同人群的成本和收益,以及如何在不同人群中分配成本和收益的问题,城市研究本质应该是基于公众参与的公共服务提升。伴随着如大数据、人工智能、云计算、物联网等信息网络技术的快速变革,聚焦于新兴技术与城市交互视角的新城市科学应运而生,其让传统的城市科学焕发出新的生机,呈现出鲜明的数字化时代特征。

新城市科学学派代表迈克尔·巴蒂（Michael Batty）指出，城市是一个以自下而上发展为主的复杂系统，其规模和形态遵循由空间竞争而导致的扩展规律；认识城市不仅需要理解城市空间本身，还需要理解流动和网络如何塑造城市空间；当前涌现出的数字信息技术已与城市高度融合，人们使用数字信息技术来管理、控制与设计城市，这为理解城市构建与运行、提升城市智慧化水平、构建一种新的城市科学提供了一种新的视角与方法。巴蒂将数学理论模型与城市实践结合起来，以地理学讨论为出发点，在复杂系统理论和网络理论的基础上，提出新城市科学的建模、可视化表达和模拟的基本技术逻辑。在此背景下，近年来学术界设立了一系列围绕新数据、新技术和新方法来推动新城市科学研究的国际期刊（表3-1-2）。

表3-1-2　1998年至今城市科学相关的新学术期刊

期刊	出版国	创办时间	研究内容/关注领域
International Journal of Urban Sciences（《国际城市科学期刊》）	英国	1998年	从多学科视角研究城市和区域的科学理论与分析方法
Environment and Planning B:Urban Analytics and City Science（《环境与规划B：城市分析与城市科学》）	英国	1999年	将定量、计算、设计和视觉方法持续应用于城市、区域的空间和形态结构中，探索、理解和预测其系统特征
Computational Urban Science（《计算城市科学》）	中国	2021年	介绍城市计算的相关框架、理论、方法和案例的研究进展，探索多维度城市网络和建成环境，促进计算科学与城市科学的融合，并搭建学科交流的桥梁
Transactions in Urban Data, Science，and Technology（《城市数据、科学与技术汇刊》）	中国	2022年	智慧城市/基础设施、颠覆性技术驱动的未来城市、城市建模、规划/设计支持系统、使用新兴技术的大数据和相关分析、人工智能、物联网、可穿戴设备，以及城市研究和规划中的应用

3.2　我国城市科学发展的应用基础

3.2.1　数字中国建设的产业支撑

（1）数字经济是数字中国建设整体布局的重要一环，数字化转型驱动生产、生活及治理深刻变革。

数字经济是继农业经济、工业经济后的新经济形态；数字经济依靠数据资源，搭载信息网络，融合信息通信技术，推动全要素数字化转型，促进公平与效率更加统一。受新冠疫情影响，2020—2022年经济下行明显，如2022年房地产业国内生产总值（GDP）比上年同比下降5.1%。然而，从2023年的政府工作报告可以看出，数字经济核心产业增速快于所在产业平均增速，助力了经济指标恢复。数字经济引领我国整体经济恢复向好

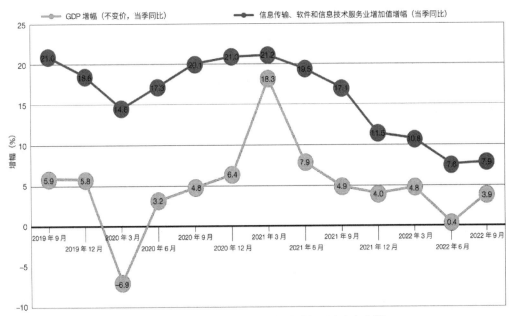

图3-1-3 数字经济生产对我国经济增长形成有力支撑
（来源：https://www.ceicdata.com/zh-hans/products/premium-economic-database）

（图3-1-3），2022年前3季度，计算机、通信和其他电子设备制造业增加值同比增长9.5%，高于规模以上工业增加值增速5.6个百分点，高于GDP增速6.5个百分点；信息传输、软件和信息技术服务业累计增长8.8%，高于GDP增速5.8个百分点。数字经济生产有力支撑经济恢复，对GDP增速起到重要拉动作用。尽管受疫情等因素影响，2022年前3季度经济增速仍比上半年有所提高，加快0.5个百分点。

（2）**数字产业化和产业数字化协同推进。**

2021年政府工作报告强调"加快数字化发展，打造数字经济新优势，协同推进数字产业化和产业数字化转型"。数字中国的布局为城市科学发展提供了产业基础，数字产业化和产业数字化将是城市科学发展的重要支撑。数字化转型，以及信息化产业驱动着生产、生活及治理模式产生深刻变革，人工智能、大数据等新一代信息技术的跨越式发展，为数字经济时代的智慧城市演变打下了坚实的基础。第三产业所代表的数字产业化作为先导体量持续扩大但增速放缓趋于成熟（图3-1-4），传统行业数字化转型后来居上，未来仍有广阔空间。

（3）**数字产业化作为我国数字经济发展的先导产业实现高速增长。**

数字产业化即信息产业是数字经济基础部分，具体业态包括电子信息制造业、信息通信业、软件服务业等。2021年我国规模以上计算机、通信和其他电子设备制造业，规模以上软件业、规模以上互联网和相关服务业营收分别由2017年的10.6万亿、5.5万亿及0.71万亿元达到2021年的14.1万亿、9.5万亿及1.55万亿元，对工业生产拉动作用明显（图3-1-5）；

2019年中国数字经济中以信息通信技术为基础的部分占比高达37.8%。大数据产业从2017年的4700亿元增长至2021年的1.3万亿元；软件业中云服务、大数据服务共实现收入7768亿元，同比增长21.2%；电子商务平台技术服务收入10076亿元，同比增长33.0%。数据要素的产业化、商业化和市场化规模持续提升，数字经济成为继农业经济、工业经济之后的主要经济形态和关键增长点。

（4）产业数字化转型不断提升着发展的质量效益。

通过传统产业链的数字化升级、转型和再造，带来经济产出增加和效率提升。农业数字化转型，如农机信息化改造走入种植、养殖等各领域，农业农村部通过试点示范支持近30万套农机信息化改造。制造业领域信息化和工业化深度融合发展，全国企业经营生产过程关键业务环节实现全面数字化的企业比例超过半数，2022年达到52.1%。工业领域"5G+工业互联网"已在采矿、电力、钢铁等22个国民经济重点行业应用推广，支撑实体经济降本提质增效。我国网络零售额2021年达13.09万亿元，占社会消费品零售总额的比重近1/4，同比增长14.1%。跨境电商进出口总额同比增长15%。数字技术与各行业加速融

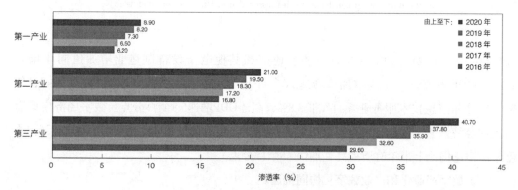

图3-1-4　2016—2020年数字经济在三次产业中的渗透率
（来源：《中国数字经济发展白皮书（2021年）》）

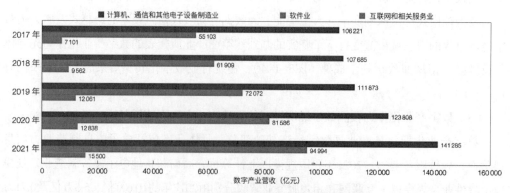

图3-1-5　2017—2021年我国数字产业营收增长情况
（来源：国家互联网信息办公室《数字中国发展报告（2021年）》）

合，截至2021年12月，在线办公、在线医疗、网上外卖用户规模分别达4.69亿、2.98亿、5.44亿人次，同比分别增长35.7%、38.7%、29.9%。在产业领域进行数字化转型、发展智能制造，通过技术进步降本增效，优化工艺流程和资源布置，大幅度提高了各产业领域产品和服务的效率，减少包括温室气体排放在内的环境影响，适应万物互联时代对于可持续发展的新要求。

（5）数字经济与信息化产业融合发展，是加快城市科学建设的基础。

我国新型城镇化发展的内在需求迫使城市科学的发展搭载新一代信息技术作为驱动力；而近年来我国数字技术创新能力快速提升，人工智能、大数据等新兴技术跻身全球第一梯队，数字经济实现跨越式发展，为数字经济时代的智慧城市演变、规划变革与应对策略的布局打下了坚实的基础。2021年，我国数字经济规模45.5万亿元人民币，占GDP比重达39.8%（图3-1-6），总量稳居世界第2位，然而与位居第1的美国还有很大差距，我国数字经济规模总量仅为美国的46.4%。同时，据中国信息通信研究院《全球数字经济白皮书（2022年）》测算，47个国家数字经济平均水平占GDP比重为45.0%，其中德国、英国、美国数字经济占GDP比重甚至超过65%❶。综上，随着城市的不断发展，我国对于智能化与信息化的要求越来越高，但是发展的基础与能力仍有差距。智慧运维、数字孪生是新型城镇化的发展方向，智慧城市、新型智慧城市是建设数字中国的有效途径。在"十四五"时期，数字经济建设、城乡建设的绿色发展更加需要变革城市建设及运营模式、推动城市数据整合共享、加强城市运行智慧化管理。通过数字化赋能城市网格化管理是数字经济发展助力城市建设的重要进程，是建成智慧城市、新型智慧城市的过渡。《"十四五"国家信

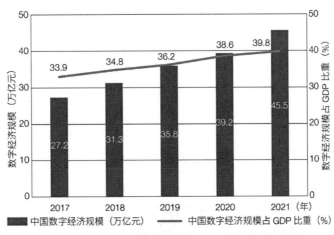

图3-1-6　2017—2021年我国数字经济规模及占GDP比重
（来源：《中国数字经济发展白皮书（2021年）》）

---

❶ 据中国信息通信研究院《全球数字经济白皮书（2022年）》测算，2021年47个国家数字经济增加值规模为38.1万亿美元，同比名义增长15.6%，占GDP比重为45.0%。47个国家包括美国、中国、德国、日本、英国、法国、韩国、印度、加拿大、意大利、墨西哥、巴西、澳大利亚、俄罗斯等。

息化规划》提出，完善城市信息模型平台和运行管理服务平台，探索建设数字孪生城市；推行城市"一张图"数字化管理和"一网统管"模式。近年来疫情管控、政务管理服务等平台的良好发展让基层服务管理与百姓需求高效对接，公共管理集成化、数字化，社会服务、治理、管理体系形成立体、综合的数字化网格。当下智慧城市的建设中，基础数据信息缺失、信息共享不畅、平台重复建设，各环节数据业务无法贯通联动，以透彻感知、互联互通、智能应用为主要特征的新型智慧城市成为城市信息化高级形态，城市科学的建设预期将有新的重要手段。

3.2.2　新型智慧城市建设的目标支撑

（1）**借鉴城市网格化管理经验，推进智慧城市、新型智慧城市建设。**

2004年，北京东城区首创数字化城市管理新模式，开发建立"网格化城市管理系统"；经过随后的试点进行全面推广，城市网格化管理为智慧城市建设奠定了广泛的基石。2012年，住房和城乡建设部办公厅出台《关于开展国家智慧城市试点工作的通知》。2016年，《关于组织开展新型智慧城市评价工作务实推动新型智慧城市健康快速发展的通知》提出新型智慧城市的概念，对智慧城市建设作出新的布局。城市化战略带来城市要素堆积，在变革中求发展、适时变革城市治理模式是新型城市化的发展需要。

（2）**整合地理信息系统（GIS）和建筑信息模型（BIM）工作基础，支撑城市信息模型（CIM）基础平台建设。**

过去及当下城市建设的管理中，利用GIS提供基础框架，对全局整体进行数据管理；整合管理地表分布特征等建筑外部环境信息；利用BIM来提供单栋建筑的精确信息模型；精细表达局部单体建筑，整合管理建筑物全生命周期的信息。未来新型智慧城市的建设需要深度融合GIS和BIM作为底层框架，形成CIM基础平台，进而建立城市空间模型和城市信息的有机综合体（图3-1-7）。需要进一步细化数据颗粒度，将传统静态的、基于GIS的数

图3-1-7　面向城市综合治理的CIM

字城市升级为CIM的动态、感知、交互的数字孪生城市，以支撑城市规划、建设、运维等全过程数据共享与业务协同，助力城市治理管理更加精细化敏捷化。

（3）结合"十四五"新型基础设施建设，推动城市科学研究CIM基础平台广泛应用。

目前，我国城市科学仍处在现状认识与描绘的初级阶段，新城市科学发展需要更高效应用信息技术来对研究对象进行整体规律把握和数字化描述。在此基础上，CIM基础平台的建设能够为城市提供数据信息分析、建模应用与推演平台，助力城市科学发展研究由"技术"路径转为"技术-社会"框架。2021年10月，国务院常务会议审议通过"十四五"新型基础设施建设规划，提出"推动CIM和数字孪生技术在城市运行管理服务中应用"。由此可见，新型智慧城市建设已离不开CIM信息平台的基础支撑。

3.3 提升城市科学研究水平的时代要求

3.3.1 把人民城市理念指导城市科学研究并贯穿始终

（1）推进融合城市规划、建设与管理，实现更高质量城市治理现代化和智慧城市建设。利用数据基础及发展规律突破视野限制，需扩展城市科学发展研究的深度与广度，探索数字化赋能全产业链的范围情景，立足于人本尺度深入厘清技术应用方向。发展数据增强设计，基于掌握的"过去"的数据及已验证的"当下"的规律应用于面向"未来"的设计创造，建设人本尺度的城市空间。如可以在城市建成区规划预留可改造的建设空间，通过后期管理调整城市功能组织来达到城市更新的效果。

（2）跨越技术开发与行政管理之间的鸿沟，建立数据融合与业务协同的基础性信息平台。世界发展日趋以信息产业为主导，物联网、区块链等新一代信息技术加速突破融入经济社会发展各领域全过程应用，成为全球重组资源、重塑经济结构的关键力量。在此前提下，充分开发释放数据价值成为数字经济及城市科学发展的重中之重。应以数据收集—处理—分析、模型建立、算法、算力等数字化技术的增强为基础，夯实城市科学发展的技术支柱；重点关注各方面数据的汇集与综合应用等难点，建立跨越数字技术开发与行政管理人员之间数据沟通鸿沟的桥梁，通过推动公共数据共享等更加开放政企合作。

（3）正视数据标准化治理、信息安全自主可控、研究开发可持续、政企合作更开放的四大挑战。提高虚拟设计与建造、数字化集成管理与交付、数字化平台支撑能力，实现资源配置从效率到效益的飞跃，更高质量利用数字化平台实现城市发展中管理、技术及数据的赋能。建立全局联动的数据融合、业务协同的CIM基础平台，既有软件上也有硬件上的难点要攻关；需要学习、借鉴先进技术，增强自主创新能力，促进相关技术研发——可通过软件开发先行带动硬件制造。

3.3.2 理论与实践相结合的因地制宜建设现代化城市

（1）CIM基础平台在城市规划建设管理领域的广泛应用。考虑城市系统的复杂性多样性，智能化辅助解决城市问题。多部门协作推动关键核心软件比选和研发，因地制宜支持地方创新发展；以现行新型智慧城市指标体系为基础，坚持先急后缓原则，由地方城市政府组织科技人员、行政管理人员共同协作攻关。

（2）研究制订中国城市现代化指标体系。在面向地级及以上城市的《新型智慧城市评价指标》体系和考评方式基础上，构建不同城市规模、不同地区的城市评价指标体系；坚持部门联席会议制度，稳健推进。坚持党的领导、尊重城市规律，以问题导向制定中国特色的城市现代化发展指标，为我国城市建设提供道路遵循。

3.3.3 城市交通学对完善城市科学发展的支撑作用

（1）城市交通因城市而生，城市交通学继承了城市科学的系统思想与科学范式。城市与城市交通共生发展是基本特点，城市交通学的研究目标是服务于人的需求，组织城市可持续的高效、安全、低耗（低能耗、低污染）运行。城市交通学强调采用多学科的思维和系统论方法来研究城市与交通的协调可持续发展问题；所研究的领域既包含采用新视角和新理念重新审视城市交通规划、公交运行管理、交通网络构建等传统领域内容，也包含了从传统社会管理走向社会治理过程中城市交通所面临的新形势和新任务。

（2）城市交通学的研究对象是城市交通复合网络的构建与运行，从动态的角度认识城市发展与运行的规律。城市交通研究在现已形成的城市框架下人的出行需求，研究人、车、路、环境之间的关系，以及交通工具提供的服务（包括客运和货运）。面对经济社会生产生活方式的多元化、技术手段的创新发展、交通工具的现代化，尤其是当今社会对环境绿色发展的高要求，城市交通已不仅仅是基础设施和交通工具的提供。因此，城市交通学的研究要从更广义地服务于人的需求角度研究城市交通问题，更重要的是体现城市整体的综合服务功能与运行效益。

（3）城市交通网络运行的数据资源和模型方法，可作为完善城市科学理论及实证研究的重要基础。城市交通研究领域拥有大量城市相关数据积累，包括记录人、车、物移动与活动的综合交通调查，包含人口、出行及用地相关数据的交通四步骤模型，以及以手机信令、地理位置数据、共享单车轨迹数据等为代表的城市大数据，从而为城市科学量化实证研究提供了丰富的数据资源。此外，城市交通研究中的模型方法体系相对完备，包括在城市交通研究领域得到应用的机器学习、深度学习、复杂网络等前沿分析方法。这些数据与模型方法为验证和发展城市科学理论提供了必要条件及丰富资源，对提升城市科学研究水平具有重要基础价值。

第四章 新挑战与应对

4.1 系统韧性视角下雄安新区适应性雨洪管理策略[1][2]

4.1.1 系统韧性与城市雨洪韧性

灾害风险都是系统性的，灾害影响也都是系统性的，这意味着对于灾害的风险治理也应该是系统性的。一方面，雄安新区建设所面对的水灾害、水资源、水环境以及水生态问题复杂而又相互关联，需要从水系统的角度来考虑城市区域的雨洪管理问题，在暴雨洪涝灾害风险治理的同时，增强水系统的韧性。另一方面，气候变化和城市化建设对暴雨洪涝灾害的风险带来了新的复杂性和不确定性。传统的风险治理方法倾向于基于线性或已确立的因果关系，而面向复杂性和不确定性的系统性风险治理需要识别复杂的因果结构、动态演变和级联或复合影响。因此，雄安新区需要以系统性思维，构建基于复杂系统、动态过程、复合功能的韧性雨洪系统，实施适应各种不确定性变化的系统性风险治理策略。

文章将韧性理论与复杂适应系统理论联系起来，提出系统韧性的概念。所谓系统韧性是指复杂系统中各子系统及其构成要素和关系相互协同的整体韧性能力。当复杂系统受到不确定风险的冲击或扰动时，相互依赖的子系统通过主动的共同应对和积极的互动反馈过程，增强系统整体应对风险的能力。认识复杂系统内相互依存的关系对于理解系统韧性至关重要。复杂系统由不同的子系统、组成部分、元素和行动者所构成，它们之间有着不同的相互作用关系，而且通常是多尺度的、网络化的和强耦合的。具有相互依赖关系的复杂系统，每个子系统都会直接或间接影响其他子系统。这种影响取决于系统各个要素如何相互作用，通过积极或消极的反馈过程发生，其可能具有系统韧性，也可能产生系统性风险。从这个意义上讲，系统韧性是相对系统性风险而提出的。系统性风险是由复杂的耦合系统中的相互依赖所引起，其一个关键属性是，它可以跨越与其他系统、部门和地理区域的界限，产生连带影响和级联效应。当某一系统的风险条件被触发时，其危害会蔓延到其他系统、部门或区域，甚至可能导致整个系统的崩溃。也就是说，任何系统元素及其关系的脆弱性都会被系统的相互依赖性所放大，从而影响整个系统的韧性水平。在复杂的耦合系统中，一个系统的韧性水平会影响到其他系统的韧性能力。若要增强复杂系统的整体韧

---

[1] 本节内容节选自《中国人口·资源与环境》2023年04期刊登的《系统韧性视角下雄安新区适应性雨洪管理策略》。

[2] 作者：盛广耀，研究员，主要研究方向为城市与区域发展、城市可持续发展。

性，就应当把系统中所有要素均纳入考量的范畴。城市雨洪韧性系统由空间、生态、设施和社会等多个子系统所构成，它们之间存在紧密的耦合关系。相应地，城市雨洪韧性的建设也应该是系统性的，包括空间、生态、设施和社会等不同维度的适应性策略，强调雨洪措施组合的多样性、包容性、灵活性和动态性。

城市雨洪系统的建设不应过分依赖某一类措施如工程措施或生态措施，否则将可能出现顾此失彼的情况，而无法应对城市水安全风险的复杂关联性。一方面，在复杂的适应性系统之中，提升系统对单一扰动的抵御能力往往会增加其面对其他扰动时的脆弱性。比如对暴雨洪水的过度排斥而采用快速排水模式，可能会增加水资源短缺的风险；同时，也忽视了暴雨洪水是一种自然过程和生态要素，忽视了自然生态系统在面对暴雨洪水时的吸纳、适应能力。另一方面，在复杂的适应系统中，对某一子系统能力的过度依赖，往往会削弱其他子系统应对风险的能力。比如单纯依靠传统的河道堤防、排水管网等抵抗性工程措施解决洪涝问题，虽可抵御一定设计标准下的暴雨洪水，但无法应对不确定的极端事件发生。同样，摒弃防洪工程设施而只依靠自然生态的适应能力也并不现实。总之，追求系统韧性的城市雨洪管理提倡的是一种综合平衡、灵活多样、动态调适的管理策略，强调系统的整体功能。

4.1.2 未来情景下洪涝灾害风险特征的变化

气候变化与城市扩张对未来洪涝风险的影响分析是制定适应性雨洪管理策略的依据。气候变化与城市扩张是洪涝风险长期存在不确定性的两大来源。在气候变化和城市发展的情景下，雄安新区洪涝灾害的风险特征将发生变化（表4-1-1）。气候变化引起极端天气气候事件增多增强，导致洪涝灾害的致灾因子强度增加；而城市化及经济社会的发展对承灾体的暴露度和敏感性产生影响，城市内涝风险将显著增加。

表4-1-1 雄安三县洪涝灾害的空间差异

时间区间		灾情	安新县	雄县	容城县
1510—2020年（511年）		洪涝次数（次）	188	139	37
		平均次年数（年/次）	2.7	3.7	13.8
1949—2020年（72年）		洪涝次数（次）	35	29	7
		平均次年数（年/次）	2.1	2.5	10.3
其中：1949—1981年（33年）		洪涝次数（次）	28	24	5
		3级重大洪涝（次）	8	2	3
		4级特大次数（次）	6	9	2
1982—2020年（39年）		洪涝次数（次）	7	5	2
		3级重大洪涝（次）	2	1	0
		4级特大次数（次）	0	0	0

（1）气候变化对雄安新区洪涝风险的影响

雄安新区暴雨洪涝灾害的风险分析，要将气候变化可能引起的降水增量因素纳入考量，特别是关键致灾因子的极端降水指标。根据学者们基于RCP4.5情景下不同空间尺度的气候变化模拟结果，未来雄安新区及京津冀地区极端降水事件将增多。吴婕等所做的25km分辨率尺度的模拟结果得出：21世纪中期雄安和周边区域最大日降水量将分别增加16%和13%左右。石英等所做的6.25km分辨率尺度的模拟结果得出：未来雄安新区及京津冀地区最大5d降水量、降水强度和大雨日数（≥20mm）的增加值一般在0%~25%。而且，雄安新区未来极端降水事件变化的不确定性很大。

气候变化引起发生洪涝的致灾因子强度发生改变，进而将影响到雄安新区洪涝灾害的风险特征。按照"概率（Probability）-后果（Consequence）"分析框架，通过建立基于概率估计的风险评估模型，对极端降水情景下雄安三县发生区域性洪涝灾害的风险进行评估。

1）雄安新区中安新、雄县存在较高的内涝发生风险，新城建设所在的容城县发生区域性内涝的风险很低。在原有水利设施不提高的条件下，安新县遭受50年一遇（177mm）、雄县遭受100年一遇（208mm）日最大降水时就有可能发生内涝灾害；容城县即使超过有记录日降水极值（263mm）的30%（即达到342mm），也不大可能发生。这主要与三县地形和水文条件的差异有关。

2）本地极端强降水不足以导致高影响等级洪涝灾害的发生。即便日最大降水量达到历史极值（263mm）的情况，雄安新区三县也不大可能发生2级及以上洪涝灾害。这是因为雄安新区具有较好的蓄滞条件，同时现有水利设施能够控制受灾范围。

3）在河道湖淀堤防决口导致洪水致灾的同时，最大日降水量超过300mm，或者主汛期降水量达到355mm以上时，导致洪、涝灾害叠加，则可能有县域会发生高等级洪涝灾害。由此可见，雄安新区的防洪工程设施建设是控制未来发生严重区域性洪涝灾情的关键。

（2）城市扩张对雄安新区洪涝风险的影响

随着城市化的大规模建设，洪涝灾害承灾体的空间类型、经济和社会内容将发生很大变化，从而导致暴雨洪涝灾害的风险状态发生改变。按照IPCC第5次评估报告所采用的"危险性（Hazard）-暴露性（Exposure）-脆弱性（Vulnerability）"即"H-E-V"风险评估框架，对雄安新区未来城市发展情景下的风险特征变化进行分析。

1）危险性特征的变化。主要体现为城市化过程导致暴雨洪涝危险性的增强效应。除气候变化的因素外，雄安新区正在快速推进的城市化过程也可能导致"致灾因子"危险性的增加。其一，城市化过程会对降水过程产生影响，城市地区发生高强度暴雨的可能性增加。已有不少研究表明，城市地区气溶胶浓度、地表粗糙度、水汽输送条件和热岛效应等环境特征，会对城市地区尤其是下风方的暴雨过程起到局部增强作用，局地或短时暴雨雨强和过程雨量可能增加。其二，城市土地利用及不透水地面面积的扩大将改变所在区域的地表水文特征，自然水循环系统和过程受到影响，城市地区地表径流量增加、径流时间缩短，从而导致致灾因子的危险性增加。甚至局地暴雨及短时强降水，就会诱发城市暴雨灾害。

2）暴露性特征的变化。雄安新区面临城市急剧扩张后暴雨洪涝风险暴露性增大的问题。按照雄安新区规划，到2035年人口为300万人，建设用地约300平方公里，其中起步区城市建设用地约100平方公里；到本世纪中叶规划建设用地总面积约530平方公里，人口将达到500万人。在此城市化建设过程中，人口、产业和资产快速向城市聚集，各类建筑、管线、道路、交通、公共场所以及地下空间和设施众多，人口和工商企业密集，社会经济活动密切频繁。雄安新区暴雨洪涝风险暴露的范围、规模、类型及强度将随之急剧增加。

3）脆弱性特征的变化。城市因暴雨洪水而引发灾害事件发生的概率和后果，随城市脆弱性状态的变化而变化。随着雄安新区城市规模的不断扩大，城市系统要素、结构和功能更加复杂，与之相关的各类潜在风险隐患更多，城市系统易受不利影响的敏感性和可能性将随之增加。而且城市系统中空间、经济、社会和生态等子系统密切关联，在自然与人为因素的相互作用下，结构性、胁迫性和系统性脆弱相互交织，导致雄安新区对于暴雨洪涝的脆弱性进一步增加。

综合以上分析，城市化过程所形成的城市系统内外环境的变化，将导致雄安新区洪涝灾害的风险特征发生改变。虽然目前对未来城市发展情景下风险状态的改变，无法给出精确的定量结果。但按照IPCC评估城市洪涝风险所采用的"H-E-V"框架模型：风险=危险性（H）×暴露性（E）×脆弱性（V），在城市面对暴雨洪涝的危险性、暴露性和脆弱性均大幅增加的情况下，可以肯定的是，与雄安新区建设之前相比，城市暴雨内涝的风险将成倍增加。

4.1.3 基于系统韧性的适应性雨洪管理策略

对雄安新区暴雨洪涝风险特征及变化的分析中可以得出：从历史灾情看，雄安地区因其自然的本底特征，是气候变化敏感和脆弱的地区；从气候变化看，未来极端强降水事件将增多增强，致灾因子的危险性增大；从城市化的影响看，城市承灾系统更加复杂而敏感，城市暴雨灾害的风险将急剧增加。这对雄安新区的雨洪管理能力提出了严峻挑战。雄安新区在建设过程中，必须要适应暴雨洪涝风险特征的变化，构建与城市发展相匹配的雨洪系统，从各个层面、领域和环节，增强应对雨洪灾害的系统韧性。

系统性和适应性是雄安新区韧性雨洪建设的两大原则。雄安新区的雨洪系统是一个涉及自然、空间、基础设施和社会经济等各类要素的复杂适应系统，其韧性建设的适应性须面向自然环境本底的脆弱性、气候变化风险的高度不确定性和城市复合系统的日趋复杂性；其韧性建设的系统性要综合考虑空间地理要素、自然生态要素、人工环境要素和社会经济要素等多方面因素及其所构成的多层嵌套网络系统的关联性。基于雨洪系统构成的空间系统、生态系统、设施系统和社会系统，该研究从空间、生态、设施和社会四个维度（子系统），提出增强雄安新区雨洪系统韧性的适应性策略。

（1）空间韧性维度

雨洪系统的空间韧性是指从多空间尺度构筑雨洪系统的整体安全格局，即从流域—区域—城市等空间层面，构筑多层级的整体性雨洪系统。具有空间整体性的雨洪系统，能够通过不同层级雨洪系统的协同互补关系，灵活应对不同强度的洪水、暴雨过程，统筹上中下游地区雨洪调蓄安排，提高极端雨洪状态下流域—区域—城市的水资源承载能力。

1）从流域层面统筹防洪体系规划建设管理

因洪致灾是雄安新区发生高影响等级洪涝灾害的决定性因素。雄安新区是典型的雨洪同期、风险叠加的洪泛易涝地区，确保雄安新区不发生大的洪涝灾害，必须以流域防洪体系为依托。雄安新区采取提高环新城河道堤防标准（即"围起来"）的防洪策略，这样外围区域及上下游的承洪能力建设就非常重要。因此不仅要重视提高雄安新区防洪防涝设施的规划建设标准，还要考虑大清河流域白洋淀上游水系的防洪、拦蓄、调峰能力，以及下游河道的泄洪能力和蓄滞洪区建设，统筹协调流域性水利设施的规划建设。加强王快、西大洋、安各庄、龙门等水库的联合调度，加强兰沟洼、白洋淀、文安洼等湿地系统的蓄滞能力建设，推进流域不同地区水系网络的互联互通，统筹调配流域水资源，提升大清河流域整体防洪能力。上中下游防洪工程、雨洪系统建设标准应与雄安新区相衔接和匹配，避免流域防洪体系出现顾此失彼的情况。

2）在区域层面谋划雨洪风险空间管控体系

雄安新区韧性雨洪系统的建设，首先要明确区域空间发展与雨洪安全格局之间的关系。在准确认识自然地理和水文条件的基础上，结合新区生态功能区划和土地利用规划，科学把握区域雨洪空间系统的承载能力。在"北截、中疏、南蓄、适排"排水防涝格局下，根据不同风险等级分区确定洪涝防治标准，采取差别化的风险治理策略，适度提高局部高风险等级区域的防治标准。

目前新区外围组团防洪、内涝防治采用了统一标准，其他特色小城镇也如此。但由于地形、水网密度等因素的影响，相同极端降水条件下，雄安三县县域发生洪涝灾害的风险实际上有很大的区域差异。在气候变化的极端降水增量情景下，安新县域范围发生洪涝灾害的风险等级远高于雄县和容城县域。因此，外围组团及其县域的内涝防治标准应根据洪涝灾害风险区划的评估结果确定，不宜采取统一的区域内涝防治标准。

在雄安新区防洪防涝工程设施建成后，雄安新区发生洪灾和区域性涝灾的风险将大为降低，但低洼地发生局部性沥涝灾害的风险依然较高。雄安三县河道、湖淀水系复杂，现有的河道、淀区堤防将境内分割成许多块低洼封闭区，近几十年历次沥涝灾害多发生于此。新区雨洪系统应在科学研究地理、水文因素的基础上，整体谋划区域防洪防涝系统，综合运用自然雨洪系统的生态韧性和人工雨洪系统的工程韧性。因地制宜地制定低洼易涝区的适应措施，使之能够适应自然的排水和滞蓄环境。

3）在城市层面实施低影响开发的空间策略

城市内涝是未来雄安新区雨洪灾害防治的重点。具有良好雨洪韧性的城市空间结构可以促进排水、蓄水及水体的就地吸纳，最大化地发挥城市雨洪韧性效能。雄安新区的规划建设应以地表水系为核心组织城市空间布局，营造合理的"三生"（生产、生活、生态）空间。结合水系自然有机的城市空间格局是营造雄安新区"蓝绿交织、水城共融"的城市景观生态，形成城市雨洪韧性的基础。起步区及外围组团建设用地的开发利用要与城市水系、园林绿地规划相结合，通过灰绿蓝多种组合方式的雨洪基础设施，形成城市雨洪韧性的空间网络。除加强城市排水防涝设施的规划建设外，更应按低影响开发理念，以适合地理水文条件的土地利用方式，最大限度减少对原有水文特征和水循环路径的破坏。利用纵横交织的城市水系湿地、森林绿地空间，构建城市内涝防控的生态韧性系统，并将其作为塑造"水城共融"城市特色肌理的空间组织要素。通过合理的空间组织形态，提升雄安新区应对内涝风险的能力，最大程度地避免雨洪灾害的发生。

（2）生态韧性维度

雨洪系统的生态韧性是指综合运用自然生态系统的水文过程和蓄滞渗透功能，所营造的更具弹性、与水共生共融的生态雨洪系统。自然环境是建立雄安新区生态雨洪系统的空间承载体。雄安新区地势平缓，区内河道纵横，且分布着以白洋淀为代表的洼淀群。这样的地形水文条件，从雨洪抵抗的灾害视角看，具有很高的脆弱性。但如果换一个角度，从雨洪适应的生态视角看，它实际上具有形成雨洪生态韧性系统的良好条件。

雄安新区通过营造良好的自然生态系统，在面对暴雨洪水的冲击时，可以通过生态缓冲、湿地吸纳、自然调蓄等功能和水循环过程，依靠系统的自我调节和适应能力维持系统稳定，实现区域水系统安全。构建雨洪生态韧性系统的关键在于自然生态系统结构的完整性、生态网络的连通性和生态服务的功能复合性。

1）构建蓝绿交织的完整生态雨洪系统

连续、完整的自然生态系统是构建雨洪系统生态韧性的基础。结构、功能完整的生态系统具有较强的自我调节和恢复能力，而不完整的生态系统自我调节功能差，对环境变化敏感，甚至可能崩溃。生态雨洪系统由自然生态系统中的廊道、斑块和关键点所组成，包括由森林、绿地、林带所构成的绿色网络和由河流、沟渠、湖泊、湿地所构成的蓝色网络。雄安新区应在"一淀、三带、九片、多廊"大尺度生态空间格局的基础上，依托自然生态网络，构建具有自然连通性、动态适应性的生态雨洪系统。一方面，要利用城市森林、组团隔离绿带、河道和道路两侧生态廊道，营造大尺度绿色空间和城市内部绿地系统，构建雨洪生态缓冲带，以绿色生态空间滞纳雨洪、减轻河道泄洪压力。另一方面，要以白洋淀为核心，以河道沟渠为联系通道，串联城市组团内外大小生态湿地和景观水体，依靠水系网络自然容蓄和调节雨洪。

2）提升水系生态网络的自然连通性

生态雨洪韧性提倡基于自然过程的适应性雨洪策略。雄安新区现状湖淀湿地、河流沟渠作为雨洪滞蓄、调控系统，宜于建立基于自然水文环境的生态雨洪网络。发挥其系统性应对能力的关键，在于受纳空间的容水能力和水系网络的连通性。

本着"给水以空间"的原则，采取退让性策略，开展湖淀、湿地的生态修复工作，提高区域内河湖湿地的蓄水容量。在自然本底上，以白洋淀为代表的洼淀群本身就是大清河水系中游的天然缓洪滞洪区。从历史上看，雄安地区洪涝灾害多发始于对洼淀湿地的大规模围垦占用。因此应大力实施退耕还淀工作，逐步恢复白洋淀淀区水面至360平方公里左右，修复再现大激古淀生态风貌；利用自然低洼地，打造汛期滞蓄雨涝的城市郊野湿地公园和具有集蓄雨水功能的街区景观水体。

把雨洪冲击视为水文循环的自然过程，采取疏导性策略，提高水系生态网络的连通性。雄安新区现状淀区、低洼湿地等承水体被分割限制，河流、沟渠及洼淀之间连通性差，不能充分发挥系统性的生态韧性能力。因此应开展水系畅通工程，首先是保护入淀、出淀河流的径流路径，开展河道治理工作，恢复白沟引河、萍河、瀑河、曹河、府河、唐河、孝义河、潴龙河8条入淀河流水系廊道功能，串联兰沟洼、白洋淀和文安洼3大湿地系统，保障赵王新河、大清河通畅。其次是加强河道、淀泊、规划沟渠和湿地等的有机联系，形成点线面结合、内外相通的水系网络，主要依靠水动力过程自然排蓄、疏导分流雨洪，避免因雨洪压力过于集中带来的风险问题。

3）发挥生态雨洪系统的多种服务功能

以辩证的思维看待雨洪过程，将雨洪视为雄安新区宝贵的自然资源和必不可少的生态要素。雄安新区属于中国北方严重缺水的地区，历史上旱涝交替，旱灾同样频发，且曾发生连续多年干旱而白洋淀干淀的情形。雨洪过程具有增加水资源、维持水动力、清洁水环境、涵养自然生态等多种功能，对于维系雄安新区健康的生态系统、营造"水城共融"的生态景观具有重要的意义。

雄安新区建设生态雨洪系统，要把防洪防涝、雨洪利用、水系维护、生态治理和功能建设有机结合起来，利用好白洋淀地区所具有的雨洪资源蓄留的良好条件，将雨洪变"害"为"利"。生态雨洪系统不仅要考虑防洪防涝需求，更要重视自然蓄水补水和生态功能维护的需要，兼顾雨洪的使用价值和生态效益。一方面，要充分发挥生态雨洪系统所具有的蓄滞功能，发挥平原洼淀备旱防涝的作用，统筹考虑排水、蓄水和用水的关系，以达到综合防治旱、涝、洪多种水灾害的目标。另一方面，要以区域生态雨洪系统建设为契机，以白洋淀环境治理和生态修复为核心，系统推进自然生态各要素的整体保护、综合治理，发挥生态雨洪网络在修复生态、恢复水循环、调节小气候、保护生物多样性和自然生境中的作用，打造雄安新区良好的人居环境。

（3）设施韧性维度

雨洪系统的设施韧性是指城市设施系统，包括作为防灾体系的防洪防涝设施和作为承灾体的城市基础设施系统，在遭受暴雨洪水冲击时，所具有的强健性、冗余性等方面的韧性特征。前者在于维护防洪防涝体系的完整有效，后者在于保证城市系统功能的良性运转。

1）增强防洪防涝设施系统的工程韧性

雄安新区在应对雨洪灾害的过程中，提倡工程思维与生态理念相融合，结构性措施与非结构性措施配合的雨洪管理模式。自20世纪60年代中期以后，雄安地区洪涝灾害大为减少的关键因素，在于水利设施的大规模建设和不断完善。构建完善的防洪防涝工程体系，增强雨洪设施系统的工程韧性仍是保障新区水安全的核心内容。根据雄安地形水文条件，应建立雨洪调蓄和快速排水两种模式相结合的控制系统，正常状态以蓄为主，超标雨洪快速排放。

完善新区防洪工程体系，科学权衡蓄、滞、泄关系。全面加固河道堤防，将防洪标准提升到规划确定标准。加强白洋淀蓄滞洪区建设，分区段加高加固周边围堤，完善进退洪设施，开展安全区、安全楼、撤退路等蓄滞洪区安全设施建设。改扩建新盖房枢纽、枣林庄枢纽，扩大洪水下泄能力，配套改善下游河网行洪能力。疏通赵王新河、新盖房分洪道等行洪通道，开展河道整治工作，禁止种植高科作物及修建阻水设施。

完善排水防涝设施系统，建设灰绿结合、多级蓄排的雨水控制系统。按照雄安新区"北截、中疏、南蓄、适排"的防涝格局，科学规划生态措施和工程措施相结合的系统化排水防涝体系。统筹构建雨水管渠系统、雨水调蓄系统和超标雨水排放系统，适时调控不同降水强度下的水资源空间去向。结合城市用地竖向规划，合理安排多层级、多功能的雨水调蓄场地和排涝通道。加强城市排水通道、雨水调蓄区、雨水管网和泵站等工程建设。高标准建设起步区雨水管渠系统，提高外围组团排水管网设计标准，全面实现雨污分流制。

雄安新区的雨洪设施系统应当具有动态的适应性，即灵活应对不同等级雨洪冲击。在科学测算不同区域自然系统和人工设施雨洪承载能力的基础上，针对不同暴雨、洪水情景选择不同组合方式的调蓄策略，合理调控白洋淀水位及河道、渠系、湿地等各类水系空间的水域面积。同时，雨洪设施系统还应具有一定的强健性和冗余度，能够应对超标雨水、洪水的极端情况。

2）增强城市基础设施系统的承灾韧性

基础设施系统是城市安全运行的物质基础，是城市的生命线工程。作为雨洪灾害的承灾体，基础设施系统的韧性状况对于维持城市系统功能有着重大影响。雄安新区作为雨洪风险较高的地区，其基础设施系统的规划建设需充分评估极端降水事件冲击可能造成的后果。确保在极端雨洪情景下，水、电、交通、通信等关键基础设施和医院等重要公共设施能够保持良好运转，灾害破坏和损失控制在可承受范围内，城市系统及其各子系统整体安全稳定。这需要雄安新区在推进城市雨洪韧性建设的过程中，高标准规划建设具有强韧性的基础设施系统。

避免基础设施和公共服务设施布置在高风险空间。科学编制雄安新区内涝风险图及城市竖向规划，优化基础设施空间布局，合理规划布置各项生命线工程。重要地段、重要设施应明确竖向规划最低防涝控制标高。同时未来雄安新区将加大地下空间的利用，因而要特别重视地下综合防灾系统的建设。对于地铁、隧道、下沉道路、地下商场等易发生重大灾情场所应加强防护，确保极端降水情景下的安全。

提高重要基础设施和系统关键节点的灾防标准。在雄安新区整体满足起步区50年一遇、外围组团30年一遇、其他特色小城镇20年一遇内涝防治标准的基础上，相应地提高关键基础设施、重要公共服务设施、生命线系统关键节点的防灾标准。实施重要设施设备防护工程。既要在规划建设阶段，保证新建基础设施具有高保障的防灾能力；也要对雄安三县县城和其他小城镇老旧基础设施开展强韧性改造，提升新区整体应对雨洪灾害的设施水平。

提高基础设施系统的冗余性。增强基础设施的应急保障能力，是雄安新区应对雨洪灾害必不可少的重要防线。推行分布式、模块化、小型化、并联式城市生命线系统新模式，增强干线系统供应安全，强化系统连通性、网络化，实现互为备份、互为冗余。一旦灾害发生，造成个别设施或系统局部功能丧失时，二次供水、供配电、通信等后备设施和系统冗余能力能够使其迅速恢复功能，保障系统正常运转。

（4）社会韧性维度

雨洪系统的社会韧性是指在体制机制上，保障雨洪管理的系统性、协同性以及学习和调适能力，从社会层面增强风险防范和应对的能力。区域自然系统的水容量是有限度的，城市防洪排涝设施的标准因成本问题也不可能无限提高。不管是生态雨洪系统，还是设施雨洪系统，其作用能否充分发挥，关键还在于雨洪管理的社会组织体系是否完善。同时，雄安新区正处于社会重构期，建立应对暴雨洪涝灾害的社会调适机制同样重要。面对高度不确定的极端天气气候事件，高效的风险管理体系、有效的社会调适机制可以提升城市防范雨洪灾害的社会韧性，降低灾害带来的影响与损失。

1）建立多主体协同的组织管理机制

雄安新区雨洪韧性建设涉及流域、区域、城市、组团、社区等多个层面，涉及城市规划、水利水务、生态环境、园林绿化、市政建设等多个领域，涉及规划、建设、运行、应急等多个环节，因此需要建立多部门协同的工作机制，形成系统、完善的管理体系。同时，应建立常态化风险治理与应急灾害管理紧密衔接的管理机制。一方面，要明确相关部门在雨洪风险治理中的责任，形成系统防灾的治理体系。另一方面，要完善多部门、多层级协同的预警、响应、处置的制度规范，形成应灾响应的整体合力。

2）建立全过程管理的风险管控机制

提高雨洪风险管理的过程韧性，建立风险评估、监测预警、风险控制、应急处置、灾后恢复等全过程的管理机制。尤其要重视现代科技手段和信息技术在雨洪管理中的运用，提高洪涝灾害防控的风险预警、实时监测和应急处置能力。一是提高预报预警的及时性和准确性。在上游洪水来临、强降水发生前及时发布明确的风险警示，并精准送达所有单位和全体市民。二是实现对河湖水位、区域内涝、城市积涝的实时智能监测。在暴雨洪水预警时，及时启动河道和淀区堤防防洪抢险预案、城镇防洪排涝预案、蓄滞洪区运用预案，并对城市低洼地段、地铁、下凹桥区、隧道、排水口等各类风险点进行及时管控。三是增强洪涝灾害的应急处置能力。在洪涝风险出现后，做到多部门联勤联动、及时处置，控制灾情的发生和扩大。

3）建立学习与调适的社会适应机制

具有韧性的社会体系面对环境变化应当具备较强的学习和调适能力。近些年来雄安新区及周边区域未发生过大的洪涝灾害，蓄滞洪区已多年未启用，社会的灾害意识和应对经验普遍不足。缺乏应对洪涝的经验往往会导致社会对暴雨洪水的危险意识薄弱，对干燥稳定的环境习以为常，一旦防洪排涝工程设施失效，将会不知所措。因此雄安新区韧性雨洪系统的构建，需要通过"学习—调整""刺激—反应"机制，建立具有学习和调适能力的社会适应机制。

4.2　基于CAS理论的雄安新区既有社区韧性评估与提升策略研究[1][2]

随着雄安新区建设的全面展开，保障城市安全运行成为推进雄安新区高质量发展的现实考量。社区作为城市系统的基本组成单元，是风险社会下预防和应对各类灾害与威胁的主战场，更是城市功能恢复的关键参与者，直接决定着城市总体安全水平。尤其是新冠疫情暴发并对公共安全构成威胁以来，社区就作为抗击疫情的阵地之一，成为检验我国应急治理能力与体系建设成果的标尺。然而，雄安新区从农村到现代化城市的快速转变，促使城乡既有社区在空间布局、人口结构以及社会关系方面发生重大变迁，同时也为城市公共安全带来新的挑战。

一方面，在城市内部功能转型和外延空间扩张的双重压力下，以原有城市人口为主的

---

[1] 本节内容节选自北京建筑大学学报2022年8月第38卷第4期刊登的《基于CAS理论的雄安新区既有社区韧性评估与提升策略研究》。

[2] 作者：周霞，女，教授，博士，研究方向为韧性城市、城市与区域经济、土地利用。

既有社区所面临风险的不确定性、复杂性、联动性、扩散性、隐蔽性更为突出；另一方面，与新建社区相比，雄安既有社区在设施环境、社会人群、公共服务等方面均存在明显差距，成为雄安新区公共安全最为薄弱的环节。此外，雄安"新旧"社区之间的差异，也可能进一步加剧城市居住空间分异，为公共安全建设埋下隐患。《河北雄安新区总体规划（2018—2035年）》指出，要牢固树立和贯彻落实总体国家安全观，以城市安全运行、灾害预防、公共安全、综合应急等体系建设为重点，构建城市安全和应急防灾体系，提升综合防灾水平，建设安全雄安。进入"十四五"时期，城市发展环境面临着更加深刻复杂的变化，以既有社区为示范探索如何加快推动社会治理重心与资源下移、夯实基层社区治理基础，已经成为提高社区以及城市系统防灾减灾能力的应有之义。

21世纪以来，随着我国社区建设逐渐由以创新管理体制、构建新组织体系为核心的全面深化阶段向着以打造共建共治共享治理格局为核心的社区治理阶段转变，越来越多的学者指出传统自上而下的城市基层治理框架与防灾减灾方法在应对各种"黑天鹅"或"灰犀牛"事件时局限性凸显。以社区韧性为核心的相关研究，正视了系统环境的不确定性和系统功能的脆弱性，强调通过增强系统自身的抵抗力、恢复力和适应力来应对社区面临的各种公共安全风险，为城市治理能力现代化建设提供了新的思路。

2020年以后，党的十九届五中全会及我国"十四五"规划纲要均对韧性城市、韧性社区建设作出指示，要求优化国家应急管理能力体系建设，以社区为重心筑牢公共安全稳固底盘，提高防灾减灾抗灾救灾能力。然而，我国韧性社区建设还处于广泛的探索阶段，社区公共安全治理中仍普遍存在各层管理依赖与应急时效性不够、社区任务繁多与应急资源不足、社区主体多元化与居民参与度不高的困境。因此，在保障雄安新区当前乃至未来整体运行效率和城市公共安全的大背景下，建立社区韧性评价体系与标准、完善社区韧性研究方法已然成为探究如何提升社区韧性能力、强化社区韧性属性的题中之义。

针对这一现实背景，本文试图探讨复杂适应系统下的雄安新区既有社区韧性基础结构框架，并在此基础上构建社区韧性评估体系，对雄安新区既有社区展开实证研究，为构建具有中国特色、雄安经验的韧性社区实践体系提供参考，同时也进一步推动了复杂适应系统理论（Complex Adaptive System，CAS）向城市社区这一微观尺度延伸。

4.2.1 基于CAS理论的雄安既有社区韧性评估体系

（1）雄安既有社区韧性评估指标选择

基于雄安既有社区的脆弱性及社区韧性资源结构模型，结合社区韧性相关理论框架及评价体系的研究成果，本文确定了影响既有社区韧性的因素包括4个维度，分别是社会网络韧性、社区成员韧性、基础设施韧性、防灾应急韧性。具体的雄安新区既有社区韧性评估指标体系如图4-2-1所示。

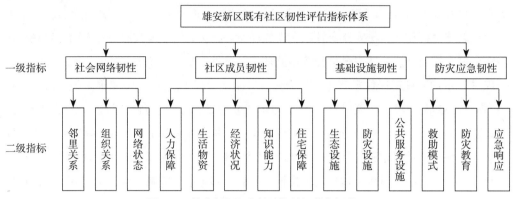

图4-2-1 雄安新区既有社区韧性评估指标体系

社会网络韧性指标主要用来评估整个社区系统在遭到破坏时的自适应能力和恢复能力。社区的社会网络韧性主要体现在邻里关系、组织关系及网络状态3个方面。邻里关系韧性通过社区居民间的亲密度、居民之间的信任感、居民对社区的归属感来进行评估；组织关系韧性通过社区党组织、社区居委会等自组织和公益志愿团体等服务组织的建设情况来进行评估；网络状态韧性通过社区居民个体的社会网络连接多重性、社区关系网中居民与其他成员的关系有效性来进行评估。

社区成员韧性指标主要用来评估社区的自适应能力，主要体现在人力保障、生活物资、经济状况、知识能力、住宅保障5个方面。其中人力保障韧性通过脆弱人口比例、救灾劳动力比例进行评估；生活物资韧性通过每个居民家庭所拥有的减灾器材、救生工具等救生物资、常用的医药物资以及水和基本食物等生活物资的情况进行评估；经济状况韧性通过社区成员年平均收入水平、就业成员比例进行评估；知识能力韧性通过知识型人员比例、能力型人员比例进行评估；住宅保障韧性通过社区居民所居住的住宅类型和住宅质量来进行评估。

基础设施韧性指标主要用来评估社区吸收和抵御外来冲击的能力，它与社区成员相结合还能呈现出一定的自适应能力，包括生态设施、防灾设施以及公共服务设施3个方面。其中生态设施韧性通过社区绿地覆盖率、社区水体覆盖率、生物种类的多样性进行评估；防灾设施韧性通过应急避难场所的数量、安全应急标识的数量、应急物资储备空间是否足够进行评估；公共服务设施韧性通过社区医疗卫生设施、社区卫生站、社区服务中心、教育设施以及福利设施的数量进行评估。

防灾应急韧性指标主要用来评估社区的恢复能力，包括救助模式、防灾教育、应急响应3个方面的风险应对机制。救助模式韧性通过社区自救互救、政府救助、志愿者救助的情况进行评估；防灾教育韧性通过社区是否定期借助宣传栏、橱窗以及一些媒体途径等组织宣传防灾减灾教育、是否定期开展防灾演练（包括组织指挥、灾害隐患排查、灾害预警以及灾害自救和互救逃生、灾情上报等内容）、是否定期邀请有关专家对社区管理人员和居民进行防灾减灾培训等进行评估；应急响应韧性通过社区是否对灾害风险隐患进行日常监测工作，是否定期开展社区间减灾工作的经验交流并制定可操作性的应急预案、社区内各应急部门在应急反应过程中的职责分工是否明确等进行评估。

（2）社区韧性评估指标因子权重

本文分别选用德尔菲法（Delphi）和层次分析法（Analytic Hierarchy Process，AHP）确定社区韧性评估指标权重。邀请从事城市社区治理工作和研究的13位专家分别采用2种方法对权重表进行打分并计算每一级指标的权重，最后将2种方法所求得的指标权重进行几何平均，得到社区韧性评估指标权重（表4-2-1）。

表4-2-1 雄安新区既有社区韧性评价指标权重汇总

一级指标	二级指标	三级指标
A 社会网络韧性（0.25）	A1 邻里关系（0.28）	亲密度（0.30）
		信任感（0.36）
		归属感（0.34）
	A2 组织关系（0.36）	主体组织（0.37）
		社区自组织（0.35）
		服务组织（0.28）
	A3 网络状态（0.35）	网络多重性（0.47）
		网络有效性（0.53）
B 社区成员韧性（0.28）	B1 人力保障（0.27）	脆弱人口比例（0.44）
		救灾劳动力比例（0.56）
	B2 生活物资（0.22）	救生物资（0.37）
		医药物资（0.32）
		生活物资（0.31）
	B3 经济状况（0.16）	年平均收入水平（0.52）
		就业成员比例（0.48）
	B4 知识能力（0.21）	知识型人员比例（0.51）
		能力型人员比例（0.49）
	B5 住宅保障（0.13）	住宅类型（0.45）
		住宅质量（0.55）
C 基础设施韧性（0.18）	C1 生态设施（0.19）	绿地覆盖率（0.40）
		社区水体覆盖率（0.30）
		生物种类多样性（0.30）
	C2 防灾设施（0.45）	应急避难场所（0.40）
		安全应急标识（0.33）
		应急物资储备空间（0.27）

续表

一级指标	二级指标	三级指标
C 基础设施韧性（0.18）	C3 公共服务设施（0.35）	医疗卫生设施（0.31）
		社区服务中心（0.31）
		教育设施（0.19）
		福利设施（0.19）
D 防灾应急韧性（0.29）	D1 救助模式（0.28）	社区自救互救（0.39）
		政府救助（0.32）
		志愿者救助（0.29）
	D2 防灾教育（0.32）	宣传教育（0.33）
		防灾演练（0.34）
		防灾培训（0.33）
	D3 应急响应（0.40）	监测预警（0.39）
		应急预案（0.30）
		应急反应（0.31）

一级指标权重排序从高到低依次为防灾应急韧性、社区成员韧性、社会网络韧性、基础设施韧性。其中，防灾应急韧性的权重值为0.29，表明雄安新区既有社区韧性提升应注重防灾应急体系的建立，良好的防灾应急措施是社区应对危机时快速组织、适应的关键；社区成员韧性的权重值为0.28，表明社区韧性提升不仅需要维持日常生活所必需的生活物质，也应着重保障应对危机所需的人力资源储备。

二级指标中，对4类一级韧性指标影响最大的因素分别为组织关系、人力保障、防灾设施与应急响应。其中，组织关系与人力保障是风险环境中韧性社区自组织性、自适应性的基本要求，应急响应与防灾设施则为社区抗灾救灾、防灾减灾能力提升提供了软硬件保障。

将各级指标权重相乘即得到各个三级指标对于雄安新区既有社区韧性影响程度情况，其中影响程度较大的分别是网络有效性、监测预警、救灾劳动力比例、网络多重性及应急反应等，表明既有社区韧性的提升应当以此类韧性资源建设为重要抓手。

4.2.2 雄安既有社区韧性水平评估实证研究

（1）研究对象概况及数据来源

本文运用上述社区韧性评估指标体系，对雄安新区容城县、安新县和雄县3县的部分城市既有社区的韧性水平展开分析。综合考虑社区人口、区位、风险以及数据可得性等因素，分别选取了7个既有社区进行实证研究，包括：雄县2个社区、安新县1个社区、容城县

4个社区。为确保所得数据有效性、完整性，2019年6—9月，采用问卷调查和现场访谈相结合的方式获取既有社区的相关信息。调查对象以社区管理者为主、社区居民为辅。其中，社区管理者包括36位县级、社区级社区管理人员。面向社区居民调查问卷共发放210份，回收有效问卷186份。

（2）雄安既有社区韧性水平评估结果及分析

1）雄安既有社区韧性评估总体结果

根据前述方法，计算得到雄安7个既有社区韧性评估总体情况如图4-2-2所示，并对各社区名称进行了简化处理。总体而言，雄安7个既有社区的韧性水平均值为71.0，其中得分最高为JT社区73.8分，得分最低为TJ社区68.8分。从不同社区来看，JT社区、GZ社区的韧性水平处于均值以上，HP社区、YC社区、WQ社区、CY社区、TJ社区5个社区韧性水平低于均值。雄安7个既有社区韧性水平的差距主要来源于防灾应急韧性，且既有社区的韧性水平总体上均有待进一步提升。

2）雄安既有社区韧性水平综合分析

结合既有社区韧性一级指标权重及其得分，借鉴学者们的相关研究，对雄安既有社区韧性进行综合分析。如图4-2-3所示，分别以权重为纵轴、得分为横轴构建权重—得分模型，选取权重值0.25，一级韧性指标总体均值70.70作为临界值将评估结果分为4个象限。其中，第一象限：高权重—高得分，这类指标是当前社区韧性的基本保障，应当在继续保持的基础上寻求优化；第二象限：高权重—低得分，这类指标重要性高但韧性水平较低，应当作为既有社区优先改进的关键领域；第三象限：低权重—低得分，这类指标重要程度相对较低，但韧性水平同样较低，可作为既有社区韧性进一步提升的重点领域；第四象限：低权重—高得分，这类指标可以继续维持，但不作为社区韧性提升的重点内容。结合雄安新区既有社区一级韧性指标的权重—得分模型与二级韧性指标评估结果进行分析（图4-2-4）。

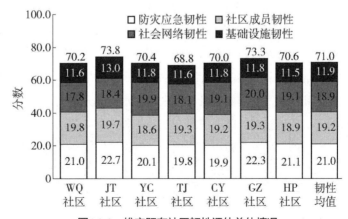

图4-2-2　雄安既有社区韧性评估总体情况

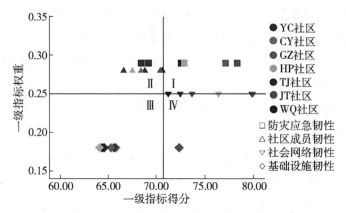

图4-2-3 雄安既有社区韧性一级指标权重–得分象限

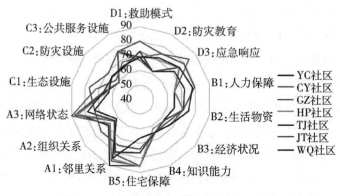

图4-2-4 雄安既有社区韧性二级指标评估结果

防灾应急韧性方面，雄安新区7个既有社区基本处于第一象限与第二象限。其中，第一象限包括4个既有社区，JT社区、HP社区在救助模式、防灾教育、应急响应方面表现良好，而WQ社区、GZ社区在社区救助模式上略显不足，因此在保持良好的社区防灾应急管理体系的基础上，可进一步加强政府、志愿者救助团队建设。第二象限包括YC社区、TJ社区、CY社区，3个既有社区在救助模式与防灾教育上与其他既有社区存在差距，需要加强社区救助队伍建设、社区防灾宣传教育与培训演练以实现社区防灾应急韧性的快速提升。

社区成员韧性方面，雄安新区7个既有社区均处于第二象限，即重要性较高，但韧性水平较低。社区成员韧性作为当前雄安既有社区韧性水平提升的决定性因素，其问题主要在于既有社区脆弱人口比例较高，就业成员比例与年收入水平较低，居民生活物资储备不足，社区知识型人员、能力型人员较少等。因此，既有社区需要在进一步推进居民住宅建筑升级改造与各类储备物资投入的基础上，积极融入雄安新区产业规划体系，形成社区产业的内部集聚与外部协同发展，大力推动社区优秀人才引进，逐步改善经济状况、优化人口结构、提高救灾人力质量。

社会网络韧性方面，雄安新区7个既有社区基本处于第一象限，其重要性与韧性水平相匹配。对比二级指标可以看出，7个既有社区的邻里关系和网络状态得分较高，说明7个既有社区居民之间的关系较为亲密，信任感、归属感较强，居民个体的社会网络类型个数较多，同时居民在社区关系网中与其他成员的关系紧密程度较高。组织关系得分相对较低，表明既有社区在主体组织、自组织、服务组织建设方面情况不理想，需要加强社区党组织、居委会及各类中间服务组织的建设与培育。

基础设施韧性方面，雄安新区7个既有社区中，除JT社区处于第四象限外，其余6个社区均处于第三象限。其中，JT社区在生态设施、公共服务设施方面表现良好，但防灾设施韧性略显不足。位于第三象限的6个社区在二级韧性指标上存在一定的差异，但总体上表现出绿地覆盖率、社区水体覆盖率较低，生物种类多样性不足，社区防灾、医疗卫生设施、教育及福利设施配置有待完善。需要说明的是，防灾设施对既有社区韧性有着较大影响，因此未来既有社区应当以满足社区居民的避难需求为韧性建设重点，完善社区应急避难场所及应急物资储备空间建设，合理设置安全应急标识。在此基础上，可结合雄安新区建设规划，逐步加强生态设施、公共服务设施建设。

4.2.3 建议

结合雄安新区既有社区韧性资源结构模型与韧性评估体系，根据既有社区韧性水平的具体情况，本文提出以下建议。

（1）健全成员资源与防灾应急体系，补齐既有社区韧性发展短板

社区成员韧性与防灾应急韧性的重要性高但得分较低，是当前雄安新区既有社区韧性发展存在的主要短板，应当作为提升既有社区韧性水平的关键抓手。具体而言，既有社区应积极融入雄安城市、组团产业规划，改造提升现有产业，充分考虑社区人口结构与特征，混合布局住宅与就业空间，筑牢既有社区韧性发展的经济支撑。鼓励社区成员常备生活、医疗、救生类物资，创建社区级、邻里级防灾应急资源清单与地图，提高社区物资整合效率。培育社区党政精英、经济精英、社团精英、专业精英，不断优化社区人口结构，形成一批具有领导组织能力与专业知识技能的人才。

针对部分社区防灾应急韧性不足的问题，建立统一领导、统筹组织、共同参与的社区防灾减灾常态宣传机制，定期开展社区防灾联合演练与培训，鼓励社区居民掌握自救互救技能。继续深化以"一案三制"为核心的社区应急治理体系，结合既有社区潜在的自然灾害、社会风险等制定不同层次、可操作的应急预案。建立面向社区的应急管理权责清单，扩大基层社区应急响应的创新和决断空间，提高社区应急组织和反应效率。

（2）完善设施服务与社会网络体系，筑牢既有社区韧性发展根基

基础设施韧性与社会网络韧性重要性相对较低，但雄安既有社区在这2个方面具有较高的得分,是既有社区在风险环境中表现出韧性的基石,需要在维持良好态势的基础上谋求进一步发展。其中,在既有社区设施服务方面,采用新技术、新材料、新工艺,改造提升社区建筑物工程韧性。营造社区绿色生态基底,采用复合植物群落塑造丰富的植被景观,保障生物多样性。结合5~10min生活圈与公园绿地,就近就地布局平灾结合、功能多样的分级分类避难场所,建立安全、可靠、高效的安全应急标识与救援通道系统。整合既有社区公共空间,合理布置社区医疗卫生、休闲养老、教育健身等公共服务设施,形成串联城市组团、社区、邻里的多层次公共服务带。

此外,结合社区社会网络建设,充分发挥社区居民在社区治理、服务供给、设施管理中的主体作用,培育居民的社区归属感和认同感,强化居民自治意识与自治能力,引导成立各种类型的自治组织,更大范围地联结社区居民。发展新时代城市社区治理经验,以基层党组织和社区居委会为基础构建社区内外纵向联动、横向互动、融合共治的社会网络体系,完善共建共治共享的风险沟通机制。

(3)**构建智慧监测与韧性体检机制,释放既有社区韧性发展潜能**

基于韧性资源要素构建监测与评价相结合的韧性治理机制,助推既有社区韧性发展的信息化应用,则是释放资源要素潜力、培育韧性发展新动力的重要路径。具体来看,既有社区应依托互联网、大数据、物联网、云计算等技术,加快推进智慧化改造升级,逐步形成社区空间全域覆盖的感知网络体系。构建社区公共安全全过程管理体系,实现社区风险的监测预警、预测预防、灾害的抢险救援、应急处置以及事故的经验反馈、学习适应。

针对既有社区韧性要素资源建立科学化、精细化的韧性评估体系与常态化、动态化的韧性体检机制,全方位汇聚和共享多部门、多渠道的社区感知数据与管理信息,实现社区运行实时可评估、社区韧性短板早发现与社区韧性资源可调配。整合人工智能与机器学习手段,建立既有社区韧性管理辅助决策系统,深入挖掘社区韧性资源特征与利用潜力,模拟灾害情景中社区资源的组合方案,优化各类资源的配置,提高智能决策和响应能力。

第五章 新动态与思路

5.1 生态产品第四产业理论与发展框架❶❷

习近平总书记多次强调"生态环境本身就是一种生产力,保护生态环境就是保护生产力,破坏生态环境就是破坏生产力"。2020年8月15日,在"绿水青山就是金山银山"(以下简称"两山")理念提出15周年理论研讨会上,王金南首次提出将生态产品服务产业大力培育为"第四产业",提高生态产品供给能力,推动生态产品价值实现,成为推进美丽中国建设、实现人与自然和谐共生的现代化的增长点、支撑点、发力点。2021年4月26日,中共中央办公厅、国务院办公厅印发《关于建立健全生态产品价值实现机制的意见》,提出"推进生态产业化和产业生态化,加快完善政府主导、企业和社会各界参与、市场化运作、可持续的生态产品价值实现路径"。本文首次将生态产品价值实现机制进行了系统化、制度化阐述,为构建"绿水青山"转化为"金山银山"的政策制度体系指明了方向。生态产品价值实现过程的本质就是让生态环境与土地、劳动力、技术等要素一样,作为现代经济体系的核心生产要素,纳入生产、分配、交换和消费等社会生产全过程,实现生态环境保护效益外部化和生态环境保护成本内部化。

5.1.1 理论框架

生态产品(Ecological Products)可定义为:生态系统通过生态过程或与人类社会生产共同作用为增进人类及自然可持续福祉提供的产品和服务。依据产品的人类参与程度,生态产品可分为生态系统直接生产的初级生态产品及基于初级生态产品的市场开发经营形成的衍生性生态产品。

依据产品的市场属性(竞争性和排他性等特征),生态产品可分为纯公共性生态产品、准公共生态产品、经营性生态产品三种类型。从市场属性来看,生态产品中的生态调节服务大多属于公共产品,而生态物质产品、生态文化服务更多属于公共资源类产品。生态产品多具有正外部性,外部性会导致市场失灵,解决办法主要在于将其外部性内部化,生态产品价值实现则是解决环境外部性、保护生态系统功能和完整性的重要机制,因此形

---

❶ 本节内容节选自中国环境管理2021年第4期刊登的《生态产品第四产业理论与发展框架研究》。

❷ 作者:王金南,男,中国工程院院士,研究员,主要从事环境规划与政策研究。
王志凯,共同第一作者,男,硕士,经济师,主要从事绿色环保产业研究。
刘桂环,女,博士,研究员,生态环境部环境规划院首席专家,主要从事生态补偿和生态产品价值实现研究。

成的产业也具有正外部性特征。

（1）产业内涵

生态产品第四产业是指以生态资源为核心要素，与生态产品价值实现相关的产业形态，从事生态产品生产、开发、经营、交易等经济活动的集合。

狭义上的生态产品第四产业主要指通过生态建设提升生态资源本底价值的相关产业及通过市场交易、生态产业化经营等方式将生态产品所蕴含的内在价值转化为经济价值的产业集合，包括生态保护和修复、生态产品经营开发、生态产品监测认证、生态资源权益指标交易、生态资产管理等产业形态。

广义上的生态产品第四产业还包括围绕传统产业的资源减量、环境减排、生态减占，即产业生态化形成的产业集群。

（2）产业特征

新时代生态文明背景下，价值的本质是对地球及其所有居民的可持续福祉的贡献，生态系统显然是价值创造者的核心组成部分，但长期以来并没有融入我们的经济体系中。生态产品第四产业将生态资源作为核心生产要素纳入经济体系，将生产活动从人类扩展到生态系统。因此，将生态系统视为价值创造者并将其纳入生产、分配、交换、消费等现代经济体系是生态产品第四产业的本质特征。

生态产品第四产业与传统三次产业在服务对象、价值创造、主导生产要素等方面具有本质区别（表5-1-1）。首先，传统三次产业均是以满足人的需求为核心价值，而生态产品第四产业以包括人类与自然生态系统在内的人与自然生命共同体为服务对象，以促进人与自然和谐共生，增进人类福祉和生态系统服务保值增值为根本目标。从主导生产要素来看，传统三次产业主要以资本、劳动力等为核心生产要素，而生态产品第四产业则以生态资源为核心主导要素。生态产品第四产业的发展水平可作为生态文明程度的重要标志。

表5-1-1　生态产品第四产业和传统三次产业比较

维度	第一产业	第二产业	第三产业	生态产品第四产业
产业内涵	直接从自然界中获取产品的行业	对第一产业的产品或本产业半制成品进行加工的行业	生产物质产品以外的行业	生产生态产品的行业
根本目标	增进人类福祉			人与自然和谐共生
产业形态	农业、林业、畜牧业、渔业	工业、建筑业	服务业	生态产品产业
核心产品	农业产品	工业产品	服务产品	生态产品
服务对象（需求方）	人类			人与自然生命共同体、自然生态系统、人类及一切生物

续表

维度	第一产业	第二产业	第三产业	生态产品第四产业
时空属性	一般主要服务于当代人的需求			跨时空属性，不仅满足当代人的需要，也满足未来可持续发展的需要
价值创造	物质需求		物质及精神需求	人类福祉（社会属性）+生态系统服务保值增值（自然属性）
主导生产要素	土地、劳动力	资本、劳动力	资本、数据等	生态资源
生产属性	以人类生产为主			以生态生产为主，人类生产为辅
主导文明	农业文明	工业文明	信息文明	生态文明
主导消费观念	主要关注产品使用周期的效用			蕴含全生命周期绿色消费理念

（3）产业形态

生态产品本身具有多样性、复杂性特征，同时不同市场属性的生态产品也有着不同的价值实现路径（图5-1-1），决定了生态产品第四产业不同的产业形态。

纯公共性生态产品的产权是区域性或共同性的，难以通过市场交易实现经济价值，主要依赖政府路径实现。价值支付形式有转移支付、生态补偿及定向支持生态保护的政府性专项基金等。

准公共性生态产品在政府管制下可通过税费、构建生态资源权益交易市场实现价值。部分公共性生态产品在满足产权明晰、市场稀缺、可精确定量3个条件时，可通过收取税费或开展生态资源权益交易等方式实现价值，价值支付形式为生态环境资源税费及相关权益的市场交易价格。

经营性生态产品通过市场交易直接实现价值，支付形式为产品自身价格，包括生态物质产品及生态产业化经营形成的生态服务。生态物质产品的生态溢价一般需要有公信力的

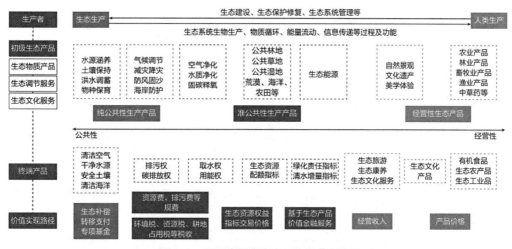

图5-1-1 不同类型生态产品价值实现路径

第三方认证评价及品牌培育推广才能顺利实现。国家公园、风景名胜区等公共资源性生态产品通过明晰产权、直接经营、委托经营等方式交由市场主体提供终端生态产品服务，具体表现为生态旅游、生态康养、生态文化服务等，价值支付形式为门票、会员费等相关生态产业化经营收入。

（4）产业范围

从生态产品的生产、分配、交换、消费等维度梳理生态产品第四产业范围，主要包含生态产品生产、生态反哺（分配）、生态产品开发服务、生态产品交易服务4大类，清洁空气、干净水源等26小类，见表5-1-2。

表5-1-2 生态产品第四产业范围

一级分类	二级分类	初步范围
生态产品生产	清洁空气	空气净化、释氧
	干净水源	水源涵养、水质净化
	安全土壤	土壤保持
	清洁海洋	海岸防护
	适宜气候	气候调节
	物种保育	为动植物提供生态空间
	减灾降灾	防风固沙、洪水调蓄等
	碳汇	固碳
	生态责任指标	绿化增量责任指标交易、清水增量责任指标交易
	生态资源权益	碳排放权、排污权、水权、用能权等生态资源权益交易，森林覆盖率等指标交易等
	生态休闲农业	农业观光、展览业等经营
	生态旅游	强调对自然景观的保护，可持续发展的旅游服务，国家公园、自然风景区、风景名胜区管理
	生态康养	基于生态产品优势开发的健康养老服务
	生态文化	生态文化产品、生态文化服务
	生态园区运营	生态农业园区、生态工业园区运营
	生态农产品	生态农业、生态林业、生态畜牧业、生态渔业
	生态能源	太阳能、风能、生物质能等
	生态水源	非地下水资源开发、矿泉水等
生态反哺（分配）	生态建设	生态环境保护相关基础设施建设等
	生态修复	山水林田湖草环境综合治理等
生态产品开发服务	生态产品综合开发	基于生态导向的生态产品综合开发经营，如"生态＋光伏""生态＋充电站"、田园综合体等
	生态金融	基于生态产品价值的金融服务
	生态产品监测核查	生态产品调查监测、价值核算服务

续表

一级分类	二级分类	初步范围
生态产品开发服务	生态咨询服务	生态资产（碳资产、排污权等）管理服务、生态产品价值实现项目勘查、设计、技术咨询等
生态产品交易服务	生态产品认证推广	生态产品溯源认证、信息平台、品牌推广服务
	生态产品交易平台	生态物质产品及碳排放权、排污权、用能权、水权、绿证等生态资源权益交易服务

5.1.2 发展机制

生态产品第四产业的形成和发展主要包括生态资源调查、生态系统生态生产、生态资源资产化、生态资产资本化、生态资本经营、生态建设反哺6个环节，生态资源、初级生态产品、生态资产、生态资本、终端生态产品、生态现金流等节点就是产品价值对应的6个载体。产业参与主体主要有自然生态系统、政府、社会公众、生态产品市场经营开发商、生态环境综合服务商为代表的企业、生态产品交易平台、产业支撑服务企事业单位共8类，分别承担着供给者、需求者及产业服务方等不同角色。

（1）产业形成的关键环节

生态资源是生态产品第四产业的主导生产要素，也是产业形成的起点。生态资源作为生态产品的自然本底和生产载体，可以理解为生态系统经过长期历史积累形成的具有生态生产功能的存量，而经生态系统的生态生产过程产出的生态产品则可视为生态资源存量生产出的流量。生态"资源—资产—资本"转化是产业形成的基础。生态资产是具有稀缺性、有用性及产权明确的生态资源，具有经济的一般属性。生态资源资产化是生态资源存量生产出的初级生态产品，在经济稀缺性和产权界定的双重前提下可转化为生态资产。生态资产资本化是将生态资产投入市场获得经济效益，从而实现自身的良性循环。

生态资本经营是产业形成和发展的核心环节。生态资本经营指产业运营方等市场主体通过人力、技术等要素投入开展生态产品的开发管理、市场化经营，最终形成面向终端消费者或可在生态市场实现交易的生态产品和服务，并通过对价支付形成可持续的现金流收入，以实现生态资产的增值和主体投资的退出。

生态保护与建设是产业实现可持续发展的保障。生态建设主要包括生态保护、修复及可持续生态系统管理。通过生态产业化经营和市场交易变现的一部分产品价值以实物、技术、资金等形式再次投入生态保护恢复和生态建设中，从而实现生态反哺，是打通生态产品价值产业链闭环，实现生态资本持续增值、生态产品可持续再生产的关键和保障。

（2）产业链形成的主体

生态产品第四产业参与主体主要包括产品供给方、产品需求方、产业服务方等，围绕生态产品开发、经营、交易、支撑服务等技术经济关系形成的关联关系形态称为生态产品产业链。

1）产品供给方

产品供给方主要包括生态系统、政府、企业。其中，生态系统是生态产品第四产业的核心供给方，政府是制度供给的关键主导方，企业是核心的市场供给者。社会公众通过个人对生态保护的贡献也可成为生态产品的供给者。

①生态系统。生态系统指在一定地域范围内生物及环境通过能流、物流、信息流形成的功能整体，包括各类"山水林田湖草沙"自然生态系统及以自然生态过程为基础的人工复合生态系统，如森林、草地、湿地、荒漠、海洋、农田、城市等。生态系统作为初级生态产品的生产主体，是生态产品第四产业的核心供给方。

②政府。首先，政府是生态产品第四产业的核心推动主体和制度保障主体，如生态资产确权登记、权益流转经营制度、交易市场构建等机制。其次，政府是生态产品第四产业的规范引导主体，通过产业政策予以引导激励，在生态产品监测、核算、认证等环节需要标准规范。最后，政府是生态产品第四产业的直接投资主体，中央及地方政府是国有或集体生态资产所有权的代表主体，是依法向社会企业、组织或个人出让生态资产使用权的第一投资主体。

③企业。生态产品市场经营开发商在通过政企合作、特许经营等方式获得生态资产经营及使用权的前提下开展生态产品开发、生态资产管理、生态资本运营，实现生态资本持续循环、保值增值，是生态产品第四产业的核心市场主体。其通过生态环境导向的开发（Ecology-Oriented Development，EOD）等模式实施生态环境综合治理项目，实现生态环境优化及生态系统服务增值的生态环境综合服务商，在产业链中具有支撑作用。

2）产品需求方

产品需求方主要包括社会公众和自然生态系统，其中社会公众是产业的主导需求方，自然生态系统既是核心供给者，也是重要需求方。

①社会公众。社会公众是生态产品第四产业的消费主体和受益主体。社会公众作为产业的终端消费者，可享受到更优美的生态环境，更绿色的生态物质产品，更丰富的休闲旅游、健康养老等服务。同时，社会公众通过消费生态产品可直接或间接地支持生态产品第四产业，增强产业的整体效益，带动更多社会资本投入生态产品第四产业，形成良性循环。

②自然生态系统。由于产业经营产生的部分现金流通常以生态反哺形式流入生态建设和保护修复，自然生态系统不仅是生态产品的核心供给者，也是生态产品第四产业的最终受益主体之一。

3）产业服务方

产业服务方包括促进生态产品交易、服务生态产品供给保障的资金、技术等相关支持者，主要有生态产品交易平台、技术支撑服务单位、绿色金融机构等。

①生态产品交易平台。生态产品交易平台是生态产品服务供需双方重要的交易场所。除了物质产品交易，也包括人为界定的生态资源权益及绿化增量责任指标、清水增量责任指标等配额指标的交易，是生态产品价值变现的最后一环。

②技术支撑服务单位。技术支撑服务单位是在生态产品监测核查、价值核算、认证推广、生态资产管理及交易等领域提供基础支撑和技术服务的企事业单位，如生态资产（碳资产、排污权等）管理技术咨询服务、基于互联网提供的软件服务（Software-as-a-Service，SaaS）、生态产品交易服务、溯源认证、品牌推广等，是生态产品第四产业的基础支撑。

③绿色金融机构。绿色金融机构是助力生态资产实现资本化、为生态产品第四产业市场主体提供资金支持的重要力量。基于生态产品价值的信贷、基金、保险等创新型绿色金融产品是打通自然生态系统与经济社会系统的重要媒介，也是盘活存量生态资源价值、畅通生态产品第四产业链的关键路径。

5.1.3 核算方法与发展指标体系

通过科学的核算方法，给无价的生态系统服务贴上"价格标签"，建立生态产品第四产业统计评价指标体系，是解决生态产品第四产业"度量难、抵押难、交易难、变现难"的第一道关口。

（1）核算基本框架

生态产品价值核算主要集中在两个方面：一是生态系统资产存量变化，导致生态系统和生态系统服务流量的变化；二是生态系统服务流量变化给人与自然系统带来的效益变化。根据目前的研究基础，生态产品第四产业核算可以用生态产品总值GEP来衡量，具体核算框架参考生态环境部综合司印发的《陆域生态系统生产总值GEP核算技术指南》。生态产品价值核算指标体系由供给服务（Ecological Provisioning Value，EPV）、调节服务（Ecological Regulating Value，ERV）和文化服务（Ecological Cultural Value，ECV）3大类构成。其中：供给服务主要包括农业产品、林业产品、畜牧业产品、渔业产品、生态能源和其他；调节服务主要包括水源涵养、土壤保持、防风固沙、海岸带防护、洪水调蓄、固碳、氧气释放、空气净化、水质净化、气候调节和物种保育；文化服务主要包括休闲旅游和景观价值。

（2）核算主要方法

生态产品核算方法包括实物量核算方法和价值量核算方法，具体的核算方法如表5-1-3所示。基于资源环境经济学与生态系统服务价值核算的理论方法体系，采用遥感解译技术、机理模型、实地监测法、统计分析法、现场调查法、环境经济学等方法体系，可以对森林生态系统、湿地生态系统、草地生态系统、农田生态系统、城镇生态系统等不同生态系统的产品供给服务、生态调节服务和文化服务的实物量和价值量进行核算。

表5-1-3　生态产品价值核算方法

服务类别	核算指标	实物量核算方法	价值量核算方法
供给服务	农业产品	统计调查	市场价值法
	林业产品		
	畜牧业产品		
	渔业产品		
	生态能源		
	其他		
调节服务	水源涵养	水量平衡法、水量供给法	替代成本法
	土壤保持	修正通用土壤流失方程（Revised Universal Soil Loss Equation，RUSLE）	替代成本法
	防风固沙	修正风力侵蚀模型（Revised Wind Erosion Equation，RWEQ）	恢复成本法
	海岸带防护	统计调查	替代成本法
	洪水调蓄	水量储存模型	影子工程法
	空气净化	污染物净化模型	替代成本法
	水质净化	污染物净化模型	替代成本法
	固碳	固碳机理模型	替代成本法
	氧气释放	释氧机理模型	替代成本法
	气候调节	蒸散模型	替代成本法
	物种保育	统计调查	保育价值法
文化服务	休闲旅游	统计调查	旅行费用法
	景观价值		享乐价格法

（3）产业发展指标体系

基于生态产品分类和生态产品总值核算，本文提出衡量生态产品第四产业发展的指标体系，具体指标见表5-1-4。

表5-1-4　生态产品第四产业发展指标

代码	指标	指标解释	计算公式
1	生态产品总值（GEP）	由EPV、ERV和ECV三部分组成	GEP=EPV+ERV+ECV
2	衍生生态产品总值（Ecological Extension Products，EEP）	指促进生态产品交易、保障生态产品供给资金、技术等产业服务方，包括生态产品交易平台（EP_M）、技术支撑服务单位（ER_F）、绿色金融机构（EC_T）等	$EEP=EP_M+ER_F+EC_T+\cdots$

续表

代码	指标	指标解释	计算公式
3	生态产品结构指数	是 EPV、ERV 和 ECV 与 GEP 的比值,反映生态产品内部结构。供给服务和文化服务作为初级生态产品,其占比越高,区域生态产品市场化程度越高	R_{pv}=EPV/GEP R_{rv}=ERV/GEP R_{cv}=ECV/GEP
4	绿金指数 (R_{GE})	指"绿水青山"价值与"金山银山"价值比值,反映"两山"的结构与关系。"绿水青山"价值用 GEP 表征,"金山银山"价值用 EDP 表征。EDP 是指经生态环境因素调整的国内生产总值(GDP),即 GDP 扣减掉人类不合理利用导致的生态环境损失成本,包括生态破坏成本(EcDC)和环境退化成本(EnDC)	$R_{GE}=\dfrac{GEP}{EDP}$ $=\dfrac{GEP}{GDP-EnDC-EcDC}$
5	生态产品初级转化率 (R_E)	指初级生态产品与 GEP 的比值,反映初级生态产品价值实现程度	$R_E=\dfrac{EPV+ECV}{GEP}$
6	公共性生态产品指数 (R_{ERV})	指公共性生态产品与 GEP 的比值。公共性生态产品占比越高,说明区域生态功能突出,且生态产品的市场化程度相对较低,需要依赖政府和市场的共同作用实现价值	$R_{ERV}=\dfrac{ERV}{GEP}$
7	经营性生态产品指数 (R_{EE})	指经营性生态产品与 GEP 的比值。经营性生态产品是指 EPV 和 ECV 中已被完全市场化的部分,通过 EPV 和 ECV 与其市场化比重 r 的乘积进行反映	$R_{EE}=\dfrac{(EPV+ECV)\times r}{GEP}$
8	生态产品总值增长率 (R_{GEP})	指当年 GEP 和上年 GEP 的差值与上年 GEP 的比值,反映我国"绿水青山"价值的年度变化情况	$R_{GEP}=\dfrac{GEP_t-GEP_{t-1}}{GEP_{t-1}}$
9	第四产业的产业集聚度 (CR_5)	用规模最大五个生态产品指标的价值的和($\sum_{i=1}^{5}GEP_i$)占全部 GEP($\sum_{i=1}^{n}GEP_i$)的份额进行度量,反映第四产业的产业集聚程度	$CR_5=\dfrac{\sum_{i=1}^{5}GEP_i}{\sum_{i=1}^{n}GEP_i}$

5.1.4 政策保障

生态产品第四产业尚处在产业形成期,需要从顶层设计层面进一步厘清生态产品第四产业的内涵、范围、发展定位和发展路径,同时也亟须政府部门从生态产品生产、消费、交易、分配全流程制定和完善政策,促进生态产品第四产业健康发展。构建政府主导、企业和社会各界参与、市场化运作、可持续的生态产品价值实现路径是生态产品第四产业形成的重要基础。开展生态产品第四产业统计核算试点,可作为衡量地方生态产品供给能力及生态产品价值实现机制建设成效的重要参考依据。

(1)着力提高生态产品供给能力

建立健全生态产品的供给体系要求从制度上打通生态资源进入生产要素体系,并协同资金、技术、人才等要素的支撑作用,大力培育生态产品市场供给主体,提升生态产品供给质量和效率。

一是以生态空间管控保住生态资源存量，以保护修复提高生态资源增量；二是建立生态产品调查监测机制，完善资源确权和流转配套制度；三是建立生态产品价值核算规范和评价体系；四是培育生态产品市场经营开发主体，形成一批综合性、创新性、专业性的龙头骨干企业；五是积极开展生态环境保护修复与生态产品经营开发权益挂钩等市场经营开发模式创新，实施生态环境治理和产业综合开发等经营模式试点示范；六是构建生态产品第四产业财税金融支持政策体系，开展基于生态产品价值的绿色金融产品服务创新；七是加强生态技术创新应用，包括生态系统保护、恢复和可持续管理技术及生态产品开发技术，提高生态产品的溢价能力；八是加强生态产品开发经营及管理人才培养，尤其是生态建设、产业开发、绿色金融等交叉背景的人才培养。

（2）培育壮大生态产品消费需求

壮大生态产品消费基础的核心是在终端消费需求为导向的生态产品基础上，协同推进全社会形成绿色生活方式和绿色消费模式，带动全社会对生态产品的消费需求。

一是构建生态产品政府采购优先机制，综合考量生态产品质量、产品产地等因素，确定优先采购的生态产品名录，建立完善的采购平台，规范采购流程、竞价机制和采购标准，不断加强对政府采购行为的监督和约束，完善政府采购供应商诚信体系建设。

二是着力培育绿色消费理念、规范消费行为，激励引导居民践行绿色消费、勤俭节约、绿色低碳、文明健康的生活方式和消费模式，加强生态产品的宣传推广和推介，提升生态产品的社会关注度，在全社会厚植绿色消费的社会风尚。

三是构建生态产品品牌培育管理体系，扶持形成一大批类似"丽水山耕""丽水山居""丽水山泉""赣抚农品""武夷山水"等特色鲜明的生态产品区域公用品牌，提升生态增值溢价。

（3）建立健全生态产品交易体系

健全生态产品交易体系的关键在于通过搭建多元化的交易平台和精准化的生态产品供需对接机制，不断降低生态产品交易成本，从而推进更多优质生态产品以便捷的渠道和方式开展交易。

一是建立生态产品质量追溯机制，健全生态产品交易流通全过程监督体系，完善生态产品信用制度和统一的生态产品标准、认证和标识体系，推进区块链等溯源新技术的应用推广，实现生态产品信息可查询、质量可追溯、责任可追查，解决生态产品信息不对称、促进产品交易的信任基础。

二是丰富公共性生态产品的交易渠道，强化相关顶层设计，完善相关交易机制，扩大市场交易量，通过政府管控或设定限额的形式，创造权益交易的供给和需求，开展绿化增量责任指标交易、清水增量责任指标、碳排放权、碳汇权益、排污权、用能权、水权等各类生态资源权益交易。

三是建设生态产品交易中心，定期举办生态产品推介博览会，组织开展生态产品线上云交易、云招商，推进生态产品供给方与需求方、资源方与投资方高效对接。

(4) 不断完善产业利益分配体系

产业利益和产品价值分配体系的关键在于建立生态产品保护者受益、使用者付费、破坏者赔偿的利益导向机制，真正实现"让保护修复生态环境获得合理回报，让破坏生态环境付出相应代价"，实现生态产品第四产业的可持续发展。

一是建立生态产品价值考核机制，让地方充分认识生态系统同样是价值主体，也是经济价值分配主体。

二是构建自然资源有偿使用制度和生态补偿制度，充分反映市场供求状况、资源稀缺程度、生态环境损害成本，让原住民从保护生态环境、保障优质生态产品供给中受益，让提供生态产品的地区和提供农业产品、工业产品、服务产品的地区同步发展。

三是保障参与生态产品经营开发的村民利益，鼓励将生态环境保护修复与生态产品经营开发权益挂钩，建立生态建设反哺机制，确保生态产品开发经营实现的经济收益要按一定的比例反哺村民，反哺生态保护—恢复—建设，从而确保村民获益的同时实现生态系统服务保值增值。

5.2　碳关税碳中和目标下的碳市场：挑战、机遇与展望[1]

5.2.1　我国碳市场发展的机遇与挑战

(1) 碳中和面临能源转型挑战

首先，中国是高排放、高速度发展国家，经济目前仍处于粗放型而非集约型的发展。中国也是当今世界上最大的能源消耗国，2021年，我国能源消费总量52.4亿吨标准煤（约占全世界的1/4）；中国是世界最大的煤耗国家，煤炭消费量为86.17艾焦（约占全世界的1/2），碳排放105.23亿吨（约占全世界的近1/3），是世界上最大的碳排放国家，超过了"美国+欧盟+日本"三大经济体排放的总和，大约是美国的2倍，欧盟的3倍。同时，中国"富煤、贫油、少气"的能源禀赋导致我国单位能源碳排放强度高。

其次，我国能源转型任务难、时间紧。发达国家能源发展都是由煤炭过渡到石油、天然气，然后再到风电、光伏等新能源，而2021年中国石油、天然气对外依存度分别是72.2%、46%，这意味着我国能源转型不可能依靠石油和天然气，需要跨越式进入新能源

---

[1] 根据北京绿色交易所总经理、北京绿色金融协会秘书长梅德文在2023年2月28日碳中和产业发展大会论坛上以《碳中和、碳关税背景下的自愿碳市场》为题的演讲整理。

阶段，构建以新能源为主体、以净零排放为目标的新型能源体系。而目前国内一些低碳、零碳、负碳技术的关键设备和工艺等仍需要进口，技术综合集成、产业化与技术转移推广能力不足，因此在现有的技术条件之下，建立低碳、零碳能源体系，我国仍然需要付出艰苦的努力。据统计，欧盟大约在20世纪80年代实现碳达峰（峰值没有超过60亿吨），其宣布将在2050年实现碳中和，从碳达峰至碳中和预计需要60~70年的时间；美国和日本大约在2007—2008年实现碳达峰（美国峰值没有超过80亿吨），他们同样宣布将在2050年实现碳中和，预计需要40多年的时间；作为发展中国家，中国计划用10年的时间实现碳达峰，再经过30年时间实现碳中和，任务非常艰巨。

另外，因为能源或者电力产业发展存在"低成本、清洁环保与安全稳定"的不可能三角，现有技术条件下，中国能源的低碳转型在清洁环保、安全稳定的要求下，必然面临高成本的巨大挑战。

（2）碳中和面临发展与减排的两难

中国气候变化事务特使解振华在2010年表示，发达国家一般是在人均GDP3万~4万美元时才会达到"碳达峰"，而中国人均GDP去年刚刚突破1万美元，如果按照年均GDP增长5%~6%来推算，到2030年，中国实现"碳达峰"时，中国人均GDP可能刚刚达到2万美元左右，距离发达国家3万~4万美元还有很大的差距，因此中国在实现碳中和的同时还要实现较快追赶式增长。

（3）中国碳市场的机遇

美国著名学者杰里米·里夫金认为，目前是以风光等新能源、信息技术、生物技术并发为代表的第三次工业革命。

在能源供应侧，中国目前已经拥有世界最大的风光新能源生产体系，截至2021年底，我国可再生能源装机规模10.83亿千瓦，全世界占比超过30%；其中风光新能源发电装机占比近40%；风光新能源装备制造也占据了全世界60%的产能，稳居世界第一。

在能源传输侧，中国"长距离、大容量、低损耗"的特高压电网技术成熟，建成了全球电压等级最高、装机规模最大、资源配置能力最强的特大型电网。

在能源消纳侧，中国拥有世界最大的电力能源消纳市场，2021年，我国新能源汽车销售完成352.1万辆，同比增长1.6倍，连续7年位居全球第一，累计销售超900万辆，占世界新能源车约51%的份额。储能产业，宁德时代目前市值超过1万亿元，并一度超过1万6千亿元，在锂电池领域世界第一。

总之，我国已经构成了新能源生产、传输和应用的完美闭环，新能源体系的继续发展及碳中和目标的实现需要"大规模、长期和低成本"的投资，需要一个更有效率、更低成本的市场工具。把以碳市场为载体的绿色金融体系发展起来，中国就能够抓住碳中和的千载难逢的机遇，以最低成本、最高效率实现碳达峰、碳中和。

5.2.2 我国碳交易试点与全球碳市场现状

周小川表示，碳市场最重要的作用是引导投资，通过跨多个年度的项目与技术投资，着重改变未来的生产模式和消费模式。实现"30·60"目标的过程必然要依靠大量投资，无论是发电、交通等行业的碳减排，还是发展新科技，都需要新的投资。能否吸引到这么多投资，这么多的投资如何引导好、激励好，不酿成大亏空，显然是件大事、难事。这么大量的投资不可能凭空而来，也不会凭号召就能实现，每项投资都需要导向，需要算账，而算账就必须有依据，需要碳市场给出信号。

（1）中国碳市场从2005年开始，经历了三个阶段

第一阶段：CDM阶段，2005—2011年。中国开始参与国际碳交易市场，当时主要作为卖方参与清洁发展机制，8年间总共减排量超过10亿吨，单价100元人民币，减排量收入1000亿人民币。

第二阶段：区域碳交易试点，2011—2020年。2011年10月，国家发展改革委发布《关于开展碳排放权交易试点工作的通知》，标志着我国碳排放交易正式启动。北京市、天津市、上海市、重庆市、广东省、湖北省、深圳市等七省市陆续开启了碳排放交易的试点工作，试点区域、人口、GDP等具有一定的代表性，试点地区的配额总量超过12亿吨。到2022年底，八省市碳交易试点已经历了9个履约期，现货累计成交5.8亿吨，9年累计成交金额152亿元（约相当于21亿欧元），平均交易价格26.28元，平均每年成交量占配额总量约为5%。另外，全国核证自愿减排量（CCER）9年累计成交4.50亿吨。

第三阶段：全国碳市场阶段，2021年至今。2021年7月16日，全国碳排放权交易市场正式启动上线交易。截至2022年底，中国碳市场碳排放配额（CEA）累计成交量约2.30亿吨，累计成交额104.75亿元，平均价格45.61元/吨二氧化碳。

总体上，中国作为一个发展中国家，第一个履约期完美收官，市场运行健康有序，交易价格稳中有增，促进了企业减排和加快绿色低碳转型。

（2）国际碳市场现状

根据金融信息公司路孚特（Reinitiv）近日发布的报告数据显示，去年全球碳市场总交易规模达到8650亿欧元（约合6.3万亿元人民币），这是全球碳市场交易额连续第六年增长，再创历史新高。根据路孚特统计，2022年全球碳市场共交易125亿吨碳配额，尽管交易量较2021年减少了21%，但由于碳价持续上涨，全球碳市场交易额仍实现了可观增长。

对比当今世界最大碳市场即欧盟配额交易市场（EUETS），欧盟碳市场2021年的配额只有中国的1/3，不到16亿吨，但全年交易量达122亿吨、交易金额6830亿欧元，折合人民币将近5万亿，平均单价56欧元。与欧盟比，中国强制碳交易市场的价格不到欧盟的1/10，交易量不到欧盟的1%，交易金额不到欧盟的1‰。所以，相比欧盟碳市场，中国碳市场存在交易规模小、交易价格低、缺乏流动性、投融资功能弱等问题。

（3）国际自愿碳市场机制发展情况

1）新的国际公约下的国际统一自愿碳市场将会建立（SDM）

2021年11月，第26届联合国气候变化大会（COP26）召开，大会就《巴黎协定》第6条有关国际碳市场的机制安排实施细则达成共识，通过了"6.2"及"6.4"两个条款，确定了两种不同的自愿合作机制。

条款6.2为合作方法（Cooperative Approaches），是通过双边或多边协议的合作方法，减排量超过国家自主贡献目标的国家将额外的减排量出售给未能实现国家自主贡献目标的国家。该市场机制下产生的碳减排量被统称为"国际减排成果转让"（Internationally Transferred Mitigation Outcomes，ITMO），不限于碳减排，还包括可再生能源信贷和适应气候变化融资等其他减排类型。条款6.4为可持续发展机制（Sustainable Development Mechanism，SDM），是一个由联合国专门机构监管的国际碳减排信用市场，允许国家之间交易碳减排信用。机制总体沿用CDM架构，产生的碳信用单位被称为A6.4ER（Artice 6.4 Emissions Reduction）。

对中国而言，借助全球自愿合作机制，一方面在减排成本低的时候，通过国际碳市场获得减排所需资金、技术；另一方面当未来减排潜力减小、边际减排成本不断上升后，通过国际碳市场来履行自身的强制减排责任，从而在整体上降低全社会的减排成本，为部分产业的进步发展争取时间和减排空间。许多国家已经开展针对第六条的能力提升、与发展中国家开展合作等试点项目，中国还未见到。

2）第一个行业减排机制建立（CORSIA）

国际航空碳抵消和减排机制（CORSIA）是国际民航组织建立的、为全球航空业设定统一的减排目标以及实施方案、方法的市场化减排机制。CORSIA从2021—2023年开启试点阶段；2024—2026年为第一阶段，可自愿参加；2027—2035为第二阶段，须强制参加。根据国际航空运输协会（ATA）预测，到2035年，如果全球主要国家都参加CORSIA，航空业需购买25亿吨减排量用于抵消。

CORSIA是行业层面推动全球碳市场联通的重要尝试，将使欧盟、北美、中国乃至全球的碳市场通过多种自愿减排抵消机制在某种程度上间接连接起来。

CORSIA对中国有两个影响：第一，影响中国的民航业，中国如果参与CORSIA计划，所有由中国航空公司执行的往返中国和CORSIA参与国的航班碳排放量将会被纳入CORSIA体系之下。第二，影响中国的碳市场。对中国的碳市场而言，倒逼中国强制碳市场扩大行业覆盖范围，提高价格，提高流动性，提高投融资功能，同时也将促进中国碳市场的发展。

3）构建全球统一的自愿减排碳市场的探索（ICVCM）

国际自愿市场诚信委员会（ICVCM，原TCVCM）于2020年9月成立，目标是提升自愿减排（VER）市场的规模化和效率，以便实现联合国应对气候变化的《巴黎协定》目标。

其工作组目前已经有250多个成员机构，分别代表碳信用买方和卖方、政府、金融机构、国际组织、学术界和公众成员。

ICVCM的目标是基于产品和市场的双重雄心，一是建立一个新的超越现有所有自愿减排标准的高质量和高诚信的自愿减排标准（CCP原则）；二是要改变现有自愿碳市场分散、不透明和小规模的状态，建立一个全球统一的、高透明度、高流动性的自愿碳市场，实现自愿减排信用在全球的大规模交易。

4）欧盟碳边境调节机制（EUCBAM）

2022年12月18日，欧盟理事会和欧洲议会就欧盟碳市场改革方案和社会气候基金（Social Climate Fund）达成了协议，欧盟碳边境调节机制（EUCBAM）即欧盟"碳关税"的完整方案尘埃落定，从2027年开始，欧盟将针对所有出口到欧盟地区的含碳产品，按照欧盟碳交易市场的价格来征收碳关税。

碳关税的征收对我国有三个重要影响：一是倒逼中国企业采取措施降低自身碳排放；二是促使我国碳价上涨；三是可能促使制造业转移。CBAM即将启动，全国碳市场当前建设进展无法有效应对，纳入行业范围还未完全覆盖CBAM产品；碳排放统计核算体系未建立，排放因子研究不足；部分行业排放强度高。

5）美国《减少通货膨胀法案》（Inflation Reduction Act，IRA）

2022年通过的《减少通货膨胀法案》（IRA）是美国历史上最大的气候和能源支出计划。庞大的能源、气候和税收法案包括6000亿美元的支出，其中3690亿美元用于支持可再生能源和气候复苏。法案将对美国能源市场乃至全球能源市场产生深远影响。一方面，法案对可再生能源行业的税收激励措施将长达10年，涵盖太阳能、风能等核心领域，允许企业直接向政府贷款，而不是依靠复杂的融资流程，并且预算规模是有史以来最大的，这对整个可再生能源行业来说意味着巨大的机遇。另一方面，法案为广大消费者与家庭提供清洁能源补贴，有效刺激市场需求，扩大市场规模。

法案通过一系列支持和补贴政策，将大力推动美国光伏产业发展，同时也将刺激电动汽车、储能、碳捕获和风能等其他清洁能源行业爆发，必将也影响中国新能源产业优势。

5.2.3 中国碳市场趋势与展望

（1）中国碳市场（碳价格）未来也许将与国际趋同

国际金融中有个经典的"蒙代尔—克鲁格曼不可能三角"（图5-2-1），也就是在汇率稳定、独立货币政策和资本自由流动三个变量中，一个国家只能选择两个目标。这个理论在碳市场也许同样有效。

长期来看，由于气候变化的全球外部性，碳排放权天然具有国际自由流动属性，如果要保持国内的碳中和产业优势和低碳政策独立，则碳价一定会向国际碳市场趋平。目前欧盟、美国的碳价都远远高于中国碳价，按照目前价格对比，欧洲度电碳价大约是中国度电碳价的十倍以上。有专家认为，中国碳市场以当前平均约50元人民币/吨的价格水平很难起到资源配置、风险管理、价格发现的作用，无法成为碳达峰、碳中和过程中的有效市场机制。长远看，中国碳价必然要打破目前的低估状态。

随着资本市场开放和全方位引进外资，外资也会进入中国碳市场，国内外巨大的碳价差异会产生巨大的套利空间，一旦存在套利，价格差就会消除，这是一价定律在碳市场的使然。

图5-2-1　金融"蒙代尔—克鲁格曼不可能三角"

中国碳价格到底多少钱，很多团队都预测过。根据EDF美国环保协会预测，2021年中国碳价格是49元人民币/吨，2030年大约是93元人民币/吨，到实现碳中和的时候也就是到2060年有可能达到167元人民币/吨。清华大学团队基于中国2060年实现碳中和情境对未来碳价进行了预测："十四五"期间（2021—2025年）8～10美元/吨左右，"十五五"期间（2026—2030年）升至15美元/吨左右，2035年达到25美元/吨，2050年可能达到115美元/吨，2060年达到300美元/吨。

（2）中国碳市场扩容、产品完善与自愿碳市场重启将同步进行

CCER终将重启，在不久的将来进入碳市场。企业履约手段将更加完善，碳市场向新能源、综合能源服务等产业传导价格的机制也更加完善，资金聚集效果更加明显，市场逐步活跃，从而形成缓慢但有效的正向循环。

随着时间的推移，全国碳市场将逐渐完善。也许未来2～3年内，八大行业有序纳入，配额总量有望扩容至70亿～80亿吨/年，纳入企业将达到7000～8000家，按照当前50元碳价水平，市场总资产将达到4000亿～5000亿元。据清华大学张希良教授研究，按照当前的交易换手率（5%）与价格（50元人民币），中国碳现货市场交易量每年会有3亿～4亿吨，年交易额可达200亿元。

如果参照对比欧盟碳市场规模（2021年15.72亿吨配额、122亿吨交易量，换手率超过760%，价格56欧元每吨，总交易金额达6830亿欧元，折合人民币约5万亿元），未来中国碳市场如果金融化后，以其70亿～80亿吨配额（约是欧盟配额的5倍），年交易量也许将超过500亿吨，价格也许超过200元人民币，交易额达到10万亿人民币。

周小川指出，要重视金融业在碳中和的定价、风险管理及跨期、跨境投资中的作用，特别是碳中和所需的长期投资及价格形成需要金融市场的定价能力。实体经济中的大宗商品价格形成其实早已是靠金融市场及其规律进行定价的。不是说因为碳市场具有

金融属性，所以才需要金融业的参与，而是碳市场本身需要运用从金融业发展起来的定价功能。

（3）中国碳市场将来必将逐步市场化、金融化与国际化

在国际碳市场碳交易套利、国际民航碳交易体系、欧美即将推出碳关税CBAM与减少通货膨胀法案IRA、联合国可持续发展机制即SDM机制将要启动、国际自愿减排市场机制ICVCM陆续推出的背景下，全球自愿碳交易市场有望大致形成一体化，我国碳市场也必将走向市场化、金融化和国际化。

基于欧洲碳价与他国或者地区碳价的差值计算碳关税的机理，也许到2050年前后，在多种因素作用下，国内的碳价可能会与国外逐步趋同，使我国的碳价上涨，这可能是"一价定律""要素价格趋同理论"等经济规律在碳市场的使然。

毋庸置疑，中国碳市场发展将有力促进低碳项目融资，助力中国稳增长下的双碳大发展。下阶段，我国一方面需要下大力气培育国内的碳抵销市场与碳信用交易市场，为与全球碳市场的联结做好准备；另一方面，应与国际各相关方一起推动全球自愿碳交易和碳市场的建设，包括碳信用的衡量标准、全球碳价的形成以及碳市场的互联互通。

（4）建议做强制碳市场的探索者

中国在碳市场供给和需求两方面的特殊性：既是最大的碳信用供给国，未来也可能是最大的需求国，决定了我国需要借鉴国际自愿碳市场的五大机制和五大交易所，做到高质量供给与大规模的需求，从而建成一个具有有效性、流动性、稳定性，且具备高度、广度与深度的中国碳市场。建议开展以下三个探索：

市场化主体探索：吸纳更加多元化、规模化的参与主体。多元化的市场主体是指数量要足够多的且具有不同风险偏好、不同预期、不同信息来源的市场主体，只有市场主体多元化才能形成公允的均衡价格，才能发现真实的碳排放价格，才能发现所谓边际减排成本、减排综合社会成本、外部性成本。另外市场的规模要足够大，要兼顾持续性、有序性、成熟性和稳健性。

金融化产品探索：推出更加市场化与金融化的产品，以满足市场的信用转换、期限转换、流动性转换等市场基本功能。这意味着碳市场需要提供足够丰富的多层次的产品，不仅包括期货、期权、掉期、远期这些交易性产品，还要包括抵质押、资产证券化、担保、再融资这样的融资性产品及保险、指数等服务性产品，帮助控排企业以及投资者实现跨期贴现，套期保值，合理套利及风险管理。

国际化联通探索：积极关注国际统一碳市场发展，加强与国际碳信用的衡量标准、全球碳价的形成以及碳市场的互联互通。

（5）中国碳市场未来可能发生的9个转向

1）严格立法，建立政策体系，确保"稀缺性"

碳减排从软约束转向硬约束，即碳配额发放从松转向紧，转向绝对总量减排。

2）严谨量化，建立技术体系，确保"科学性"

碳核算核查方法从排放因子法、碳平衡法转向直接测量法，以达到可比性强、准确性高、实用度高的目的。未来将建成碳监测评估体系，监测网络范围和监测要素基本覆盖，碳源汇评估技术方法基本成熟。

3）严肃定价，建立经济体系，确保"流动性"

市场参与主体由控排企业为主转向控排企业、非控排企业、金融机构、中介机构和个人投资者并重；交易品种从现货为主转向现货、期货和生品并存；配额分配方式从免费发放转向有偿分配；重点控排行业从发电等八大行业转向排放量达到一定标准的排放设施（如火电厂、炼油厂和航线等）；金融机构从代理开户、结算等中间服务转向交易、做市等主动行为；中介服务机构从提供咨询、监测等服务转向挖掘、分享和套利等主动行为；市场格局从不同区域市场转向统一全国市场，从国内市场为主转向国际市场对接。

5.3 雄安新区现代建筑产业发展研究与展望❶

从规划及政策要求看，雄安新区产业发展方向可归纳两个特征：一是发展高端高新产业，二是积极承接北京非首都功能转移。现阶段新区的产业以导入为主，距离高端高新产业发展仍有较长建设周期，雄安新区当下产业应当如何有序发展，形成经济新增长点？分析发现，新区现代建筑产业发展前景可观，或可成为当前新区产业破局的新路径之一。

本节所指现代建筑产业是在传统建筑产业融合、升级、再分类的基础上，以满足建设工程标准化设计、工厂化生产、装配化施工、一体化装修、信息化管理、智能化应用要求为核心，涵盖建设工程项目实施全过程的全链条产业。

5.3.1 现状及问题

新区现代建筑产业发展现状主要包括四方面：建设项目总量大，2019年以来高标准实施数百个重点项目；建设投资金额巨大，新区六年来总投资近7000亿元，据保守估计，至2035年，雄安新区的直接建设投资额预计为2.4万亿~3万亿元；建设面积广，新区规划面积1770平方公里，远景开发强度控制在30%，建设用地总规模约530平方公里；建设发展时间长，到2035年，基本建成绿色低碳、开放创新、信息智能、宜居宜业、具有较强竞争力和影响力、人与自然和谐共生的高水平社会主义现代化城市。

---

❶ 雄安绿研智库研究团队研究编写。

波特教授在《国家竞争优势》中提出"钻石模型"（图5-3-1）。波特教授认为，钻石体系是一个互动的体系，它内部的每个因素会强化或改变其他因素的表现。一个产业若想建立自己的竞争优势，必须善用四大关键要素，加上机会、政府角色，彼此互动。研究组通过波特钻石模型，从生产要素、市场需求、相关产业、企业四个维度对新区现代建筑产业发展现状及问题进行分析。

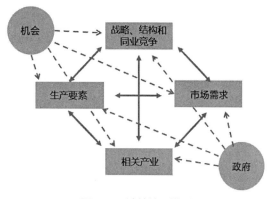

图5-3-1 波特钻石模型

（1）生产要素优质且聚集，资源配置不均衡

雄安新区现代化建筑产业生产要素聚集且配置高端，主要体现在建设人才充足，且呈现高学历、年轻化特征；高端知识资源形成集聚，多个国内顶级设计研究机构入驻，中央企业在新区围绕前沿信息技术、基础设施建设、现代服务业、能源、新材料等高端高新产业设立子公司、分公司及各类分支机构数百余家。但是，现代建筑业要素分布不均衡，新区现代化建筑产业中上游的规划设计、建筑业优势要素突出，传统建筑业基础扎实，而下游运营管理短板相对明显，建筑业现代化程度不足。

（2）市场需求多元且高端，产业门类有待细化

雄安新区坚持绿色建城、智慧建城，代表未来城市发展方向。随着城镇化下半场探索推进，现代建筑产业市场需求将不断扩大且多元化，现代建筑产业门类有待梳理、细化、补充、分类强化（图5-3-2）。如运维管理领域，对5G、IPV6、传感器、数据中心等基础设施投入更加关注，建筑工程领域，对智慧工地系统、BIM技术、集成机器人、物联设备等智慧成果在建设中的结合运用需求更大。但是，新区产业配套协同的服务业薄弱，配套的金融、研发、营销、广告、咨询等商务服务业发展相对滞后，产业发展服务的基础设施有待完善。

（3）产业链条初步形成，配套保障服务待完善

雄安新区现代建筑产业链条基本完整，并成为当前新区经济重要增长点。基于商务服务中心、雄安站、容东片区等多个大型项目的实践，建筑产业上游的规划设计及科研机构，中游的建筑施工企业、检测检验机构等初步形成健全的产业链条，有效满足新区现有项目建设需求，下游的管理运营行业依托已建成项目初步构建，仍有较大成长空间。

配套政策及服务方面，新区政策优势明显，围绕项目建设，印发了《雄安新区绿色建筑高质量发展的指导意见》等政策，实行"一会三函"制度，助推建设领域发展。然而，新区现代建筑产业未形成明确产业政策及产业规划，其对应的税收、用地、金融、奖励等配套支持政策仍有待完善。

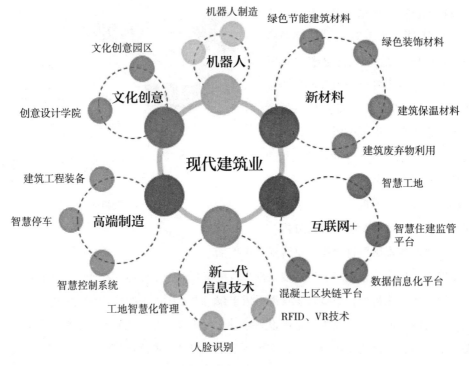

图5-3-2 现代建筑产业门类

（4）优质企业集聚，本土企业竞争力不足

新区企业主要有以下三个特点：一是头部企业规模大，背景雄厚，以央企、国企等国有资本企业为主，如中建、中铁、中交、招商局等大型企业均入驻新区参加建设，企业本身具备完整的管理体系及丰富的行业资源，竞争力强；二是"候鸟式"项目入驻形式的企业较多，通过在新区成立项目部等形式参与建设，还未在新区真正"扎根"形成新区长远的经济增长点，埋下企业流水隐患；三是本土种子企业成长快，但标杆工程数量少，缺乏代表国际水准的建筑项目，外地市场拓展有限，品牌核心竞争力仍待巩固，与外来入驻的头部企业相比，竞争力不足，参与新区建设范围受规模、资质、成立时长等限制。

5.3.2 近期目标建议

结合新区现代建筑产业发展现状及问题，研究组从近期目标与中远期规划两方面提出建议。

（1）研究注册企业税收制度

开展企业需求调研，研究制定本地注册企业税收制度，充分发挥自贸区税收优势，通过税收制度增强新区对企业入驻且注册的吸引力，引导企业本地注册、本地纳税，短期内强化现代建筑产业对新区经济增长贡献力。如《关于海南自由贸易港企业所得税优惠政策的通知》，提出对注册在海南自贸港并实质性运营的鼓励类产业企业，减按15%的税率征收企业所得税；对在海南自贸港设立的现代服务业、高新技术产业企业新增境外直接投资取得的所得，免征企业所得税。

（2）探索开展产业"瞪羚计划"❶

为推进在地种子企业快速成长，结合新区现阶段产业发展需求，遴选一批成长性较好、综合竞争力较强的本土优质企业，实施"瞪羚计划"，着力培育一批现代建筑产业中的小巨人企业（表5-3-1）。

表5-3-1 苏州地区"瞪羚计划"要求参考

地区	政策内容
苏州	人选要求： （1）成立三年以上，年度营收超过5000万元，且不超过5亿元； （2）获得国家高新技术企业资格且处于有效期内，拥有核心自主知识产权，科技创新能力强，拥有1项发明专利以上； （3）企业成长性较好，近三年主营业务收入或净利润的平均增长率不低于15%； （4）建有较高水平的研发机构，研发投入占比高，近三年研发经费投入占主营业务收入的比重不低于5%； （5）拥有较强实力的研发人才团队，直接从事研究开发的科技人员占职工总数的比超过15%； （6）企业综合竞争力强，有完善的经营管理团队、健全的财务制度、较强的市场适应能力、灵活的激励机制，在细分行业领域具有显著优势。 支持： （1）优先推荐"瞪羚计划"企业申报市产业技术创新专项； （2）优先推荐"瞪羚计划"企业申报省级以上重大科技成果转化、重点研发计划等科技项目； （3）对"瞪羚计划"企业获得科贷通风险补偿、科技贷款贴息加大支持力度； （4）优先培育"瞪羚计划"企业发展成长为独角兽企业； （5）针对"瞪羚计划"企业的不同阶段不同需求，给予分类指导和支持服务

（3）完善配套政策及服务

政务服务方面，提供金融、法律、行政审批、公共资源、中介、人力资源等全方位服务，提高企业注册登记效率，不断优化项目审批流程，努力扩大"跨省通办"范围。

政策服务方面，构建立体化、多层次、全过程的推行、保障、监督政策体系，探索在用地、融资、人才引进、企业奖励等多方面的企业扶持政策，如给予优质企业落户、项目报奖、资质升级等鼓励，提供人才保障等政策，为符合条件的企业提供科研、办公用地等。

---

❶ "瞪羚"是一种善于跳跃和奔跑的羚羊，业界通常将高成长中小企业形象地称为"瞪羚企业"，一个地区的"瞪羚企业"数量越多，表明这一地区的创新活力越强，发展速度越快。"瞪羚计划"的目的就是为区域内的"瞪羚企业"提供融资解决方案，帮助它们跳得更高，跑得更快。

5.3.3 中远期规划建议

(1) 活四资,促进要素转化

新区城市建设与发展总投资金额大、运转周期长,且由于项目落地、土地供应的不确定性,容易造成财政资金的沉淀,因此,实现"资金、资产、资源、资本"四资循环,将建设阶段的资金、资产、资源资本化,形成循环,至关重要。现代建筑业集群既是新区建设的重要参与主体,也是推动新区四资循环的重要主体。梳理来看,四资构成如图5-3-3所示。

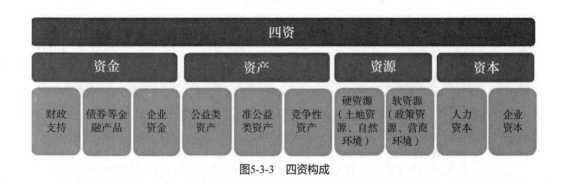

图5-3-3 四资构成

1)盘活硬资源,做好软资源布局

土地资源方面,摸清土地资源底数,盘活存量土地,探索集体经营性建设用地入市,开展国有建设用地作价出资(入股),探索自然资源资产委托代理机制试点,推进TOD土地综合开发、大规模储备用地临时利用和1.5级开发模式。政策及营商资源方面,利用自贸区及政策创新优势,创新产业扶持政策,为新区现代建筑产业提供支撑。

2)拓展融资渠道,探索金融新模式

一是通过政府参与的基金、贴息等手段来降低融资成本。二是探索多样化的融资工具,如REITs、资产支持证券(ABS)等融资渠道。三是建立环境风险分析和管理机制,引导银行和机构投资者更多地把资源配置到现代建筑产业。四是提高企业和项目的环境信息透明度,让更多的企业公开相关信息,降低投资者对新区企业和项目的识别成本,提高资本市场向企业配置资源的能力。

3)整合企业资本,实现资源对接

加强行业协会的建设管理,为企业提供有效交流平台;整合新区入驻高校及科研机构,如北京交通大学、北京林业大学、中科院雄安创新研究院等,推进院校机构与企业的人力及智力资源高效对接。

4)强化雄安品牌,绿色运营城市资产

将环境保护、绿色发展的理念融入城市资产管理过程,提前布局绿色运营需求,借助信息化手段及绿色技术，在城市资产生命周期的各个阶段控制污染和节约能源。

（2）强链条，做强产业高地

1）编制产业规划，明确发展方向

编制《雄安新区现代建筑产业规划》，充分调研新区现代建筑产业发展背景及产业现状，梳理新区现代建筑业优势及短板，立足新区产业发展定位及现状，明确现代建筑产业发展目标、重点策略及任务，构建完善的实施保障体系。

2）健全产业链条，优化产业结构

加强产业战略联盟协作，鼓励双资质、全过程咨询试点企业发展全链条业务。鼓励企业向微笑曲线（图5-3-4）两端延伸，拓展技术研发、管理与设计，以及后端的资产管理等环节，实现微笑曲线的升级，增加建筑产业附加值。促进建筑产业与新区五大产业高效融合，实现建筑产业结构升级（表5-3-2）。

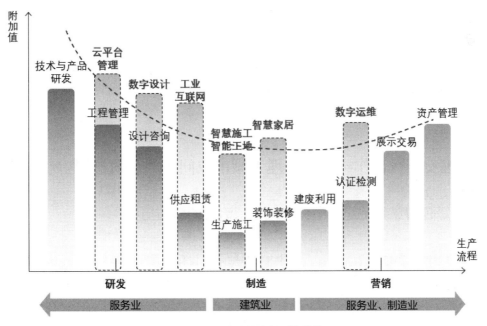

图5-3-4　现代建筑产业微笑曲线

表5-3-2　雄安新区高端高新五大产业中的城市板块

产业类型	城市板块
新一代信息技术产业	数字运维、智慧工地、智慧家居……
现代生命科学和生物技术产业	新能源建设、垃圾处理……
高端现代服务业	工业设计、现代物流、咨询……
绿色生态农业	林业开发、园林绿化……
新材料产业	绿色建材、生态环境材料……

3）强化科创投入，促进技术成果转化

培育产业孵化中心、重点实验室、技术创新中心等科技创新载体。鼓励企业加大科创投入，为企业在基础研究、信息化项目、产业技术创新联盟等方面提供资金奖励。集合企业、高校、科研机构和科技服务机构、行业协会等多个主体在内的产业联盟，搭建集"产、学、研、建、管"于一体的多元化产业平台，推动产业链、创新链、资金链三链融合，打造国内最优秀的城市建设产业联盟。

（3）塑品牌，培育优质企业

1）建设标杆工程，树立雄安品牌

重点推动新区重点片区建设、标志性建筑和政府投融资建设等项目，创建优质工程，支持新建项目申报行业重要奖项，通过标杆工程、项目提升产业核心竞争力，形成"绿色雄安建城"品牌效应，促进雄安建设经验优势走出河北，辐射全国。

2）做强头部企业，发展总部经济

以项目引龙头企业落户雄安，构建公平的市场参与机制，引导更多优质企业参与新区建设，实现"引凤筑巢、居巢"。优化服务发展总部经济。支持龙头企业在新区建设企业总部、产业园区，给予龙头企业落户、报奖、资质升级等资金鼓励，激励本地企业资质晋升，支持符合条件的企业申请认定总部企业。

5.4 雄安新区合作式智慧治理下城市空间的成长轨迹[1][2]

5.4.1 绿色智慧新城建设中合作式智慧治理的塑造历程

雄安新区自2017年设立以来，始终将智慧城市建设作为重要战略目标。受益于雄安新区城市建设与投入的持续推进，合作式智慧治理理念伴随着雄安新区自启动区向起步区再向雄安新区全域的城市硬件建设进程实现了同步成长，通过实践部门在雄安新区智慧城市治理场景下的先行先试，初步形成具有绿色智慧新城特征的合作式智慧治理模式。

（1）第一阶段——治理理念规划期：顶层设计明确合作式智慧治理

为避免雄安新区沿袭以往传统和滞后的城市治理理念和思路，在建设发展中重蹈制约城市创新发展、功能重复与区域不平衡等问题的路径，雄安新区将城市硬件、空间功能、公共服务、治理理念等智慧城市成长过程中的关键要素纳入雄安新区规划政策体系，从顶

---

[1] 本节内容节选自长白学刊2023年第四期刊登的《人工智能时代合作式智慧治理如何促进城市治理创新？——雄安新区绿色智慧新城成长轨迹的探索》。

[2] 作者：司林波，管理学博士，西北大学公共管理学院教授、博士生导师；宋兆祥，西北大学公共管理学院博士研究生。

层设计层面保障目标实现。

2017年，雄安新区在建设启动伊始就将合作式智慧治理理念融入城市建设规划。其间先后出台以《雄安新区规划纲要》《河北雄安新区起步区控制性规划》《河北雄安新区启动区控制性详细规划》和《河北雄安新区条例》等政策为核心的顶层战略规划与行动方案，在顶层规划政策文本中正式明确绿色智慧新城建设目标，将政策主客体共同纳入城市空间治理体系的规划格局，并强调通过打造智慧化治理能力，支撑政策主客体合作参与城市共治共建、互联共享，形成具有雄安特色的智慧城市建设新模式。

为打造具有全球影响力的现代化智慧城市，新区政府将智慧治理理念全面融入城市功能规划、产业结构布局、社会发展、生态环境、基础设施建设等多项城市空间发展建设规划中，形成以规划纲要为核心，以雄安新区起步区和启动区控制性详细规划为基本布局的新区规划体系，构建包含分区开发、分层管理、分类指导、多规融合、共治共建等内容的新区规划层级框架，涵盖城市风貌特色设计、白洋淀生态修复、雄安特色产业创新、城市基础设施建设与公共服务等具体领域（图5-4-1）。雄安新区采取的智慧城市空间内政策主客体共同参与项目落地与区域开发的治理方式，以治理模式的创新变革带动雄安新区城市建设与目标落实工作的顺利实施。

（2）第二阶段——治理能力兑现期：绿色智慧新城赋能合作式智慧治理

随着分层分批规划设计与城市启动区建设成效的进一步落实，2022年以来，以打造雄安绿色智慧新城理念为基础的合作式智慧治理能力集中显现，社会治理水平相较于建设规划初期得到显著提升。已建成的城市空间功能在以雄安城市计算中心为核心的城市智慧大脑联结下，覆盖雄安生态环境、新城空间和城市治理三大领域，有效赋能雄安智慧城市建

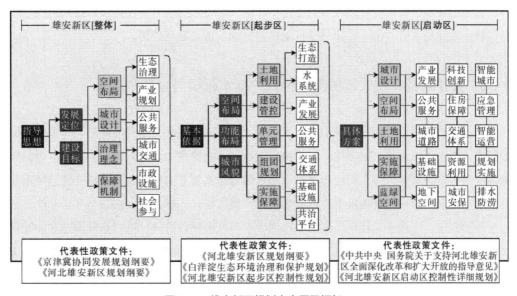

图5-4-1　雄安新区规划内容层级框架

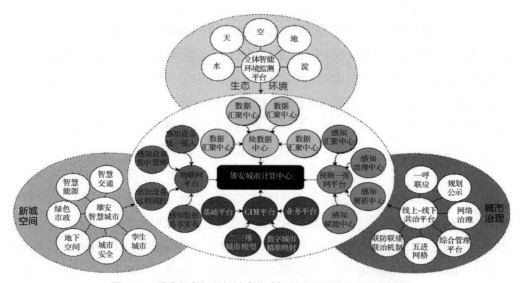

图5-4-2 雄安绿色智慧新城合作式智慧治理硬件体系运行框架

设中政策主客体协同参与城市共管共治、共建共享的合作式智慧治理模式的建构实现。

伴随着基于人工智能的城市大数据交互体系智能软硬件技术在城市空间应用场景下的日趋成熟，2022年新区"城市大脑"——雄安城市计算中心正式投入运营，成功构建了以"一中心四平台"为核心，新城空间、生态环境和城市治理领域为覆盖的智慧治理硬件体系（图5-4-2）。得益于城市信息模型的全面智慧化，雄安城市计算中心得以将各领域的专业数据汇总集成，从而结合政策主客体线下-线上共管共治平台形成统筹规划、建设、监管和城市治理的合作式智慧治理新格局。此外，雄安城市计算中心还为新城空间可持续成长和生态环境保护修复等领域提供了运行、迭代与感知的能力，使得政府部门之间、政府与社会之间的共管共治、共建共享行动变得更加智能化和高效化。

5.4.2 智慧新城合作式智慧治理模式的基本框架与主要举措

从合作式智慧治理模式表现出的特点来看，雄安新区融合了复合使命的合作式智慧治理模式，不是简单地将"数字化"与"城市治理"的机械叠加，而是对传统治理理念的系统性跃升，其在智慧城市空间治理场景下形成的合作式智慧治理模式充分统合智慧城市复杂情境下人理、事理与物理维度。以此为基础，通过搭建的智慧化公众参与平台和制定的共治激励办法，有效推动社会组织和城市居民参与城市建设管理、治理意见沟通和决策行动的模式创新与理念落实，并更进一步地调动组织三个维度间城市空间治理关键要素的充分合作，形成独具特色的合作式智慧治理模式基本架构（图5-4-3），产生了特点鲜明的丰富治理成果。

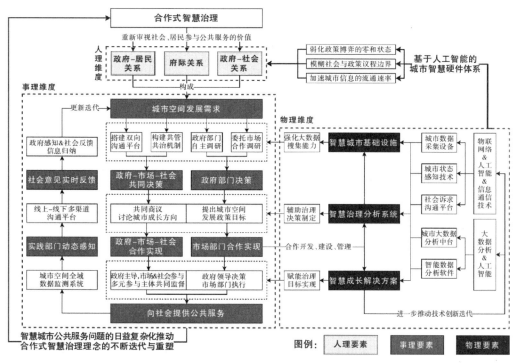

图5-4-3 雄安新区绿色智慧新城合作式智慧治理模式的基本架构

（1）人理维度：政策客体参与共治价值认同

雄安新区在智慧新城成长过程中，扎根于多元政策主客体参与城市空间共治价值认同的治理理念，搭建了线下和线上多种合作式智慧治理参与平台渠道，将社会组织和城市居民纳入城市共管共治、共建共享体系当中。

在社会组织参与合作式智慧治理方面，86家省数字核心企业、45家新区及雄安本地企业、多家行业非营利性社团组织等市场和社会主体在数字应用场景项目中与人力资源和社会保障局、卫生健康局、供销合作社联合社等部门达成了多项合作成果，以期推动打造包括传统产业、公共服务、城市建设等领域的中国式现代化数字城市场景。

在社区基层治理中，包含物业服务企业和志愿服务组织等辖区内机关、企事业单位、非公有制经济组织、社会组织等成员单位亦被纳入雄安新区以小区党支部为核心，业主委员会、物业公司、网管人员和志愿服务组织四方联动的议事协商机制，实现党员共管、事务共商、小区共治的网格治理工作常态化。在城市居民参与合作式智慧治理方面，以雄安设计中心为载体的控制性规划公示机制、"一呼联应"社区治理联席会议工作机制、基层社区议事协商机制等共治参与平台，均是在政府领导下，以引入当地社会资源或地方企业等方式，鼓励激励城市居民参与社会治理与共管决策。此外，雄安新区合作式智慧治理模式还体现在新城各部门间与府际部门间的联防联建联治，在白洋淀生态修复、城市智慧交通管控、城市能源智能保障等公共服务领域充分考虑不同政府部门间的优势专长，建立了跨界融合、合作协同的多部门联动推进机制。

（2）事理维度："一呼联应"社区治理联席会议工作机制

随着"数字雄安"和智慧城市治理能力建设成果的分批交付，雄安新区在政策主客体合作中亦初步显现出具有创新性的治理成效，构建了由智慧治理能力支撑的合作治理机制。自回迁群众进驻容东片区以来，容东片区在社区治理领域面临众多复杂问题。为了充分利用各方资源、及时解决民众诉求，雄安新区容东管委会探索构建由社区居民共同参与的"一呼联应"社区治理联席会议工作机制，以激发社区治理的共建、共治、共享新动能，更好地服务新区民众，并提升容东片区现代化治理水平。

该"一呼联应"工作机制旨在打破基层治理难题的僵局，通过建立基层治理应急机制、服务民众响应机制以及贯通"最后一公里"的工作机制，确保民众的呼声能得到及时回应。同时，该机制通过拓宽民众表达诉求的渠道，更多地将话语权交给民众，从而形成一套完整的基层治理难题解决闭环。"一呼联应"机制依托智能设备构建的智慧化治理网络体系，实现对民众呼声的第一时间响应。容东管委会分包组团领导担任第一召集人，各社区书记担任召集人，其他成员单位分管负责同志为联席会议成员，通过强化民主协商和集体决策，实现管理合力，建立起"发现问题—问题信息台账—权责匹配—联席会议—分工办理—结果反馈—考核评价"的全流程问题流转处置闭环。

（3）事理维度：共商共议雄安新区开发建设发展规划

雄安新区政府依托已建成的雄安设计中心，根据开放编制规划的思路和《中华人民共和国城乡规划法》的相关规定，河北雄安新区管理委员会汇集国内知名规划设计团队，协调各类专项规划，多次邀请专家进行咨询论证和评审评议，最终形成《河北雄安新区起步区第五组团北片（启动区外）控制性详细规划》，并在雄安设计中心向社会公示。在其公示期间，雄安新区自然资源和规划局、规划研究中心以及规划编制单位组成的专业讲解团队派往现场提供解说服务，利用数字城市平台演示、VR与AR技术、规划演示平台等智能手段，全面深入介绍规划，并积极听取公众意见建议，旨在进一步提升规划成果水平，编制出适切于雄安智慧城市空间的高水平规划，为开发建设提供更好的指导。

此外，雄安新区共商共议机制的创新性还体现在社区治理和产业发展两个方面。在社区治理领域，雄安新区在容东、容西、昝岗片区和启动区范围内启动了城市重点项目建设的社会意见"大走访"活动，其间由负责领导带头面向社会开展系统性的意见征询。在产业发展过程中，雄安新区在产业发展领域亦构建了基于智慧化分析平台的合作式智慧治理行动方案，有关部门组织社会各界科研院所与专家队伍面向雄安工业产业单位开展"工业大夫"诊断行动，鼓励以企业向政府平台购买服务的方式，从科技创新服务、绿色低碳服务、制造提升服务、品牌设计服务、质量管理服务、投资营销服务、政策宣贯服务等方面入手，强化新区产业工业发展水平与发展质量。

（4）物理维度：打造城市空间运行足迹动态感知能力

为有效适配政策主客体参与下城市空间基础公共服务运行场景的复杂性，雄安新区启动了区块链基础设施项目，意在解决"总体架构缺失、可扩展瓶颈、协同应用不足"的困境。而雄安新区数字道路打造了具有摄像头、雷达和高速网络配备的智慧路灯作为AI识别数据采集器，并由数字道路运行中心承担智慧化交通系统管控任务。在智慧能源领域，雄安新区通过建设以电力调度生产运维中心为城市能源电力系统为核心的"大脑中枢"，将地上与地下智能设备接入能源网络的方式，成功建成雄安新区首条智慧化清洁能源大通道。

此外，在城市建设过程中，政府联合先进企业、技术专家和治理人才，通过城市智慧共治体系，落实从工地建设到交付运行的全建筑生命周期内的绿色城市建造行动，系统性打造智慧能力与绿色低碳效能兼备的二星级、三星级标准绿色建筑，使得雄安新区成为以被动式技术优先、主动式技术辅助为设计原则的全域绿色智慧建筑样板城市，还构建了能够统合各城市功能区的城市连结中枢，推动智慧城市试点建设场景下先进制造技术和现代信息技术与建筑业发展的深度融合。

（5）物理维度：城市大数据动态感知能力赋能共治共建决策

在我国城市建设历程中，雄安新区首创数字城市与现实城市同步发展的模式，这意味着实体世界中的每一栋建筑，在网络平台上均有一个相应的数字化模型。在合作式智慧治理的过程中，结合"算力技术"与"人文技术"相统一的治理理念，在技术理性与价值理性深度融合的前提下，将基于大数据和人工智能技术的智慧分析系统嵌入政府治理体系是雄安新区的探索创新。

城市空间大数据作为智慧城市发展与多元主体合作治理的"新能源"，具备可无限利用和同时利用的高价值特点，雄安新区合作式智慧治理模式通过建设智慧共治、智慧交通、智慧能源与智慧生态监测等项目，实现能够将城市空间运行和治理过程中生成和采集到的足迹数据传导至政策主客体合作体系中的能力，进而通过突破时空和物理壁垒的限制，使得雄安新区所有治理参与者能够从镜像化的数据世界角度获得对城市空间客观世界的数字感知，并通过多元化的数据挖掘与分析方法洞察在传统治理流程下难以察觉到的城市问题。

综上所述，雄安新区合作式智慧治理模式有效统合智慧城市空间内的人理、物理和事理要素，探索政策主客体共同参与下的城市空间智慧治理的范式创新。治理框架的形成建立在政策重新审视社会居民公共服务价值后，在人理维度中对于政策主体和政策客体共同参与城市治理的价值认同之上。从服务型政府的进路出发，在事理维度中基于政策主客体间形成的城市空间治理共识，打造了具有雄安特色的多元治理参与主体合作体系，并旨在通过合作决策，推动雄安新区智慧城市空间的成长与发展。

在雄安新区，来自事理维度政策主客体共治下的政策决策，则能够通过顶层设计规划传导至智慧城市建设、人工智能技术发展、生态环境治理与社会经济发展的细分治理要素当中。借此，通过生态环境与自然资源支撑下的社会经济发展，推动基于人工智能技术的城市智慧治理能力提升，并将先期的政策决策以治理成效的方式重新传导至政策主客体当中。通过智慧化治理能力的不断优化，强化人理维度中政策主客体共治的价值理念，催化事理维度中政策主客体间合作形式的创新与完善，最终再次将发展能量传导至城市物理维度的细分要素中，形成合作式智慧治理模式的良性发展闭环。

5.4.3 治理中的潘多拉盒子：人工智能时代雄安新区合作式智慧治理前路中的挑战

随着雄安新区智慧城市空间内各功能区域的陆续建成，来自生态环境保护、绿色低碳发展、城市智慧运行和民生保障等社会领域治理的复杂性也在不断加剧。作为一种融合智能技术手段与政策主客体共同参与的创新型治理模式，合作式智慧治理对雄安新区城市发展成效方面的影响愈发关键。同时，亦在人工智能时代下的治理场景中不可避免地面临一系列新生挑战。

（1）城市发展"木桶短板"：政策制度的迭代困境

在政策制度迭代方面，雄安新区的城市空间智慧治理网络涉及交通、能源、资源和经济等多领域公共与社会部门，数据并发、部门联动与资源调配等行动需求频繁，跨部门协同对于实现雄安智慧城市治理目标至关重要。政策与制度作为能够解决特定公共问题而制定的一系列目标、原则、措施、方案和框架，如果不能在城市空间和功能单元的设备体系和技术模式发生迭代后迅速调整跟进，那么各部门之间将会再次出现信息孤岛、利益分歧和责任不清等问题，并将导致行动执行与公众参与引导的缺失，进而无法使得城市要素和治理信息按照顶层设计在空间治理体系内高效流动。此外，政策制度的静态化将导致政府在已配置技术过时的情况下面临智能基础设施建设、智慧城市技术研发和系统维护等投入的财政压力和人才短缺问题，具有前瞻性的政策制度调整将能够有效提前化解问题危机。

（2）更高的治理能力需求：实践人才的成长不足

雄安新区高规格的智慧城市空间规划、建设、运行和发展标准迭代，要求政府实践部门治理能力与素养水平不断提高。在雄安新区以管理委员会作为临时行政职能主体向永久性治理部门转变的过程中，相关行政机构面临的人力资源管理挑战主要有以下几个方面：一是智慧治理人才短缺。智慧治理和智慧城市建设步调不能停滞并需要大量具备专业技能的人才，特别是在城市经济生态正式建成前对新兴技术领域人才的吸引难度较大。二是政府内部的培训与个人发展。随着ICT技术的快速发展，政府人员在投身公共服务工作的同时还需要不断更新知识和技能，以确保具备智慧治理所需的能力。三是动态技术发展情境下的人员结构不合理。随着智慧城市各项技术的演进与迭代，原本配套的公共服务人员队伍可能面临冗余或不足的情况，同时还可能出现原有岗位需求的消失或新增。上述问题均可能影响政府在智慧治理和智慧城市建设中的决策和执行能力。

（3）城市大数据的粗放利用：失之交臂的数字价值

智慧城市空间大数据的充分利用难以通过简单的线性流程和统一的执行标准实现，然而新区在以"一中心四平台"为核心的城市智慧治理体系建设过程中采取了统一的设计标准，缺乏根据不同城市功能区域和不同行政单元间的社会特点进行定制化的标准优化，可能导致不仅难以挖掘和激发城市空间的数字价值，而且意味着前期在大数据智能采集硬件和大数据分析处理软件层面的高昂投入成为浪费。

具体来讲，一是治理过程中对大数据集中数据特征选择和数据质量的保障。在实际应用中，并非所有的数据特征和质量都符合智慧治理的应用场景，从大数据中清洗和筛选适切的数据亦是智慧治理必须克服的困难和挑战。二是不同公共服务业务条线间设计、执行、数据分析、挖掘观念与体制机制差异的挑战。由于受到不同部门间管理观念、管理体制和管理机制差异的影响，合作式智慧治理也可能难以有效整合信息资源与工作流程，进而难以保障多元治理主体协同完成治理行动。

（4）智慧决策中的人机博弈：算法黑箱与数据偏误

雄安人工智能算法开放平台通过提出算法引入的新机制，设计算法服务新架构，在带动地区算法经济新产业与服务新区智能城市建设算法需求方面作出了重要贡献。然而，城市空间智慧决策辅助或城市自动管理算法在为各项治理工作带来效率和质量提升效果的同时，政府各业务条线的有关单位同样可能面临算法黑箱和数据偏误的挑战与风险。首先，算法黑箱问题是指人工智能算法的工作原理和决策过程晦涩难懂，使得决策者难以理解和解释其产生的结果。决策过程缺乏透明度，从而引发公众质疑和不信任，增加误判的风险。其次，数据偏误问题是指输入人工智能系统中的数据存在偏差，从而影响到算法产生的结果。在数据粗放利用状态下，采样偏差、测量误差和数据挖掘和预处理过程中个人主观判断所产生的数据不完整、偏离或不准确等问题，可能进一步导致算法产生具有偏见或误导性的决策建议，进而使得数据驱动下的合作式智慧治理行动出现失灵。

（5）智慧治理下的效率陷阱：技术依赖与情感缺失

从人工智能技术在雄安新区合作式智慧治理场景中的部署应用来看，大规模上线的自动化社会意见处理系统能够在毫秒内将非结构化的居民生活诉求转化为在线申请表格数据，并形成智能化的结构性数据诉求分析与对策方案。实践部门中负责社会需求分析与政策决策咨询业务的相关工作人员可能在治理过程中形成过度依赖技术手段的行动习惯，以至于在技术出现故障或失效时政府的治理能力受到严重影响，进而丧失对维持公共服务运作的人工干预能力。

同时，人工智能的便捷性和新颖性将可能导致政府过度强调信息技术在治理过程中的作用与影响，导致对社会层面非技术性问题的关注度降低并忽视人的因素、社会关系和其他重要因素在决策过程中的潜在影响。此外，在技术依赖的背景下，政府在决策和服务过程中还可能出现对于人性关怀和感情交流的严重忽视，并最终削弱政府与民众之间的互信和理解，从而影响政府治理的有效性和民众对政府的满意度。

第三篇
实践进展

第六章　深化环境治理与保护
第七章　推进清洁能源综合利用
第八章　高质量发展绿色建筑
第九章　推行绿色智能交通
第十章　有序推动"双碳"部署
第十一章　打造未来之城

党的二十大擘画了全面建设社会主义现代化国家、以中国式现代化全面推进中华民族伟大复兴的宏伟蓝图，提出到2035年"广泛形成绿色生产生活方式，碳排放达峰后稳中有降，生态环境根本好转，美丽中国目标基本实现"的目标任务，围绕"推动绿色发展，促进人与自然和谐共生"作出重大部署。"十四五"以来，雄安新区全面推动生态、能源、建筑、交通等各领域绿色化、低碳化发展，打造智能、绿色、创新的亮丽名片，建设人与自然和谐共生的绿色发展典范城市，树立新时代美丽中国雄安样板。

雄安新区认真贯彻落实习近平总书记"坚持把绿色低碳发展作为解决生态环境问题的治本之策"的指示要求，将打造绿色生态宜居新城区作为首要发展定位。第六章介绍新区2021年以来在环境治理与保护领域的绿色实践。持续推进白洋淀生态治理与保护，开展生物多样性保护与科学监测，提升白洋淀保护的规范化、数据化、智慧化；依托"千年秀林"、悦容公园等重点绿色生态项目建成投运，新区已逐步形成由大型城市公园、社区公园组成的多层次绿色开放空间，构建起"一淀、三带、九片、多廊"的生态空间格局，森林覆盖率由设立前的11%提升至34%，重点推进"千年秀林"科学养护、市场化运营；环境污染防治方面，新区持续推进工业、农业、生活等多个领域的"无废城市"建设，打造无废细胞、无废乡村等试点，并常态化加强土壤污染防治与风险管控、大气污染治理与气象监测。

能源是经济社会发展的基础和动力，习近平总书记提出的"四个革命、一个合作"能源安全新战略，开辟了中国特色能源发展新道路。雄安新区把可再生能源放在能源发展优先位置，积极推动智慧能源管理体系建设，完善绿色能源供给系统。第七章从综合能源实施路径、清洁能源利用、能源管理系统建设等方面介绍新区现代化能源体系具体成效。实施路径方面，分析新区中深层地热、浅层地热等能源禀赋，探讨新区建筑供暖领域综合能源发展实施路径；清洁能源利用方面，以启动区生态绿地浅层地热能开发、科创中心中试基地智慧能源利用、国家电网能源互联网产业雄安创新中心光储直柔技术应用三个项目为例，介绍地热能、太阳能等清洁能源综合利用实践；园区级能源管理方面，以雄安商务服务中心电力管理系统为例，从组织构成、能源管理、场景应用三方面介绍未来电力之窗示范；城市级能源管理方面，以智能能源管理系统和碳排放监测服务系统两个系统为例，概述雄安新区基于全口径能源数据，实现对城市能源进行综合监测和智慧调控。

雄安新区高质量推动城乡建设绿色发展，大力支持"绿色建筑+"，推广新型绿色建造方式，促进绿色建材应用，努力打造绿色生态宜居新城。第八章首先以雄安城市计算中心、中国华能总部等六个项目为例，通过介绍项目设计理念、绿色技术特点、零碳策略、全周期减碳技术体系等，展示新区"单体—社区—城市"的绿色建筑创新性递进推广模式；近年来，新区大力推进工程建设全过程绿色建造，印发《雄安新区推进工程建设全过程绿色建造的实施方案》，引导新建房屋建筑和市政基础设施工程推广绿色化、工业化、信息化、集约化和产业化新型建造方式，打造雄安会展中心、绿色建筑展示中心等多个绿色建造项目；新区扎实推广绿色建材应用，持续发挥政府采购政策功能，完善雄安新区大宗建材集采服务平台、雄安新区绿色建材采信应用与数据监管服务平台，建立健全绿色建材采购与监管服务体系。

习近平总书记指出，要加快形成绿色低碳交通运输方式，加强绿色基础设施建设，鼓励引导绿色出行，让交通更加环保、出行更加低碳。第九章主要介绍雄安新区2021年以来加快交通先行示范区建设，在完善对外交通网络、构建绿色出行体系、探索建设智慧交通等方面的具体成效。对外交通网络方面，以京雄高速和京雄快轨为例，呈现新区与京津及其他周边城市之间绿色、智慧的交通网络；绿色出行体系方面，介绍启动区新型绿色交通枢纽、容西片区慢行生活环以及依托"雄安行"APP的绿色出行实践;智能交通建设方面,以容东片区数字道路为例,通过场景构建、数字孪生、智能管理等要点介绍,阐述新区智能网联道路和车路协同试验发展情况。

《河北雄安新区总体规划(2018—2035年)》明确提出把绿色作为高质量发展普遍形态,推动绿色低碳的生产生活方式和城市建设运营模式。雄安新区在大规模建设的同时积极有序部署"双碳"工作,落实"在发展中降碳、在降碳中实现更高质量发展"的国家要求。第十章首先介绍雄安新区围绕响应国家"双碳"战略的具体部署,如完善顶层设计、出台重点领域碳达峰实施方案、建立绿色低碳地方标准体系等。为推动重点领域早日实现碳达峰、碳中和目标,新区开展建筑领域碳排放情景预测,明确减排空间并提出未来建筑领域碳达峰、碳中和实施建议。新区近年来积极开展各类型、多维度低碳实践,如启动近零碳区示范创建工作,推动企业产品碳足迹计算及碳标签认证,探索绿电、绿证、碳汇等降碳价值实现。

设立六年多来,雄安新区地上、地下、云上"三座城"共同生长,以智慧、智能赋能城市绿色发展的精细化、科学化运营管理。第十一章重点介绍云上雄安与地下雄安建设进展。云上雄安方面,雄安新区城市级智能基础设施平台基本建成,以"一中心四平台"为依托,在政务服务、居民生活服务等多个方面进行智慧化管理。地下雄安方面,以容东片区地下基础设施为例,阐述新区"五位一体"地下空间开发建设思路,同时介绍新区地下综合管廊建设进展、主要做法,展现新区"地下大动脉"建设实践。

Part III   Practice and Progress

The 20th National Congress of the CPC depicted a grand blueprint for the comprehensive construction of a modern socialist country and the great rejuvenation of the Chinese nation through Chinese-style modernization. The report further clarifies the goal and mission, "Broadly establish eco-friendly ways of work and life; steadily lower carbon emissions after reaching a peak; fundamentally improve the environment; largely accomplish the goal of building a Beautiful China" by 2035. Since the 14th Five-Year period started, Xiongan has comprehensively promoted green and low-carbon development in various fields such as ecology, energy, architecture, and transportation. It aims to construct a green development model city where humans and nature coexist harmoniously and establish Xiongan as an exemplary model for Beautiful China in the new era.

As President Xi Jinping stated, China has demonstrated a steadfast commitment to "considering to green and low-carbon development as the fundamental solution to ecological and environmental issues." Xiongan New Area positions the creation of a green, ecological, and livable city as its primary development goal. Chapter 6, *Advancing the Environmental Governance and Protection,* addresses the practices in the field of environmental governance and conservation since 2021 in various aspects. For instance, the restoration of Baiyangdian Lake has proceeded with biodiversity conservation and scientific monitoring in a standardized, digital, and intelligent way. At the same time, Xiongan New Area has made significant progress in building up its ecological landscape and urban fabric made of "One Lake (Baiyangdian), Three Zones, Nine Areas, and Multiple Green Corridors" and its forest coverage rate has increased from 11% to 34%. In Xiongan, key ecological projects such as the Millennium Forest Project and Yuerong Park have been accomplished and opened to the public. The scientific conservation and market-oriented operation of the Millennium Forest Project has been emphasized.

In terms of environmental pollution prevention and control, Xiongan further implemented a zero-waste city in various sectors, including industry, agriculture, and daily life. Pilot projects for waste-free cells and waste-free villages are developed. Other related work, such as soil pollution prevention and risk management, air pollution control, and meteorological monitoring, have been strengthened regularly and systematically.

According to President Xi Jinping's energy security strategy of "four revolutions and one cooperation," China has pursued a featured new trail on energy development to facilitate socio-economic growth. Xiongan prioritizes using renewable energy while building intelligent energy management and green energy supply systems. Chapter 7, *Promoting the Comprehensive Utilization of Clean Energy*, delves into the efficient modern energy system of Xiongan from the perspective of comprehensive energy use, clean energy, and energy management systems. The comprehensive energy utilization analyzes the deep and shallow geothermal energy resources in Xiongan and explores its application in building heating systems.

For clean energy utilization, this chapter introduces three projects: the development of shallow geothermal energy in the ecological green area within the Start-up Area, the intelligent energy utilization in the Science and Technology Innovation Center, and the application PEDF technology in the Xiongan Innovation Center of the State Grid.

From the district-level, taking Xiongan Business Service Center as an example, it introduces its power management system and the futures in three aspects: organizational structure, energy management, and scenario application. From the city- level, taking the intelligent energy management system and carbon emissions monitoring service system as case studies, this section outlines how Xiongan achieves its comprehensive energy monitoring and intelligent regulation based on full-caliber energy data.

Xiongan is committed to promoting green development in both urban and rural construction with high quality. They strongly support the "Green Building Plus" initiative and promote new construction methods and materials to create a green, ecological, and livable new city. Chapter 8, *High-quality Development of Green Buildings,* focuses on showcasing six projects, such as the Xiongan Urban Computing Center and China Huaneng Group Headquarters, on demonstrating the innovative and progressive promotion mode of green building in Xiongan spanning from "Individual structure-Community-City". The design concepts, green technology features, net-zero strategy, and full-cycle carbon reduction technology system of six projected are introduced.

In recent years, Xiongan has vigorously promoted the green construction throughout the entire process of the projects, issued the *Implementation Plan for*

Promoting Green Construction in the Whole Process of Engineering and Construction in Xiongan New Area, which guides for green, industrialized, informatized, and intensive new construction methods. Through constructing a number of new building projects and municipal infrastructure projects, including the Xiongan Business and Service Convention Center and Green Building Exhibition Center, Xiongan shows the green building concept and the use of the latest technology.

Additionally, Xiongan actively promotes the application of green building materials, continuously leveraging the functionality of government procurement policies. It enhances the bulk building materials procurement service platform and the data supervision service platform for green building materials in the Xiongan New Area, aiming to establish a robust system for the procurement and supervision of green building materials.

President Xi Jinping has emphasized the need to accelerate the development of green and low-carbon transportation modes, strengthen the construction of green infrastructure, and encourage and guide the adoption of green transportation practices to reduce carbon emissions. Chapter 9, *Proceeding the Green Intelligent Transportation,* highlights Xiongan's specific achievements since 2021, including the acceleration of the construction of an advanced transportation demonstration area, improvement of the outward transportation network, building of a green traffic system, and exploration of intelligent transportation management. The green and intelligent transportation network between Xiongan, Beijing, Tianjin, and surrounding cities, exemplified by the Jingxiong (Beijing-Xiongan) Highway and Jingxiong (Beijing-Xiongan) Express Railway, is a crucial aspect of the outward transportation network. The Start-up Area's green transportation hubs, the Rongxi area's 15-minute life cycles, and green lifestyle practices facilitated by the mobile application "Xiongan Go" are notable accomplishments in the development of a green traffic system. Furthermore, the digital road showcased in Rongdong through specific scenarios, digital twin-scenes, and innovative governance has proved instrumental in monitoring road and vehicle-road coordination tests.

Master Plan for Xiongan New Area of Hebei (2018-2035) places great emphasis on green and low-carbon production and lifestyles while promoting eco-friendly urban construction and operation modes. It is working towards carbon peak and carbon neutrality goals and is complying with the national requirement of "reducing carbon in development and pursuing higher quality development during the period of reducing carbon emissions". Chapter 10, *Strategies toward Carbon Peak and Carbon Neutrality*, outlines specific measures taken by Xiongan to achieve the carbon peak and carbon neutrality goals, including improving top-level design, launching an implementation plan for carbon peak in critical areas, and establishing local green and low-carbon standards. Xiongan has also conducted carbon emission scenario forecasts in the building field and has defined forward proposals and opportunities for reducing carbon emissions. In recent years, Xiongan has actively engaged in various low-carbon practices, such as demonstrating net-zero zones, calculating carbon footprints for enterprise products, certifying carbon labels, evaluating green power generation, green certifications, and carbon sinks.

Over the past six years since its establishment, the three associated cities of Xiongan New Area, one on the ground, one underground, and one on the cloud, have grown together, jointly enabling the city's green development and intelligent operation. Chapter 11, *To Build the City of Future*, presents the progress of Xiongan's digital twin city and the infrastructures underneath. Based on the "one center and four platforms" operating system, Xiongan has constructed its intelligent urban infrastructures and innovative management in government and other daily services. Taking the infrastructure facilities underneath in Rongdong as an example, this chapter further illustrates the "five-in-one" design concept as well as details the advancement and strategies of the underground utility tunnels, which is regarded as the "underground artery" of Xiongan.

第六章　深化环境治理与保护

依据《白洋淀生态环境治理和保护条例》《河北雄安新区规划纲要》等既有法规和规划，落实习近平总书记第三次赴雄安考察的重要讲话精神，雄安新区持续推进环境保护常态化，将生态环境约束性指标纳入每年重点工作任务和实施考核，近年来，重点在持续推进白洋淀生态环境保护、提升生态绿化空间生态效益、推进环境污染防治等方面开展多项工作，实现白洋淀Ⅲ类水质的持续保持、生态空间格局基本构成、大气和土壤污染逐渐改善等目标。为巩固现有环境保护，生态环境部以及新区相关部门相继发布《关于支持河北雄安新区深化生态环境保护领域改革创新的实施方案》和《关于建立生态环境资源保护协作配合机制的意见》等文件，支持新区开展创新机制探索，明确未来新区在生态环境方面的重点工作方向。本章基于白洋淀生态治理、生态空间打造、土壤和大气污染防治等方面，阐述近两年新区在生态环境保护方面的重点工作举措。

6.1　持续推进白洋淀生态治理与保护

白洋淀生态环境治理与修复工作自2018年开始，经过五年多的建设，目前已基本实现《白洋淀生态环境治理和保护规划（2018—2035年）》明确的阶段性目标：淀区面积近300km^2，水位稳定保持在7m左右，水质稳定保持Ⅲ类；淀区野生鸟类和鱼类种类分别达到258种和46种，生物多样性得到良好保护。依托白洋淀流域的系统治理，新区水环境保护也成效显著，新安北堤防洪治理工程（一期）上榜水利部"人民治水·百年功绩"治水工程项目；雄安新区在河北省2021年度河湖长制工作考核中获得优秀等次，在河北省2022年度实行最严格水资源管理制度专项考核中获得优秀等次。

当前，白洋淀生态环境保护重点一方面是继续巩固生态环境治理和保护成效，另一方面是逐渐加强白洋淀景区的科学开发利用，通过开展生物多样性保护与科学监测提升白洋淀保护的规范化、数据化、智慧化。2023年11月，河北省委、省政府印发《白洋淀生态环境综合治理和保护工作方案（2023—2035年）》，为后续白洋淀生态环境综合治理和保护工作提供具体指引。

6.1.1 巩固生态环境治理和保护成效[1]

近两年来，白洋淀持续推进常态化污染管控和治理、拓展多源补水、强化农村生态环境治理，坚持补水、治污、防洪"三位一体"统筹规划、协调推进，系统实施五个"一体化"，持续巩固综合治理成效。

（1）强化污染管控和治理

雄安新区持续开展白洋淀生态清淤和退耕还淀工程，截至2023年5月，2022年开始实施的白洋淀生态清淤四期和藻苲淀退耕还淀生态湿地恢复二期工程已完工。白洋淀生态清淤工程自2019年开始，总共开展四期：2019年清淤一期工程选取南刘庄和采蒲台不到$1km^2$范围作为试点工程，为后续工程积累经验；2020年，开展清淤扩大试点（二期）工程；2021年，清淤三期工程重点治理藻苲淀、捞王淀等片区内的污染鱼塘、开阔水面和水道；2022年，清淤四期工程开始实施（图6-1-1），包含鱼塘沟壕治理、百淀连通部分和生态修复三部分，治理鱼塘147个，拆除围堤围埝78.42km，清除污染底泥709.42万m^3，扩增水域面积约7.8km^2，对改善淀区水质、提升水动力发挥了重要作用。

退耕还淀是白洋淀生态环境治理和保护的关键措施之一。藻苲淀退耕还淀生态湿地恢复二期工程（图6-1-2）自2022年10月开工实施，施工总面积849.2公顷，主要包括水系疏导、生态湿地和湿地配套设施工程三大建设内容。水系疏导工程通过围堤围埝拆除、乡道过水涵、萍河疏通等方式，优化内部水系；生态湿地工程是在地形营造的基础上配合本土植物的恢复、动物的投放等工作营建生态湿地生态系统；湿地配套设施工包括建设巡护道

图6-1-1 白洋淀生态清淤四期工程
（来源：http://www.xiongan.gov.cn/2023-01/20/c_1211720573.htm）

---

[1] 本节内容根据雄安新区生态环境局提供资料整理。

图6-1-2　藻苲淀退耕还淀生态湿地恢复二期工程平面布置效果图
（来源：http://www.xiongan.gov.cn/2021-08/29/c_1211348383.htm）

路、架空巡护观景平台与码头、标识标牌等施工保障措施。

二期项目在遵循藻苲淀总体规划布局以及一期工程设计的基础上，以扩增淀泊水域，改善水动力，恢复生态湿地、构建生态本底为重点，通过实施水系疏导工程、生态湿地、湿地配套设施工程等，改善工程区域水动力条件，提高水体自净能力，丰富湿地生境，恢复白洋淀西部生态屏障❶。

除此之外，雄安新区制定2023年白洋淀生态环境治理实施方案，谋划11个重点治理项目；规范落实水质保障措施，打捞水草2.9万余亩；制定旅游专项监测方案，制发规范旅游市场秩序、防控船舶污染强化管理的通知，科学规范船舶航速和航行范围，减少对水体扰动；严控不达标水体入淀，与保定市签订流域突发水污染事件联防联控协议，进一步完善上下游协作机制，累计导排污水1000多万m^3。

（2）拓展多源补水

白洋淀地区探索建立以水质为基础的生态补水机制，统筹"南水北调""引黄入冀补淀"及上游水库等多源补水措施，水系连通性及水动力条件显著增强。2017年以来，南水北调中线一期工程通过蒲阳河、瀑河等退水闸，持续向白洋淀及上游河流进行生态补水，截至2023年10月累计向白洋淀及其上游河道补水8.8亿m^3。2019年以来，"引黄入冀补淀"工程持续向淀区输水，截至2023年7月向白洋淀补水3.54亿$m^3$❷。截至2022年底，白洋淀蓄

---

❶ http://www.chinaxiongan.com.cn:81/files/web/online/xiongan/files/2209/29/1664443425651522.pdf

❷ http://www.chinawater.com.cn/newscenter/df/hb/202307/t20230707_798695.html

水量4.13亿m³[1]，水位稳定保持在7m，淀区面积从2017年的170km²扩大到近300km²[2]。

（3）推动农村生态环境治理

2023年，雄安新区全面开展农村生活污水治理和黑臭水体排查整治，着力消除农村生态环境风险隐患。目前新区已建立黑臭水体风险隐患的污水直排和超标排放、垃圾倾倒、畜禽养殖及面源污染等问题常态化排查整治机制，对2000多个坑塘制定"一塘一策"，有水坑塘全部实施整治提升；对110余个污水站扩容改造，目前已完成70余个。开展农村生活污水治理和坑塘治理成效评估，出台《淀中、淀边村生态治理以奖代补实施方案》《雄安新区坑塘环境管理办法（试行）》，消除了一批农村生态环境风险隐患。

6.1.2 推进无废景区建设[3]

白洋淀坚持保护与开发并重，在水体养护、生态修复已卓有成效的基础上，统筹无废景区、景观布置和配套设施建设等景区保护与开发工作，实现白洋淀景区的保护维护和开发建设同步推进。

面向可持续发展目标，并助力"无废雄安"建设，白洋淀全面推进无废景区建设，实现生态文明旅游，让绿色成为白洋淀景区高质量发展的底色（图6-1-3）。主要通过三种

图6-1-3　白洋淀淀泊
（来源：https://mp.weixin.qq.com/s/yE7Jixt4xG8Rmpy6ik36vA）

---

[1] http://slt.hebei.gov.cn/resources/43/202306/1685957337576010908.pdf

[2] http://www.xiongan.gov.cn/2023-10/09/c_1212286377.htm

[3] https://mp.weixin.qq.com/s/yE7Jixt4xG8Rmpy6ik36vA

方式开展相关工作：以白洋淀景区为中心，推进固体废物精细化管理，创新固体废物治理模式；以芦苇处置利用为引领，探索有机废弃物资源化利用路径；以"无废细胞"创建为抓手，倡导绿色生产、生活方式。其中，在拓宽芦苇综合利用方面，具体措施主要包括：建设以芦苇元素为主题的标志性建筑、创新采用芦苇为基料栽培榆黄蘑等品种，并将产生的菌糠用于栽培食用菌和生产有机肥、研发生产高附加值的芦苇基产品，并回收利用芦苇秸秆。

白洋淀周边村庄积极响应与践行"无废"理念，打造"无废+旅游"乡村示范，助力白洋淀无废景区建设。如安新县端村镇东淀头村推进可回收物与再生资源积囤；安新县赵北口镇下张庄村推进村庄环境整治、利用废弃物打造"七彩小栅栏"、小花坛、小菜园等小型观赏设施。

为提升景区服务水平和促进人与自然和谐共生，白洋淀景区自2019年10月起进行景区改造提升，对淀中村、淀边村等景区周边环境综合整治，建立健全配套服务设施，如采用以液化石油气为动力的"无废游船"，开发线上智慧购票系统等。

6.1.3 开展生物多样性保护与监测

随着白洋淀生态环境综合治理工作取得一定成效，淀区生物多样性得到持续改善，野生鸟类、鱼类、水生植物日渐丰富。据2023年7月最新新闻数据❶，淀区野生鸟类达258种，鱼类46种，较设立前分别增加25%和70%；大型水生植物近47种、野生鱼类资源有17科55种，哺乳动物14种，浮游植物406种、底栖生物38种。其中，国家一级保护鸟类12种，国家二级保护鸟类46种，国家"三有"保护和其他级别鸟类200种，"鸟中大熊猫"青头潜鸭（图6-1-4）、"鸟类活化石"震旦雅雀等珍稀野生鸟类在此栖息。野生鸟类是环境

图6-1-4　白洋淀青头潜鸭
（来源：https://mp.weixin.qq.com/s/BE-081sjgTmkCLYfGEsDxw）

---

❶　http://www.xiongan.gov.cn/2023-07/21/c_1212246570.htm

质量的"生态试纸",其种群数量和种类丰富程度能客观反映出生态环境变化情况,白洋淀重现"荷塘苇海、鸟类天堂"胜景。

为进一步加强白洋淀生物多样性保护,营造优美和谐的鸟类栖息地,自2022年开始,河北省相继出台《关于加强白洋淀鸟类栖息地管理的通知》《河北雄安新区白洋淀鸟类保护及栖息地暂行管理办法》《雄安新区鸟类保护及栖息地恢复工作方案》等一系列政策措施,规范鸟类栖息地科学划定、修复、建设等相关工作。

根据《关于加强白洋淀鸟类栖息地管理的通知》(以下简称《通知》)的要求,2022年7月,雄安新区在白洋淀划定9个鸟类重要栖息地,并提出划定和管控要求。其中,大阳鸟岛、木栈道、十里荷香、庆洋鸟岛、沙洲鸟岛五个栖息地为绝对控制区,藻苲淀鸟类保护带、桃花岛鸟类野化中心为相对控制区。府河、孝义河河口湿地进行了细化分区,将湿地前置沉淀塘和潜流湿地划为相对控制区,将府河河口湿地水生植物塘、孝义河河口湿地水生植物塘和多塘系统划为绝对控制区。鸟类重要栖息地实施全封控管理,绝对控制区严禁任何人类干扰活动,相对控制区最大限度限制人类活动。

《通知》要求开展观鸟、科学研究以及科普等活动要在绝对控制区以外,并保持安全距离;科研人员不得擅自进入鸟类栖息地,避免影响鸟类正常觅食和繁殖;禁止追逐鸟群、干扰及影响鸟类正常繁殖和迁徙等行为。此外,《通知》将白洋淀湿地全域列为禁猎区、全年为禁猎期,严格落实禁猎规定,坚决查处非法猎捕、捡拾鸟蛋、破坏鸟巢等危及鸟类生存、繁衍的活动,清理各种非法捕杀鸟类的工具[1]。

自《通知》等文件发布以来,雄安新区各级野生鸟类主管部门积极推进鸟类保护工作。2023年上半年,雄安新区自然资源和规划局大力开展鸟类栖息地建设和保护工作,积极完善制度办法,开展科学研究。2022年11月,安新县自然资源局联合农业农村局、公安局等涉野保部门,组织林业设计院、高校专家、爱鸟护鸟志愿者等多元主体,联合开展"白洋淀鸟类栖息地秋冬季联合巡查专项行动"[2],采取"政府+民间协会+志愿者"保护模式、增设珍稀鸟类越冬觅食地保护区、成立京津冀大鸨保护联盟等举措,动员全社会力量参与到爱鸟护鸟行动中,并为科学调查白洋淀鸟类栖息地、发现新增鸟种提供专业技术支撑。

为推进白洋淀生态环境科学观测,2021年7月,由雄安新区生态环境局与河北大学共建的华北浅水湖泊湿地生态系统野外科学观测研究站正式启用[3]。研究站以野外控制实验平台为基础,以白洋淀流域水文、环境和生物多样性及生态保护等为主要研究对象,开展全球变化驱动因子(大气CO_2富集、气候变暖、氮沉降)和人为活动干扰(芦苇收割、氮

---

[1] http://hbepb.hebei.gov.cn/zycms/preview/hbhjt/xwzx/meitibobao/101656571048787.html

[2] https://hbepb.hebei.gov.cn/hbhjt/ztzl/zhuanlan/byd/101665709134361.html

[3] https://www.hbu.edu.cn/info/1167/12107.htm

磷富营养化）对白洋淀浅水湖泊湿地元素循环、生物多样性和生态系统功能的影响研究，力求打造具有国际影响力的湿地生态与环境长期野外监测与观测试验平台，为白洋淀流域生态环境保护与修复作出积极贡献。

6.2 完善建立生态空间网络格局

设立六年多来，依托千年秀林等重点项目建设，雄安新区城市生态基底逐渐完善；随着悦容公园、金湖公园等建成投运，启动区中央绿谷及东部溪谷生态廊道持续推进，新区生态空间城市服务功能逐步提升，由大型城市公园、社区公园组成的多层次绿色开放空间为居民提供了丰富多样的活动和交流空间。雄安新区森林覆盖率由设立前的11%提升至34%，"一淀、三带、九片、多廊"的生态空间格局基本构成，基本实现"3公里进森林，1公里进林带，300米进公园，处处是游园"的美好生活场景，高品质宜居城区建设成效逐步彰显。

6.2.1 千年秀林管护与开发

雄安新区坚持生态优先、绿色发展，强调"淀水林田草"要统一保护和统一管理，坚持"先植绿、后建城"。"千年秀林"植树造林工程于2017年11月启动，是雄安新区第一个重大生态基础设施项目，按照绿核为心、圈层展开、廊道联通、网络结构的布局思路，尊重自然规律，采用原生冠苗，选用长寿、珍贵、健康、美观、乡土树种，通过自然随机散点、曲线栽植多种方式，创新营造异龄、复层、混交的近自然林，构建宁静、和谐、美丽的自然环境。六年间，新区累计造林约47万亩，200余种、2000多万株苗木在雄安新区大地上铺展开来，森林覆盖率从11%提高到34%。当前，"千年秀林"进入加强科学管护、提升市场化运营水平、构建生态价值实现长效机制的重要阶段。

（1）推进景观提升工程

为了更好地发挥"千年秀林"在建设绿色生态宜居新城区中的积极作用，雄安新区于2020年开始，陆续启动两期"千年秀林"景观提升工程，通过在局部节点补植部分林木、灌木及地被植物，打造乔灌草层级完整的森林生态系统。工程构建了南北互通的水系路网系统，打造近千亩水面，增加6座森林驿站、23座桥梁及其他配套设施。2022年年中，工程完成验收，对改善新区生态环境、增加生物多样性和碳汇能力起到重要作用，实现了森林由单一的生态功能向风景林、游憩林的提质升级。此后，"千年秀林"景观提升工程在水土保持等多方面持续深化相关工作[1]。

"千年秀林"景观提升工程（一期）位于雄安新区起步区与雄县之间，建设面积约18.9公顷，建设内容包含景观林木种植、地被绿化、局部微地形建造、下沉绿地、节点照明等，并以大数据和区块链为基础，将全过程产生的建筑信息模型（BIM）数据统一接入新区城市信息模型（CIM）管理平台，促进新区智慧城市建设。

"千年秀林"景观提升工程（二期）（图6-2-1）位于雄安新区9号地块南侧，占地面积约674公顷，建设内容包括园林绿化、水系水景、土方、建筑、电力电气、给排水、智能监控、景观小品及设施工程等。二期工程在前期造林的绿色基底上，结合城市建设需求，对园区内的景观水系开展生态补水工作。工程涉及的园区水系自南向北分布，下游延伸到白洋淀，补水面积38万m^2，补水最深达9m。工程采用喷灌方式确保水生植物成活，既保证水生态多样性建设的需要，又确保园区河道安全稳定运行，打造了独特的滨水生态休闲空间。此外，二期工程规划建设生态成果展示馆，展厅面积约920m^2，馆内展示雄安新区绿色空间建设成果，室内展陈与室外实景科普结合，打造新区独一无二的生态教育和展示区[2]。

图6-2-1 "千年秀林"景观提升工程（二期）工程
（来源：https://mp.weixin.qq.com/s/8cS_On1thFsgQUOB88TM3g）

---

[1] http://www.chinaxiongan.com.cn/2023/06/08/993045.html

[2] http://ggzy.hebei.gov.cn/hbggfwpt/jydt/003001/003001002/003001002001/20220411/8a7574077ffe48ce01801aa60d8528c4.html

（2）开展科学养护工作❶

为了提升千年秀林的管理运营成效，新区组织开展有害生物防治、森林防火体系建设等林场维护，以及数字化监测等工作。

雄安新区针对千年秀林开展多项林木维护工作。有害生物防治方面，新区正加快推进"雄安新区松材线虫病等重大林业有害生物防治能力提升项目"，项目主要建设内容为覆盖新区千年秀林的监测预警系统、检疫御灾设备及防治减灾设备配置。项目已于2023年10月开展物资采购工作；森林草原防灭火方面，新区于2020年5月在全省范围内率先启动森林防火视频监控系统建设，截至2023年6月，新区共有防火视频监控点位131个，接入改建河湖视频监控点位36个，实现了视频自动监控，烟点准确识别，火点精确到位，专人对森林草原防火视频监控系统实施24小时盯守❷。2023年，新区加快推进"千年秀林森林防火体系建设项目"，从千年秀林防火体系现状出发，针对平原地区人员密集的特点，建设防火阻隔网、防火巡护网、应急保障网等设施，提高新区的森林防火能力和减灾应急能力。

雄安新区积极推进千年秀林林业资源数字化、经营管理科学化、森林资源管护智能化发展，推动数字化监测工作，目前已竣工一块数字化监测样地（图6-2-2）。该监测样地利用云计算、物联网、大数据等新一代信息技术，通过感知化、物联化、智能化的手段，实现对样地林木资源监测、生态环境监测。主要措施包括视频安防监控、林木生长及生长环境监测，实现实时查看监测区域林木长势、抚育措施效果等功能。根据林地样木生长实时数据，结合活立木材积、生物量、碳储量的算法及样地内其他生物量及碳储量的计算，实现对森林样地的蓄积、生物量、碳储量变化的实时监测。

图6-2-2 "千年秀林"数字化监测样地
（来源：https://mp.weixin.qq.com/s/e_2P37_NLVHnTQADyxgTFw）

---

❶ http://www.zytd-bj.com/news/shownews.php?id=86
❷ http://www.xiongan.gov.cn/2023-06/04/c_1212195505.htm

（3）探索市场化运营

植树造林项目的政府资金支持仅可满足其短期生态价值实现，为构建生态价值实现的长效机制，需引入社会化资本。2020年，河北省印发《河北省林草产业发展规划（2021—2025年）》，对全省发展林下经济等林草产业提出整体部署。为落实上层要求，稳步推进造林绿化市场化和长期可持续健康发展，近年来，雄安新区围绕千年秀林开展市场化运营主体招引、林下经济开发等推进市场化运营措施，推进林地绿化生态效益、社会效益与经济效益的相互促进和有机统一（图6-2-3）。

图6-2-3　千年秀林实景图
（来源：http://www.xiongan.gov.cn/2023-04/24/c_1212170502.htm）

为探索实现造林绿化企业主体多元化、运营机制市场化、参与主体社会化等，稳步推进新区造林绿化长期可持续健康发展，雄安新区开展多块林地的市场化运营主体的招引工作❶，吸引社会资本参与新区生态建设，发挥专业企业技术优势，推动林地的综合利用。市场化运营主体主要负责开展苗木、花圃、中药材等多种产品的栽植、销售、研发等运营活动，建设现代林业科技园。新区积极推动相关运营主体选择市场前景好的名贵、彩色、经济类等产品开展规模化种植，并通过科技引领、引进培育优新品种，培育特色苗木，生产具有特色景观的树种和高品质苗木，提高苗木附加值，以达到提升林地经济效益的目的。此外，运营主体同时需负责承包区域内杂草清理、防火、防盗等林场管理相关工作。

雄安新区积极发展林下经济，引导鼓励社会资本和专业力量参与林下经济开发。建设合作模式为聚焦经济功能、确定主导产业，构建绿色生态产业链，建设规模化、产业化、科技化的现代林业科技园和示范区，带动区域整体发展。具体体现为结合不同林地的功能定位，发展林下中草药种植、食用菌种植、生态文旅、生态康养等林下产业。如借鉴EOD运作模式❷，在落实生态廊道的前提下开发游憩林地的绿化景观，发展休闲游憩、文体健身、科普教育、森林康养、林田观光、农果采摘、自然体验等活动，并允许落实一定比例的配套基础设施用地，提高服务能力。此外，为了推进林下经济发展，2023年举办"雄安新区千年秀林林下经济研讨对接会"，聚集企业、高校、科研单位等多元主体开展林下经济开发路径的研讨。目前，新区正在推进"雄安新区千年秀林国家林下经济示范基地"建

---

❶ http://www.xiongan.gov.cn/2021-05/11/c_1211151011.htm

❷ http://www.xiongan.gov.cn/2021-05/11/c_1211151011.htm

设工作,该基地占地总面积1308.73亩,目标打造特色农林产品、中草药等种植为主的示范基地,主要建设试种展示基地与种植示范基地。

6.2.2 城市公园体系完善

6.2.2.1 悦容公园❶

悦容公园是贯穿容城组团南北向城市空间的重要生态景观廊道,也是容城组团公共活动集聚和城市功能展开的核心区域之一。公园位于起步区南北中轴线北延伸段、容东片区与容城县城之间,东西宽约0.6~1.2km,南北长约3.2km,总面积约160公顷(图6-2-4)。公园已于2021年对外开放。

(1)规划理念与空间格局

悦容公园以中国园林"天人合一、师法自然"的哲学理念为指导,以中国传统园林文化为核心,以中国造园史纲为脉络,集合南北园林造园法式精粹,充分运用中国传统园林造园智慧,以"城景融合"及"三段论"的叙事式设计方法,构建"一河两湖三进苑、千年绿脉显九园,融绘古今画中来,中国园林呈经典"的总体格局。

宏观层面,悦容公园绿地融入整个淀北片区的城市格局和南北轴线体系中,以传承中华文化基因为核心,以中为主,古今交融,与起步区南侧的大溵古淀遥相呼应,形成"方城居中,南北双苑"的结构。

中微观层面,悦容公园连接城市,南北向形成重要的生态景观廊道,东西向联动容县老城与容东新区,集合"海绵城市"等理念营造功能复合、弹性多变的林下共享花园,激活城市园林边界,以创新理念与技术,营建城园融合的秀美景苑。

(2)规划特色

师法自然,构建写意山水。 悦容公园设计借鉴中国山水园林的创作方法,通过写意与写实相结合,构建了"一心向山水,三苑展画卷,五介融城绿,七美塑园林,九园汇众智"的风景园林体系。遵循华北地区平原建城的规律,巧妙利用现状地形,微丘起势、因势汇水,传递中华山水神韵的同时,承担地区排涝、蓄滞和海绵功能等生态安全要求。充分挖掘现有自然资源,营造以植物造景为主的"近自然"公共生态绿地空间,呈现写意山水画卷。

承古续今,再造城市风景。 悦容公园保护利用区域自然人文资源,挖掘"容城古八景"等历史景点特色。打造以"新白塔鸦鸣"为主景的具有代表性的自然和人文景观,结合容城区域山水环境、气候特色及生态资源,兼具生态修复、防洪排涝、休闲游憩、文化活动等多种复合功能。

---

❶ https://mp.weixin.qq.com/s/hZU39WiMTfd_61SnEwRruA

图6-2-4 悦容公园总平面图
（来源：https://mp.weixin.qq.com/s/hZU39WiMTfd_61SnEwRruA）

悦容公园规划设计坚持生态优先、绿色发展，运用现代技术构建弹性调蓄的河流消落带、生态净水工程。利用海绵城市等技术方法修复场地生态基底，保护生态空间。坚持以中为主，古今交融，在传承文化的同时强调为民服务功能，公园游览系统与城市公交、绿色步道、自行车系统完全融合。公园采取开放边界，社区街道绿化与公园共构共享。建立"数字公园"系统，推进智慧公园建设。

诗画成境，绘就园林集锦。悦容公园以自然为要素，以大地为基底塑造园林空间，如气韵连贯的山水画卷。三进苑为卷轴画之段落，特点鲜明，北苑林丘连绵幽藏园林，中苑山水灵秀园林集萃，南苑大开大合共享园林，形成了融于蓝绿微丘水系的写意山水园林集锦。

礼乐相和，融汇北雄南秀。悦容公园的设计打破园林风格的界限，兼顾北秀南雄，不但传承了北方皇家园林的造园传统，还体现了江南园林的高深造诣。景观布局中不仅有严谨突出的轴线布局，体现礼序之美，也有体现自然感的均衡布局和人性化的园林空间，彰显礼乐和谐思想。

城苑共融，同享园林生活。悦容公园的规划设计探讨如何实现"城中有园，园中有城"的城苑共享关系和城绿交融的特色城市风貌这一实践命题，从生态体系构建、城市空间协调、基础设施协同、功能和风景的共享等角度，聚焦以人民为中心的公园城市系统完善，赋予公园生态、文化、活力等多个层面的意义（图6-2-5）。

图6-2-5　悦容公园航拍图
（来源：http://www.xiongan.gov.cn/2023-10/12/c_1212287802.htm）

6.2.2.2 金湖公园[1]

金湖公园是容东片区最为核心的大型绿色空间，位于容东片区城市主轴线上，总用地面积约248公顷。金湖公园总体建设目标为开放共享的城市绿色空间，定位为生态优先、绿色发展、改善民生的先行示范地，和宜居宜业、协调融合、绿色智能的公共承载地（图6-2-6）。公园已于2022年对外开放。

（1）规划理念与空间格局

金湖公园以蓝绿空间为主体，采用生态自然的布局形式，形成以山为轴，以水为心，以阁（定安阁）点景的"山-水-阁"空间格局，强调了城市空间轴线在公园中的延伸，丰富城绿边界。金湖公园由三部分构成，分别是北部生态林带、中央湖区和5个公园（儿童公园、南文营公园、体育公园、文化公园和南湖公园）。中央湖区用地面积87公顷，整合生态、游憩、文化、科普、景观等功能，布局滨水商业和文化休闲场所，传承中国园林营造理念，蓝绿交织、富有人文意境，是容东片区内生态与文化相兼容的"城市绿色客厅"。

金湖公园坚持"山水都心、城园一体，绿色客厅、多元场景，生态水岸、弹性绿廊"的规划理念。公园依托核心水域空间，以山为轴、以水为心、以阁点景，辅以西堤、东

图6-2-6 金湖公园实景图
（来源：https://mp.weixin.qq.com/s/lqM_3MkdOHcRCxyKV2oDqw）

---

[1] 本节内容根据中国雄安集团城市发展投资有限公司提供资料整理。

图6-2-7 金湖公园航拍图
（来源：http://www.xiongan.gov.cn/2022-12/04/c_1211706657.htm）

岛、北山、南湖的空间组合，以古托今，以景化城；践行"容东24小时"功能引领，金湖公园提供运动健身、通勤慢行、智慧服务、文化科普、休闲集会等多样绿色生活功能（图6-2-7）；金湖公园构建城市美景的同时，也为城市提供多元化的生态弹性廊道。结合初雨调蓄池、多级管涵等城市雨水设施，构建多层级排水体系。沿水岸线设置可淹没区，结合不同淹没高度形成多类型滨水植物组合。链接公园道路体系，串联桥下通行走廊，构建连续滨水疏散通道，结合公园出入口，保障汛期突发性降雨前的游人跨区域快速疏解。

（2）规划特色

构建景观排涝结合的弹性水域：考虑到容东分期建设与居民分批入住的因素，对金湖水面面积进行分期划定并确定分期补水的技术方案。2022年7万安置人口先期入住，再生水可保证金湖及以南水系33公顷的稳定水面。随着安置人口逐步增加，当入住人口达到8.5万人，可保证全园70公顷的稳定水面。其中，中心的金湖湖体近远期均可保证23公顷的常水位面积。

形成城绿交融的蓝绿界面：根据公园周边用地性质，布设对应功能的绿色边界，分别为主题花园边界、交往空间边界、城市广场边界、社区公园边界，促进多功能的公园边界与城市用地功能有机互动（图6-2-8）。

打造以人为本的绿色空间：公园路是市民健身锻炼的运动路，也与市政慢行交通结合而具有通勤功能。公园景观视线通廊为周边办公建筑创造优美的视野环境。根据市民一天从早到晚不同时间段的不同活动行为，金湖公园规划不同的功能体系来满足市民需求，提供全天候服务。白天，公园是居民尤其是老人和孩子们的休闲玩耍乐园；傍晚，公园是下

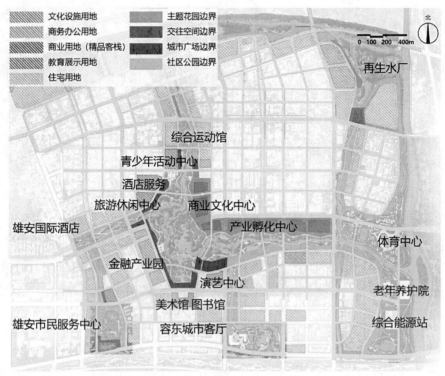

图6-2-8　金湖公园边界功能分区图
（来源：中国雄安集团城市发展投资有限公司）

班后青年进行家庭休闲、聚会、活动的快乐空间。夜间，公园节能照明根据人流自动调节灯光，智慧监测系统发挥安保和监测生态的作用。

6.2.2.3　中央绿谷和东部溪谷生态廊道[1]

中央绿谷和东部溪谷生态廊道是启动区核心绿色空间和重要生态休闲空间，是雄安新区构建"城淀相望、城绿相融、城水相依"城市空间的重要组成部分，目前建设工作正有序推进（图6-2-9）。

中央绿谷和东部溪谷生态廊道总长度13km，总面积1.7万亩，规划形成"一廊、双谷、三湖、十区、十八园"的总体结构。整体呈H形状，两侧为宽阔林带，中间水系与白洋淀联通，重点设计三个人工湖，结合周边地块规划锦绣川、未来畔、风尚洲、同乐溪、悦秀湾、知行谷等多个主题公园。中央绿谷和东部溪谷贯穿启动区南北城市组团，北连民俗公园，南接临淀湾区，形成活力与多元的城市生活方式。

中央绿谷和东部溪谷规划构建"双谷三湖林入淀，水城交汇融多园"的水系布局。公园以水为脉，将"港站城淀"融为一体，串联多处水面和景观湿地，形成各具特色的城市滨水开放空间，建设以水体为特色的综合公园带。实施多项水环境措施，包括打造雨水

---

[1] https://mp.weixin.qq.com/s/rQ7JBTSnZ31vUJAxxLBmhw

图6-2-9 中央绿谷及东部溪谷项目实景图
（来源：https://mp.weixin.qq.com/s/rQ7JBTSnZ31vUJAxxLBmhw）

利用与排涝水系，确保河道水源稳定，持续提升水动力；建设人工湿地、沿河栽植绿色缓冲带，保障水系水质；打造9类近自然型水系景观与3类人工型水系景观，展现多元水景。

6.2.2.4 小型公园打造

雄安新区推进建设以大型郊野生态公园、大型综合公园为主，社区级公园及街旁绿地等中小型公园为辅的城市公园体系。社区级公园、街角游园作为大型公园的重要补充，承担丰富居民生活的重要职能，是新区原三县进行县城改造提质的重点推进任务。

容城县近年来着力推进津海文化公园等重点公园提升改造，并打造一批集文化、生态、健身休闲功能于一体的口袋公园（表6-2-1）。目前，容城已完成"容城县游园项目（一期）"项目，建设众乐园、撷芳园、拾趣园、松风园四个口袋公园，总规模约3万m^2。四个公园均位于容城县城较繁华区块，在有限的公园绿地中营造了丰富的活动空间，形成了"舒适宜人，生态美观"的都市植物景观。2023年，容城县持续推动街角游园和口袋公园建设工作，包括新建樾林、椒山、绿岛3个街角游园，总规模约6.66万m^2[1]，新建5个口袋公园，总规模约1.17万m^2[2]，城区环境不断优化。此外，为扩大公园服务能力，2023年6月，容城县将主城区19处城市公园绿地全部开放[3]，总开放绿地面积11.8万m^2，游客可进入和逐步具备可进入条件的林下空间46万m^2。为保障居民有序使用，容城县还明确规划了帐篷搭建分区，居民可在此开展休闲散步、运动健身、搭帐篷等休闲游憩活动。

---

[1] http://www.hebeieb.cn/infogk/detail.do?categoryid=101101&infoid=I1300000001112062001001&bdcodes=I130000000011112062001001&laiyuan=%255B%25E5%25B9%25B3%25E5%258F%25B0%25E5%2586%2585%255D

[2] https://xaprtc.com/jyxxgczb/30599.jhtml

[3] https://mp.weixin.qq.com/s/n_Rhuk1xHyJHlGmGigu82w

表6-2-1 容城县已开放林下空间的公园绿地（节选）

序号	名称	位置
1	三贤文化公园	高速收费站东侧
2	津海大街带状公园	津海大街（P1停车场—顺达街）
3	津海文化公园	津海大街和豪丹路交叉口西南角
4	白洋淀站站前游园	高铁站南侧
5	体育公园	体育场北侧
6	撷芳园	奥威路南侧，中金花园西侧
7	拾趣园	奥威路与容小路西南角
8	花海公园	城南容祥大街西侧
9	健康主题公园	金孔雀酒店东侧
10	白洋淀大道绿道	白洋淀大道，北临高速，南至县界

为打造环境优美、生态舒适的城市空间环境，雄县持续推进构建完善的社区公园体系，陆续新建了雄山公园、天鹅湖湿地公园、晓月公园、黄湾体育公园（在建）等社区公园，增补重要的休闲娱乐空间；建设和开放一批口袋公园❶，包括雄欣公园、粮库大门北侧公园、五岔口公园等，口袋公园自然气息浓厚又包含人文底蕴，兼顾群众游览休憩和文化传播两大功能，提升市民日常休闲游憩的便利性；针对文昌公园、温泉湖公园等现有公园绿地以及承担景观廊道功能的街道进行提升改造❷，推进夜景亮化、设施改造、园林修补、绿化提升、慢行空间改造等相关工作，增强服务能力。

近年，安新县将县城改造提升作为重点工作，致力于打造城淀相融、蓝绿交织、清新明亮的宜居城区。截至2021年底，安新县城已新建、改造提升公园22个，绿化690亩；打造小夜曲城市街区、点线面结合共亮化约30km。2023年，安新县相继发布两期县城文化公园建设任务，包括新建两座公园和改造提升县城三处公园绿地（图6-2-10）。

2023年年初，雄安新区强化新建片区的社区级绿地空间供应，推进城市街角游园建设工作，包括启动区道路街角游园、容西一期安置房街角游园以及容西二期安置房街角游园等❸。新建片区街角游园规划设计突出对街角空间的统筹利用，根据各路段不同的功能、区位、等级和性质，充分考虑周边地块风貌设计和功能业态，根据片区肌理情况及建筑退距要求，结合街角游园所在道路等级、位置和相关地块出让时序，对街角游园进行规划等级划分，并结合风貌片区规划及周边规划用地性质对街角游园进行功能分类，依据分级和

---

❶ http://www.xiongan.gov.cn/2022-06/25/c_1211660740.htm
❷ http://www.rmxiongan.com/n2/2021/0321/c383557-34632943.html
❸ http://www.chinaxiongan.com.cn/2022/09/20/992019.html

分类进行规划方案设计。针对典型街角游园做具体方案设计，明确主题植物、小品类型、场地设置等设计条件，合理布置城市家具，科学确定绿化铺装比例❶（图6-2-11）。

图6-2-10　大健康体育公园
（来源：https://mp.weixin.qq.com/s/p3Zxo-Mkf5tvQCppGhUYQw）

图6-2-11　容西二期安置房G4街角游园——嘉李苑平面图
（来源：https://mp.weixin.qq.com/s/RBMA_zeaWjcwwN72ow3MeQ）

---

❶　http://www.chinaxiongan.com.cn/2022/09/20/992019.html

6.3 深入推进环境污染防治

雄安新区坚持深入打好污染防治攻坚战，深入推进蓝天、碧水、净土保卫战（本章6.1节已对水环境防治进行了详细阐述，本节重点关注雄安新区在固废防治、土壤、大气污染防治等方面开展的相关工作）。固废方面，雄安新区积极推进"无废城市"试点建设工作，制度体系逐步完善、示范试点成效显著、各项措施稳步推进；土壤方面，雄安新区围绕土壤污染综合防治先行区试点建设任务，积极探索土壤污染防治新模式，确保雄安新区受污染耕地和污染地块管控措施覆盖率达到100%，为项目建设提供安全用地保障；大气与气象方面，雄安新区扎实推进空气质量提升各项工作，重点时段空气质量保障目标任务初步完成，同步推进气候监测工作。

6.3.1 "无废城市"建设工作推进

（1）无废城市建设进展[1]

雄安新区被确定为全国首批"无废城市"建设试点后，充分发挥新建城市的制度创新优势，积极打造具有新城特色的"无废城市"试点。近两年，先后出台"无废城市"顶层设计文件，建设各类"无废细胞"示范试点，在工业、农业、生活等领域开展具体行动，并依托"无废宣教"体系助推"无废城市"建设。

"无废城市"顶层设计方面，新区成立由新区主要领导任组长的"无废城市"建设工作领导小组，自2019年至今，制定《关于促进传统产业转移转型升级的政策措施》《雄安新区绿色建筑高质量发展的指导意见》《雄安新区"无废淀泊"建设实施方案》等涵盖工业、农业、建筑、生活和危险废物5大领域的40余项政策文件，逐步构建"无废城市"制度体系，将"无废"理念贯穿到新区规划建设和发展全过程。

"无废细胞"试点创建方面，新区先后制定"无废乡村""儿童友好无废城市"建设等文件，创建无废机关等10类近500个无废细胞和37个"无废乡村"，涌现了雄忻高铁、雄安新区党政办公室、容城县沟西小学、雄县黄湾村等一批优秀示范单位，"无废城市"建设有所成效。

工业领域强制整顿方面，新区在全域范围内摸底排查遗存工业固废，开展铝灰钢渣处置项目，清运超70万m^3铝灰钢渣；完成安新县30余万t历史积存制鞋下脚料等工业固废处理处置；开展"走遍雄安"活动，针对涉水、涉气、农村垃圾等问题进行全域彻底排查；完成容城县填埋场腾退，建设容东片区再生建材场；推进产业转移转型，有色金属熔炼行业已基本完成退出转移，制鞋、羽绒等传统产业实现应退尽退。

---

[1] http://www.xiongan.gov.cn/2022-10/07/c_1211690781.htm

农业废弃物减量化和资源化利用方面，新区探索实施农药包装废弃物押金制和农药化肥购销实名制扩大试点项目，进一步落实化肥减量增效与农药零增长工作，持续实施农业节水项目，预计压减地下水超采1050万m^3；设立了3个地膜残留监测点，为新区农膜回收利用提供基础数据支撑；全面清退378家规模化养殖场，持续开展增殖放流；推进秸秆高效利用，2021年创建1个秸秆综合利用试点县，新区全年秸秆综合利用率约98.45%。

生活领域方面，新区针对三县乡村打造城乡环卫一体化运营模式，实现新增生活垃圾日产日清；完成容城县垃圾填埋场腾退，共清理历史填埋垃圾近30万t。

无废宣教方面，新区印发《2023年雄安新区"无废城市"宣传月活动方案》，组织"无废迎双节"、"无废开学季"、无废庙会、马拉松等主题活动，打造容东片区环卫设施北停车场"无废"宣教基地，显著提升"无废城市"知晓度及参与度。

（2）无废乡村建设示范❶

胡各庄村隶属雄县龙湾镇，总人口2066人，村庄面积750亩。新区设立后，胡各庄村以乡风文明促生态文明，以乡村人居环境整治为抓手，以积分制管理系统为工具，开展垃圾分类、提篮购物、闲置物品分享等多项措施，提高村民生态保护意识。同时积极探索以"无废乡村"为特色的文旅项目，建成河北省首个无废乡村主题展厅（图6-3-1），落地无废乡村夏令营、无废乡村二手市集、无废露营等项目，走出了一条独具雄安特色的"无废乡村"发展之路，并在此基础上探索以"无废乡村"建设引领产业发展、以产业发展反哺"无废乡村"建设的乡村振兴雄安模式。

图6-3-1 胡各庄无废展厅

---

❶ 刘超，北京优游智旅文化传播有限公司。本部分内容中图表除标明来源之外，其余均为供稿作者提供。

《创新进行时》20221019"从天而降"的环保材料（一）

《我的美丽乡村》20221012 无废乡村胡各庄

图6-3-2　重要媒体相关报道

胡各庄村以"无废乡村"为亮点特色，在体制机制、实施路径等方面进行了创新探索，构建了独具特色的乡村文旅主题产品体系，形成了良好的示范效应，陆续获得多个环保荣誉，中央电视台、人民雄安网、河北新闻网等官方媒体多次报道胡各庄"无废乡村"的做法（图6-3-2）。胡各庄村全年开展各类活动近百场，受众群体上万人。截至2023年上半年，胡各庄无废乡村乐活研学园项目带动本地及周边各类旅游服务总收入数百万元，累计接待数十万人，孵化旅游接待企业3个，带动村内及周边乡村就业数千人。

1）无废理念与创新机制

目标定位方面，胡各庄村践行绿色低碳可持续的发展理念，明确以"双无废"为特色的、践行并传播推广生态文明发展路径的无废乡村建设目标，明确"无废乡村、善治家园"的形象定位，将生态治理、精神文明建设与乡村振兴的产业路径充分结合，实现生态、人文与经济发展的三赢目标。

奖励机制方面，胡各庄村建立积分奖励制度，根据村民践行绿色生活的情况进行绿色积分并给予奖励，提高居民实施绿色行为的积极性。在原有乡村治理积分体系的基础上，胡各庄村展开村民积分与数字人民币互联互通的探索，尝试"碳积分""碳币"等模式，升级优化原有村庄积分管理系统，构建村庄绿色低碳的元宇宙管理系统。

2）无废乡村实施路径

胡各庄村主要通过无废乡村庭院共建计划、旧物利用景观升级计划、变废为宝乡村品牌计划三大行动计划推进无废乡村建设。其中，无废乡村庭院共建计划联合国内无废生活达人，选取1~2个庭院试点打造"乡村庭院"，通过建设无废小院、鲜花小院等实现无废乡村特色庭院经济；旧物利用景观升级计划推广废旧生活用品改造，普及无废乡村理念；变废为宝乡村品牌计划与设计师联合，选取生活废弃物（如废气球、芦苇秆等）进行创意设计，由村民手工生产，作为胡各庄无废研学等活动的纪念品，塑造村庄品牌形象（图6-3-3）。

图6-3-3 结合当地气球产业基础,落地气球全生命周期博物馆

胡各庄村明确五大"无废乡村"重点项目并实施建设,包括无动力亲子乐园、绿色建筑实践走廊、有机循环农业园、无废乡村主题研学和绿色主题直播间,并配套建设田园驿站、无废科普研学营、京雄儿童俱乐部、鲜花农场、萌宠乐园等服务项目,全面带动胡各庄村乡村振兴发展。

3)无废乡村产品体系

胡各庄村通过各项行动计划,构建起"无废乡村"旅游主题产品体系,主要包括融合无废乡村建设的党建培训产品、融合无废乡村与环保科普特色的青少年研学产品、融合生态资源综合利用的乡村游憩产品、融合地域文化和特色美食的乡村婚庆产品、融合亲子娱乐与社区公益的乡村民俗产品等(图6-3-4、图6-3-5)。2021—2022年,胡各庄村已陆

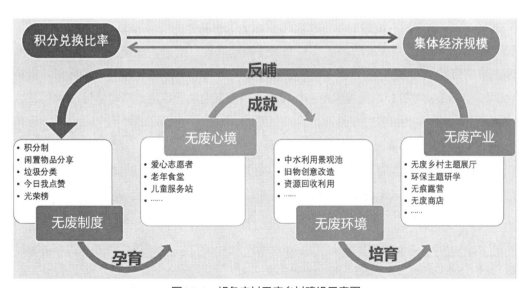

图6-3-4 胡各庄村无废乡村建设示意图

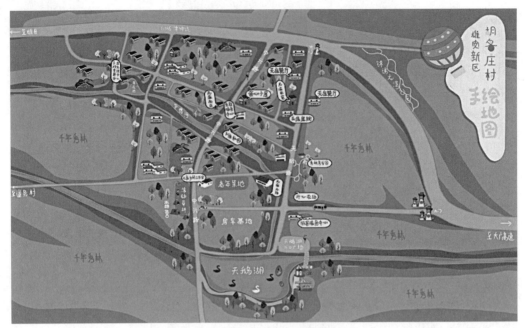

图6-3-5　胡各庄乐活研学园总平面图

续建成和开放中水荷花池、无废乡村大讲堂与乡村直播间、"实践无废乡村，共建绿色雄安"主题展厅、萌宠乐园、游客服务中心、无废庭院等重要项目，无废乡村产品体系建设不断完善。

6.3.2　土壤污染防治与风险管控[1]

雄安新区不断深化土壤污染防治与风险管控等相关工作，编制完成《雄安新区"十四五"土壤污染防治规划》《河北雄安新区土壤和地下水污染防治"十四五"规划》《2022年雄安新区土壤污染防治工作要点》等政策文件，指引土壤防治工作。目前，新区土壤质量得到明显提升，实现重点建设用地安全利用率、地下水水质达标率均保持100%，受污染耕地管控措施覆盖率和拟开发利用污染地块管控达标率均保持100%的工作成效。主要措施包括以下三方面：

（1）有序开展土壤调查和监管活动。开展"一住两公"（住宅、公共管理与公共服务用地）建设用地土壤调查。优化建设用地土壤污染状况调查工作程序，完成多个地块土壤污染状况调查，并录入全国建设用地土壤环境信息系统；2022年在全省率先开展雄安新区土壤环境背景值调查[2]，共布设198个采样点，采集238组土壤样品；有序推进土壤重点监

---

[1] 本节内容根据雄安新区生态环境局提供资料整理。

[2] http://hbepb.hebei.gov.cn/hbhjt/xwzx/jicengfengcai/101656571059219.html

管单位隐患排查和自行监测工作；制定涉重金属重点行业企业污染物减排计划名单，采取搬迁改造、结构调整等措施降低重金属污染物排放；此外，2023年雄安新区将开展第三次土壤普查活动，对新区耕地、园地、林地、草地等地类的土壤类型、土壤质量进行调查，为有效利用、改良土壤和培肥地力提供依据。

（2）持续推进地下水污染防治。完成铝灰钢渣堆存点清运后土壤地下水污染状况调查。对历史遗留工业固废清挖完成后的58处堆存场地及周边地区，开展土壤地下水污染状况调查和风险评估工作，彻底解决历史遗留生态环境问题，并推动土壤环境背景值成果纳入雄安地方标准；加强地下水环境管理，编制水质保持方案；完成约百家加油站地下油罐防渗设施检查；定期对国考点位进行取样监测，地下水质量保持良好。

（3）加强新污染物治理。完成首轮新污染物调查评估，按时发布固体废物污染防治信息公告，建立污泥转移联单制度，指导三县医疗场所等全面加强危险废物、医疗废物无害化处置和辐射安全监管，持续降低生态环境风险。

6.3.3 大气污染治理与气象监测

雄安新区不断深化以绿色施工为重点的大气污染综合治理工作，2021年空气质量综合指数、$PM_{2.5}$较2017年改善幅度分别在30%和40%以上，近两年主要开展以下工作：

（1）严控扬尘污染。2022年雄安新区印发《雄安新区建设项目扬尘防治监管正面清单管理办法》，进一步明确了雄安新区建设项目扬尘污染防治监管正面清单的纳入要求、申报程序与条件以及清单监督管理要求等相关内容；出台样板道路、工地创建方案，并推动创建样板工地、城区样板道路等工程，提升扬尘治理成效；建立施工工地扬尘污染常态化帮扶指导队伍，加强对施工单位帮扶指导。

（2）深化移动源管控。出台柴油车新能源替代攻坚行动方案，实施1条绕行专用通道，有序推动新能源替代，新增公共领域车辆100%为新能源，提高搅拌站商业混凝土车新能源比例约至50%；加强移动源尾气排放监管，常态化开展机动车路检路查工作❶。以及，组织开展加油站油气回收装置安装运行情况监督检查，推动重要运输道路建设机动车黑烟抓拍系统，实现机动车尾气排放非现场监管。

（3）强化VOCs（挥发性有机化合物）精细化管理。出台挥发性有机物治理方案，对新区内400余家印刷、制鞋企业开展现场培训，组织单位落实精细化管控措施；完善指挥调度机制。实施24小时值班值守和指挥调度机制，出台核心区精细化管理包联方案，制定管控清单和"一点一策"工作方案，实行"交办、接收、核查、反馈、消除"的模式，其中围绕雄忻高铁施工，与雄安新区建设和交通管理局、国铁建管指挥部建立联动机制。

---

❶ https://hbepb.hebei.gov.cn/hbhjt/xwzx/meitibobao/101648092858198.html

围绕"全国智慧气象示范区、气象科技创新引领区、绿色生态气象保障先行区"的雄安新区气象发展目标，2023年1月中国气象局宣布在雄安新区建设第27个国家气候观象台。该气象站由地面气象观测网、边界层观测网、生态气象观测网、大气成分观测网、卫星遥感观测网等组成，呈"一主八辅"格局，分别为主站和容城、安新、新安北堤、淀区、寨里、周庄、董庄、七间房8个辅站。雄安国家气候观象台将致力于提升京津冀城市气候系统和多圈层观测业务水平，开展多圈层间相互作用及气候变量监测，满足预测预报、防灾减灾、应对气候变化和生态文明建设等气象保障服务需求。同时，智能气象观测数据将接入新区数字孪生城市，融入智慧城市建设。目前，气象台主站业务楼已完成主体验收❶（图6-3-6）。

图6-3-6　雄安新区国家气候观象台效果图
（来源：https://mp.weixin.qq.com/s/7CAkgSukY1D5u5UvaGJU_A）

---

❶ https://www.cma.gov.cn/2011xwzx/2011xqxxw/2011xqxyw/202301/t20230112_5253391.html

第七章 推进清洁能源综合利用

《河北雄安新区规划纲要》提出，新区将落实安全、绿色、高效能源发展战略，突出节约、智能，打造绿色低碳、安全高效、智慧友好、引领未来的现代能源系统。近年来，雄安新区推动构建现代化能源体系，完善能源产供储销体系，加强建设智慧能源系统，优化电力生产和输送通道的科学布局，提升新能源消纳和存储能力。

雄安新区持续优化电源结构，稳步推进电网建设与电能替代，着力加强绿色电力供应。依托国家气源主干通道和气源点，建设新区接入系统，合理布局区内燃气管网，建成天然气管道长度近4000km，管道天然气用户数达到55万户；积极推进太阳能利用，建成雄安高铁站屋顶分布式光伏等项目，总装机容量达到1.5万kW；提升清洁供热质量，地热供暖面积达到700余万m^2，将雄县、容城城区打造成为两座中国城市冬季清洁供热的"无烟城"；建设垃圾焚烧发电工程，在建垃圾焚烧发电工程预计形成装机规模7万kW。雄安新区目前已逐步形成综合能源供应体系，利用地热资源，统筹天然气、电力、地热、生物质等能源供给方式，建设多能互补的分布式综合能源站。建成新区首个全地下绿色智慧能源站高铁片区供热（冷）工程1号能源站，清洁能源供热比例达到100%，构建容东组团三级能源站系统，可再生能源供热比例达到38.72%，供暖面积1000多万m^2[1]。

7.1 综合能源实施路径[2]

雄安新区把可再生能源放在能源发展优先位置，科学开发区内太阳能、地热能、生物质能等可再生能源资源，合理引入区外绿色电力、绿色氢能，推进化石能源清洁高效利用，优化新区多能互补协调发展。本节分析新区中深层地热、浅层地热、城市余热、绿色电力及太阳能等能源及资源禀赋，以期梳理提出雄安新区建筑供暖领域综合能源发展实施路径。

---

[1] 根据雄安新区生态环境局提供资料整理。

[2] 本节内容根据雄安绿研智库有限公司《雄安新区综合能源发展实施路径研究》整理。图表除标明来源之外，其余均为雄安绿研智库有限公司提供。

7.1.1 能源资源禀赋分析

（1）中深层地热

地热资源是清洁、稳定、安全、高效的可再生能源。雄安新区地热资源丰富，储量大、温度高、水质好、易回灌，技术、经济、环境可行条件下适宜规模化开发利用，可为打造绿色生态宜居新城区提供稳定安全的清洁能源供给。

雄安新区地热包括容城地热田、牛驼镇地热田、高阳地热田（图7-1-1），地热流体总储存量377亿m^3，其中容城地热田30亿m^3、牛驼镇地热田125亿m^3、高阳地热田222亿m^3。在采灌均衡条件下，地热流体可开采量4亿m^3/年，地热流体可利用的热能量10104万GJ/年。

图7-1-1　新区中深层地热分布示意图

新区目前已完成包括容东、起步区北、起步区南、容西、昝岗和雄东、安新组团、寨里组团、晾马台、大营和北沙口、朱各庄、雄县南、安州等12个区块的地热资源勘查，勘查总面积近487km^2。可开采资源量8671万m^2/年，可采热量2350万GJ/年，可满足5894万m^2供热面积，折合标准煤81万t/年，每年减排二氧化碳208万t。

目前，新区容东片区、容西片区、启动区、雄东片区、昝岗片区等新建片区已发布《地热采矿权挂牌出让公告》或《地热采矿权出让收益评估报告》，根据测算，5个新建片区采灌均衡条件下允许开发利用热量共569.2万GJ/年，可满足1437万m^2供暖面积，折合标准煤19万t/年，每年减排二氧化碳49万t。

（2）浅层地热

浅层地热能是指在地下0~200m埋深范围内中低位热能，温度变化较小，适合地埋管地源热泵的利用，可作为采暖空调系统的稳定冷热源。根据雄安新区浅层地温能调查评价结果显示，雄安新区浅层地热能赋存条件较好，大部分地区为地埋管地源热泵开发利用适宜性好区，少部分地区为适宜性中区，无适宜性差区。全区浅层地热能通过地源热泵换热总功率夏季983万kW，冬季552万kW，总换热能力折合标准煤400万t/年。

同时，根据前期基础研究，新区土壤源热泵系统冬季在埋管深度100m、间距6m、流体温度5℃、地源热泵COP取3.5的条件下，每延米换热量约40W/m^2；夏季在流体温度30℃、地源热泵EER取4.0的条件下，每延米换热量约60W/m^2。经测算，土壤源热泵系统供热功率为156W/m^2，供冷功率为133W/m^2。采暖季供热能力1.6GJ/m^2，供冷季最大供冷能力1.4GJ/m²。

目前，新区5个片区共3578.6公顷公园绿地，按照30%设置地源热泵测算，浅层地热资源冬季最大供热能力为1675MW，供热量为1722万GJ/年，可满足采暖面积约4300万m²，折合标准煤59万t/年，减排二氧化碳150万t；夏季最大供冷能力为1428MW，供冷量为1468万GJ/年，可满足供冷面积约4500万m²，折合标准煤50万t/年，减排二氧化碳128万t。

（3）城市余热

新区范围内余热资源主要为污水余热，根据污水具有温度相对恒定、冬暖夏凉的特点，可作为空调及采暖系统的冷热源。目前，雄安新区规划建设5处水资源再生处理中心，日处理规模总计达24.9万t。

取污水日平均处理量为日处理能力的70%，则新区现有5座再生水厂污水流量为7262.5m³/h，取污水源热泵供回水温差5℃，夏季供冷EER取4.0，冬季采暖COP取3.5，经测算，新区污水源热泵系统年供热功率59.31MW，供冷功率33.89MW。因此，冬季最大供热能力61万GJ/年，可满足154万m²供暖面积，折合标准煤2.1万t/年，每年减排二氧化碳5.3万t；夏季最大供冷能力35.43万GJ，可满足109万m²供冷面积，折合标准煤1.2万t/年，每年减排二氧化碳3.1万t。

（4）绿色电力输入

新区坚持绿色发展导向，优先发展新能源，积极引入区外绿色电力。绿色电力输入方面，依托京津冀电网，重点消纳冀北地区的风电和太阳能发电。在新区北部依托已建成的1000kV雄安特高压交流站，建成雄安特高压至雄安500kV站的电力通道，适时扩建雄安特高压交流站2台300万kVA主变电站。

同时，加强与周边电网联络，共建共享500kV变电站。建成500kV雄东变电站和东北下送通道，建成500kV雄安变电站和西北下送通道，在新区北部形成雄安-保东、雄安-雄东两个220kV分区供电格局，实施易水500kV变电站扩建，新区500kV电网形成贯穿南北的"一纵一横"两个双回500kV通道。长远谋划利用海兴核电，按照国家核电中长期发展规划要求推进前期工作。

（5）区内清洁电源

①分布式光伏

雄安新区水平面年总辐射量为1335kWh/m²，年日照小时数2749h，年日均日照时间7.4h，全年最佳倾角为32°，最佳倾角倾斜面年总辐射量1516kWh/m²，属于太阳能资源丰富地区，太阳能资源条件较好，可充分应用于太阳能光伏系统。

因此，新区"十四五"期间以绿色建筑建设和强化支电网改造为契机，大力推进分布式光伏工程，推动太阳能开发利用。到2025年，重点利用启动区和高铁站枢纽片区的标志性建筑，容东、容西、雄东、寨里、安新住宅建筑及配套商场、学校、车站及其他公共服务设施等屋顶和建筑立面，布局分布式光伏发电设施，预计新增装机规模6万kW。

②生物质发电

新区充分挖掘生活垃圾等城市污废资源，结合垃圾处理需要，适时调整在建垃圾焚烧发电工程的装机规模，建成雄安新区垃圾综合处理设施一期工程，十四五期间垃圾焚烧发电工程预计装机规模可扩容至7万kW。

根据《河北雄安新区能源发展"十四五"规划》，结合绿色电力供应和区内清洁电源，到2025年，新区区域内绿色电力装机容量达到14.5万kW。未来，新区将实现电力100%清洁化，率先成为全时段100%清洁电能供应的城市电网，电能占终端能源消费比例达到52%以上，供电可靠率达到99.999%。

通过上述对新区能源及可再生能源资源禀赋的调研测算，雄安新区中深层地热、浅层地热等可再生能源丰富，5个新建片区中深层地热允许开发利用热量569.2万GJ/年，可满足1437万m^2供暖面积；5个新建片区按照30%设置地源热泵测算，浅层地热冬季最大供热量为1722万GJ/年，可满足采暖面积约4300万m^2；城市余热目前受限于开发建设进度，资源规模相对较小，冬季最大供热能力约61万GJ/年，可满足采暖面积154万m^2。绿色电力方面，供应量充足，可实现100%清洁电能供应，其中，到2025年太阳能分布式光伏装机规模6万kW，生物质发电装机规模7.5万kW。

7.1.2　综合能源实施路径探讨

基于雄安新区多气源保障的燃气供应和充足的绿色电力供应，以及丰富的中深层地热、浅层地热、太阳能和生物质能等可再生能源，可建设多能互补的清洁供热系统。

供热热源方面，各新建片区以外部引入的天然气和绿色电力作为供热基础保障能源，因地制宜开发利用中深层地热、浅层地热、城市余热、太阳能和生物质能等可再生能源。

供热系统方面，新建片区按照就近供能、多能互补、一体化供能的要求，加强智能控制和热力供需动态优化配置，建设分布式综合能源站。供热系统由多级综合能源站互联，可满足外部能源的接入和本地清洁能源的取用，可实现多能互补、协同供能、分层分区分质智能调度控制。同时，综合能源站应结合中深层地热、浅层地热、城市污废能源、再生水余热、空气能等低品位能源资源设置。

以两级能源站为例，一级能源站供高温热水，到二级能源站进行换热，可接入燃气资源和中深层地热（图7-1-2）；二级能源站供低温热水到用户侧，可根据区域内能源和可再生资源分布情况，接入中深层地热、浅层地源热泵、污水源热泵、空气源热泵、太阳能采暖系统等进行耦合（图7-1-3）。各级能源站在规划建设过程中应充分考虑用地布局、用户负荷分布、外部能源供应网络、本地资源分布情况、区域能源系统分区等因素做适当调整。

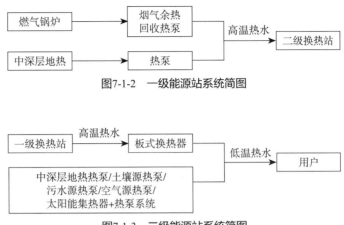

图7-1-2 一级能源站系统简图

图7-1-3 二级能源站系统简图

供热形式方面，住宅建筑可采用燃气锅炉、中深层地热供热系统集中供应，蓄热式电锅炉、太阳能采暖系统等分散供应相结合的多能协同供热方式；公共建筑可采用燃气锅炉集中供应，土壤源热泵、污水源热泵、蓄热式电锅炉、太阳能供热等分散供应相结合的多能互补供热方式。另外，太阳能光热系统可用于住宅、公寓，以及医院、酒店、养老院、学校等生活热水需求较大的公共建筑，代替燃气锅炉提供生活热水。

通过上述分析看出，根据能源资源调查情况，新区中深层地热、浅层地热、城市余热、太阳能、生物质能等可再生资源丰富，通过合理开发利用，可满足城市部分供热需求。建议新区合理规划清洁热源使用，逐步建立多能互补的综合能源系统，将燃气作为保障和调峰热源，逐步改善城市供热重度依赖燃气的局面。

7.2 清洁能源综合利用

上节通过分析雄安新区资源禀赋，梳理提出雄安新区建筑供暖领域综合能源发展实施路径建议，本节将以生态绿地浅层地热能开发、公共建筑综合能源利用、光储直柔技术应用三个具体项目为例，详细阐述清洁能源利用在新区的实践经验。

7.2.1 生态绿地浅层地热能开发[1]

浅层地热具有可再生、环境友好、系统运行高效节能、一机供冷制热多用、自动化程

---

[1] 本节内容根据中国雄安集团智慧能源有限公司提供资料整理，图表除标明来源之外，其余均为中国雄安集团智慧能源有限公司提供。

度高等五大技术优势。目前，新区范围已有雄安商务服务中心、容西混凝土搅拌站等项目实施浅层地热，满足用户采暖、制冷、工艺热水等多种需求，项目整体运行情况良好，节能环保效益显著。

启动区是北京非首都功能疏解首要承载地，绿地比例高，特别是中央绿谷和东部溪谷（双绿谷）东西方向长约2.5km、南北方向长约6km，可提供规模化打井区域，对地下空间建筑影响小，具备较好的浅层地热开发空间（图7-2-1）。从需求特点来看，启动区公共建筑占比高，具备冷热同供的需求，适宜采用浅层地热。

在启动区提升浅层地热开发比例，可破解浅层地热开发瓶颈，扩大浅层地热资源在建筑物供暖供冷上的开发利用，提高可再生能源资源利用率，降低启动区天然气能源使用量，围绕绿色、低碳、环保的雄安新区发展主旋律，实现国家双碳目标。

图7-2-1 启动区中央绿谷及东部溪谷生态廊道一角
（来源：https://mp.weixin.qq.com/s/V_vx4JdyKfsQaaPYnKBAzQ）

（1）总体思路

启动区规划总供热面积约2949.18万m^2，其中住宅931.44万m^2（占比30%），公共建筑2017.74万m^2（占比70%）。共规划建设11座综合能源站及配套管网，总供热负荷约1259.98MW。启动区总体供能技术思路为：以浅层地热、中深层地热等可再生能源作为基础热源，以燃气供热作为调峰和保障；可再生能源供热占比达到58.9%，其中浅层地热占比达42.4%（考虑在中央绿谷实施浅层地热规模化开发后），中深层地热占比达16.5%，因地制宜利用城市余热作为补充。

（2）实施思路

①浅层地热利用

启动区浅层地热资源利用包括三个路线：跟随绿谷建设进度，实施双绿谷范围浅层地热井；跟随道路建设进度，实施双绿谷至地块二级综合能源站的地源管网；跟随地块建设进度，建设地块内的二级综合能源站。

启动区浅层地热利用包括公共绿地和中央绿谷两大开发利用区。打井总利用面积近140万m^2，供能面积1400万m^2。其中，公共绿地实施区供能对象主要集中在科研教育用地，可覆盖供热（冷）面积约127万m^2，打井利用面积37万m^2；中央绿谷实施区两侧公共建筑占比高，可覆盖供热面积达1274万m^2（其中冷热同供的面积为1081万m^2），打井利用面积99.2万m^2（含水系）。

浅层地热实施过程中，供能半径以双绿谷周边1.5km内的公共建筑供能为主，住宅建筑为辅。为实现冷热同供，浅层地热能并入原规划的二级换热站，二级换热站升级为综合能源站。冬季地源热泵系统与市政热力共同供热，夏季地源热泵系统与冷水机组共同供冷。负荷匹配上，考虑建设周期、入住率、地源井高效利用等因素，浅层地热能按照已规划二级换热站热负荷的80%负荷规划，同时提供42%的供冷负荷。路由选取上，绿谷沿线地块综合能源站的地源侧主管直通绿地，就近取井，设独立地源主管线。非绿谷沿线地块综合能源站综合考虑地源侧主管线的管径及数量，采取多个地块合用地源侧主管线，路由选取支路机动车道下方。

②中深层地热利用

启动区中深层地热井打井区域分布在北部林带、中央绿谷和南部临淀湾区，以及启动区分散的公共绿地，采用分布式能源开发利用理念。

中深层地热井先行实施区域集中在已开发地块，以及三校一院、央企总部等用户所在的区域，预计在2023—2025年期间实施完成。

③运行策略

供热工况：为降低能耗，提高浅层地热能（地源热泵系统）的利用率，冬季优先启用地源热泵系统供暖，地源热泵供暖不足时再启用并逐步增大市政热力换热供暖量；热负荷减小时，先逐步减少市政热力换热供暖量。

制冷工况：夏季优先启用地源热泵系统供冷，地源热泵系统供冷不足时再启用电制冷系统联合供冷。

按需调节：根据各项目建设进度与入驻实际情况来调整各供能方式的运行时长。

（3）**效益分析**

1）经济效益

经济效益主要体现在供暖费用节约和供冷收入增加两个方面。

供暖费用节约：浅层地热冬季供暖运行费用（燃料动力费）为13.0元/m^2，如使用燃气供暖作为对比，其运行费用（燃料动力费）为31.8元/m^2，可节约18.8元/m^2。

供冷收入增加：浅层地热夏季制冷运行费用（燃料动力费）为9.50元/m^2，如替代用户空调制冷，投资可增加供冷收入40元/m^2，扣除运行费用（燃料动力费）后，为30.5元/m^2。在夏季制冷中，浅层地热运行费用与用户空调制冷基本相当，但浅层地热的优势为冷热同供，可替代用户空调制冷的投资，减少用户空调室外机占地以及运行噪声影响，降低城市热岛效应。

2）环境效益

可替代燃气消耗1.24亿m³/年，实现CO_2减排37.4万t/年（预计增加碳交易收入2246万元/年），SO_2减排18.6t/年，NO_x减排77.9t/年，烟尘减排29.7t/年。

3）社会效益

通过浅层地热规模化、产业化发展，可培育新区能源领域骨干企业，成为新区长期可靠税源，既能有效促进新区就业市场，也可显著增加新区财税收入。

7.2.2 公共建筑综合能源利用[1]

雄安新区科创中心中试基地智慧综合能源项目是雄安昝岗高铁片区通过综合能源系统、数字孪生系统相结合打造的清洁能源利用先导示范项目，是目前公共建筑综合能源利用最优选的方案之一。项目通过构建多种能源方式互联互济、源网荷储深度融合，利用浅层地热能为中试基地大型公共建筑实现冬季制热、夏季制冷以及全年生活热水的制取，同时结合"光伏+储能+充电"一体化的智能微电网系统组成，光伏发电为浅层地热能地源热泵系统、园区负荷、园区交通提供清洁能源，电池储能系统吸收低谷电，并在高峰时期支撑快充负荷，充电桩为园区交通提供能源供给，实现"利用、存储、再利用"清洁能源循环的光储充一体化模式。

（1）建设规模

项目主要建设内容为以浅层地热能地源热泵、光伏发电、储能、充电桩相结合的光储充一体化电力系统以及数字化智慧能源管理系统组成的综合能源体系。利用厂区新建的A1厂房、A2厂房、A12厂房、A13厂房屋顶建设光伏电站，共布置2610块540Wp（峰瓦）单晶硅光伏组件，总装机容量为1.4094MW，同时建设130kW储能系统、5套120kW双枪充电桩；建设浅层地热能地源热泵+冷水机组冷却塔调峰+生活热水系统为本项目提供夏季制冷、冬季供热及全年生活热水，建设范围为室外地埋孔、冷却塔、冷热机房内热泵机组、冷水机组及附属设备等，共需配置地源热泵机组1台、冷水机组1台、地埋换热孔269个（其中含5个测温孔）、冷却塔1台等，最大供热能力约2000kW，最大供冷能力3200kW。本项目浅层地热能地源热泵及生活热水系统流程图如图7-2-2所示。

（2）技术优势

本项目利用浅层地热能地源热泵系统。采用浅层地热能相比于传统燃气锅炉供暖具备

---

[1] 高小荣、孙彩霞、陈蒙辉、刘林、刘瑞军，中石化绿源地热能开发有限公司。本节图表除标明来源之外，其余均为约稿作者提供。

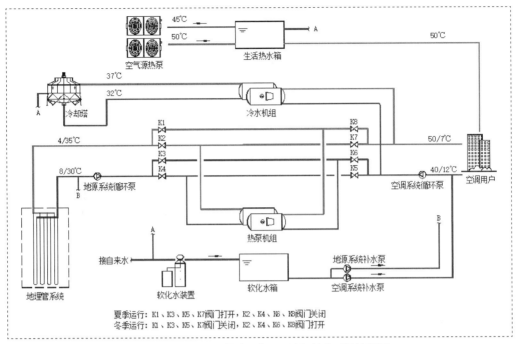

图7-2-2 浅层地热能地源热泵及生活热水系统流程图

以下优势：①热效率高：地源热泵热效率全年平均在400%以上，而燃气锅炉的热效率低于100%；②运行费用低：与燃气锅炉比，全年平均可节省70%的能源，加上电价的走低和燃料价格的上涨，运行费用低的优点日益突出；③低碳环保：热泵产品无任何燃烧排放物，制冷剂选用了环保制冷剂，对臭氧层零污染，是较好的环保型产品；④运行安全：与燃气锅炉相比，运行安全，完全实现远程监控，无人值守，大幅节约人工成本；⑤该系统为闭式循环系统，不会破坏地层结构，不会造成水位下降。

本项目为高大空间厂房供热，其能耗成本优势尤为明显，浅层地热能系统的能耗成本仅为燃气锅炉系统的一半左右，具体对比可见表7-2-1。

表7-2-1 能耗成本对比表

系统名称	耗电量 （kWh/m²）	耗气量 （Nm³/m²）	电价 （元/kWh）	燃气价 （元/m³）	合计 （元/m²）
浅层地热能供热系统	31.25	0	0.75	3.5	23.44
燃气锅炉供热系统	5	13.29	0.75	3.5	50.27

（3）智慧管控平台

本项目综合利用地热、太阳能等可再生能源，通过数字孪生技术的全息映射分析，横向实现"电、热、冷、气、水"等多品种能源协同供应，纵向实现"源-网-荷-储-用"

等环节之间互动优化，实现节能降耗、低碳绿色。数字孪生综合能源系统：通过工业互联网实现能源系统各环节设备要素的连接，采用多物理场、多尺度建模仿真和工业大数据方法构建电力、供热、制冷等能源系统的数字孪生模型，进而基于数字孪生模型进行能源系统的状态监测、故障诊断、运行优化，实现综合能源系统的"共智"，充分体现智慧雄安的发展要求。

（4）运营模式

本项目热费、冷费及生活热水的价格和收取方式如下：

1）热费价格及收取方式：根据《关于制定雄安新区供热价格（试行）的通知》（雄安改发〔2021〕20号）文件内相关条文，非居民供热价格按建筑面积计费为35元/（m^2·采暖季），供热单层建筑高度超过4m（不含4m）部分，供热价格按实际超过的高度每米加收12.5%，加价最高不超过1倍。根据此文件要求，无论何种供暖方式，向用户收取的暖费固定不变，且采用本项目供暖方式无需政府补贴。

2）用冷价格及收取方式：用冷价格目前无明确文件，建筑用冷负荷一般均远大于热负荷，用冷价格一般也高于用热价格，为支持新区建设及产业发展，用冷价格予以优惠，即8.75元/（m^2·月），明显低于空气源等供冷方式。供冷单层建筑高度超过4m（不含4m）部分，供冷价格按实际超过的高度每米加收12.5%，加价最高不超过1倍。

7.2.3　光储直柔技术应用[1]

国家电网能源互联网产业雄安创新中心项目是以国家"30·60双碳"战略目标为指导，落实国网公司双碳行动方案、构建以新能源为主体的新型电力系统行动方案。项目建设地点位于雄安新区启动区互联网产业园北部，总建筑面积198065m^2，其中地上建筑面积109765m^2，地下建筑面积88300m^2，主要功能为产业研发及会议展示（图7-2-3）。项目通过光储直柔技术的应用，对光伏、储能以及柔性负荷之间进行协调控制、有序运营，降低变压器的初装容量，提高用电高峰时段与电网侧的互动能力，实现园区负荷功率的均衡调配，打造荷随源动、源荷互动的园区负荷互动样板。

（1）建设内容

1）整体架构

根据国家气象局太阳能资源分布图谱，雄安新区年总辐射量在1450~1500kWh/m^2，属于太阳能资源"很丰富区"（图7-2-4）。按照屋顶分布式的开发模式，在目前的技术水平下，光伏发电的平均满发小时数将在1080h左右，第一年的满发小时数为1200h左右。

---

[1] 陈果、武攀、辛胤庆等，同济大学建筑设计研究院（集团）有限公司；洪福斌、胡向远，国网电易数字科技（雄安）有限公司。本节图表除标明来源之外，其余均为约稿作者提供。

图7-2-3 雄安创新中心项目鸟瞰效果图

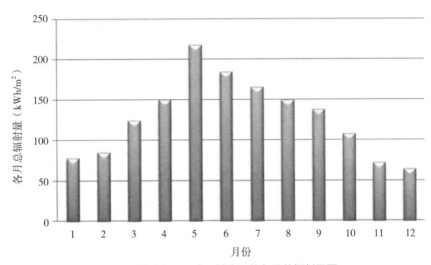

图7-2-4 雄安新区所在区域太阳能各月总辐射量图

利用本项目屋面平整的特点以及雄安新区丰富的太阳能资源,尽可能地建设太阳能光伏板;通过本项目储热、储冷以及储电的能源形式的使用,充分调动能源进行削峰填谷,减少尖峰时段的能源消耗又达到节能减排目的。通过直流配电网的建立,保证可再生能源的直接消纳,减少交直流转换的能源损耗,又可以为末端直流设备的广泛使用提供配电网络条件;最后通过对柔性负荷的分类、分层调节控制,可以实现负荷的有序调配,增强与电网侧的互动能力,为电网侧提供多余的电力资源,减少能源消耗。

2）应用措施

在园区办公单体屋顶空置区域采用平铺架空形式安装分布式光伏（高度≥1.8m），并用平铺光伏板下方空间，将屋面必需的进排风井和设备管线隐藏其下，利用光伏板作为第五立面美化元素。为提高系统发电效率，本项目屋面光伏组件拟采用高效双面双玻组件，组件效率不低于21.4%，安装高度不低于1.8m，组件双面增益初步评估不低于10%，屋面光伏系统规划总装机容量约1871kW。此外，在屋顶退台配合铺装设计建设光伏发电地砖，每个地块屋顶花园规划铺设面积约500m²，总计铺设面积2000m²，光伏发电地砖采用铜铟镓硒（CIGS）、碲化镉（CdTe）等非硅薄膜技术，组件效率不低于13%，光伏地砖规划装机容量约278kW。

综上，根据规划本项目分布式光伏装机容量约为2150kW，约占项目变压器装机容量11%，25年平均发电量220万kWh/年，预计占园区年用电总量的19%，其中屋顶光伏部分25年平均发电利用小时数约1005h/年，在满足建筑第五立面风貌要求的同时，充分利用可再生能源。

（2）储能设施

项目采用了储冷、储热以及储电技术，对冷、热、电资源进行充分的调配，削峰填谷，经济利用，既满足了使用需求，又能降低尖峰时段的能源消耗。

项目冷热源形式采用冷水机组+地源热泵+水蓄冷，夜间谷电期间冷水机组蓄冷，供冷以高效冷水机、地源热泵为主，水蓄冷为辅；在过渡季节，仅内区有冷负荷需求时，可利用屋面的开式冷却塔，通过板式换热器向大楼提供免费冷源。热源采用地源热泵+水蓄热，并预留市政热力接入条件，夜间谷电期间地源热泵高温模式蓄热，供热以地源热泵为主，水蓄热为辅。

项目设计了300台V2G直流充电桩，均采用DC/DC型，由分体式充电桩和功率柜组成，就近接入所在台区的低压直流配电系统，相较于传统AC/DC型直流充电桩，可降低充电桩损耗约10%，节能低碳效益显著。功率柜内配置的直流充电模块均具备V2G功能（车网互动），在提升充电服务便利性的同时，激活电动汽车储能单元特性，在项目电化学储能设施暂时未定的背景下，通过将电动汽车作为储能装置用于调控负荷，为园区提供规模化且低成本的灵活性可调资源。

（3）直流配电网络

项目建设交直流混合配电网，实现可再生能源的就地消纳、直流照明、直流充电桩以及更广范围的分散接入。通过直流设备直接接入直流配电网，与传统项目通过DC/AC逆变器接入交流配电网相比，减少了中间逆变环节，降低了此部分的能源损耗。项目大楼照明、直流充电桩，会议展示中心内空调设备、风机盘管、液冷机房、LED屏等均采用直流配电，直流配电的电压等级采用750V/375V（400V）/48V，其中照明配电采用375V，空调机组采用配电采用750V，风机盘管配电采用48V，LED屏配电采用48V，直流浸没式液冷

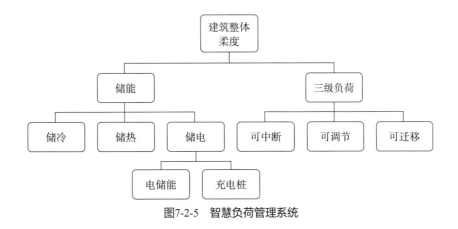

图7-2-5　智慧负荷管理系统

数据机房电压为336V（DC400V兼容）。直流配电采用单极形式，接地制式采用IT接地形式。

（4）柔性调度

柔性负荷是指可通过主动参与电网运行控制，能够与电网进行能量互动，具有柔性特征的负荷。柔性负荷一般为三级负荷。项目通过设置一套新型智慧负荷管理系统（图7-2-5），对柔性负荷进行可调节、可中断和可迁移的控制。通过对冷热源负荷实时监控，实时调节，根据需求以及预先制定的运营策略进行冷热源负荷的柔性调节；通过对照明灯具的智能控制，对照明灯具的照度以及开关状态进行调节控制；通过对直流充电桩的功率调控，有序调节，可以进行充电桩负荷的有序管理；通过对末端照明箱、插座箱、末端空调箱智慧负控单元的控制，可以对三级负荷进行有序的迁移和中断。

国家电网能源互联网产业雄安创新中心项目通过光储直柔技术的应用，对光伏、储能以及柔性负荷之间进行协调控制、有序运营，降低变压器的初装容量，提高用电高峰时段与电网侧的互动能力，实现园区负荷功率的均衡调配，打造荷随源动、源荷互动的园区负荷互动样板。项目聚焦"智慧低碳园区"建设目标，通过四项示范工程的实施（清洁节能低碳示范、负荷柔性互动示范、园区电碳交易示范、园区智慧运营示范），在可再生能源利用率、园区电气化率、建筑能耗节能率、近零碳排放等核心能效指标上达到国际领先水平，获取绿建三星、近零碳园区双认证，打造智慧园区"碳达峰、碳中和"的雄安模式。

7.3　新型电力管理系统示范[1]

雄安商务服务中心致力建设绿色低碳示范园区，在能源需求方面，园区设计采用以

---

[1] 任鹏，国网河北省电力有限公司营销服务中心；曹晓波，国网河北省电力有限公司雄安新区供电公司。本节图表除标明来源之外，其余均为约稿作者提供。

电为主、多能互补、多能消纳的能源结构，同时园区对能源供应安全和可靠性有极高要求。项目依托双花瓣交流坚强网架、源网荷高效互动直流配网及交直流特色用电场景设计，打造了契合园区稳定、高效、绿色、协同、无感的电力服务体验，起到了未来电力之窗的示范展示作用。

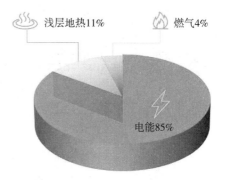

电能占能源终端消费比例85%

图7-3-1　商务服务中心用能结构

（1）能源需求

雄安商务服务中心位于雄安新区容东片区西南部，占地面积约24万m^2，建筑面积约90万m^2。雄安商务服务中心园区能源需求主要包括冷暖、餐饮、照明、动力等。冷暖方面，采用浅层地源热泵+电制冷形式；餐饮方面，采用燃气+公寓电厨房形式；动力方面，采用电力+分布式光伏供能。能源占比如图7-3-1所示，其中浅层地热占比约为11%，燃气约为4%，电能占能源终端消费比例约为85%。同时园区设计采用电能作为能源间调节纽带，实现多类能源协同互济。

（2）坚强网架

为满足园区级新型电力系统核心能源可靠绿色供应要求，雄安商务服务中心供电网架建设中从源、网、荷三方面进行了多种尝试。源侧实现会展中心屋顶光伏自发清洁能源与电网的灵活接入、实时调控。网侧打造基于双花瓣、双环网（图7-3-2）的坚强柔性交直流系统，建成4个开关站、15个交流配电室、1个低压直流配电室，自投运后保持不间断稳定运行，供电可靠性100%；建成新区首个兆瓦级两端口低压直流配网，接入容量1MW，运行可靠性100%，接入清洁能源消纳比例98%。荷侧实现交流负荷电能稳定供应，直流负荷实现自发清洁能源直接消纳。

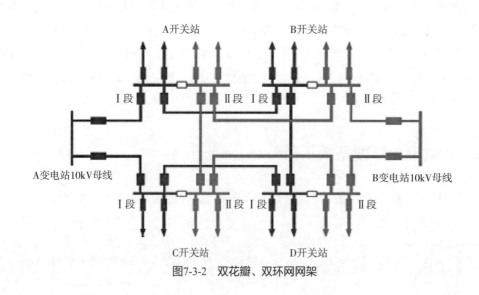

图7-3-2　双花瓣、双环网网架

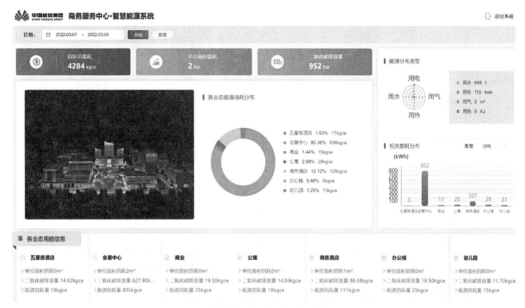

图7-3-3　雄安商务服务中心智慧能源系统

（3）能源管理

基于企业中台架构打造园区智慧能源系统（CIEMS系统），如图7-3-3所示，项目以CIEMS系统为基础，定制开发了电网监测、清洁能源监测、综合能源管控、用能设备管理、能效策略、双碳分析等多种核心功能，为多种能源协调互补一体化管理，达到能源运行质量最优、经济最优、绿色最优提供了决策大脑，实现综合能源数据全感知、园区住户分级管控、异常数据主动报警、能源优化策略推送、用户绿色行为引导五大功能，以数字化赋能绿色低碳示范园区建设。

智慧能源管理方面，项目接入园区各业态水、电、气、热多种能源消耗情况，综合展示园区能源概览及运行态势，通过分析园区用能情况，优化能源运行策略7次。光伏在线监测方面，实现光伏系统日发日用实时调控，并根据环境因素及历史数据预测日间光伏出力，为多能协调控制提供支撑，日均消纳电量5400kWh。碳资产分析方面，项目建立历史数据多维度分析模型，实现用户用能特征、能效级别评价及碳排监测分析，主动推送用能报告。

（4）典型场景

围绕园区级新型电力系统建设，项目构建屋顶分布式光伏、智慧供热卫星站、低压直流配电系统、地下直流环廊、低压直流公寓、群充群控一体化充电桩、全感知开关站、智能物联台区、综合接入终端、即享办电模式十个场景，如图7-3-4所示。

1）屋顶分布式光伏。建设屋顶光伏2.14MW，其中0.4MW接入直流系统，作为直流配电室电源，为园区提供清洁能源的同时，为园区绿建三星评定、低碳项目评定提供重要支

图7-3-4 商务服务中心新型电力系统典型场景

撑，推动商务服务中心获评雄安新区第一批绿色建筑示范项目。

2）智慧供热卫星站。建设浅层地热+市政供热+电能调峰相结合可调节能源站，供冷、热面积约23.2万m^2，电能占比约74%。通过整合电力、地热、市政等多种能源，实现以电能为调节的多能供应的清洁冷、热能源供给模式。

3）低压直流配电系统。建设总容量1MW的两端口低压直流配网网架，光伏直流并网，与交流系统互为支撑，满足直流公寓、环廊照明等共计800kW负荷直流供电，为"源-荷"交互提供承上启下网架基础，实现直流电源负荷侧高效利用。

4）地下直流环廊。围绕地下一层四周建设全直流地下环廊，建设长度1.1km、建筑面积3.2万m^2。作为光伏主要消纳场景，采用全直流智能照明，光伏消纳占比约90%，较传统交流照明降低能耗约9%。

5）低压直流公寓。打造72个示范公寓，建设低压直流安全、节能、便捷的用能场景，通过直流供电系统为公寓内照明、电脑、充电设备提供电源接入点，创新交直流系统独立计费、整户结算的新模式，为直流入户、直流计量打造样板。

6）群充群控一体化充电桩。建设集群式直流充电桩，整流部分集中布置，多充电端口共享功率，单端口功率由0~180kW动态按需分配，支持不同车辆充电功率需求，减少充电桩建设面积，大幅提高充电效率，降低维护成本。

7）全感知开关站。基于智慧物联体系架构建成全感知开关站，实现设备、线路、环境、安防等信息全景感知，为数字孪生配网刻画奠定基础，支撑配电网设备状态监测、设备信息实时研判、客户优质服务等多场景应用。

8）智能物联台区。通过"开关站-配电室-分支箱-电表箱"全链条设备状态全景监测，打造高频数据创新应用的四级物联台区，实现异常精准分析、快速定位，异常处置缩短至分钟级，提供精准主动用能服务。

9）综合接入终端。在园区照明上布设综合接入终端，实现温湿度传感器、小型气象站等道路侧感知设备的集中接入、远程控制，助力智慧园区建设，为智能城市基础设施建设提供具体实践。

10）即享办电模式。创新应用即享办电服务模式，公寓租赁客户通过微信扫码绑定租住关系，一键激活用电，退租时触发即时结算流程，实现结算便捷、服务无感、灵活入住、即退即走。

7.4 城市能源管理系统建设[1]

雄安新区智能能源管理系统和碳排放监测服务系统是雄安新区数字城市的重要组成部分，是新区的城市能源大脑。该系统由国网雄安新区供电公司会同雄安集团智慧能源公司、数字城市公司和水务公司共同开发，汇聚雄安新区全口径能源数据，旨在实现对城市能源的综合监测和智慧调控，支撑综合能源协同运行和决策分析，并为新区开展碳核查、碳金融、绿色评价，建立企业碳账户、出具碳报告提供数据汇聚和分析决策支撑，助力雄安绿色发展。截至2022年12月，两系统已接入新区电、气、冷、热、水、油全品类数据，率先在容东片区实现多能数据全贯通，未来将接入新区所有片区建筑能源管理系统，对城市全域能源碳排放进行精确监测核算[2]。依托两系统，雄安新区于2022年12月组建了全国首家城市级综合能源调度中心，开展能源运行监测、多能协同调控、全域能源治理和应急指挥管理等全方位能源服务。

（1）系统建设目标

1）打造首个城市级、全口径、全业务智能能源管理平台

整合新区"水、电、气、热、冷、油"各类能源，贯通能源用户档案，融合能源电力和市政能源系统，以建设首个城市级能源管理平台、首个全口径能源统计平台、首个用户级能源服务平台为目标，实现城市全品类能源监管。宏观层面，统揽各类能源管网的建设和运行状态，实现城市能源一张图；微观层面，对园区、楼宇、能源站进行实时监测，实现全域能源供给和消费全感知。

---

[1] 任鹏，国网河北省电力有限公司营销服务中心；曹晓波，国网河北省电力有限公司雄安新区供电公司。本节图表标明来源之外，其余均为约稿作者提供。

[2] http://www.hebei.gov.cn/hebei/14462058/14471802/14471750/15434087/index.html?eqid=866e57cd001f43e500000006644cd47f

2）打造首个城市级用户侧碳排放监测服务平台

打通政府、企业、金融机构、第三方服务机构之间的业务壁垒，解决城市碳感知能力不足、绿色低碳评价标准不明确、绿色信息不对称等问题，为雄安新区各类用户提供管家式"碳规划、碳管理、碳调度、碳优化"。打造首个城市级用户侧碳排放核算平台、绿色评价认证平台及碳服务撮合平台，从时域、地域、行业、用能四个维度对新区碳排放、碳减排、碳汇进行实时"全景画像"，实现能碳综合服务体系建设运行。

3）打造"近零碳"一站式服务模式

定位"能源+碳排"管理双枢纽，从数据增值+能源服务两个维度拓展业务模式、提升服务水平。"数据增值"方面，以支撑政府管理、协助企业发展为切入点，开展"城市能源综合管理、城市碳排综合管理、建筑能效分析、企业绿色评价、碳认证、碳咨询、绿证交易、绿电交易"等业务；"能源服务"方面，以能源高效运营、设备全面托管为切入点，开展"低碳楼宇建设、绿色交通建设、能源智慧运维、通信网络搭建、配套设备租售、空间资源共享"等业务。

（2）**系统建设内容**

该系统创建"平台+中心"总体架构模式，融合雄安新区多个能源系统，汇聚全口径能源数据，以"能碳"监测、应用、管理为主体思路，对多类主体进行碳排分析与用能服务，总体架构图见图7-4-1。

1）智能能源管理平台

①功能定位

智能能源管理平台包括能源概览、能源管理、专题分析等12个一级功能和城市重点指

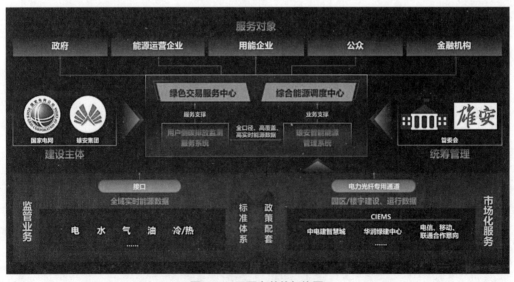

图7-4-1　双平台总体架构图

标监测、综合能源管理、能源消费强度、城市能源发展、用户档案管理等35个二级功能。在能源供应方面，对各类能源供应站的分布、管网运行状态等进行监测，实现了"城市能源一张图"；在能源消费方面，展示分析城市级、区域级、用户级用能情况，实现了"用户用能全感知"，实现"水、电、气、暖"全口径管控，打造了城市的能源大脑、政府的能源顾问、用户的能源管家。

②主要特点

基础框架牢固，以雄安云为核心，构成城市计算中心、物联网平台、视频一张网平台、CIM平台和块数据平台"一中心四平台"的智能城市基础框架；覆盖范围全面，以采集分析全域全口径能源数据为基础，实现城市级能源资源管控，形成统计-分析-指挥-运营全业务能源管理体系；创新元素多样，利用"云、大、物、移、智"等技术，促进互联网技术与综合能源服务深度融合，推进城市能源管理数字化智慧化转型发展；管理手段精益，使用"区域自治控制，中央优化决策"的管理运行模式，降低管理成本，优化管理效益，为能源主体提供便捷化互动服务。

实现与电网数据中台、多表集抄系统、石化能源智慧管控平台等7个系统建立数据接口，全量汇聚城市能源数据，累计接入数据量超6000万条，贯通容东片区19.93万条能源档案，覆盖片区135个重点企业，结合新区资源禀赋，打造城市能源大脑，为政府提供精细化能源服务。

2）用户侧碳排放监测服务平台

①功能定位

用户侧碳排放监测服务平台包括监测分析、绿色认证、配置管理、增值服务、绿色资产服务、能碳全景分析6个一级功能和能碳综合分析、碳账户管理、企业注册、绿色评价管理、权限管理、配置管理、绿色资产管理等33个二级功能。系统打造了新区城市级碳排放核算系统、绿色低碳评价认证系统及碳服务撮合系统，建立新区碳服务供给侧与需求侧的连接与互动，助力政府构建公平、高效的碳服务市场环境。

用户侧碳排放监测服务平台从时域、地域、行业、用能四个维度对新区碳排放、碳减排、碳汇进行实时"全景画像"，为新区实现"碳达峰碳中和"战略目标提供精准量化数据支撑。通过将公共机构、企业园区、金融机构、低碳服务商等用户群体接入，实现全类涉碳数据的汇集分析，碳排核算、管理与评价，并提供碳金融、碳资产管理等低碳服务，提升政府部门管控能力，精准引导施政施策方向。同时提升企业低碳生产水平，促进企业清洁低碳转型，建立企业与金融机构等各类碳服务商的连接，提供涉碳信息渠道和绿色资信依据，构建完整的低碳服务体系。

②主要特点

功能适用性强，针对19个行业构建了碳排放、碳减排核算模型，实现对雄安新区所有央企总部、企业园区、大型公建等进行全生命周期多场景碳核算；测算准确度高，碳排放方面，依据《建筑碳排放计算标准》GB/T 51366—2019、《温室气体核算指南》搭建核算模型，根据国家发布最新要求灵活配置碳排放因子，碳减排方面，结合《雄安新区分布式光伏项目降碳产品方法学》，首创采用水的比热容精确计算太阳能热水碳减排，降低了计算场景刚性要求；计算颗粒度细，碳排放测算颗粒度可延伸至能源生产与加工转换、建筑业、工业、交通运输业、服务业等国民经济各主要行业，并下探至具体企业和住户。

（3）应用场景及经验

1）应用场景

在社区或小区层面，智能能源管理系统通过街道三维建模，展示社区或小区的用能情况。以小区为维度，在地图上展示小区的电、水、气、热等能源实际消耗量，同步直观展示小区的能耗排名、能源消费趋势、用能结构和小区内活跃用户的分布情况。以2022年容东片区各小区用能情况为例，通过用能数据统计分析，用能排名前两位的为红莲西园小区和弘文花园小区，如图7-4-2所示，可以看到小区的用能户数、全年综合能耗、用能结构等信息，与红莲西园安置房入住率高、弘文花园小区租住率高的客观实际情况相匹配。

2）典型经验

示范引领方面。创新"平台+合作"的交流模式，发挥双平台优势，加强与国内外标准化组织交流合作，双平台项目获2022年创新创业大赛河北赛区一等奖、雄安新区"智绘未来"创新创业大赛优秀奖，成为新区第一个入选国家能源资源服务示范入围项目，被评为2022年度国网数字化综合示范优秀成果，创新案例分别入选2022年中国能源工业互联网联合中心案例集、2022年中电联电力企业数字化转型典型案例集、2022年河北省数字化示范典型案例集，同时项目团队受邀参加第十五届中国智慧城市大会分享智慧城市能源建设经验，实现了以平台带创新，以平台谋合作，以平台育人才。

技术攻坚方面。开展面向智慧能源系统架构与支撑平台的关键技术研发，联合攻克智慧能源发展过程中的关键性难题。双平台基于微服务模式搭建从物联感知、网络传输层、数据分析、业务应用的分层架构，实现敏捷开发、在线升级和快速迭代，并按需扩展基础

图7-4-2 智能能源管理平台用户级用能分析

资源，应用稳定性和可靠性高。应用区块链和物联网技术，实现碳排放数据的第三方认证评价、资信评级的全程可追溯，为跨机构溯源体系的建立提供技术支撑。

数据服务方面。智能能源管理平台实现与电网数据中台、多表集抄系统、石化能源智慧管控平台等7个系统建立数据接口，全量汇聚城市能源数据，累计接入数据量超6000万条，贯通容东片区19.93万条能源档案，覆盖片区135个重点企业，结合新区资源禀赋，打造城市能源大脑，为政府提供精细化能源服务。用户侧碳排放监测服务平台实现碳产品、碳管理、碳咨询、碳金融、碳交易五类服务的培育，打造用户侧一站式碳管理模式，拓展能、碳两个市场，实现新兴业务模式、市场增值多项突破。

能效提升方面。实现能源系统"看得见、听得到、调得动"，为能源全寿命周期提供优化控制决策服务，为综合能源系统参与主体提供互动服务。依托"区域自治控制，中央优化决策"的管理运行模式，降低管理成本，提升管理效益。同时，形成城市级统一的能源管理平台，避免业务工具分散、数据共享受阻、流程融合不畅、数据重复录入等问题，在各个能源部门形成协同效应，降低部门间交易成本。创新智慧能源与城市治理协调推进模式，推动城市治理能力现代化水平提升。

（4）未来展望

能源消费与数字化转型的深度融合，正在驱动能源供需方式和商业生态发生深刻变化，催生新的商业模式和新业态。例如通过整合能源咨询、绿能替代、多能互补、投建运一体化、能效管理、碳资产管理、数字化平台等能力提供一站式智慧能源服务，实现与用户双向互动和能源生态数据共享；数字技术及互联网公司等非传统能源企业加入市场，形成传统能源企业与新兴服务商共存的商业生态。

应用场景方面，以智能能源管理平台为业务支撑，服务于综合能源调度中心和绿色交易服务中心，衍生更多"能源+碳排"新产品；服务对象方面，可拓展至整个能源系统的上下游企业和用户，积极引导参与其中并提供定制化服务；应用领域方面，在能源供应、数据增值、低碳服务等多个领域均有进一步探索应用的示范作用和价值。

第八章 高质量发展绿色建筑

雄安新区秉承绿色发展理念，致力于推进城乡建设高质量发展。近年来，为进一步推进相关工作，雄安新区相继出台《雄安新区绿色建筑高质量发展的指导意见》《雄安新区关于进一步加强绿色建筑管理的通知》等重要文件，加强对绿色建筑、绿色建造、绿色建材的工作指引，实现城乡建设工作的统筹推进、严密部署、科学管理。同时，新区逐步完善绿色建筑标准体系，已形成涵盖9个领域的工程建设标准体系框架，发布工程建设领域地方标准25项，规程、导则、指南等成果文件21项。在日趋完善的政策和标准体系下，雄安新区绿色生态宜居新城区建设成效显著，绿色已经成为新区城乡建设高质量发展最动人的色彩。

8.1 大力支持"绿色建筑+"融合发展

按照高起点规划、高标准建设、高质量发展的要求，围绕建设"绿色生态宜居新城区"的定位，雄安新区全面推进绿色建筑高质量发展。根据《雄安新区绿色建筑高质量发展的指导意见》，新区明确了规划范围内城镇新建民用建筑和工业建筑全面执行二星级及以上绿色建筑标准，新建政府投资及大型公共建筑全面执行三星级绿色建筑标准的绿色建筑整体要求。截至2023年4月底，雄安新区新建建筑完工约4100万m^2，绿色建筑占比100%，其中三星级绿色建筑共约1400多万m^2，占34%，其余均为二星级绿色建筑。

自2022年起，为加强绿色建筑示范引领作用，并推进绿色建筑与近零能耗建筑、零碳建筑、健康建筑、装配式建筑等融合发展，雄安新区大力支持"绿色建筑+"，并连续组织开展"绿色建筑""绿色建筑+"示范项目申报工作。目前已公布三批共12个项目，其中2022年评选雄安电建智汇城零碳智慧能源示范中心、雄安城市计算（超算云）中心、雄安商务服务中心4#B座等绿色建筑示范项目，共计8个[1]；2023年评选中国华能总部、昝西220千伏变电站工程等"绿色建筑+"示范项目，共计4个[2]。近零能耗建筑作为绿色建筑在能耗领域的深入深化，是新区近年重点发展方向。新区印发《雄安新区近零能耗建筑核心示范区建设实施方案》，提出3方面共13项任务和措施，推进近零能耗建筑、街坊、园区示范建设。截至2023年8月，雄安市民服务中心被动式建筑、中国石化总部大厦等10个项目

---

[1] http://www.xiongan.gov.cn/2022-12/06/c_1211707202.htm; http://www.xiongan.gov.cn/2022-09/12/c_1211684095.htm
[2] http://www.xiongan.gov.cn/2023-10/12/c_1212287679.htm

按超低能耗建筑标准建设和运行，建筑面积共计50万m²。

以下以雄安城市计算中心、启动区南部小学、中国华能总部、雄安电建智汇城等6个项目为例，通过项目设计理念、绿色技术特点等介绍，呈现雄安新区"绿色建筑+"融合发展现状。

8.1.1 雄安城市计算中心：绿色节能技术应用❶

雄安城市计算中心（简称"计算中心"）作为雄安数字城市建设"一中心四平台"中的一中心，是新区批复的唯一一个永久性数据中心，是雄安新区数字化建设、发展的重要基础设施，是雄安数字城市"之眼"、智能城市"之脑"、生态城市"之芯"，为建设数字城市、打造"云上雄安"提供重要支撑。计算中心位于容东片区，规划占地3公顷，总建筑面积约4万m²，目前已通过超低能耗设计阶段评估并评为近零能耗建筑，取得绿色建筑三星级预评价报告，被评为2022年度雄安新区绿色建筑示范项目（图8-1-1）。

图8-1-1 雄安城市计算中心实景图
（来源：http://www.xiongan.gov.cn/2023-11/08/c_1212299006.htm）

---

❶ 柏洁、周荣光，中国建筑科学研究院有限公司。本节图表除标明来源之外，其余均为约稿作者提供。

计算中心项目采用能源综合利用、创新制冷技术、超低能耗被动式建筑技术等实现超低PUE值（PUE<1.1），处于行业领先水平，是国内绿色数据中心示范标杆。本节详述绿色节能技术在雄安城市计算中心中的应用，包括非机房区域超低能耗建筑设计和机房区采用创新技术实现超低PUE值。其中非机房区域主要包括地上一层的生态大厅、超算机房展厅、二三层全部以及地上与地下相连通的楼梯间电梯间部分；机房区域为地下其他机柜安装区域。

8.1.1.1 非机房区域超低能耗建筑设计

项目超低能耗设计目标依据《近零能耗建筑技术标准》GB/T 51350—2019和《被动式超低能耗公共建筑节能设计标准》DB13（J）/T 263—2018，主要包括主要能效指标、气密性指标、室内环境参数指标、围护结构热工性能指标等技术指标，以及对高效空调系统、新风系统、可再生能源系统的要求。

（1）围护结构性能化设计

在满足相对节能率要求条件下，非透明围护结构参数和保温材料做法如表8-1-1所示，主要包括外墙、屋面、幕墙、外门窗、天窗等建筑结构。

表8-1-1 非透明围护结构参数和保温材料表

围护结构部位	保温材料	保温厚度（mm）	导热系数[W/(m·K)]	平均传热系数[W/(m²·K)]
屋面 K 值	硬质聚氨酯	120	0.024	0.25
地上部分外墙 K 值	岩棉板	220	0.04	0.25
超低能耗区地下室外墙	真空绝热板	30	0.06	0.25
超低能耗区地下室地面	硬质聚氨酯	120	0.024	0.25
幕墙、外门窗、天窗 K 值				西向 2.0 东南北向天窗 1.0
幕墙、外门窗玻璃 K 值				0.8
超低能耗区与非超低能耗区楼板	硬质聚氨酯	70	0.024	0.5
超低能耗区与非超低能耗区隔墙	岩棉	170	0.04	0.3
ECC 幕墙				2

（2）关键节点设计

1）屋面及天窗断热桥设计

屋面保温采用导热系数为0.024W/（m·K）的120mm厚的硬质聚氨酯。屋面保温和外墙的保温连续。女儿墙内部和外部采用220mm厚岩棉（同外墙），顶部均采用110mm厚岩棉，双层错缝粘贴。女儿墙顶部用铝盖板压紧并作出线脚。屋顶上栏杆基础内部外部采用

120mm厚硬质聚氨酯（同屋顶），顶部采用60mm厚硬质聚氨酯。由于地上部分为超低能耗区域，地下为非超低能耗区域，非超低能耗区域外保温按照超低能耗外保温性能要求进行设计。

由于屋面天窗的设计，天窗与屋面保温层连续且不能出现热桥，因此着重针对此节点进行断热桥设计。首先屋面保温层延续至支撑天窗的结构上反檐，反檐端部固定天窗龙骨，龙骨与结构反檐之间用锚栓固定处采用隔热垫片。同时沿天窗四周，与结构反檐交接处采用挤塑聚苯板填充。天窗本身按照超低能耗要求进行设计。

2）外墙

地上墙体采用200mm厚加气混凝土砌块墙体。外墙外保温采用导热系数为0.040W/(m·K)的220mm厚岩棉板，防火等级A级。ECC高延性混凝土外墙外侧采用50mm厚玻璃棉。保温层分两层错缝粘贴，第一层采用点框法粘贴，第二层采用满粘法粘贴。保温固定锚栓采用专用断热桥锚栓，墙角处采用成品的护角。每层设置断热桥岩棉托架。当非透明外围护结构出现不同材料构造时，其冬季室内表面的温度差不超过3℃。屋面或外墙保温层室内一侧宜设置防水隔汽膜，保温层室外一侧宜设置防水透气膜。突出外墙的空调板、墙肢等构件和突出屋面的女儿墙、柱、构架等构件，采用保温材料将外凸构件全部包覆。外墙外保温系统中穿透构件与保温层之间的间隙，采用有效的保温密封措施。

3）生态大厅钢结构断热桥设计

屋面采用了大跨度钢结构，钢结构上为混凝土屋面，但由于钢结构贯穿室内和室外，金属导热能力极强，易产生热桥，因此采用对钢结构屋顶上下全部包裹保温的方式进行热桥处理，上侧保温为聚氨酯，下侧为真空绝热板。对该处开展线性热桥计算，室内侧最低温度为14.2℃，高于露点温度，没有结露风险。

（3）气密性设计

建筑气密性能可大幅降低无组织渗透对室内环境和建筑能耗的影响，助力实现近零能耗目标。依据相关规范，建筑内外50Pa压差下换气次数$N_{50} \leq 0.6$。

建筑气密性区包含整个近零能耗区域，气密性区与室外、气密性与非气密性区之间均采用气密性门。建筑整体气密层连续完善，包绕整个气密区。由不同气密材料构成气密层的连接处，采取气密搭接等密封措施。

穿线管在墙体内预埋时，接口处应用专用密封胶带密封，与线盒接口处同时用石膏灰浆封堵密封；当构件穿透保温层时，进行密封处理，采用预压膨胀密封带将缝隙填实；风道、给排水管、电缆、空调水管、雨水管穿楼板、屋面、外墙、内墙等，室内侧使用防水隔汽膜粘贴管道和内墙，室外侧使用防水透气膜。隔汽膜和透气膜的性能满足标准要求，且防水隔汽膜、透气膜与管道及内墙的搭接宽度不小于15mm。

8.1.1.2 机房区域节能创新技术的应用

空调方面，项目采用综合能源站供冷技术和间接蒸发冷却技术，多重冷源保障不间断供冷，是雄安城市计算中心超低PUE的可靠保证。依托大温差小流量节能输配技术，采用全国最大供回水温差的输配系统，相较于传统输配系统，水泵运行能耗节省35%；采用重力式热管背板空调技术和浸没式液冷、冷板式液冷散热技术等新型末端散热技术，相较于传统末端技术，节能率为75%；采用余热回收技术，提高综合能源利用效率，实现能量的梯级利用。

电源方面，采用磷酸铁锂电池储能技术，利用电池储能削峰填谷，在高电价时间段放电、低电价时间段充电来节电，从而达到节约电费的目的。采用智能小母线，取消电源列头柜，提高机房空间利用率。

电气方面，采用巴拿马电源，实现高效率、高集成、低损耗，提升数据中心供电效率3%。采用燃气轮发电机组，燃气轮发电机组单机功率更大、非线性带载能力更强、排放更低。

8.1.2 启动区南部小学：绿色教育建筑示范❶

启动区综合服务东北片区南部小学（以下简称"南部小学"）位于雄安新区启动区，规划建设24班小学，承担周边500m范围内居民子女的上学教育。南部小学总建设面积2.2万m²，包括教学楼、图书馆、食堂及体育馆、报告厅等空间，可容纳学生960人（图8-1-2）。

南部小学以国家绿色建筑三星级为建设目标，严格执行国家相关标准，在绿色设计、绿色建筑技术、结构减隔震技术等方面全面贯彻低碳绿色理念，形成绿色建筑技术措施体系，为雄安新区学校的绿色建筑设计提供良好的实践样板。

图8-1-2 南部小学东侧沿街效果图

---

❶ 严莉、李永亮，深圳市建筑科学研究院股份有限公司。本节图表除标明来源之外，其余均为约稿作者提供。

8.1.2.1 建筑设计绿色生态理念

南部小学践行"社区式校园"的绿色生态设计理念，从空间规划、共享与开放性、海绵园区三方面进行统筹考虑。

空间规划：采用传统四合院的空间递进手法，通过多个虚实围合的院落空间，形成有序递进、两实两虚的中式院落组团，既使校园空间保持良好的景观渗透性，又能从城市肌理角度呼应周边建筑的风貌，形成统一的城市界面。

共享与开放性：贯彻"社区式校园"的设计理念，南部小学将校园主入口的亲子前院、亲子大堂、报告厅、学径路等部分空间向周边社区开放，同时学校西侧的图书馆在节假日期间对外共享，这些弹性的功能在为城市提供丰富、便捷生活的同时，也尽可能地扩大了学校在教育、文化、体育方面的辐射作用，实现学校与周边社区的无缝衔接。

海绵园区：南部小学在设计过程中结合竖向和空间条件，设置下沉式绿地、雨水花园、透水铺装、蓄水池等海绵设施，实现了雨水自然下渗、蓄存，建成海绵校园。其中，下沉式绿地4549m^2、雨水花园200m^2、透水铺装6621m^2、蓄水池50m^3，这些设施可以提供507m^3的雨水调蓄空间，满足年径流总量控制率不小于85%、年径流污染控制率不小于75%、下沉式绿地率不少于16%的要求。

8.1.2.2 建筑本体绿色建筑技术

（1）安全耐久

项目在场地安全、结构安全、设备安全以及人员安全等方面进行精细化高标准设计，具体包括人员安全防护、安全防护产品及配件选用、防滑设计、部品部件耐久性设计等方面措施。

人员安全防护：上人屋面的临空防护设施高度不小于1.3m；防护栏杆垂直杆件净间距不大于0.1m；建筑物出入口设置雨棚，选用夹层钢化玻璃材质降低防坠物风险，并实现遮阳、遮风或挡雨功能。

防护产品、配件：采用具有安全防护功能的玻璃；采用具备防夹功能的门窗，疏散楼梯上的所有防火门扇装闭门器，双扇门装顺序器；大厅入口门、电梯门等人流大、开合频繁的部位设置可调力度的闭门器或具有缓冲功能的延时闭门器。

防滑设计：根据《建筑地面工程防滑技术规程》JGJ/T 331—2014，建筑出入口及平台、公共走廊等区域防滑等级不低于Bd、Bw级，建筑坡道、楼梯踏步防滑等级达到Ad、Aw级或按水平地面等级提高一级，并采用防滑条等防滑构造技术措施。

部品部件耐久性：建筑物活动配件选用长寿命产品，门窗产品的反复启闭性能达到相应产品标准的2倍、水嘴使用寿命均超过产品标准寿命要求的1.2倍、阀门的寿命超过产品标准寿命要求的1.5倍。配电干线采用低烟低毒阻燃性线缆、矿物绝缘类不燃性电缆、耐火电缆等。

（2）健康舒适

室内空气污染物浓度控制：通过装修污染物浓度预评估、绿色低碳装修材料选用，使室内氨、甲醛、苯等污染物浓度不高于《室内空气质量标准》GB/T 18883—2022规定限值的70%。

绿色装饰装修材料：选用5类以上符合国家标准的绿色装饰装修材料，包括人造板和木质地板、涂料、防水与密封材料、陶瓷砖等。

室内声环境优化：根据《民用建筑隔声设计规范》GB 50118—2010，所有楼栋构件及相邻房间之间的空气声隔声性达到低限标准限值和高要求标准限值的平均值要求，楼板撞击声隔声性达到高要求标准限值。

自然采光：通过对室内采光模拟分析，建筑室内主要功能空间至少60%面积比例区域，其采光照度值不低于300lx平均不少于4h/d。

自然通风：优化建筑空间和平面布局，改善自然通风效果。过渡季典型工况下主要功能房间平均自然通风换气次数不小于2次/h的面积比例达到80%。

（3）生活便利

连续无障碍设计方面，建筑与室外场地、公共绿地、城市道路等城市空间设置连贯的无障碍步行系统，实现无障碍接驳。场地中的缘石坡道、无障碍出入口、轮椅坡道、无障碍通道、门、楼梯、台阶、扶手等满足《无障碍设计规范》GB 50763—2012的无障碍设施设计要求，并设置通用的无障碍标志和信息系统。此外，场地人行出入口500m内设有公共交通站点，交通便利。

（4）资源节约

项目在保障建筑使用功能和学生使用需求的同时，通过节能、节水和节材相关技术措施，最大限度地实现节约资源，打造低碳社区。

节能：围护结构在节能标准基础上提升20%；教室、办公室、餐厅、入口大厅、图书阅览室等场所采用变频多联机+新风系统，多联机综合部分负荷性能系数提升16%；采用节能风机，通风空调系统风机的单位风量耗功率比《公共建筑节能设计标准》GB 50189—2015的规定低20%；采用节能高效光源及灯具，照明功率密度值满足国家标准；水泵效率满足《清水离心泵能效限定值及节能评价值》GB 19762—2007的节能评价值要求；配电变压器、照明光源、镇流器、低压交流电动机等能效等级满足国家2级能效标准。

节水：卫生器具、水嘴、淋浴器等满足1级用水效率等级的要求；应用感应式水嘴或自闭式水嘴等限流节水装置、感应式或延时自闭式冲洗阀等节水设施；应用微喷灌和滴灌高效节水灌溉方式，并利用湿度传感器等对绿化灌溉水量进行自动调控。

节材：凝土结构中梁、柱纵向受力普通钢筋全部采用不低于400MPa级的热轧带肋钢筋，且400MPa级及以上高强受力普通钢筋不低于钢筋总用量的85%；采用土建装修一体化设计和施工。

（5）环境宜居

根据地区气候特点进行气候适应性布局，项目通过场地生态保护设计、热岛强度控制、海绵社区等设计，营造良好的室外环境。

日照优化设计：满足普通教室冬至日满窗日照有效时间不少于2h且至少有1间实验室的室内能在冬季获得直射阳光的标准要求。

室外风环境优化：场区建筑整体呈南北朝向，空间布局在西侧和东北偏东侧形成开口，开敞处夏季可引入西南风。夏季基本无涡流，冬季场地内整体风速在2.5m/s以下，利于行走。

乔灌草复层绿化：绿地率符合规划要求，植物选用本地植物，采用复层绿化设计。种植区域覆土深度和排水能力满足植物生长需求，乔木大于1.2m，深根系乔木大于1.5m，灌木大于0.5m，草坪大于0.3m。

人性化标识设计：标识系统设置醒目、合理，与周边环境相协调。夜景照明设计无光污染，把控光环境舒适度，在达到照明亮度标准的同时，有效防止眩光，减少光污染，保护周围生态环境与栖息地。

8.1.2.3 建筑结构减震隔震技术

根据新区抗震防灾标准及国家相关规定，南部小学各楼均采用隔震减震技术，保证发生本区域设防地震时满足正常使用要求。

南部小学为8度半、9度设防，场地土为Ⅲ类，特征周期为0.55s。为满足设防地震时建筑能够正常使用的要求，同时考量建筑功能布局合理性和经济实用原则，采用基底隔震技术，性能目标能够达到"设防地震不坏，大震可修"。

南部小学采用的基底隔震技术，即在房屋下加一层"柔软层"，通过延长结构基本周期，地震发生时，60%左右地震能量被"柔软层"吸收，仅有小部分传到上部结构，从而大大减轻地震作用，提高隔震建筑的安全性，保证了建筑的功能持续，落实了建筑经济、坚固、实用的原则（图8-1-3）。

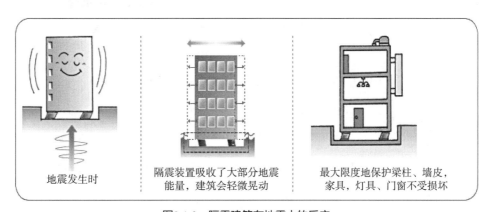

图8-1-3　隔震建筑在地震中的反应

8.1.3 中国华能总部：建筑全周期减碳技术体系实践[1]

作为首批疏解的央企总部之一，中国华能集团率先于2021年底启动总部项目建设，华能总部建成后将聚焦服务国家能源安全等重大战略，积极布局一批联合创新平台，助力雄安新区打造国家级的能源电力创新高地。华能总部项目位于启动区，总建筑面积11.11万m^2，其中地上建筑面积7.43万m^2，地下建筑面积3.68万m^2。建筑屋顶高度为130m，容积率5.04，建筑密度38%，绿地率15.3%。

中国华能总部项目致力于以"健康人文、绿色低碳、智慧运营"为理念，探索实践建筑全周期降碳技术体系，全方位打造建筑能源低碳转型的创新示范。项目明确绿色低碳的建设目标，包括①建设雄安绿色建筑新示范，达到国家绿色建筑三星级、健康建筑金级、LEED认证金级、WELL认证金级；②建设光伏发电新示范，建成建筑光伏一体化应用与光储直柔应用试点；③建设能源利用新示范，探索建筑内部可再生能源综合应用的具体实施路径。项目建成后综合节能率将达到41%，建筑运营阶段减碳率达42%，仅1个地块每年减碳约2332t，建筑全生命周期减碳约12万t（图8-1-4）。

项目坚持从建筑全生命周期的视角出发，基于设计—建造—运维的全生命周期时序，基于设计从宏观到微观、从方案到施工图的正向逻辑，面向建筑领域运行碳排放、隐含碳排放、建筑碳汇的具体构成，建立以设计优化为先导，以全程管控为手段，项目搭建形成了建筑降碳技术路线体系——"总体调控、效能优化、再生利用、绿量提升"。

总体调控注重建筑碳排放需求的深度降低，强调以布局优化、空间节能、生态中庭、高性能围护结构等被动式节能技术方式，响应当地气候特征，实现建筑本体的深度节能与运行阶段的碳排放降低。

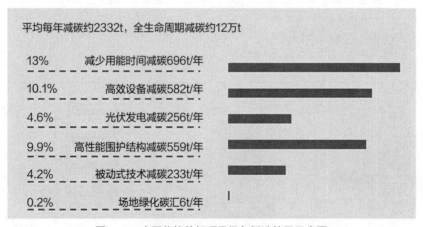

图8-1-4　中国华能总部项目绿色低碳效果示意图

---

[1] 李天阳、林佳琳，中国建筑设计研究院有限公司。本节图表除标明来源之外，其余均为约稿作者提供。

效能优化 注重建筑用能效率的大幅度提升与能源结构的合理优化，强调以高效空调及热泵系统、变频风机水泵等方式提升设备系统效率，并建设全景能源调度指挥中心，实现冷、热、电、气、水的全貌动态监控、数据统计分析，大幅提升建筑运行阶段的能源利用效率。

再生利用 注重多种类型可再生能源的互补耦合应用，强调太阳能的光伏、光热利用，强调空气源、土壤源、水源热泵的应用，强调光伏与建筑本体的深入结合，与景观小品的高度融合，以及微风发电、光储直柔、微电网技术的统筹一体应用。

绿量提升 强调建筑场地内碳汇水平的大幅度提升，强调屋顶花园、立面爬藤、复层绿化等方式的组合应用，强调选用本地高碳汇、速生植物，大幅提高场地碳汇总量。

基于上述降碳技术路线，项目具体规划及建筑设计措施如图8-1-5所示。

8.1.3.1 规划及建筑设计

（1）场地生态与总体布局

优化建筑布局，构建生态廊道，适应气候条件：建筑整体呈北高南低之势，南侧地块开敞，形成了冬季阻挡北风、夏季引导西南风流动的总体布局。通过地块建筑围合式庭院和南北开敞空间，构建由北向南的生态廊道，与东侧城市中央公园形成景观视觉连接。结合景观设计在各地块北侧以及裙房屋面北侧设置乔木或屏风遮挡冬季寒风，创造更舒适的冬季室外风环境（图8-1-6）。

响应当地资源，强化光伏利用：建筑高层部位东、南、西立面及屋面受到良好的太阳辐射，根据建筑表面太阳辐射分析，南立面年太阳总辐射约为1000kWh/m²，东立面约为700kWh/m²，西立面约为800kWh/m²，北立面约为200kWh/m²，屋面约为1250kWh/m²，东、南、西立面及屋面光电转化效能最优。

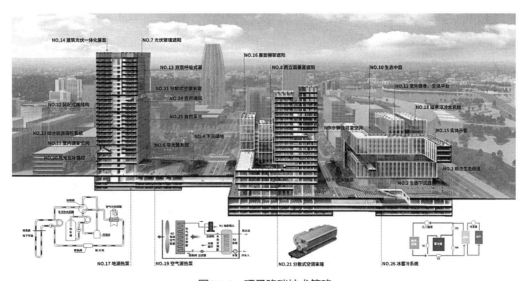

图8-1-5 项目降碳技术策略

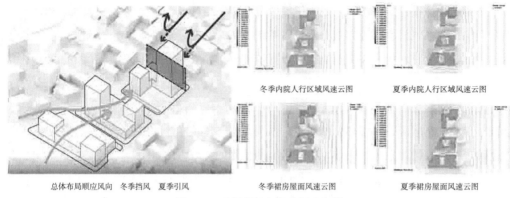

总体布局顺应风向 冬季挡风 夏季引风

冬季内院人行区域风速云图　　夏季内院人行区域风速云图

冬季裙房屋面风速云图　　夏季裙房屋面风速云图

图8-1-6　项目场地气候分析示意图

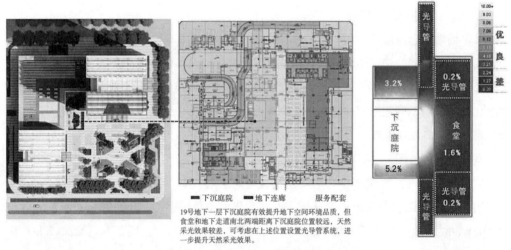

19号地下一层下沉庭院有效提升地下空间环境品质,但食堂和地下走道南北两端距离下沉庭院位置较远,天然采光效果较差,可考虑在上述位置设置光导管系统,进一步提升天然采光效果。

图8-1-7　地下空间采光优化措施效果分析

构建区域海绵,强化水资源平衡利用:雨水通过屋顶绿化、透水铺装、下沉绿地降低雨水径流,优先就地消纳,雨水收集池对硬化区域雨水集中收集回用。径流总量控制率为85.3%,年径流污染消减率为70.4%,下凹绿地比例为68.3%,分衔接、引导屋面和地面雨水进入地面生态设施。

被动式天然采光优化地下空间环境:地下一层功能空间围绕下沉庭院设置,充分利用自然通风和天然采光。同时,采光光导管等被动式技术措施,优化低层建筑采光环境(图8-1-7)。

（2）空间节能与功能行为

控制空间形体、压缩用能空间:建筑体形系数<0.2,减少建筑外表面积,实现建筑本体室内外的热交换大幅降低(图8-1-8)。同时设置边庭半室外空间用于交流分享,外风从底层开口进入,升温后从上部排出室外,依据热压形成自然对流循环,风速0.5~0.6m/s。33℃室外风被遮阳帘吸收的太阳辐射加热上升并排出室外,将太阳辐射热量带走,约可带走76%的太阳辐射得热。在压缩用能空间的同时,依靠热压通风降低建筑能耗水平。

区分用能标准、提升室内环境：根据空间舒适度要求、空间使用类型、使用者停留时间定义用能标准。其中，对办公室、会议室、报告厅等长时间使用的主要功能空间通过合理设置温湿度参数，满足建筑空间的舒适性要求。

加强天然采光、利用自然通风：天然采光方面，19号地块A塔楼标准层平均采光系数达到5.4%，B塔楼标准层平均采光系数达到6%。下沉庭院将自然光引入地下空间。自然通风方面，经过模拟，建筑群夏季迎风面风压约0.5~7.7Pa，背风面风压约–2~–4.4Pa，风压差最大可达12Pa，具有良好的自然通风潜力。19号地块建筑达到2次/h换气次数的面积比例达81%。

设置弹性空间、布置宜人设施：建筑内部通过设置轻钢龙骨石膏板等轻质隔墙或者隔断进行灵活的内部空间划分，实现空间使用多样化（图8-1-9）。建筑外部注重服务配套设施的设计，布置多形式运动场所、更衣浴室、图书学习等人性化设施。

图8-1-8　建筑形体控制分析示意图

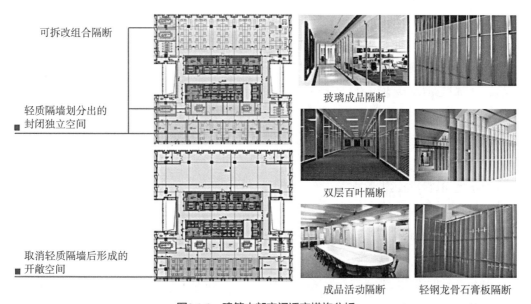

图8-1-9　建筑内部空间适变措施分析

（3）围护界面与构造材料

建筑热工性能提升：屋面、外墙、围护结构透明部分的传热系数较《建筑节能与可再生能源利用通用规范》GB 55015—2021提高20%以上，有效降低建筑供冷、供热需求负荷。根据办公空间对不同朝向日照条件的要求，设计多种幕墙类型，南北较为通透，更多采光，东西采用斜向实体面，遮阳的同时，放大视野。根据朝向变化的幕墙，也为建筑立面带来了丰富的变化，形成了虚实结合的立体建筑形象。

优化立面构造、优化屋面构造：建筑立面双层幕墙结合中置可调节遮阳系统及通风空腔。夏季，空腔内的可调遮阳百叶形成有效遮阳，同时自然风及时带走空腔内的热空气，降低室内辐射得热30%。冬季，空腔内的遮阳百叶打开，充分利用太阳辐射热量，空腔内空气经太阳辐射加热后形成热空气层，起到保温作用，降低室内采暖能耗。建筑采用屋面棚架遮阴、架空屋面遮阴、光伏屋面等形式降低太阳辐射对屋面的影响，减少室内温度波动。屋面遮阴比例大于40%，采用浅色屋面降低屋面得热。

绿色低碳循环建材：建筑本体竖向受力钢筋采用400MPa及以上钢筋比例达100%。实施建筑结构装饰一体化策略，遮阳构件、室内吊顶与建筑设计充分结合。采用绿色建材标识认证的建筑材料。建筑土建与装修一体化设计，采用装配式内墙、干式工法等工业化内装部品与技术。

（4）高效设备与能源循环

地源热泵系统与可再生能源供冷供热：构建综合能源系统，采用地源热泵为建筑供冷供热。经计算，在与常规办公建筑提供同样舒适度环境的条件下，本项目单位面积建筑能耗57kWh/（$m^2 \cdot a$），较常规办公建筑节能40%。

建筑光伏与光储直柔：项目光之阁设置光伏玻璃，实现遮阳功能的同时进行发电。项目光伏铺设总面积约7485m^2，总装机容量603kW，发电量59万kWh。企业展示中心可直接利用光伏系统产生电量，对系统富余发电量以电解水制氢和锂电池的方式进行储电，其中制备得到的氢气可通过氢燃料电池对建筑进行供电和供热。

（5）绿量提升与环境优化

选择适应本地气候的乔木、灌木，优先采用复层绿化的绿化形式；减少硬质铺地，或将硬质铺地与绿地交叉布置以降低室外温度。人流集中区域布置林下广场与凉亭、廊架等遮阳避雨设施。

（6）使用统筹与运维考量

分散灵活末端，奠定优化控制基础：项目主要功能空间设置温湿度传感器、CO传感器、$PM_{2.5}$传感器、PM_{10}传感器、CO_2传感器等环境监测传感器，空调末端采用风机盘管，部分高大空间采用全空气空调，另设置多联机空调系统作为夜间值班空调。

建设全景能源调度指挥中心：实现电热冷气水全面的能源监视及KPI指标的展示，并提供从概貌到具体的动态图形显示。统计分析负荷历史数据，掌握实际需求指标，根据指

图8-1-10　综合能源管控系统示意图

标优化系统运行参数；掌握负荷对能源消耗的影响从而优化能源调度，进而优化能源调度，制定优化控制导向（图8-1-10）。

8.1.3.2 绿色低碳施工建造

（1）低碳材料使用（图8-1-11）

材料选择与综合利用：实体材料均采用高强钢筋、预拌干混砂浆及高性能商品混凝土，减少资源消耗。钢筋切断采用机械调直与切断，达到"低碳"的要求。现场临建设施、安全防护设施遵循定型化、工具化、标准化的原则，并采用可拆迁、可回收的材料。现场周边围挡、吸烟亭等采用成品材料，生活区采用成品围挡封闭。

材料运输与周转优化：钢筋、架料、模板等主要使用材料，绝大部分从雄安新区及周边取材，避免长途运输时造成不必要的材料损耗和环境污染。明确材料使用目标，建立材料综合管理制度，根据施工进度、库存情况合理安排材料的采购、进场时间和批次，减少库存储量。

材料预制与循环利用：编制材料计划；采用钢跳板代替传统的木跳板及竹笆板，增加周转次数；现场钢构件全部采用工厂预制、现场拼装焊接的工艺，提高施工效率，节约施工措施材料；建筑材料中钢筋桁架板、油漆、涂料等带有包装物的，全部由材料厂家回收，回收率达到100%；材料循环利用，废弃钢筋用于制作模板及标高的定位筋、排水沟盖板、预埋件等，减小废弃率，废弃模板用于制作职工床铺、脚手架踢脚板、洞口防护隔离、排水沟盖板以及现场、生活、办公区花坛花圃的栏杆围挡等。

（2）低碳能源利用（图8-1-12）

项目制定施工建造阶段的节能和用能方案，提出每平方米建筑能耗目标值，预算各施工阶段用电负荷，合理配置临时用电设备、安排工序，提高机械的使用率和满载率。做好建筑施工能耗管理，做好能耗监测、记录。

图8-1-11　部分可周转材料部品示意

图8-1-12　临建节能措施示意图

通过如下措施降低施工阶段能耗：生活区用电线路上设置限流器；办公区统一采用节能环保的制冷变频空调及供暖设备，专线供电、专用插座、专人管理，根据温度情况及时调整开启、关闭时段；现场灯具均为LED节能灯具，并采用自动控制装置；建立大型设备使用管理制度，定期监控重点耗能设备。

（3）水资源利用（图8-1-13）

签订分包合同或劳务合同时，将节水指标纳入合同条款；制定节水措施，如现场混凝土柱施工养护采用塑料薄膜养护方法，延长洒水养护的时间，砌筑墙体养护采用喷壶养护，减少水资源浪费；水资源循环利用，生活区设置中水处理设备。现场大门中设置洗车池并安装循环水洗车设备。现场设置雨水收集利用设备用于施工期间消防、降尘、车辆冲洗、绿化、厕所冲洗及现场洒水、控制扬尘等事宜。控制生产及生活污水排放时的pH值在6.5~9.5之间，现场使用经检验合格的非传统水源，将生产及生活污水处理达标后回收用于混凝土养护，洗车等。

施工生活区淋浴水回收及冲厕系统技术　　建筑施工场地循环水洗车池

图8-1-13　临建节水措施示意图

8.1.3.3　智慧化运行管理

（1）定低碳目标规划

项目建立设备管理智能化、数据可视化、管理动态化、节能指标化、安全预测化、服务人性化的总体目标规划。对环境及设备的用能数据进行采集、控制并实现可视化。在此基础上，通过加强管理实现"可预测"的管理效果。通过制定合理的节能指标体系，实现定额管理、碳排放、碳配额、碳资产等智能化指标。

（2）低碳方案落实

建立智慧物业。树立"互联网+物业管理"的思维，运用大数据、物联网、BIM运维等新一代技术（区块链+能源计算），推进智慧物业建设。发挥智能管控系统作用，对建筑物空调、电力、照明、梯控等能耗设备进行统筹监控、自动控制，利用传感器将设备运营状况传输至数据库，开发"节能进程"模块，呈现节能减排效果。

智能智慧控制。利用智能物业管理服务系统对能耗进行分项计量计测，实现能耗的可视化管理，提出和实施改善方案。

多重服务统筹。综合利用网站、微信、手机APP等多种信息化手段，依托综合信息服务平台，实现维修管理、公共秩序维护、房屋信息管理、智慧停车、环境卫生等的管理信息化。同时，依托项目综合信息服务平台，实现缴费、服务质量评价、整合便民服务资源等多种服务的信息化，提升物业服务能力。

（3）具体场景体现

运营管理监控中心：中心由能源综合平台、大厦电网系统、本地网络通信、智慧融合控制终端、安防视频、智能网关、数据采集器、物联网水电表、物联网环境测控设备等组成，实现对设备用电的实时数据监测、设备的管理和控制、预警预报处理、能耗统计分析、环境管理等功能，为大厦设备设施电气的生产数据用能采集、安全物联网预警、预测、控制、设备运维提升信息化安全管理水平，同时降低能耗，减少碳排放量，双碳科学管理。

智慧用电监控：对设备用电的具体实时数据采集监测、显示、设备在线离线工作状态，具有全局监控、实时电流、实时电压、实时功率、实时温度、多路电流、电能计算、环境数据监测等功能。通过终端对设备进行开/关/重启/延时开/延时关/延时重启操作，可以单个、批量或全局控制。设备可通过PC或终端管理设置定义每个端口的使用单位设备的详细名称和图案，警告预警设置时可以针对电流、电压、功率、温度、电能限制设置上限、警告、下限值，并可选择超出时是否发送通知；也可以根据环境使用场景条件进行联动设置。对楼内设备设施用电安全实时监测与控制，及时故障预警告警。协助场景用电量化预测使用设备的异常情况，包括温湿度、烟雾、水浸、门磁等监测。

暖通设备及能源监控。对环境和暖通设备用水、用气实时数据采集监测、显示、设备在线离线工作状态。对终端输出电源连接的空调进行智能化管理，包括限温、温湿度智能调节、环境温度智能控制、时间管理、季节管理等。对平时容易人为发生浪费水的区域进行远程漏水和用水监测、控制。对大厦内外用水进行能耗监测和分析。

环境优化监测。对接入物联网设备的环境烟雾、温湿度、空气质量、恶臭环境气体单独采集数据监测，可以设置超限报警。

双碳智慧管理。对能耗、环境等数据的智能化分析后，以碳分析管理的模型形成独立的碳管理体系模块，包含碳排分析、碳足迹、碳报告、碳配额、碳清单等子模块功能。

8.1.4　雄安电建智汇城：零碳办公综合体[1]

雄安电建智汇城绿色办公综合体项目（图8-1-14）致力于创建一座集合中国零碳建

---

[1] 赵颖，同济大学建筑设计研究院（集团）有限公司；张扬，中电建河北雄安建设发展有限公司。本节图表除标明来源之外，其余均为约稿作者提供。

图8-1-14　雄安电建智汇城绿色办公综合体效果图

筑认证与德国PHI被动房双重顶级认证的零碳建筑示范工程。该项目位于容东片区，总建筑面积约为3.65万m^2，其中地上建筑面积2.8万m^2，包括办公空间、展览中心、多功能厅、配套邮局及其他相关设施。项目通过融合超低能耗建筑、建筑电气化、可再生能源应用和"光储直柔"新型建筑电力系统等多项零碳技术，实现全区域室内空间的温度湿度的恒定的同时，有效减少50%～60%的建筑能耗，打造适用雄安地区及北方寒冷地区的综合性零碳建筑技术体系。该项目顺应国内外碳达峰、碳中和技术蓬勃发展的大趋势，让这座建筑"有生命、会呼吸"。

8.1.4.1　建筑降碳设计方法与策略（被动式技术）

项目设计初期进行了全面的降碳目标整合，将城市活动有机地融入项目中，赋予该座具有特色展示性质的办公建筑更强的社会属性。对外形成与周边环境及功能区块的交流互动，对内实现各业态之间在物理空间层面以及功能层面上的交融共享，构建三维连接。

公园的绿色空间延伸至建筑的首层，形成了通高的城市共享空间，不仅为内部空间的微气候自我调控提供了基础条件，还为建筑的低碳运行提供了基础支持，展现了建筑与环境、功能与空间、社会属性与交互性的和谐共融，展现了一种创新的、综合性的设计理念。

被动式设计是本项目中主要利用自然和环境条件来提高建筑能效的降碳设计方法与策略，主要体现在以下几个方面：

低碳建筑造型：充分利用过渡空间，提升建筑造型、微气候环境，通过建筑体型多维错动形成缓冲空间与自遮阳，减少外墙得热，最大限度地减少室内的太阳辐射和墙体的传导得热。

通风中庭降碳（图8-1-15）：建筑中心挖空形成空中花园，促进遮阳及通风，同时提供休憩共享空间。根据功能特点，给每个办公空间分区植入中庭或边庭形成热缓冲空间，冬季收集热量加热周边主要空间，夏季利用通高空间的拔风作用加强建筑内部空间的整体通风效率。

屋顶缓冲空腔（图8-1-16）：大体量空间的分区域通风设计，通过空间串联实现无动力自然拔风。共享中庭形成热缓冲空间，冬季收集热量加热主要功能空间，夏季利用通高空间的拔风效应提升单元分区的通风换气速率。利用热缓冲及烟囱效应，无能源消耗，实现功能空间的冬暖夏凉。通高空间植入绿色，净化空气，调节微气候。

超低能耗建筑外墙（图8-1-17）：采用外围护墙体保温系统、门窗幕墙系统、建筑气密性系统+无热桥设计和外遮阳体系等外围护超低能耗建筑系统技术，提升建筑热工性能和室内温度均匀程度。采用一体化遮阳设计，季节性调整遮阳，降低能耗并保证室内采光。

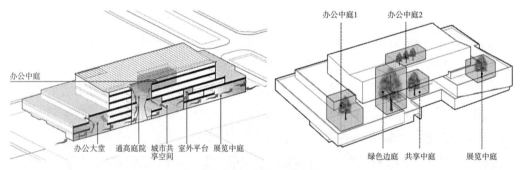

图8-1-15　通风中庭降碳

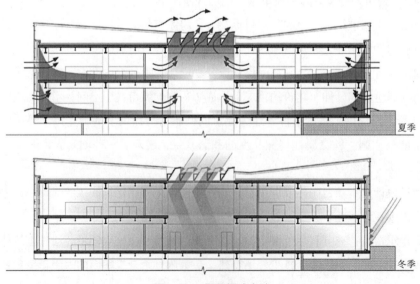

图8-1-16　屋顶缓冲空腔

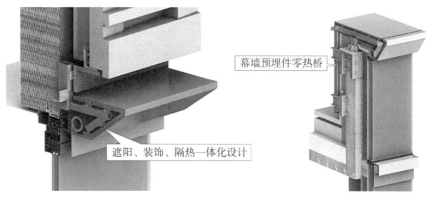

图8-1-17 超低能耗建筑外墙

8.1.4.2 零碳建筑技术措施与系统（主动式技术）

项目基于《建筑节能与可再生能源利用通用规范》GB 55015—2021、《建筑碳排放计算标准》GB/T 51366—2019的计算方法，以及德国PHI认证标准要求，针对我国北方寒冷地区气候带，通过被动房超低能耗建筑系统技术、"光伏+储能+柔性充电"新型电力系统集成技术、灵活供冷技术、智慧能源系统、立体绿色碳汇等技术，有效实现建筑零碳排放（表8-1-2）。

表8-1-2　雄安电建智汇城技术系统集成

相应技术系统	技术配置项	技术配置说明
被动房超低能耗建筑系统技术	超低能耗外围护墙体保温系统	墙体保温一体化系统
		屋面保温及防水
		首层底板保温
		架空层地板保温
	超低能耗门窗幕墙系统	超低能耗天窗，门窗
		三玻两腔 Low-E 低传热幕墙
	智能外遮阳系统	外遮阳机翼百叶
	建筑气密性系统 + 无热桥	隔绝空气渗透，减少对流损失；防止结露发霉
	高效末端及新风系统	带有热回收功能的高效末端及新风系统
"光伏＋储能＋柔性充电"新型电力系统集成技术	建筑光伏一体化 BIPV	屋面光伏发电系统
	充电桩	2台普通快充桩替换为V2G 充电桩
	蓄电	新增磷酸铁锂电池（集装箱，含直流配电系统）
灵活供冷技术	蓄冷	利用消防水池建设蓄冷系统
智慧能源系统	智慧能源管理系统	新增智慧能源管理系统，与原有弱电智能化相关子系统进行交互，实现智慧能源管理功能
	高效冷源控制系统	新增高效冷源控制系统

续表

相应技术系统	技术配置项	技术配置说明
智慧能源系统	高效冷源	1台螺杆式冷水机组替换为磁悬浮冷水机组
	储能系统（蓄热蓄冷蓄电）	新增低温相变蓄热系统
立体绿色碳汇	海绵园区	海绵园区
	种植屋面	种植屋面

高效机电节能。通过智慧能源管理平台将"光伏+储能+柔性充电"进行新型电力系统综合集成。项目建成后25年平均年发电量约55.56万kWh，每年可为电网节约标准煤约169.4t，相应每年可减少燃煤所造成的多种有害气体的排放，其中减轻排放温室效应性气体二氧化碳462.4t。技术手段包括屋顶光伏（BIPV）、充电桩及蓄电等（图8-1-18）。

灵活供冷技术：根据办公建筑冷负荷的特点，将蓄冷水池与消防水池合用，蓄冷量约3000kWh/d。基于智慧能源管理平台，结合建筑冷负荷情况实时动态灵活调节供冷方式，谷电时段充分利用冷水机组的富余冷量进行蓄冷，峰电时段或者小部分人员加班、冷负荷过低时利用蓄水池进行放冷，有效降低建筑的冷能使用费用。

智慧能源管理系统：打造集"智慧运行、智慧运维、智慧运营、精准用能、低碳用能、明白用能"六大功能于一体的智慧能源管理系统（表8-1-3）。智慧运行方面，除"光伏+储能+柔性充电"优化控制外，建设暖通机房优化运行系统，通过设置末端传感器等

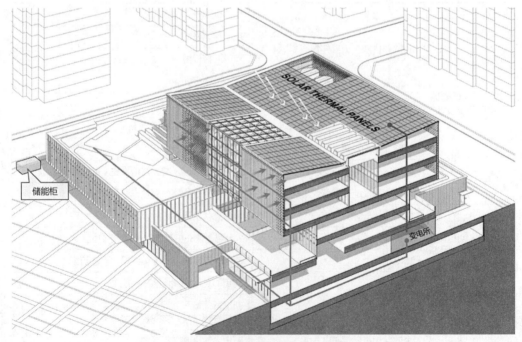

图8-1-18 高效机电节能技术示意

元器件，利用软件自动优化控制设备运行，大幅提升暖通设备输出效能。智慧运维方面，通过实时报警提醒、设备状态分析、主动故障侦测，从传统被动运维转变成主动运维，提高运维效率。智慧运营方面，通过能耗监测、能耗对标和节能诊断，对各用能单元进行综合分析，挖掘各用能单元的节能潜力，进而节能减排。精准用能方面，实现空调、照明、新风等末端设备的智慧控制，精准匹配用户需求。低碳用能方面，结合《建筑碳排放计算标准》GB/T 51366—2019中运行碳排的计算方法，对建筑运行期间的碳排放进行实时跟踪，引导用户绿色用能习惯。明白用能方面，为终端用户提供联合账单、缴费记录以及用能建议功能。

表8-1-3 雄安电建智汇城智慧能源管理系统

六大功能模块	功能效果	配置建议
智慧运行	为物业提供暖通机房、配电房、光伏、储能、充电桩等能源供应系统的运行管控功能	实现能源供应系统可靠运行和节能运行的核心功能，建议重点配置
智慧运维	为物业提供能源设备的运维辅助功能	对运维检修人员有辅助作用，可提升系统可靠性和运维效率，建议初期配置基础功能，后期根据物业需求再进行功能扩展
智慧运营	为开发商和物业提供能源成本分析、能效分析、经营情况评估等运营管理功能	用于分析项目整体运营状况，可用于展示宣传，并辅助指导物业的运营管理工作，建议初期配置基础功能，后期根据物业需求再进行功能扩展
精准用能	为用户提供空调、新风、照明等末端用能系统的精准控制功能	提升用户体验和降低末端用能系统能耗的核心功能，建议重点配置
低碳用能	为开发商和物业提供低碳相关指标的计算和展示功能	用于展示项目可再生能源利用和节能减排效益，具有宣传效果。智慧能源对标项目中计算的指标体系较复杂，建议仅需选取关键指标用于大屏展示
明白用能	为物业和用户提供用能账单、用能建议等交互服务功能	主要用于物业与用户之间的交互管理，建议初期预留接口，后期根据物业和用户需求再进行功能扩展

立体绿色碳汇：利用立体绿色碳汇等技术进行措施补充，以实现建筑全生命周期低碳。具体包括海绵园区和立体种植，旨在增强园区防涝能力、解决城市基础设施建设与绿化用地的矛盾，增加绿化覆盖率，提高绿视率。

建造拆除减碳：整体建筑由钢结构系统、建筑围护系统、外表皮系统这三部分并行设计与建设，现场使用工业预制技术实现快速装配，实现优化施工过程碳排放，减少建筑建造阶段碳排放和拆除阶段碳排（图8-1-19）。

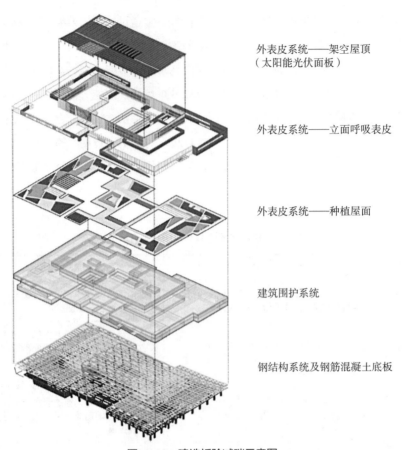

图8-1-19 建造拆除减碳示意图

8.1.5 雄安未来零碳馆：零碳城市解决方案[1]

雄安未来零碳馆（图8-1-20）坐落于雄安未来城市创新中心内，是兼具功能与体验、科技与人文、建筑与环境的全方位综合性示范项目，也是雄安新区正在建设的"碳中和"示范项目。项目建筑面积313m^2，是以展厅性质为主的临时建筑，主要功能包括零碳建筑与节能技术展厅、办公室、洽谈室等。

雄安未来零碳馆建造过程中实施超低能耗建筑、建筑装配化、新型浅层地热——管道及周围土壤中低焓热能系统、清洁能源利用、绿植固碳与循环等技术，通过技术集成与运营优化，尝试为国内"零碳城市"的发展提供具有可行性的解决方案。

项目技术特点：雄安未来零碳馆本着"被动优先，主动优化"原则，采用国内PHI认证的装配式超低能耗建筑技术体系，实现建筑建造过程的低碳化，并极大地降低建筑使用

---

[1] 李成一，中建六局（天津）绿色建筑科技有限公司；赵通，河北雄安睿德天芯科技有限公司。本节图表除标明来源外，其余均为约稿作者提供。

图8-1-20 雄安未来零碳馆

中的一次能源消耗和碳排放量；项目引入二次能源回收再利用的理念，采用"网联智控管道空间蓄热系统"，通过地下管网低品位热能回收，结合高效新风热回收系统保证室内热舒适性；项目运用"光储直柔"技术，最大限度利用太阳能和风能，实现清洁电力供应和能源高效利用；项目在运营阶段采用基于BIM的建筑碳排放计算，检验各项技术的降碳效果，并通过绿植固碳循环，以成本最低的方式实现碳中和。整体上，项目存在两大技术特点，即装配式建筑与被动式技术的结合，以及"地下能源搬运工——管道及周围土壤中低焓热能系统"的应用。

8.1.5.1 装配式超低能耗建筑技术体系

在未来零碳馆项目中，将建筑预制装配与超低能耗技术有机结合，存在多个技术难点。建筑装配式要满足"工厂预制、现场拼装"的特性，保证节点连接稳固、板缝拼接密实、连接件分布合理等关键技术点。被动式超低能耗建筑要保证高效保温围护系统、极佳的气密性、无热桥设计，满足《近零能耗建筑技术标准》GB/T 51350—2019的规定。

未来零碳馆采用基于预制轻钢轻混凝土复合外保温墙板的超低能耗建筑技术体系——以轻钢龙骨及覆面板作为墙体结构，通过螺栓式断热桥保温锚栓将保温板锚固于墙体结构上，在轻钢龙骨的间隙浇筑轻质混凝土，形成可在工厂生产的预制保温结构一体化外墙，屋面采用轻钢结构外保温技术体系。

超低能耗建筑需尽量做到无热桥，外围护结构中的点状热桥主要为固定保温板的锚栓，为减少锚栓对保温系统的传热增加值，采用螺栓式断热桥保温锚栓，以纤维增强复合材料（FRP）替代传统锚栓内的金属螺钉，降低导热系数。锚栓由复合纤维材料筋提供抗剪切力，由聚丙烯螺纹与螺母提供抗拉拔力。为减少围护结构的线性热桥，屋面、墙面、地面的转角部位均需保证外保温层的连续性，且转角处保温层厚度与主体保温层厚度一致。为减少门窗框与洞口交接处的线性热桥，将外窗外挂在墙体保温层范围内。为减少轻钢龙骨与外窗角码连接处的热桥，采用定向结构刨花板（OSB板）带外包轻钢龙骨进行断热桥处理。

为保证建筑的气密性，围护结构的预制部品和钢结构构件间的缝隙采用干硬水泥砂浆捻缝，形成对构件缝隙间的防火封堵，并在此基础上进行气密性设计。建筑外墙与屋面采用纤维增强水泥板做气密层，所有接缝处均粘贴防水隔汽膜。外墙中穿线管和开关盒处的缝隙采用石膏粉填实，所有穿透纤维增强水泥板气密层的部位均用建筑胶封堵，并粘贴气密膜。

8.1.5.2 管道及周围土壤中低焓热能系统

城市污水的余温一般在30℃以下，其中可回收的热能是化学能的6~8倍，且城市污水终年不断，流量稳定，冬暖夏凉，是储量巨大的低位热源。面向"双碳"目标，利用热泵技术对污水中所蕴含的热能进行回收利用，可有效降低燃料、电力等能源的消耗。未来零碳馆项目采用网联智控管道空间蓄热系统，以污水管道热回收技术为核心，通过大数据与5G技术实现热能智慧管理，结合高效新风热回收系统保证室内热舒适性。

（1）基于污水热回收的管道空间蓄热技术

该技术系统性地实现污水管道空间热能回收、梯级利用和入户端热力管控。污水管道通过内部集成控制管，与外部空间热交换，实现能源的集成调控与浅层地热高效回收。新型分、集水控制器可实现换热工质（中水）的分配与调剂。利用集成控制系统，形成热力入口管控物联网，进行远程运行诊断和入户端热力管控，实现能源精准分配和热能梯级回收利用。

通过该热回收系统，收集管道相邻土壤热环境空间热能，耦合热泵及多种能源系统，使城市地下管道不仅仅用于传输，更成为能源回收利用系统，实现供热制冷，并结合用户实际需求柔性调剂，形成新型浅层地热多能互补系统。

（2）中低焓管道空间热能提升施工技术

项目通过优化设计，对管道施工作业空间进行精细化填埋，根据设置分布土层性质及隔热膜，改善管道空间的换热性能。具体做法为在管道的倒梯形地下槽内铺设隔热膜，在隔热膜之上，从槽底至槽口依次铺设有粗沙层和保温层，保温层中部填埋管道，并在管道外缘缠绕有换热管，换热及保温土层之外包裹隔热膜。该技术保证污水管道的能量不易流失于土壤中，实现可定制的地下环境资源高效热能回收利用系统，解决地下能源粗放化应用的问题，达到浅层地热资源精细化应用的效果。

（3）智能热网管控技术

利用大数据与5G技术，基于地下管道空间信息监测系统的实时监测，利用孪生模型与效率模型，项目对管道空间热环境中的温度、压力、流速、湿度、气密性等数据进行监测，同时进行系统学习和模拟，能源数据通过热网管控系统进行供给侧能源与需求侧末端的精细化控制与分配，实现系统的运行优化。

通过读数统计，项目对节能应用数据进行实时分析和计算，并进行实时能源优化，实现用户供给侧与需求侧的最佳能源运行方案。该技术通过智能调节技术，结合终端计量、定点测温等技术，进行数值模拟耦合用户习惯分析，可完全自主调节，实现时间、空间尺度足够小的"供需匹配"。

8.1.6　雄安绿博园主场馆：绿色建筑设计策略❶

雄安绿博园主场馆位于雄安郊野公园东部展园（图8-1-21），建筑面积约5.3万m^2，承担雄安绿化成就展览展示和游客接待服务中心职能。主场馆与绿博园其余14个城市展园组团布局，通过建设酒店、餐饮、文化展示、休闲娱乐等配套设施，打造集吃、住、游、购为一体的休闲目的地，并于2021年举办了首届河北省绿化博览会。以下从建筑设计和节能措施两方面简要介绍绿博园主场馆规划设计中实施的绿色建筑策略。

8.1.6.1　建筑设计

覆土成山（图8-1-22）。雄安主场馆结合覆土形成一座15m左右的小山，53500m^2的综合性场馆全部覆盖在坡地以下，不仅减少了大体量建筑对郊野公园自然景色的干扰，减少了堆山所需的土方量，也使得建筑具有优异的热工性能，遵从绿色低碳的发展理念。雄安主场馆建筑形体与大地融为一体，一气呵成，含蓄有力。

图8-1-21　雄安绿博园实景图

---

❶　余浩、郭翔、任肖莉，中国建筑设计研究院有限公司。本节图表除标明来源外，其余均为约稿作者提供。

下沉庭院（图8-1-23）。绿博园主场馆围绕一个近百米长的椭圆形下沉庭院展开，打造商业外摆区、露天剧场等容纳室外休闲活动的开放空间。场馆南侧以动为主，布置商业和展厅，展厅面积约1万m^2、商业面积8616 m^2。北侧以静为主，布置一家约2万m^2的酒店。

采光穹顶。位于南侧的展厅和商业不需要太多的自然光线，该部分室内空间以一个中央穹顶展厅为核心展开，通过少量顶光和庭院侧光满足采光需求，打造出具有自然洞穴感的空间氛围。

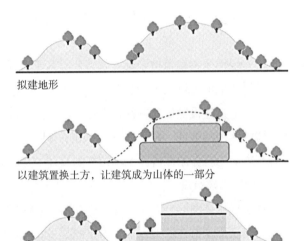

图8-1-22 覆土成山设计示意图

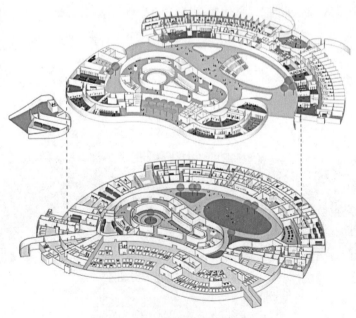

图8-1-23 下沉庭院设计示意图

屋顶种植。雄安主场馆屋面为覆土种植屋面，根据坡度的不同，分别采取不同的覆土方式。当坡度小于25°时，屋面覆土采用常规种植土。当屋面坡度大于25°时，屋面覆土采用固化纤维土，以保证不被雨水冲刷流失。屋面边缘设置有卵石疏水带，雨水通过疏水带后被收集到檐沟和雨水管，最后统一有组织排往市政雨水管井（图8-1-24）。

图8-1-24 屋顶种植航拍图
（来源：https://mp.weixin.qq.com/s/SJSDA0hTJN0KkZBGXca6uQ）

8.1.6.2 节能措施

雄安绿博园主场馆采取了地源热泵、能耗管理、中水利用等节能措施，建筑满足公共建筑绿建三星的要求。

（1）地源热泵

为减少对自然的影响和对市政能源的依赖，绿博园主场馆的空调系统设置地源热泵系统，保持夏季室内温度24～26℃，冬季室内温度20～22℃。与常规空调系统相比，地源热泵空调系统每年可节省用电约300万kWh，减少CO_2排放约3000t，建筑运营能耗整体缩减65%。

地源热泵空调系统利用地源热泵机组与空调末端设备将浅层土壤的能量与建筑物内空气进行冷热交换，实现冬季向建筑物供热、夏季向建筑物制冷。项目总计设置568个150m深地埋孔，主要分布在酒店北侧广场及绿地地下。项目设置两个地源热泵能源站，其中主场馆展览区设置两台地源热泵机组，酒店区设置三台地源热泵机组。

地源热泵空调系统高效节能主要体现：因为土壤温度（地面以下14m）稳定在当地年平均气温，约15℃；冬季高于室外空气温度，夏季低于室外空气温度。冬季地下热交换器从土壤中取热，通过地源热泵机组提升，提供45℃左右的热水向建筑供暖，夏季地下热交换器向土壤排热（代替常规空调的冷却塔），通过地源热泵空调机组提供7℃左右的冷水给建筑物制冷。其制热、制冷系数分别可达3.5和6.5，通常地源热泵消耗1kW的能量，用户可以得到4～6.5kW的热量或冷量，与传统的空气源热泵相比，效率高出40%左右，而运行费用仅为普通中央空调的50%～60%。

（2）能耗管理

绿博园主场馆建筑设备监控系统采用节能环保型、运行可靠性高、功能齐全、操作简便的先进设备，为楼内创造舒适办公环境的同时实现节能、环保目标，大量减少运行操作和设备维护维修人员。建筑设备管理及能耗计量系统的应用，使项目每年约节电30%，经济效益显著。

项目在照明设计方面合理利用天然采光。具有天然采光条件或天然采光设施的区域，照明设计结合天然采光条件进行人工照明布置。项目对具有天然采光的区域独立分区控制，不同功能场所采用不同色温的光源和不同的照度设置，通过直接照明和间接照明相结合的方式提供舒适的室内光环境。

为了便于管理和节约能源，结合不同的照明时间和效果要求，项目选用节能型灯具和采取不同的照明控制方式。大堂、宴会厅、咖啡厅、室外照明、健身房等场所采用智能型照明控制系统，部分灯具考虑调光情况，汽车库则采用集中照明控制。

（3）中水利用

为减小对市政排污管网的压力，郊野公园东部园区不设置市政污水管网。在此背景下，绿博园主场馆设置了足量的污水处理系统，将酒店、商业和展厅的污水回收净化后用于整个公园的绿化灌溉，将不利的市政条件转化为绿色建筑的亮点。

8.2 加快推进工程建设全过程绿色建造

近年来，雄安新区积极推广绿色建造和智能建造。在《雄安新区绿色建筑高质量发展的指导意见》指导下，新区于2022年6月出台《雄安新区推进工程建设全过程绿色建造的实施方案》，加快推进以示范工程为抓手的绿色建造推广机制，同时大力发展智能建造，部署开展智能建造试点城市建设工作。在多个顶层政策指引下，新区在房屋建筑和市政基础设施工程中持续推广新技术、全面推行BIM集成应用，举办智能建造产业链大会，组织开展绿色建造示范工程创建，截至2023年8月，雄安新区绿色建造示范项目共计27项，新区项目获评河北省建设工程绿色建造水平评价二等及以上项目共计20项。雄安新区还开展"5G+智慧工地"试点示范，提升建造信息化水平，近90个项目被评为河北省智慧监管示范工程[1]。

8.2.1 建立实施推广机制

《雄安新区推进工程建设全过程绿色建造的实施方案》（以下简称《实施方案》）于2022年6月印发，旨在引导新建房屋建筑和市政基础设施工程推广绿色化、工业化、信息化、集约化和产业化新型建造方式。《实施方案》提出到2025年，雄安新区绿色建造示范工程创建行动取得明显成效，建成20个高水平、标志性绿色建造项目，初步形成适宜新区的绿色建造标准体系，培育10个绿色建造龙头骨干企业，建立较为完善的产业生态和服务

---

[1] http://www.xiongan.gov.cn/2023-11/26/c_1212306545.htm

体系，呈现绿色建造规模化发展态势；搭建建筑产业互联网平台，构建绿色建造全过程供应链体系，完善绿色建造工作机制，推进建筑工业化、绿色化、智能化水平显著提高，形成可复制推广的绿色建造政策体系、管理体系、技术体系、评价体系等在内的绿色建造创新体系，初步形成长效发展机制，为全国绿色建造提供示范样板。

《实施方案》明确提出扎实开展示范工程创建行动、全面提升工程建设全过程建造活动绿色化水平、加快推进新型建筑工业化发展、大力推进建造手段信息化应用、积极推进建造管理集约化发展、加快构建绿色建造产业体系等六大方面、20项任务和措施（图8-2-1）。

2022年10月，雄安新区被住房和城乡建设部列为全国24个智能建造试点城市之一。为了推进试点城市建设，雄安新区于2023年3月印发《雄安新区智能建造试点城市实施方案》，提出完善配套政策体系、全面推进数字设计、积极推广智能生产、全面推行智慧绿色施工、持续推进智慧运维建设、加快推进新型建筑工业化发展、大力培育智能制造产业、积极开展行业管理创新、加强智能建造管理体系建设和扎实开展试点示范工程建设等十方面试点任务，明确部署启动、组织实施、总体评估三阶段工作计划，并提出成立智能建造试点城市工作专班和智能建造专家委员会的保障措施。目前，雄安新区智能建造试点城市工作专班已成立，专项负责雄安新区智能建造试点城市工作的政策制定、计划安排、目标考核、监管检查等，协同推进智能建造工作。

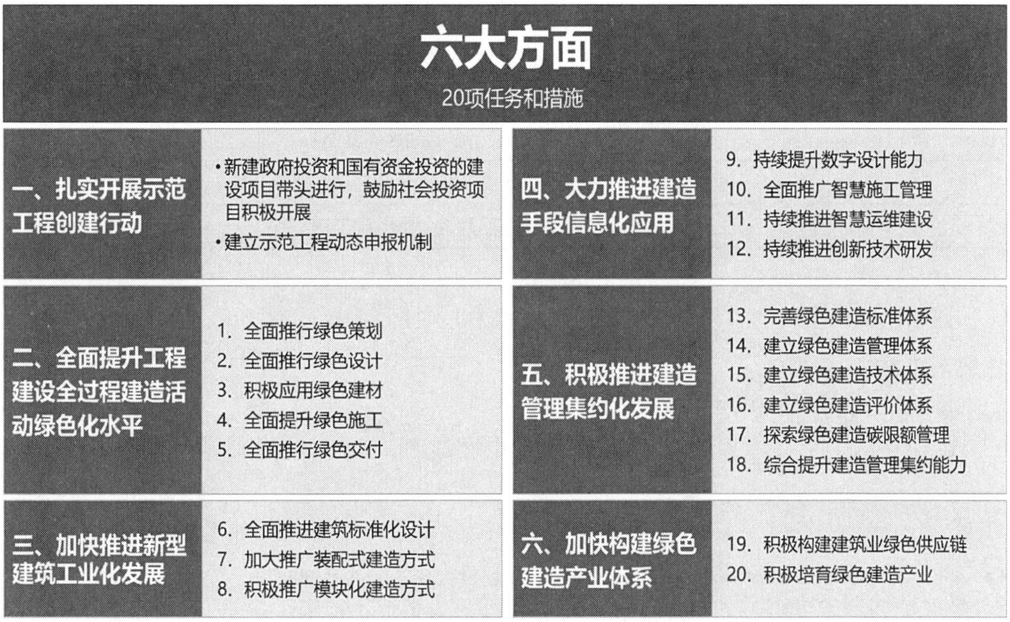

图8-2-1 六大方面和20项重点任务概览图

8.2.2　开展示范工程创建

雄安新区在房屋建筑和市政基础设施工程中扎实开展绿色建造示范工程创建行动，按照《雄安新区绿色建造示范工程指南》要求，统筹考虑建设工程质量、安全、造价、效率、环保、生态等要素，对项目绿色策划、绿色设计、绿色施工和绿色交付全过程进行评价和考核，截至2023年8月，雄安新区已确定雄安绿色建筑展示中心等27个绿色建造示范项目（表8-2-1）。同时，新区范围内工程项目积极参与河北省建设工程绿色建造水平评价，该评价体系覆盖建筑、公路交通、水利、电力、市政园林等多种工程类型，要求项目使用安全可靠的新技术并实现显著的经济和社会效益，从绿色策划、绿色设计、绿色施工三方面对项目进行打分评级。2022—2023年，雄安会展中心、雄安国际酒店等20个项目在河北省建设工程绿色建造水平评价中获得一等和二等评价成果，其中一等成果11项，二等成果9项[1]。

表8-2-1　雄安新区绿色建造示范项目一览表（节选）

序号	项目名称
1	雄安绿色建筑展示中心
2	雄安创新研究院科技园区项目
3	北京市支持河北雄安新区建设医院
4	容东片区完全中学项目
5	中国中化总部大厦项目
6	启动区西部高中
7	启动区大学园图书馆
8	雄安新区启动区体育中心
9	中国联通雄安互联网产业园项目新建一期
10	容西片区公交枢纽工程

以下以雄安会展中心和雄安绿色建筑展示中心项目为例，介绍新区工程建设全过程绿色建造技术应用示范。

8.2.2.1　雄安会展中心[2]

雄安会展中心是雄安首家高规格会展中心（图8-2-2），位于雄安商务服务中心核心

---

[1] http://www.hbsjzyxh.com/Home/Detail/4e38c1b9-b16e-4374-9e52-6d17d991e789
http://www.hbsjzyxh.com/Home/Detail/39f0d931-4497-478c-b522-6a056c6eeaac
http://www.hbsjzyxh.com/Home/Detail/ee52140b-d40f-48cd-9107-438197811445

[2] 本节资料由深圳市建筑科学研究院股份有限公司和中建三局集团有限公司共同提供。本节图表除标明来源之外，其余均为深圳市建筑科学研究院股份有限公司及中建三局集团有限公司提供。

位置，总建筑面积8.52万m²，是集"展陈、会议、宴会"等功能于一体的河北省重点工程，项目获评"2022年度河北省建设工程绿色建造水平评价"一等成果。绿色建造评价分为绿色策划、绿色设计、绿色施工三大板块。

（1）绿色策划（图8-2-3）

制定技术标准。绿色建筑及装配式建筑方面，项目整体统筹绿色技术及装配式建筑方案，深度介入项目可研、投融资策划，整体100%达到绿色建筑三星级，装配率不低于50%。BIM实施方面，统筹建造全过程的信息管理，支撑各阶段多参与方之间的数据交换和信息共享，制定建造全过程信息共享实施方案。建筑智能化方面，采用智能建筑技术，

图8-2-2　雄安会展中心实景图

图8-2-3　雄安会展中心绿色建造策划方案

强化建筑物的科技功能，提升智能化系统的技术功效，具有适用性、开放性、可维护性和可扩展性。交付标准方面，制定数字化交付标准和方案，明确各阶段责任主体和交付成果。

依据《建筑碳排放计算标准》GB/T 51366—2019，对会展中心进行建筑碳排放计算分析。会展中心建筑固有碳排放量为7.9万t，约占总碳排放量比例的21.9%；建筑使用寿命期内运行碳排放量为28.1万t，约占总碳排放量比例的78.1%。在建筑运行阶段，采用围护结构节能优化设计、选用市政热力、高效地源热泵、热回收、节能照明及太阳能光伏发电等措施减少运行能耗及其碳排放量，运行阶段减碳量约1250.2t/年，单位建筑面积减碳量为14.7kg/m^2，在建筑使用寿命期内预计建筑运行碳减排量约6.3万t，绿色建筑减碳收益明显。

（2）绿色设计

雄安会展中心运用了大量的绿色生态技术，包括呼吸式幕墙、光伏建筑一体化、装配式钢结构、高效机电设备、室内环境控制、全域无障碍、高效率全维度的智能化系统、全过程BIM应用、地下空间生态化营造、海绵城市、管道垃圾回收系统等，整体达到国标绿色建筑三星级标准。

通过多种绿色技术手段，雄安会展中心一标段年节约用电共计约132万kWh，相当于节约标准煤160.8t，减排$CO_2$1304.4t。按目前设计，雄安会展中心项目整体年节约用电共计约1100万kWh，相当于节约标准煤1340t，减排CO_2约1万t，相当于固碳2967t，换算成森林则相当于6800m^{3}的森林蓄积量，加上项目本身的乔木和灌木等绿植贡献，相当于2.2万m^{3}的森林蓄积量，换算成草坪，可覆盖本项目80%的场地。

（3）绿色施工（图8-2-4）

雄安会展中心在施工过程中主要在建筑表皮肌理施工关键技术、钢框架–叠合板组合楼盖体系施工技术、超高ALC墙板施工关键技术等方面应用3大项6小项施工技术。项目获评2021年度河北省智慧工地示范工程，评定等级为三星级。

图8-2-4　雄安会展中心绿色施工组织设计与绿色施工方案

建筑表皮肌理施工关键技术。由于设计造型需要，整个曲面屋顶是由一个大面积双曲异形铝单板建成的。施工过程中，从BIM建模到划分装配式单元，从模型数据参数化表达到工厂下单，现场采用整体吊装方案。这是对大面积双曲异形铝单板的一次成功实践，完成了对设计造型的具象化表达。

钢框架-叠合板组合楼盖体系施工技术。具体包括①叠合板免架体支撑技术：由于叠合板跨度大，浇筑混凝土时需要搭设临时支撑，而本项目层高最大达12.9m，常规满堂架支撑为危大工程，安全隐患大。因此，施工研发了一种叠合板免架体支撑体系，工字钢放置于搭接板上，方钢管垂直于工字钢放置，后将叠合板放置于方钢上，本层结构施工完成后可拆除后周转使用，也可直接与主体钢结构连接，无需二次拆卸。②新型预制混凝土楼盖：通过楼板预制层开槽放置钢筋，实现单向板垂直于跨度方向的底筋连续。借鉴"不出筋的开槽型预制混凝土板"的专利做法，在单向叠合板预制层的拼缝处预留条形槽孔，预制层吊装就位后在槽孔和平台上布置钢筋。通过混凝土后浇层，实现底部钢筋连续，杜绝拼缝位置开裂隐患。③大跨度、长悬挑相交桁架施工技术：用截面2m高的钢梁实现36m的无柱大空间跨越，采用异形悬挑钢桁架结构实现了屋面大悬挑，解决无柱大空间带来的大跨度钢梁的设计施工难题，实现屋盖大悬挑异形钢桁架设计安装。④提出一种对比分析开洞、洞口补强对钢梁承载力影响的方法，解决腹板密集开洞对大跨度钢梁承载力的削弱计算问题。验算了腹板密集开洞对大跨度钢梁承载力的影响。腹板洞口周边应力有明显增大，对梁整体刚度影响不大，环板补强可有效抵消开洞影响。应用钢结构电气导管穿梁腹板敷设施工技术，节约了梁下的净高，使空间利用率增加。

超高ALC墙板施工关键技术。单块ALC条板最高为6m，项目层高均超6m，需在竖直方向做拼板。超高墙体加固、板材水平、垂直运输困难。平面转运装置可解决施工材料的平面转运问题,垂直起吊装置可解决条板墙的起吊问题。

8.2.2.2 雄安绿色建筑展示中心[1]

雄安绿色建筑展示中心（以下简称"展示中心"）位于雄安新区"一主五辅多节点"中的容城组团，是以展览、会议、办公为空间载体，将绿色建筑研发、设计、服务、展示的产业生态整合嵌入的建筑，总建筑面积7.8万m^2。展示中心整体达到三星级绿色建筑标准，5号楼成为雄安新区首个取得"近零能耗建筑设计标识"的项目。

展示中心获评"2022年度河北省第二批建设工程绿色建造水平评价一等成果""雄安新区绿色建造示范项目"，建设过程贯彻绿色、节能、低碳、环保、科技引领理念，重点通过四节一环保管控、建筑业新技术应用、绿色建材应用、BIM技术应用以及智慧工地全过程智能管理系统五大举措，实现绿色建造目标。

---

[1] 肖晗、谭玉丰、高强、刘亚新、常青、张超、宋耀全、姜淼，中国建筑一局（集团）有限公司。本节图表除标明来源外，其余均为约稿作者提供。

（1）四节一环保管控

1）节能施工管理措施：施工过程充分利用非传统能源。施工现场安装太阳能路灯，生活区安装太阳能小夜灯。临时照明采用LED灯带，施工现场使用镝灯使用时钟控制技术，控制塔式起重机等照明大灯开闭时间，生活区采用声控照明技术，并百分百安装节能灯具（图8-2-5）。

2）节材施工管理措施（图8-2-6）：大量使用可周转材料及办公用品，如模块化箱式集装箱办公用房、可周转定型防护、可周转工艺样板、钢制临时道路、消防永临结合等。

3）节水施工管理措施（图8-2-7）：使用感应式自喷洗车池，实现感应自动洗车、废水沉淀回收利用，提高水使用效率。利用PP模块（生产计划模块）雨水调蓄池进行雨水收集沉淀，用于现场道路洒水降尘，生活区配备节水型冲水器，百分百配备节水水龙头。

图8-2-5　镝灯使用时钟控制技术和节能灯具使用

图8-2-6　节材施工管理措施

4）节地施工管理措施：工程临建用地为项目东侧场地外狭长地带，用可周转集装箱式房建设办公、住宿等临时设施，共三层，占地面积按用地指标所需的最低面积设计。在满足施工要求的前提下尽可能减少废弃地和死角，临时设施占地面积有效利用率大于95%，三层的临建有效节约用地1500m^2（图8-2-8）。

5）环境保护：①实时扬尘监测。监控点位于施工现场主道和工地大门，数据上传智慧工地云平台，当$PM_{2.5}$或PM_{10}的浓度达到警戒值后喷淋系统及高压水雾机自动启动。②裸土管理。项目针对回填后裸土采用种草籽绿化方式进行固土防沙，对后续仍有施工需求的裸土区覆盖假草皮，假草皮更抑尘且不易损坏并可回收。③实施光污染及噪声管理。控制夜间照明灯具光照角度，采用室外照明灯灯罩。办公区、生活区夜间室外照明全部采用节能灯。实时监测场区噪声量，控制昼间噪声≤70dB，夜间噪声≤55dB。④建筑垃圾控

预制模块雨水调蓄池

现场实际应用

自动感应洗车池

图8-2-7 节水施工管理措施

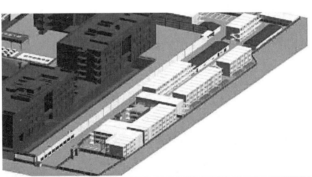

图8-2-8 临建BIM模型图和实景图

制。现场设置建筑垃圾分类站，除将有毒有害的垃圾密闭存放外，还对碎渣、砌块边角料等固体垃圾回收分类处理后再次利用；加强模板工程的质量控制，避免拼缝过大漏浆、加固不牢胀模产生混凝土固体建筑垃圾；提前做好精装修深化设计工作，避免墙体偏位拆除；在建筑垃圾回收站旁建简易的固体垃圾加工处理车间；配备生活区后勤负责人负责废电池、废墨盒等有害废弃物的回收。

（2）建筑业新技术应用

根据工程实际特点，结合《建筑业10项新技术》（2017版），工程采用地基基础技术、钢筋与混凝土技术、模板脚手架技术、机电安装工程技术、钢结构技术、绿色施工技术、防水技术与围护结构节能、信息化技术等8大项目34小项推广技术（表8-2-2），并申报2023年河北省新技术应用示范工程。

表8-2-2　建筑业新技术应用名录（节选）

新技术名称（大项）	新技术名称（小项）	主要应用范围
1. 地基基础技术	1.4 混凝土桩复合地基技术	地基处理
2. 钢筋与混凝土技术	2.5 混凝土裂缝控制技术	应主体结构伸缩后浇带沉降后浇带
	2.7 高强钢筋应用技术	主体结构框架柱及框架梁等
	2.8 高强钢筋直螺纹连接技术	对直径16mm以上的钢筋采用机械连接
	2.9 钢筋焊接网应用技术	防水保护层施工
3. 模板脚手架技术	3.1 销键型脚手架及支撑架技术	外防护架及模板支撑架
5. 钢结构技术	5.2 钢结构深化设计与物联网应用技术	钢结构施工
	5.4 钢结构虚拟预拼装技术	钢结构安装
	5.7 钢结构防腐防火技术	钢结构施工
	5.8 钢与混凝土组合结构应用技术	钢结构与混凝土结构连接

（3）绿色建材应用

项目建立完善的绿色建材供应链，在项目建设各个施工阶段尽可能采用绿色建筑材料、部品部件（图8-2-9）。具体包括结构材料、装饰性材料、保温节能材料、幕墙装饰材料、园林景观装饰材料、机电安装材料等。

（4）BIM技术应用

项目在各个不同阶段采用不同的BIM软件。硬件方面引入无人机、MR眼镜、高支模检测等智能硬件设备，辅助项目BIM技术落地实施。依据建设单位BIM管理办法、雄安新区BIM标准，项目编制BIM实施方案保证BIM模型的统一性和传承性。

项目实施全生命周期实施BIM应用，包括基于BIM+物联网+VR技术的钢结构全生命应用、基于BIM+MR眼镜的管道综合的方案交底、基于BIM技术的内架优化设计、基于BIM

图8-2-9 项目使用绿色建材证明（部分）

技术的架体优化设计、基于BIM技术的被动式建筑节点深化设计应用、场地布置方案对比等。

（5）智慧工地全过程智能管理系统

项目建立智慧工地全过程智能管理系统、利用BIM技术及智能设备，对项目进行智慧化管理，已获得河北省智慧工地示范工程三星。

1）环监预警–喷淋降尘联动系统：通过项目智慧工地云平台实时采集环境监测数据，云台监测与喷淋设备的自动联动，扬尘数据超标可联动喷淋除尘。

2）预警螺母：工作螺母松动外退，受力增大，将触发预警螺母电控系统给予持续性红色闪光预警直至隐患消除。预警螺母使螺母松动风险可视化，提高隐患排查效率。

3）智能临边报警系统：智能临边报警系统将传统安全提示与红外线感应语音提示相结合，实现靠近临边洞口触发自动语音报警。

4）塔式起重机智能监测系统：现场配备塔机智能监测、防碰撞监测和吊钩可视化功能，实时监测塔吊运行幅度、高度、重量、倾角等，即时预警和上传运行记录和报警信息至智慧工地系统。

5）高支模监测系统：通过在重点部位安装压力传感设备、位移监测传感器、智能无线采集终端等设备，实时监测混凝土浇筑过程中架体支撑立杆受力变化情况、架体沉降、架体水平位移，实现预警和数据上传。

6）大体积混凝土监测设备：基于智能测量技术、移动技术，通过智能设备一键录入测量结果，即时监测大体积混凝土温升变化，实现工具智能化、过程数字化。

7）标养室智能监测系统：实现异常条件报警、恒温恒湿自动调节，标养室温湿度数据实时采集和上传。

8）AI智能识别系统：通过计算机视觉技术、AI算法分析提取监控视频信息并自主做出反应，对潜在安全风险进行自动识别和报警。

8.3 扎实推动绿色建材推广应用

雄安新区积极采取措施推广使用绿色建材，促进建筑品质提升和新兴建筑工业化发展。一方面积极发挥政府采购政策功能。作为政府采购支持绿色建材促进建筑品质提升工作试点城市，新区印发《雄安新区政府采购支持绿色建材促进建筑品质提升工作实施方案》，对试点城市的建设作出整体部署，并印发《雄安新区绿色建材政府采购需求标准》《雄安新区政府采购绿色建材应用项目全流程实施指南》《雄安新区工程建设绿色建材碳排放全过程管理办法》等系列政策文件，明确政府支持绿色建材采购的流程和标准体系；另一方面，新区积极建设绿色建材采购服务平台，于2020年搭建雄安新区大宗建材集采服务平台，并于近两年重点在供应商规范管理、指标体系建设等方面不断对平台进行完善；2023年，雄安新区新引入国家绿色建材采信应用与数据监管服务平台，丰富新区绿色建材采购服务平台体系。

8.3.1 发挥政府采购政策功能

2022年雄安新区被列入政府采购支持绿色建材促进建筑品质提升工作试点城市，并于6月印发《雄安新区政府采购支持绿色建材促进建筑品质提升工作实施方案》（下称"《实施方案》"），提出促进建设领域绿色发展、提升绿色建材应用水平的工作目标和具体任务，充分发挥政府采购政策功能，加快推广绿色建材应用。

《实施方案》提出到2025年底，建立完善绿色建材推广应用政策措施体系、工作机制和管理模式，形成绿色建材供应链体系，探索绿色金融支持绿色建材应用的有效途径，雄安新区新建建筑全面执行绿色建筑标准，绿色建材应用比例达到75%以上，星级绿色建筑全面使用绿色建材。

《实施方案》从绿色建材采购应用范围、需求标准、集采平台、集采模式、闭环管理、财政保障、金融支持、税收支持、第三方评价、市场推广十个方面制定任务和措施，促进建筑品质提升（图8-3-1）。以绿色建材采购应用范围和需求标准为例，《实施方案》明确政府投资、国有资金投资和使用财政性资金、国有资金的新建建筑工程全面采用绿色建材，鼓励市场投资项目使用绿色建材，要求新建工程在办理项目报建手续时确定绿色建材采购需求；需求标准方面，《实施方案》要求基于2019年发布的《雄安新区绿色建材导则（试行）》制定符合新区需求标准和指标体系，作为落实绿色建材采购要求的重要依据。目前，新区已编制《雄安新区绿色建材政府采购需求标准》，并依据标准编制形成《雄安新区绿色建材采购目录（第一批）》，含16种、203个绿色建材产品，支撑绿色建材批量集中采购工作[1]，后续将进一步优化完善符合新区实际的需求标准体系，扩大《雄安新区绿

---

[1] https://house.cnr.cn/kcb/20230503/t20230503_526238871.shtml

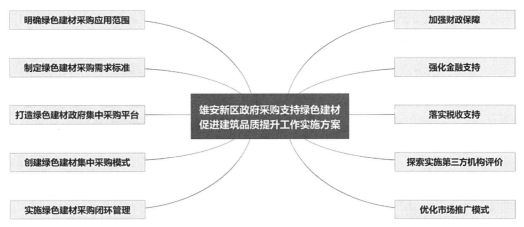

图8-3-1 十大措施促进政府采购支持绿色建材促进建筑品质提升试点建设工作

色建材导则（试行）》中建材产品的种类，增加碳排放指标要求，覆盖医院、学校、办公楼、会展中心、体育馆、安置房等建筑类型。

此外，为指导各项目建设单位或采购人积极落实绿色采购政策，新区编制形成《雄安新区政府采购绿色建材应用项目全流程实施指南》，明确各环节工作流程，初步建立了项目全过程绿色建材应用的管理体系。

8.3.2 完善绿色采购服务平台

8.3.2.1 雄安新区大宗建材集采服务平台

雄安新区大宗建材集采服务平台（下称"集采平台"）是2020年上线的新区范围内政府投资类建设项目中主要建材集中采购的服务平台（图8-3-2）。截至2023年10月，集采

图8-3-2 雄安新区大宗建材集采服务平台示意图
（来源：https://www.xiongajc.com:8089/mall/index.htm）

平台已上线15大类、24小类建筑材料，在混凝土、钢材、防水材料、石材、装饰材料等12个大类共计登记入库1049家供应商（表8-3-1）。

表8-3-1　供应商数量统计表

序号	物资大类	供应商数量（家）
1	防水材料供应商	92
2	混凝土供应商	85
3	钢材供应商	82
4	路面砖供应商	10
5	预拌砂浆供应商	25
6	石材供应商	21
7	装饰材料供应商	180
8	机电设备供应商	262
9	火灾报警供应商	27
10	保温材料供应商	106
11	建筑门窗供应商	56
12	市政埋地管材供应商	103
合计		1049

近年来，集采平台进一步优化供应商库管理，完善建材指标搭建。新区于2020年底制定《雄安新区大宗建材集采服务平台供应商管理细则》，对供应商准入条件、准入审核制度、日常管理和动态管理作出具体要求。集采平台对集采目录内供应商企业实施动态管理，定期开展动态评估，目前已将最新发布的《雄安新区绿色建材政府采购需求标准》嵌入系统内部，进一步明确规范集采目录内供应商的管理要求，截至2022年12月底，集采平台内已获得绿色建材评价认证证书的供应商企业共225家。

集采平台为了严把建材质量，持续开展建材指标体系的编制工作。指标体系包括产品和企业资信两大方面指标内容，以国家标准及新区绿色建材导则为基础，对照国际标准和国内发达地区的相关标准，按照关键性指标、科学提升、绿色节能安全、持续保障供应等原则，确定产品的指标体系；按照资质可靠、信誉良好、管理规范、绿色生产、科技创新等原则，确定企业资信指标体系。截至2022年8月已完成了20余个品类的指标体系编制和专家评审工作[1]。

---

[1] https://new.qq.com/rain/a/20220826A07SO800

8.3.2.2 雄安新区绿色建材采信应用与数据监管服务平台

2023年8月，雄安新区与市场化公司合作，优化整合绿色建材采购交易资源，引入国家"绿色建材采信应用数据库"和"绿色建材采信应用与数据监管服务平台"，将围绕政府采购支持绿色建材促进建筑品质提升工作，在绿色建材采信应用与数据监管服务平台搭建运营、试点工作实施方案、材碳排放全过程管理等领域展开深度合作，完善雄安新区绿色建材采购与监管服务体系，打造城市绿色建筑及建材智能化管理新高度。

"绿色建材采信应用数据库"和"绿色建材采信应用与数据监管服务平台"是根据市场监管总局办公厅、住房和城乡建设部办公厅、工业和信息化部办公厅《关于印发绿色建材产品认证实施方案的通知》的要求和指导下，利用人工智能等新一代信息技术开发的一套全过程精准管理大数据系统，可帮助推广应用和监管建设项目绿色低碳建材的全流程，实现对工程项目中绿色建材应用比例、全过程碳排放以及绿色建材应用减碳量等多个关键控制性指标的计算，是实现住建领域低碳发展的重要工具，也是财政部"政府采购支持绿色建材促进建筑品质提升试点工作"的重要支撑。

（1）绿色建材采信应用数据库

"绿色建材采信应用数据库"是全行业、全品类建材产品采信应用数据库（图8-3-3），接收全国全部品类建材、部品申报入库，同时，为绿色建材厂商提供产品展示平台，为其提供参与政府采购合作机会，提升企业知名度和市场竞争力。

绿色建材采信应用数据库包含建材产品库、建材厂商库、绿色建材专题库、装配式建材专题库、低碳建材专题库、政府采购专题库、建设项目库等多个子库，并汇集建材详细技术参数、绿色建材认证评价信息以及权威的绿色建材认证信息等相关信息，为用户提供准确的建材选择和参考依据。数据库采用区块链技术进行报告确权采信，实现建材产品认证信息和报告的可追溯和确权。此外，数据库与"住房和城乡建设产品BIM大型数据库"

图8-3-3　雄安新区绿色建材采信应用数据库
（来源：https://xiongan.shuzijiancai.com/database/）

打通，通过收录多种部品设备的BIM构件模型信息，提高建材选用、项目设计与施工的效率。

（2）绿色建材采信应用与数据监管服务平台

"绿色建材采信应用与数据监管服务平台"是依托"绿色建材采信应用数据库"建设的全流程管理服务平台（图8-3-4）。通过与"绿色建材采信应用数据库"深度融合，该平台可实现对建设项目"立项、设计、采购、施工、监理到竣工"验收的全过程监管，对项目所使用的建材实现全过程溯源闭环管理，实现"可计算、可采信、可考核、可交易"的精准管理目标，促进建设单位或采购人更好地采信及应用绿色低碳建材。

"绿色建材采信应用与数据监管服务平台"综合应用大数据、云计算、区块链、人工智能等新一代信息技术，能够完成工程项目"绿色建材应用占比""绿色建筑等级""绿色建材应用减碳量计算""建筑全过程碳排放计算""建筑能效测评""工程项目建材应用抽检报告"等关键指标的计算和区块链报告，实现建筑能耗监管与智能化，是财政部、住房和城乡建设部"政府采购支持绿色建材促进建筑品质提升试点工作"的核心成果。

图8-3-4　雄安新区绿色建材采信应用与数据监管服务平台
（来源：https://xiongan.shuzijiancai.com/jcbb/#/signIn）

第九章 推行绿色智能交通

雄安新区在规划设计层面对交通低碳发展进行了系统性谋划，旨在打造便捷、安全、绿色、智能交通体系，各片区控制性详细规划均对绿色出行有明确要求，推进在起步区等重点地区尽快实现"90/80"目标（绿色出行比例达到90%，公共交通占机动化出行比例达到80%）。新建片区按照"窄路密网"模式建设城市道路，充分保障公共交通路权优先，构建连续非机动车网络，着力打造智慧交通体系，加速构建一个不堵车的未来之城。

9.1 加快完善区域综合交通网络

雄安新区加快完善区域对外交通网络，城市骨干路网体系基本形成。京雄城际铁路通车，雄安至北京大兴国际机场快线（R1线）加快推进，雄商、雄忻高铁开工建设，"四纵两横"高速铁路网络正在逐渐成形。"四纵三横"高速公路网全面打通，截至2022年底，雄安新区道路已运营里程267km，在建里程306km，合计573km，津石高速和京雄、荣乌新线、京德高速一期通车，为构建京雄1小时交通圈提供了有力支撑。

9.1.1 打造城域通勤智慧高速[1]

作为全国首批交通强国建设试点地区之一，雄安新区在智慧高速公路建设运营等试点工作中已取得积极成效，依托京雄高速公路建成可实现准全天候快速通行，并首次在全国设置了"自动驾驶专用车道"，京雄高速公路成为国内首条城域通勤智慧高速。

京雄高速公路是雄安新区规划"四纵三横"区域高速网的重要组成部分，也是雄安新区连接北京中心城区、北京大兴国际机场最便捷的高速公路通道。京雄高速公路主线北京六环至雄安新区总里程约81km，其中北京段全长11.75km，河北段全长69.46km。2022年底，京雄高速公路（北京段）工程六环至市界段完工通车，五环至六环段于2023年内完工通车，实现全线通车。

京雄高速以高速公路大数据挖掘与综合利用为核心，以"准全天候、精准化"的出行服务和"科学决策、智能管控"的综合管理为主线，综合运用北斗高精定位、窄带物联网、大数据、人工智能、自动驾驶等新一代信息技术，与公众服务和运营管理需求深度融

---

[1] https://www.sohu.com/a/466960071_649849; https://mp.weixin.qq.com/s/4e0bA6GIio8_8alxO-zEQw

合，构建京雄高速"11456"智慧交通体系，即1个云计算数据中心、1个智慧管理服务平台、4方面智能感知、5种网络融合、6项智慧体验，打造新时代示范性智慧高速。

京雄高速布设面向智慧专用车道的感知系统，包括智慧专用车道摄像机、跟踪雷达检测传感器69处、路面状态检测设备35套等；车路通信系统包括边缘计算设备69套、路侧通信设备138套、车载终端100套等；智能融雪除冰系统包括一体化泵房子系统2套、室外喷洒子系统4600延米、桥面结冰监测与预警子系统2套等；基于北斗的高精度时空服务系统包括北斗地面增强基准站4站址等基础设施。

京雄智慧公路建设特色亮点包括打造智能感知与车路协同系统、采用北斗高精度定位、具备准全天候通行能力等方面（图9-1-1）。

（1）智能感知与车路协同系统

①自动驾驶专用车道。京雄高速首次在全国设置了"自动驾驶专用车道"，成为国内首条探索自动驾驶、车路协同、准全天候通行等新技术于一体的城域通勤智慧高速。将行车方向最内侧车道设置为智慧测试专用车道，专用车道和其他车道之间采用黄虚线软隔离，为自动驾驶提供测试专用车道。每隔4km设置一块可变信息标志，测试期间可提示"智慧测试专用车道"。

②车路协同系统。京雄高速车路协同建设标准已达到国内最高要求，包括对车辆目标的检测精度至少达到95%，车路协同系统整体时延要小于250ms，实现道路沿线设备对车辆感知的全覆盖，确保车端实时轨迹平滑连续不中断等。针对各场景应用，以车路通信系统、北斗高精度时空服务系统、高精度数字地图系统提供的数据为基础，辅助监控系统提供的信息数据，通过数据筛查、数据融合等信息处理技术，实现典型车路协同应用场景下面向行车安全与效率提升的应用，为更复杂的智能驾驶应用提供业务基础功能。

图9-1-1　京雄高速设置行车安全诱导系统
（来源：https://mp.weixin.qq.com/s/cdPgIwv9DfMD9klxeeJVUA）

（2）北斗高精度定位

在北斗卫星导航系统的基础上，通过地面基站增强系统的建设，形成覆盖全线的高精度时空精准服务系统，配合高精度数字地图为车辆、人员和设备设施等提供全天候、全天时、高精度的定位、导航和授时服务。

（3）准全天候通行

通过智慧照明以及智能融雪除冰，具备准全天候通行能力。

① 智慧照明。全线设置3728根智慧灯杆，以照明灯杆为基础，整合一体化云台摄像机、固定摄像机、能见度检测、灯杆显示屏等多种智能设备，具备智能感知、智慧照明、节能降耗"一杆多用"的功能，照明亮度可根据天气和车流量状况自动调节。

② 智能融雪除冰。采用机械除冰（雪）为主、智能融雪除冰为辅的方案，提高冰雪天气下安全通行能力。

（4）基于大数据的路网综合管理系统

以高速公路大数据挖掘与综合利用为核心，将信息技术与公众服务和运营管理需求进行深度融合，建设综合管理服务平台、大数据分析平台、综合运维平台等，实现管理决策科学化、路网调度智能化。

（5）高精度地图

利用车载激光点云、无人机航飞等技术采集路线高精地图，建立统一的高精度地理信息数据库，实现自动驾驶车辆路径规划和高精度导航，精确化展示基础设施状况和交通异常事件地理空间状态等功能。

9.1.2 建设绿色低碳轨道交通❶

京雄快线是雄安新区"四纵两横"区域高铁交通网络和"一干多支"快线系统的重要组成部分，对于实现京雄一小时通勤圈，增强雄安新区对北京非首都功能疏解的吸引力和承载力具有重要意义。一期工程南起雄安城市航站楼，北至大兴国际机场，全长约86km，途经雄安新区、霸州、永清、固安、北京大兴等行政区，全线共设车站8座，车辆基地1处。

雄州站是京雄快线项目全线8座车站中的一座，与雄安站、昝岗站、霸州经济开发区站、永清临空站同为高架（地面）车站，2023年10月，雄州站站房工程实现主体结构封顶，为全线顺利通车打下了坚实的基础（图9-1-2）。

---

❶ 本节内容根据河北雄安轨道快线有限责任公司提供资料整理，图表除标明来源外，其余均为河北雄安轨道快线有限责任公司提供。

图9-1-2　雄州站航拍建设现场
（来源：http://www.rmxiongan.com/n2/2023/1018/c383557-40608251.html）

京雄快线项目城轨交通运用绿色低碳系统化技术，包括城轨交通绿色建筑三星级关键技术、车辆基地先张法预应力预制整浇工业化建造技术、桥梁预制装配关键技术、基于多套同相供电装置协同控制模式下的牵引供电系统关键技术、结合太阳能光伏发电及直流照明的直流微电网技术、列车轻量化关键技术等六个方面，构建"绿色建设、绿色行车、绿色运营、绿色管养"的城市轨道交通绿色低碳技术体系。

城轨交通绿色建筑三星级关键技术。依据绿色发展的建设原则，项目执行《河北雄安新区规划纲要》、《雄安新区绿色建筑高质量发展的指导意见》、《绿色建筑评价标准》GB/T 50378—2019，在城轨交通建筑中实现绿色建筑三星级标识评价。通过建设绿色高质量车站，实现资源节约、建筑安全耐久、健康舒适、生活便利和环境宜居各方面综合性能提升。

车辆基地先张法预应力预制整浇工业化建造技术。依托京雄快线车辆基地咽喉区施工任务，开展整体式大钢模施工技术研究、先张法预应力主次梁连接技术研究、预应力钢绞线在梁柱节点的受力分析及设计方法研究等三方面研究。该技术与传统现浇结构相比，节省高支模施工费用、模板木方等材料费用、人工费用等，梁底部主筋采用高强度钢绞线代替，用钢量大幅下降。预制梁标号高，梁截面减小。

城轨交通桥梁预制装配关键技术。依托京雄快线高架桥梁施工任务，研发适用于160~200km/h速度等级轨道快线预制装配式结构设计、制造、施工成套关键技术。该技术与传统混凝土桥梁施工相比,可加快建造速度,节约资源、能源,提升建设质量与安全水平。

基于多套同相供电装置协同控制模式下的牵引供电系统关键技术。包括实现全线牵引变电所输出能量的协同控制,实现单相牵引负荷与电网的隔绝,对电网不产生不利影响;避免机车过分相引起的相关问题,提高运营安全三项重点内容。该技术可实现节约投资约1亿元,全线节约电费约904万元/年。

结合太阳能光伏发电及直流照明的直流微电网技术。主要依托京雄快线工程,在高架车站屋顶设置太阳能光伏发电设备,组成直流微电网对车站内的直流照明灯具实现供电、保护及控制等功能,提供基本实现内部照明电力电量平衡的小型照明供电系统的新能源智能微电网解决方案。以雄州站为例,安装容量为316kW,每年约可产生32万kWh绿色电能,同时每天约能节省20%~25%电能消耗,年节省电能约4.38万kWh。

城轨交通列车轻量化关键技术。基于200km市域D型车辆轻量化设计研究和国内外调研,实现8编组(4M4T)空车平均目标轴重约11.5t。通过线路仿真计算8编组一列减重13t后,运行一个往返至少节约30kWh电。考虑每天运营10个往返,每千瓦时电按1元计算,按每千瓦时电碳排放为0.997kg,每年能够节约11万kWh电,约减少11万t二氧化碳的排放。

9.2 构建便捷完备绿色出行体系

雄安新区努力实行"90/80"目标,致力打造绿色出行体系。打造新型绿色交通枢纽,统筹考虑站城空间一体化建设、站房内外功能一体化布局;打造慢行友好城区,积极建设"窄路密网""无车街区""完整街区";引导居民绿色出行,完善区域公交网络、提供灵活接驳方式,开展"绿色雄安行"活动,提升居民绿色出行体验度与参与感。

9.2.1 建设新型绿色交通枢纽[1]

随着城市化进程的不断推进,交通枢纽已经从原有的仅具有交通功能,接驳组织各种交通方式,发展成为符合城市发展,为乘客、周边居民及城市提供更多功能及开放空间的载体,具备了更多的城市属性。本节以雄安新区启动区公交枢纽工程为例,从整体规划理念到功能布局、建筑造型、绿色建材及技术应用等方面,介绍符合雄安新区绿色交通要求的新型城市交通枢纽建筑。

---

[1] 马珂、高阳,北京市市政工程设计研究总院有限公司。本节图表除标明来源之外,其余均为约稿作者提供。

图9-2-1 项目鸟瞰效果图

启动区公交枢纽位于启动区北侧（图9-2-1），用地面积24400m^2，建筑面积47933m^2（包含地上建筑面积29740m^2，地下建筑面积18193m^2）。用地南侧为科学园园区，北侧为城市北部生态林带。定位为组团型公交枢纽。统筹公交首末站及维保功能，为外来小汽车提供便捷高效的截留换乘服务，兼顾物流服务功能。

9.2.1.1 绿色可持续的规划设计

本项目设计难点主要为协调首末站的交通功能与周边城市功能、减少首末站的密集交通对区域的交通服务水平的影响、匹配启动区的建设时序及人口规模的发展，为解决设计难点，主要采取下列三项技术措施：

（1）与城市融为一体的适应性规划策略

本项目场地南侧为人文空间（科学园区），北侧为自然空间（北部林带），为了更好地结合城市空间，项目设计中将南侧建筑退线15m，形成一片开阔空间。同时在南侧开阔区域及场区内部设置了大面积的集中绿化，向北部林带过渡。引城市广场、绿化景观入场地，为城市提供了开放性的活动空间。

（2）绿色可持续的交通组织策略

在绿色交通理念下，需重视提升环保质量、减轻交通拥堵、促进可持续发展。本项目功能复杂，换乘交通流线较多，包括公交车、定制公交车、外来小汽车、出租车、物流服务车等。为保证各种车流组织合理，人流换乘方便，减少对周边路网的影响，本项目交通组织采用立体分层、平面分区的模式，将城市公交设置于场区内部首层临近主干路处，自行车等设置于场区外主干路辅路退红线形成的广场附近，截留小汽车利用远期地下隧道及城市次干路进入场区内建筑地下部分。采用公交优先，慢行优先，最大客流换乘便捷，有助于减轻区域交通压力，促进交通效率最大化。

（3）应对城市发展的分期建设策略

本项目的建设处于启动区建设期间，各阶段客流及需求随城市建设进展而变化。分期建设便于阶段性提供更针对当下启动区发展规模的城市交通枢纽需求，并达到2050年城市灵活发展的功能需求。本项目采用模块化的形式，结合新区的建设时序，利用生长型的模块将初、中、远三期结合，初期服务于启动区，中远期服务范围增加，建筑规模依次增加，详见图9-2-2。

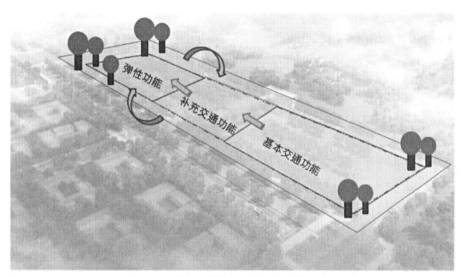

图9-2-2　定位三模块化形式，伴随城市生长

9.2.1.2　绿色的交通枢纽建筑

（1）结构体系的绿色可持续设计

本项目采用兼容性设计，利用合理的钢结构框架，形成可适应新能源小汽车、多种型号的电动公交车等交通形式的不同需求的建筑柱网、层高等；模块化的钢结构体块，形成结合功能需求并兼容分期建设要求的生长型建筑。

（2）功能兼容的绿色可持续设计

本项目初期将建筑主体设置于用地西侧，东侧预留场地作为公交驻车使用；中远期东侧用地逐步建设，同时将公交车驻车入地，在节约投资的同时高效利用土地。将主要换乘服务区域设置在紧邻退线形成的城市广场处，在方便换乘的同时为城市提供部分服务功能。主要换乘区域利用合理的结构柱网，设置灵活可变的换乘空间，兼顾不同车型的公交接驳功能，应对不同发展时期的建设需求。

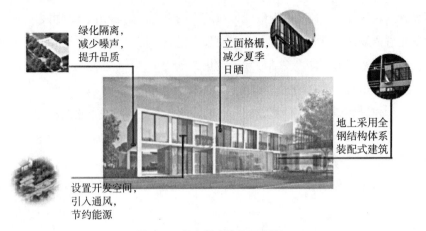

图9-2-3 绿色技术使用示意图

（3）设施设备的绿色可持续设计

本项目换乘区域设置采光天窗，在提高空间舒适度的同时，有效减少建筑照明能耗。换乘空间引入绿植、采用多种节能设施，各能源设备均设置分区分时的控制系统，符合绿色建筑要求（图9-2-3）。

9.2.2 打造慢行友好城区[1]

为高标准落实90/80的绿色出行目标，雄安新区先后在慢行街区、完整街区打造方面编制《雄安新区完整街道设计导则》《容东片区慢行系统实施指引》《容东片区安置区慢行设施设计指引》等一系列导则。依照导则指引，雄安新区不断优化慢行出行环境，完善慢行系统建设，逐步形成新建片区街区级出行以骑行、步行等慢行系统为主导，社区公交可选择的绿色出行格局。以下以容西片区慢行生活环及无车街区建设为例，介绍雄安新区打造慢行友好城区做法。

容西片区慢行生活环构建长度约7.5km、宽度约30~60m（图9-2-4）。结合容西片区整体的空间格局，地上为环形城市公园，连接滨河绿地、邻里级游园等公共空

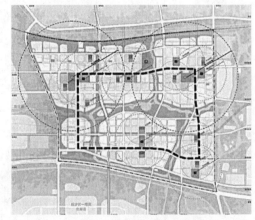

图9-2-4 慢行生活环规划图

---

[1] 张白石、索亚棠、刘思娴，天津市城市规划设计研究总院有限公司。本节图表除标明来源之外，其余均为约稿作者提供。

间，串联12处教育设施，包括1所高中、2所初中、5所小学、4所幼儿园；地下是长度约12km的环状综合管廊，纳入排水以外的全部骨干管线，集中承载了水电讯气暖等一级市政基础设施功能（图9-2-5）。慢行生活环不但是一条能让学生开心上下学的"学径"，也能使老人、上班族在此找到户外活动的乐趣，使市民切身感受雄安的城市温度，成为体现城市生机的重要慢行环路（图9-2-6）。

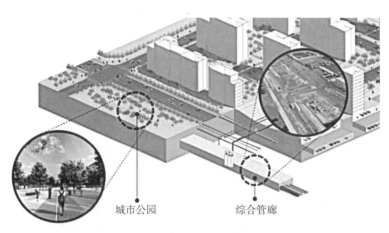

图9-2-5　慢行生活环示意图

图9-2-6　慢行生活环实景照片
（来源：雄安新区容西管委会）

图9-2-7 基本街区划分图

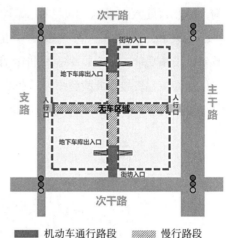
图9-2-8 基本街区道路划分示意图

借助慢行生活环学径路线，容西青禾幼儿园、容西云溪小学推出的"步行巴士"在雄安新区首发，特色学径路成为上下学路上的一道亮丽的风景线，得到新华社等各级媒体报道。"步行巴士"是指儿童在两名以上成年人护送下，沿特定路线步行上下学，既缓解家长接送压力，同时减轻家长车辆在校门口造成的道路拥堵问题，打造安全、健康、绿色的出行方式，创造有趣的出行空间，满足儿童亲近自然、加强锻炼、交友游乐的需要❶。

容西片区无车街区应用"窄路密网"理念，参考借鉴巴塞罗那超级街区的建设经验，规划间距约为150m的支路体系，基于主次干道与部分支路划分形成基本尺度为300m×300m的"田字"形的基本街区（图9-2-7）。基本街区内通过稳静化措施将十字道路划分为机动车通行路段和慢行路段（图9-2-8）。街区外围道路主要解决城市交通，机动车通行路段人行道与车行道采用垂直高差分离，行车道变窄，限制车速，保证行人安全。慢行路段重新分配道路空间，用自行车道或人行道取代车行道，仅保留应急车辆通道，道路空间与建筑前区空间一体设计，释放更多行人玩耍和休息的空间，使街道变成宽敞的社交场所。

9.2.3 引导居民绿色出行❷

雄安新区以实现交通"90/80"目标为使命，通过打造高水平的城市公交服务网络，完善交通"微细血管"。截至2023年7月，新建公交车专用道（路）约156km，占新区新建

---

❶ 根据雄安新区容西管委会提供资料整理。

❷ 本节内容根据中国雄安集团交通有限公司提供资料整理。图表除标明来源之外，其余均为国雄安集团交通有限公司提供。

道路的27%，依托智能调度系统及成环成网的公交专用道，雄安新区已开通公交线路的准发率、准到率均达到了95%以上，远超国内平均水平；容东、容西、雄东等新建片区内公交站点300m覆盖率达到100%，新建公交枢纽11个，均配备公交车充电设施，快充桩车位比例高于40%；结合新区建设，容城组团公交已开通7条公交线路、布局4条公交干线，不断布局公交支线，建立逐步生长的基本公交网络。

雄安新区发展定制化公交和响应式公交，"雄安行"APP上线定制公交模块，线路按需而设，精细化匹配出行需求，提供更便捷、舒适、体面的个性化公交服务，开通3条定制公交线路。探索运营的弹性接驳车，通过"雄安行"APP实时下单、瞬时响应，智能生成线路，实现"定站不定线"的新型公交组织模式。

2021年7月，中国雄安集团交通有限公司基于"雄安行"APP，开展全国首创"绿色雄安行"数字人民币红包兑换活动（图9-2-9）。通过"绿色雄安行，步数换积分，积分换红包"的模式，把鼓励市民绿色出行、营造健康生活氛围的绿色城市建设理念和数字人民币应用示范结合起来，塑造了数字人民币创新推广的雄安名片和全国样本。活动期间共计兑换红包59986人次，开通钱包数新增24018户，交易总金额共计206.46万元。2023年4月，"雄安行"APP推出绿色积分功能，居民通过"雄安行"APP支付并乘坐定线公交、定制公交等绿色出行工具，根据减少的碳排放量，每笔订单可以获得相应的绿色积分，在新区探索打通交通出行碳积分换算与流动环节（图9-2-10）。截至2023年7月底，平台累计向53326名用户发放8329650积分❶。

图9-2-9 "绿色雄安行"数字人民币红包兑换活动

图9-2-10 "雄安行"APP绿色积分功能

---

❶ 刘凯，中国雄安集团交通有限公司；张程翰，深圳市城市交通规划设计研究中心股份有限公司。

专栏9-1　雄安行一体化出行平台框架设计[1]

雄安行一体化出行平台是中国雄安集团交通有限公司在新区管委会指导下投资建设的以公共交通为核心、以一体化出行服务为导向的雄安新区绿色出行服务平台。它基于移动智能终端技术，整合各类交通出行方式，为乘客提供行程规划、一键下单、一次支付、换乘引导和其他便民外延服务，为新区居民提供"出行不断链"的绿色出行体验，减少居民对私家小汽车出行的依赖。

在"90/80"绿色出行目标指导下，平台将居民日常出行与绿色积分之间构建关联，探索建立以绿色积分为核心的用户成长体系，通过以"公共交通+慢行交通"为主的积分激励模式，鼓励居民采用绿色出行，实现"使用绿色低碳举措-获得积分-消费"的循环，利用民众广泛参与分摊绿色低碳创新成本，支撑政府推行绿色出行正向激励政策。

平台以逐步形成"量化-核算-获取-兑换"的绿色积分流通闭环为目标，探索打通新区交通出行碳积分换算与流动环节。

（1）量化环节

①定义绿色交通方式

绿色交通方式的定义是设计绿色积分体系的前提，只有被认定为绿色交通方式才能参与计算绿色积分。绿色交通方式的界定从空间占用、污染排放、交通安全、居民健康等多维度评估。

步行、自行车、公共交通（达到一定门槛客流）是普遍认可的绿色出行方式，应作为绿色出行的基本选项。

电动自行车交通事故率是自行车17倍（国家统计局），在规范管理之下，可作为绿色出行的基本选项。

出租（网约）车合理控制空驶率，在公交服务欠发达地区/时段提供良好、灵活的出行服务，合乘出行（高峰期须3人及以上），可作为绿色出行的补充。

非共享小汽车、摩托车人均碳排高、事故率高、降低活动意愿，属于非绿色方式。

新能源车辆的优势主要体现在运行过程的减排和降噪方面，"窄路密网"下优势更加显现，应全面实现新能源化。

---

[1] 刘凯，中国雄安集团交通有限公司；张程翰，深圳市城市交通规划设计研究中心股份有限公司。本节图表除标明来源外，其余均为约稿作者提供。

②制定绿色积分规则

雄安行平台现整合了定线公交、高铁巴士、定制公交、需求响应式公交、智能网联无人驾驶公交、出租车等多种交通方式。新区居民可通过"雄安行"APP支付乘坐各类绿色出行工具，减少碳排放，每笔订单可以获得相应的绿色积分。

由于目前雄安地区缺乏针对本地出行方式的碳减排方法学，前期先参考依据《北京市低碳出行碳减排方法学（试行版）》中的不同出行方式碳排放因子数据，根据计算模型制定绿色积分规则，后期与绿研智库、深城交等单位以课题的形式开展碳减排方法学相关课题研究，并对现有积分规则进行更新。

（2）核算环节

利用物联网技术完成一体化绿色交通出行场景的数据采集和存储，融合数据与排放核算模型，构建从定线公交到需求响应式公交、共享单车、共享电单车等出行方式全覆盖的多位一体交通排放核算体系。

（3）获取环节

雄安行平台完成上述量化核算环节后，自动向用户个人账户发放绿色积分，并提供积分明细查询入口。后期也将考虑构建用户绿色积分成长体系，对用户个人积分进行排名，向排名靠前的用户给予不同形式的奖励。

（4）兑换环节

绿色积分兑换比例的规则设计需要综合考虑用户参与意愿、投入成本等因素，确保兑换环节有足够的吸引力，同时不增加过多的成本。

绿色积分可兑换商品包含数字人民币乘车优惠券、雄安行文创产品等，并探索与银行等第三方机构打通积分商城的兑换。

9.3 探索新型智能城市交通体系[1]

雄安新区是全国第一个全域按照智能交通建设布局的区域，全域数字道路建设规划总里程500余公里并于2022年4月已初步建成，其中包括昝岗片区40余公里、容东片区153km全数字化道路、220多公里智能化管廊项目、120km的数字堤坝项目、1000余栋楼宇的7个智慧社区项目等。昝岗、容东片区车路协同示范区已经启动，无人驾驶、智能物联、智能接驳已经开始试验。

---

[1] 本节来源：《2022年数字孪生城市技术应用典型实践案例汇编》，中国信息通信研究院和中国互联网协会。

容东片区数字道路已投入运营，是全国里程最长、规模最大的数字道路，同时也是国内规模最大的开放式智能网联道路和车路协同试验区。容东片区数字道路规划干路六横七纵，超前部署信号控制系统、视频监控系统、交通诱导系统、道路信息感知系统、通信网络、网络安全等前端感知设备，实现视频监控系统全域覆盖，保障片区实现智能交通和绿色交通。

数字孪生技术为容东片区数字道路建设提供全新的三维数据底座、模拟仿真等能力支撑，构建智慧城市基础设施运营新模式，通过该项目催生面向智能交通基础设施运维、运营、参与城市协同治理的新模式（图9-3-1）。

该项目的关键技术包括数字道路全要素感知、全维度建模、全天候运营和全场景赋能。全要素感知采集道路上人、车、环境等各类数据；全维度建模以时间、空间为维度，对道路本身及路侧各类对象进行融合建模、实现道路数字孪生；全天候运营实现 $7 \times 24 \times 365$ 各类天气状况下数字道路业务的稳定运行；全场景赋能道路治理、无人驾驶、交通出行等场景，面向政府客户、行业客户、公众客户中提供道路运营维护、应急事件管理、车路协同认证、自动驾驶测试、道路信息服务等服务，提升道路智能化水平。

场景1：面向数字道路项目全域全要素场景构建

基于倾斜摄影、人工建模等技术手段，采集150km道路、12.7km^{2}区域内场景影像资料，高逼真地实景还原城市道路场景，照片级真实还原现实城市中的交通信号灯、建筑、天气、绿植、十字路口等常见要素。基于车载激光雷达技术采集道路的三维路网模型，提供覆盖道路全要素的高精度地图，包括道路标志线、道路上设备设施等，达到厘米级精度。

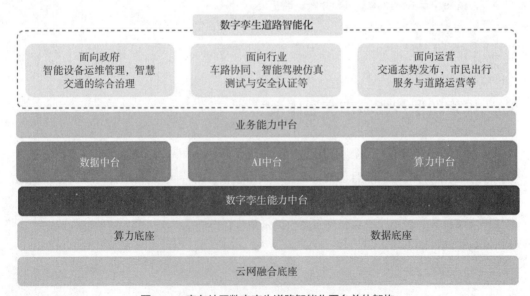

图9-3-1　容东片区数字孪生道路智能化平台总体架构

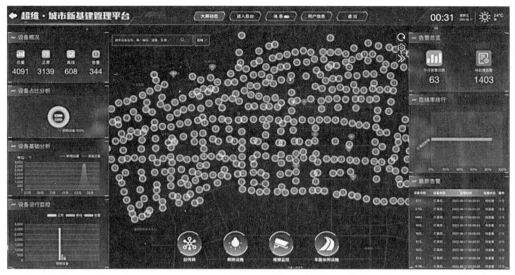

图9-3-2　数字孪生道路智能设备管理

场景2：数字孪生道路智能设备管理（图9-3-2）

城市新基建中大量新型基础设施多元化涌现，设备的协议互通和集中管理成为难题，为解决此类问题，更好地对建设过程中海量设备进行管理，汇聚感知要素资源并完成数字孪生成熟度模型中"互动"部分，系统提供基于数字孪生三维实景与实际地理坐标的资源管理、设备管理和设备运维三大模块。

系统可对城市内各类设备资源进行统一管理，构建全维度、全资源、全生命周期的、可灵活扩建、可自动维护、可便捷操作的资源管理体系，实现城市集中管理，支持资产盘点、资产可视化等业务场景。

场景3：基于数字孪生场景的数据融合汇聚管理

为解决数据资源海量、碎片、分布式等管理难题，该项目研发以大数据、云计算、AI技术为核心，实现数据汇聚和应用的系统平台。平台以数字孪生场景与智能设备模型作为数据底座，解决多源数据的汇聚、管理与开放问题，实现业务数据与孪生模型的融合，构建真正的数字孪生体，并为数字孪生的"先知"提供海量数据分析资源，事先预测，辅助决策。

场景4：物理世界与孪生空间实时映射构建智慧路口（图9-3-3）

以城市高精地图、三维模型为基础，融合雷达、视频数据构建全息智慧路口，基于人工智能算法，实现路口各类交通参与者位置精准感知，并把感知结果在三维模型中精准呈现，结合RSU路侧单元及OBU车载设备，实现基于车辆协同的V2X车辆信息精准推送，红绿灯配置精准优化等。

全息路口将融合感知的目标由物理世界映射到数字世界，支持原始激光点云、视频的接入和实时呈现，将车辆映射的位置信息、速度信息、航向角信息在孪生模型实时呈现，

图9-3-3 物理世界与孪生空间实时映射构建智慧路口

并基于各类智能算法实时预警并统计各类事件数量,在三维空间实现交通状态监测、多类型机动车、行人统计、断面流量统计等功能。

场景5：数字孪生全场景数字道路智能运营中心

数字孪生道路智能运营中心，作为数字道路全场景三维展示和业务感知前端综合中心，综合数字道路产生各类信息，面向城市各级管理用户，以大屏方式提供各类管理功能。在严重交通事故、自然灾害发生时，作为临时指挥中心可对道路上各类应急事件有序调度，平时作为运营中心，可对道路交通整体流量进行实时监控。

系统主要包含综合态势、应急指挥、设备运维等主要功能：综合态势功能基于毫米波雷达数据实现车道级流量精准感知，并将感知信息回传至数字孪生场景，可对区域内路网拥堵情况、交通路口通行流量等进行实时监控，精准呈现路网交通态势；应急指挥功能通过路侧摄像头雷达等智能感知单元，实时发现应急事件影响范围，并以视频方式直观查看事件影响范围的实时和历史影像信息，对重点车辆提供实时跟踪，比如消防车、救护车，根据救援路线，提前疏解前方道路，预防拥堵，提高救援时效性；设备运维功能基于数字孪生三维模型，实现对设备从安装、上线、巡检、运维、维修、报废等全生命周期的管理，路侧设备"所见即所管"，提升设备管理和资产盘点效率。

第十章　有序推动"双碳"部署

10.1　布局碳达峰工作

近年来，雄安新区在大规模建设的同时，积极响应国家战略，有序推动"碳达峰、碳中和"工作部署，通过开展双碳顶层设计、谋划重点领域碳减排实施路径、制定一系列绿色低碳相关标准等，努力建设绿色低碳新区和创新驱动发展新区。

完善双碳战略顶层设计。新区2022年5月编制完成《河北雄安新区碳达峰行动方案（征求意见稿）》，明确能源、工业、交通、建筑、服务业和居民生活、农业、林业、大数据八大重点领域达峰目标和十项重点任务，为雄安新区实现碳达峰目标提供路径指引。规划到2025年，雄安新区初步形成绿色低碳循环发展的经济体系，到2030年，基本形成绿色低碳循环发展的经济体系，全面建成清洁低碳安全高效的能源体系，进一步完善重点领域低碳发展模式，低碳技术创新和低碳产业形成有力支撑，绿色生活方式成为公众自觉选择，绝大部分领域实现碳达峰。

谋划重点领域降碳实施路径。以建设领域为例，2021年11月，新区编制完成《雄安新区建设领域碳达峰实施方案（征求意见稿）》，明确全方位高质量发展绿色建筑、加快优化建筑用能结构、推进全过程绿色建造、强化建筑绿色运行管理、全面推动基础设施绿色建设、开展绿色低碳技术创新、创新碳达峰综合试点示范、培育公众低碳生活方式等八项重点任务及二十六项子任务，有效指导新区提升建筑能效水平、推广可再生能源应用、优化建筑用能方式、加快推进新型建筑工业化发展等低碳发展路径。2022年6月，新区发布《雄安新区近零能耗建筑核心示范区建设实施方案》，明确将在2025年建成一批近零能耗建筑、街坊（社区）、园区等不同类型近零能耗示范项目和创新技术应用场景。2022年10月，新区编制《雄安新区近零碳区示范创建工作方案》，明确创建近零碳社区（单元）主要任务、实施步骤及申报要求，为推进近零碳社区（单元）示范创建提供支撑引导。

有序推动企业碳达峰方案落地。2022年7月，国务院国资委印发《中央企业碳达峰行动方案编制指南》，用于指导中央企业集团编制碳达峰行动方案。作为雄安新区开发建设的主要载体和运作平台，中国雄安集团有限公司迅速响应国家要求，研究编制《中国雄安集团关于落实雄安新区碳达峰行动方案的实施意见》，按照新区碳达峰十大行动要求并结合雄安集团主责主业和高质量发展需要，就建筑、能源、交通、生态、产业等领域提出相应举措建议，有效落实新区上位文件及政策要求，积极践行绿色发展理念，助力新区建设绿色低碳之城。

完善技术标准导则。雄安新区积极推动绿色低碳地方标准编制，2022年3月，第一批立项的23项标准中涉及零碳建筑技术、绿色城区规划、绿色低碳社区评价等相关标准多达13项。2022年11月，雄安新区召开第二批地方标准立项评审，88项标准中涉及绿色低碳的标准、导则及技术指南达34项，为雄安新区建设领域绿色低碳发展提供科学化、标准化、专业化支持。

推动专家智库支持。2022年12月，雄安新区绿色低碳与能源标准化技术委员会成立，主要负责雄安新区能源、节能技术和装备、碳服务等领域地方标准制修订及标准宣贯等工作。未来将强化顶层设计、聚焦重点领域、瞄准国际先进，高质量高标准构建标准体系，积极探索低碳能源标准国际化路径，加快推动"双碳"标准建设进程。

10.2　摸底建筑碳家底[1]

建筑是我国最大的碳排放来源之一，2020年全国建筑全过程能耗总量为22.7亿t二氧化碳当量，占全国能源消费总量比重为45.5%[2]。据相关统计，雄安新区原三县既有建筑建筑面积超过8000万m^2，根据规划，到2035年雄安新区新建建筑量超过2亿m^2，建筑建造、更新及未来增量建筑运行碳排放增长将是雄安新区碳排放的主要构成，对建筑领域碳排放增加进行有效管控是新区高标准高质量建设绿色低碳城区的重要支撑。因此，有必要准确核算新区规划建设目标下的建筑领域碳排放，摸清底数，合理预测达峰年限，制定针对性的节能减碳措施，早日实现建设领域碳达峰目标。

10.2.1　测算范围

建筑全寿命周期包含建材生产、建材运输、建筑建造、建筑运行、建筑拆除5个阶段。在城市层面的核算中，建材生产一般计入产业碳排放，建材运输一般计入交通碳排放。本节内建筑领域碳排放核算范围包括建筑建造、建筑运行2个阶段，其中，建筑建造阶段的碳排放包括完成各分部分项工程施工产生的碳排放和各项措施项目实施过程产生的碳排放，建造阶段碳排放计算时间边界从项目开工起至项目竣工验收止，涉及的主要能源类型包括电力、柴油、汽油等；建筑运行阶段碳排放计算范围包括既有建筑、新建建筑的暖通空调、生活热水、照明及电梯等在建筑运行期间的碳排放量，涉及的主要能源类型包括电力、天然气等。

---

[1] 李芬、赖玉珮、吉淑敏等，深圳市建筑科学研究院股份有限公司。本节图表除标明来源之外，其余均为约稿作者提供。

[2] https://finance.sina.com.cn/esg/2023-03-13/doc-imyksqvf8798450.shtml

10.2.2 核算方法

10.2.2.1 核算模型

（1）建筑业

建筑业的温室气体排放是通过建筑业燃料消费量等活动水平数据以及相应的排放因子等参数，通过逐层累加综合得到总排放量。在建筑业碳排放情景研究中，因缺少实际能耗数据，研究参考既有项目的实测数据，按以下公式进行预测：

建筑业碳排放=∑建筑面积×单位建筑面积施工能耗（电耗、油品能耗等）×能源排放因子

（2）建筑运行

建筑运行的温室气体排放是通过建筑物燃料消费量等活动水平数据以及相应的排放因子等参数，通过逐层累加综合得到总排放量。在建筑运行碳排放情景研究中，因缺少实际能耗数据，研究参考雄安新区及周边城市既有项目的实测数据，按以下公式进行预测：

建筑运行碳排放=∑建筑面积×单位建筑面积能耗（电力、炊事、采暖）×排放因子（电力、天然气等）

10.2.2.2 传统能源排放因子

本研究采用的折标准煤系数和碳排放因子如表10-2-1所示。

表10-2-1 不同能源品种折标准煤系数与碳排放因子

能源品种	折标准煤系数 （kgce/kg 或 kgce/m³）	碳排放因子 （$kgCO_2$/kg 或 $kgCO_2$/m³）
原煤	0.7143	1.9003
天然气	1.3300	2.1622
洗精煤	0.9000	2.4044
型煤	0.7143	2.3183
焦炭	0.9714	2.8604
原油	1.4286	3.0202
汽油	1.4714	2.9251
柴油	1.4571	3.0959
燃料油	1.4286	3.1705
煤油	1.4714	3.0179
液化石油气	1.7143	3.1013
炼厂干气	1.5715	3.0082
其他石油制品	1.4286	3.0052

10.2.2.3　数据来源

雄安新区建筑用能数据来源于2017—2020年的"雄安新区能源平衡表"，现状建筑面积数据来源于容城县、安新县、雄县上报数据，规划建筑面积数据来源于各区域的控制性详细规划。

10.2.3　现状及情景设置

10.2.3.1　排放现状

2017—2020年，雄安新区建筑领域碳排放整体呈逐年上升态势，2020年建筑领域碳排放较2017年增长约57.88%。从2020年的碳排放构成来看，除电力间接碳排放，建筑业柴油、汽油消费的直接碳排放占比超过30%，公共建筑天然气消费的直接碳排放占比超过35%。在未来电力清洁化水平进一步提升的背景下，建筑业的油气替代、建筑运行的天然气替代或减量将成为影响碳排放达峰和中和的关键因素。

10.2.3.2　情景设置及关键指标

对于建筑领域而言，影响未来建筑碳排放趋势的几个核心因素包括建筑规模、能耗强度、采暖能耗结构、电力结构等，对应的建筑领域减排路径主要从需求减量、能效提高和能源零碳化几个方向开展。

在需求减量方面，可考虑有效控制建筑总规模，防止大拆大建，提升建筑质量以延长建筑使用寿命等。在能效提高方面，建议加速提升建筑节能水平，推动新型建筑工业化深化发展，具体措施包括提升建筑保温隔热性能、提高设备能源利用效率和建筑节能运行管理水平。在能源零碳化方面，可规模化推广可再生能源建筑应用，提高建筑"产能"能力，促进制冷采暖脱碳，同时与电力部门脱碳进程协同，推动建筑电气化，提高建筑用电与电网互动能力。

研究对建筑规模、能耗强度、采暖能耗结构、电力结构四个板块开展专项分析和讨论（图10-2-1），对有关关键指标设置基准情景、节能情景、低碳情景和中和情景：

基准情景：参考现状规划水平进行设置，主要考虑建筑分阶段实行65%、75%和83%节能标准，建筑施工的装配式比例保持现状水平。

节能情景：在基准情景基础上对建筑节能、分布式可再生能源利用及建筑电气化水平提高要求，小范围推进超低能耗建筑，在建筑业方面进一步提升装配式水平和电气化水平。

低碳情景：在低碳情景的基础上，考虑全面推进超低能耗建筑、开展近零能耗建筑试点示范，从2030年开始推进建筑炊事与采暖电气化，既有建筑的天然气使用则考虑部分替代。

中和情景：在低碳情景基础上，重点考虑电网绿电比例实现100%对碳排放总量的影响。

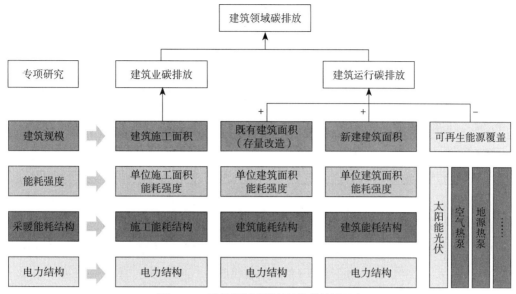

图10-2-1 建筑领域碳排放核算的关键因素

（1）建筑面积

参考雄安新区建设进度，按照建设期2年、建成后第一年完全投入使用及2026—2035年的规划进程进行设定后计算，从建设体量来看，"十四五"期间在建建筑面积将达到峰值；累计投入使用的新建建筑将于2035年超2亿m²，其中办公及居建面积占比过半，各类新建建筑逐年递增。

（2）能耗强度

1）建筑施工能耗强度

基准情境下，装配式比例保持20%，电气化比例保持现状水平。节能、低碳、中和情景中，装配式比例在2020年、2035年分别为20%❶、85%❷。按照河北雄安新区碳达峰碳中和行动方案，2025年全域建成无化石能源区，施工机械等在2025年实现油品替代，因此设置在2025年电气化比例达到100%。

测算时参考既有项目实测数据及清单计算经验的电力-柴油-汽油数值关系，按热值折算电气化100%情形下的施工电耗强度，可以得到不同施工方式下的电耗强度、柴油强度、汽油强度，详见表10-2-2。

2）既有建筑能耗强度

基准情景下，2021年居住建筑、农村住宅建筑的能耗强度参考雄安新区2020年能源平衡表现状用能数据，到2035年居住建筑达到75%节能标准的能耗水平；2021年公共建筑

---

❶ 河北省"十三五"规划采用20%的装配式比例。

❷ 雄安新区或将有80%~90%建筑为装配式建筑，到2035年该比例将达到85%。

表10-2-2 不同施工方式下的能耗强度数值

施工建造方式	能耗强度			参考依据
	电耗强度 [kWh/(m²·a)]	柴油强度 [kg/(m²·a)]	汽油强度 [kg/(m²·a)]	
现浇式	8.5	0.75	0.71	既有项目
现浇式-100%电气化	25.8	0	0	按热值折算
装配式	6.0	0.57	0.71	既有项目
装配式-100%电气化	21.3	0	0	按热值折算

的能耗强度参考调研能耗数据，2035年按照75%节能标准的能耗水平。节能、低碳和中和情景下，既有居住建筑的能耗强度到2035年达到83%节能标准。在此基础上，低碳和中和情景下，考虑从2030年开始推进炊事天然气的替代。

3）新建建筑能耗强度

基准情景下，居住建筑2021—2030年执行75%节能标准，2031—2035年执行83%节能标准；公共建筑2021年执行65%节能标准，2022—2035年执行72%节能标准。

节能情景下，2022年居住建筑、公共建筑分别开始执行83%节能标准、72%节能标准；公共建筑于2031年开始执行83%节能标准。

低碳、中和情景下，2021—2025年超低能耗建筑占比逐年提升，到"十四五"末全面推进超低能耗建筑❶。同时，在居住、办公及教育建筑中推进零能耗建筑。

不同类型、不同节能标准要求下的建筑能耗强度水平主要参考《民用建筑能耗标准》GB/T 51161—2016、河北省《公共机构能耗定额标准》DB13（J）/T 8353—2020、北京市《民用建筑能耗指标》DB11/T 1413—2017、河北省《被动式超低能耗居住建筑节能设计标准》DB13（J）/T 273—2018、《建筑节能与可再生能源利用通用规范》GB 55015—2021、《近零能耗建筑技术标准》GB/T 51350—2019等标准进行设置。

10.2.4 情景预测

10.2.4.1 碳排放趋势

（1）建筑业碳排放

根据前述设定，在基准情景下，新区建筑碳排放在2022年达到峰值；在保证电网电力在2030年实现100%绿电的情况下，推进工程机械电气化可实现碳排放的快速减排并有望于2030年净零排放。

---

❶ 河北省住房和城乡建设"十四五"规划："十四五"末，城镇民用建筑全面推行超低能耗建筑标准。

（2）建筑运行碳排放

在前述情景设定下，既有建筑与新建建筑的运行碳排放总量，在基准、节能、低碳情景下保持增长趋势，均在2035年达到峰值。在中和情景下，建筑运行碳排放在2027年达到峰值后逐步下降，到2030年绿电比例达到100%后仅剩天然气消费产生的直接碳排放。

（3）建筑领域碳排放

基准情景、节能情景下，2021—2035年建筑领域的碳排放总量持续增长，2035年分别达到峰值。低碳情景下在2033年达到碳排放峰值，中和情景的碳排放总量到2027年达峰并开始逐年下降，到2030年降低后进入缓慢下降阶段。

从碳排放构成来看，新建建筑的运行碳排放量自2023年开始超过既有建筑运行碳排放，在建筑领域碳排放中占比较高。

10.2.4.2 建筑减排空间

（1）建筑业

按照对建筑业2021—2035年累计碳排放减排贡献的测算，装配式建筑比例逐步从20%提升至85%时，实现碳排放总量在基准情景基础上下降4.8%；在100%电气化等工作基础上，100%绿电将进一步减少23.5%的碳排放。

（2）建筑运行

按照测算，2035年在基准情景基础上，提升节能要求至居建、公建全面执行83%节能标准能贡献5.8%的减排量。在此基础上，全面推进超低能耗、近零能耗建筑则带来15.7%的减排贡献；在电气化、清洁能源采暖等工作基础上，电网实现100%绿电时将进一步实现69.4%的减排贡献。

综上，按照情景预测，减排力度较低的基准情景、节能情景下，2021—2035年建筑领域的碳排放总量持续增长，2035年分别达到峰值。在"十四五"末全面推进超低能耗建筑并推进近零能耗建筑示范的低碳情景下，可实现在2033年达到建筑领域碳排放峰值。在2030年实现绿电占比100%为基础的中和情景下，建筑领域碳排放总量可实现到2027年达到峰值，并开始逐年下降，到2030年进入缓慢下降阶段。考虑到早期建成的建筑在炊事及采暖中完全取代天然气存在一定难度，在中和情景下仍有天然气使用，还需要通过CCUS、核证减量等其他途径实现中和。

10.2.5 建筑领域碳达峰碳中和建议

雄安新区已启动实质性大规模建设，将有大规模既有建筑拆除更新、新建建筑的建设工作，无论是建筑建造还是建筑运行都将出现较大的能耗增量。

要实现建筑运行碳排放达峰、碳中和，应从三个根本路径入手：一是加速提升建筑节能水平，全面推进超低能耗建设，具体措施包括提升建筑保温隔热性能、提高设备能源利用效率和建筑节能运行管理水平；二是规模化推广可再生能源建筑应用，发展分布式可再生能源，提高建筑"产能"能力，发展地源热泵等绿色能源供暖技术；三是与电力部门脱碳进程协同，推动建筑电气化，提高建筑用电与电网互动能力。

从建筑全寿命周期视角看，建筑领域还可以发挥更大的减排能力，如提升建筑寿命，防止"大拆大建"，减少新建建筑量；推广装配式建筑、推进施工机械电气化；发展木结构、钢结构（考虑钢材的回收）等低碳建筑结构体系，减少建材生产阶段碳排放；大力推广绿色建材的应用，将碳排放强度作为绿色建材认定的关键指标，发展具有固碳能力的建材，包括以CO_2作为生产原料的建材，或者能够吸附CO_2的建材等。

10.3 探索多维度实践

10.3.1 创建近零碳区示范[1]

近零碳区示范创建是指基于现有低碳工作基础，在一定区域范围内，通过集成应用能源、产业、建筑、交通、废弃物处理、碳汇等多领域低碳技术成果，开展管理机制的创新实践，实现该区域内碳排放总量持续降低并逐步趋近于零的综合性试点。"十四五"以来，生态环境部在《关于统筹和加强应对气候变化与生态环境保护相关工作的指导意见》中提出，支持基础较好的地方探索开展近零碳排放与碳中和试点示范。各地方政府积极响应，上海、深圳、天津、成都等众多城市发布工作方案、实施方案等，全面深化试点示范创建，将"实施低碳（零碳或近零碳）试点示范工程"作为城市重点工程之一。

雄安新区也于2022年5月发布《关于印发〈雄安新区近零碳区示范创建工作方案〉的通知》，计划在"十四五"期间，分类、分批推进区域、园区、社区（单元）、校园、建筑、工地及单位等七大类近零路径碳区示范创建，明确各类近零碳示范区建设标准、重点路径及实施步骤，争取完成一批高质量的近零碳示范项目建设，探索具有雄安新区特色的近零碳城市建设路径。

社区是社会基层治理的最基本单元，在传播和倡导居民绿色生活低碳转型方面发挥着至关重要的作用。雄安新区于2023年初率先启动以社区（单元）为类型的创建工作，以社区（单元）规划为统领，推进社区建设、运营、管理全过程和居民生活等方面践行低碳理念。新区近零碳社区（单元）示范创建中包括新建社区、既有社区及农村社区三类。以新建社区为例，新建社区包括以居民功能为主的生活社区（单元）和以商务、办公等功能为

---

[1] 本节内容根据雄安绿研智库有限公司《雄安新区近零碳社区（单元）示范创建服务终期执行总结报告》整理，图表除标明来源外，其余均为雄安绿研智库有限公司提供。

主的功能社区（单元）两类，申报社区宜大于20公顷且已开发规划建设用地50%以上，由开发投资主体、物业管理单位等进行申报。雄安新区近零碳社区（单元）示范申报创建主要包括以下三方面工作。

10.3.1.1 指标体系构建

为科学、高效地指导近零碳社区创建工作，雄安新区编制近零碳社区（单元）示范申报创建指标体系、碳排放核算方法建议等文件。近零碳社区（单元）示范申报创建指标体系共计19项指标（表10-3-1），包括减排目标、组织管理、生活引导、低碳技术四方面，评价时逐条计分。碳排放核算方法包括核算范围、核算要素、数据来源、核算方法四方面，用于指导计算试点社区（单元）范围内与居民生活及有关配套服务相关的电力、天然气等能源活动产生的二氧化碳排放。

表10-3-1 雄安新区近零碳社区（单元）示范申报创建指标体系表（节选）

一级指标		二级指标	分值	评价方法
减排目标	1	社区（单元）碳排放下降率	10	社区二氧化碳排放比照创建前基准年下降率≥20%，得10分； 10%≤下降率＜20%，得5分； 下降率＜10%，得2分； 无量化计算结果不得分
组织管理	2	成立社区（单元）近零碳创建工作小组	5	建立工作小组，且岗位分工合理，得5分； 建立工作小组，但未进行岗位分工，得2.5分； 未建立工作小组不得分
	3	制定切实可行的创建工作计划、规章制度和考核办法	5	工作计划内容合理详尽，同时配套相应的规章制度和考核办法，得5分； 工作计划内容合理详尽但未配套相应的规章制度和考核办法，得2分； 未制定工作计划不得分
	4	制作社区（单元）能源统计台账	5	制作社区能源统计台账，实现水、电、气等能源分项计量统计，得5分； 未制作能源统计台账不得分
	5	制作社区（单元）碳排放信息管理台账	5	建立社区碳排放信息管理台账，对居民生活和公共区域的能耗按照碳排放核算标准开展碳排放核算，得5分； 未建立碳排放信息管理台账不得分
生活引导	6	开展低碳生活宣传	5	下列要求累计积分，本项总分不超过5分 社区设置公众号开展低碳节能宣传，得2分； 建有较高标准的低碳宣传栏或广告牌，宣传栏的内容定期更换，得2分； 社区文化中心设立低碳角，有环保报纸杂志和书籍，得1分； 以上均未实施不得分

10.3.1.2 示范项目申报

2023年2月，雄安新区生态环境局发布《河北雄安新区管理委员会生态环境局关于启动近零碳社区（单元）示范项目申报的函》等文件，明确申报流程、材料提交要求、方案编制指南等，推动近零碳社区（单元）示范项目征集。同时，为使社区熟悉申报流程、深入了解评价指标体系及相关材料要求，新区生态环境局组织申报宣贯会（图10-3-1），详细讲解重点城市近零碳社区（单元）创建经验、新区近零碳社区（单元）示范申报创建指

图10-3-1　近零碳社区示范创建申报宣贯会

标含义及要求等内容，提升社区申报积极性。

各社区根据文件要求，从社区基本情况介绍、创建可行性分析、创建路径、证明材料等几方面编制提交近零碳社区（单元）创建方案。首批共有3个新建片区的8个社区提交申请资料。

10.3.1.3　项目评选组织

为选出具备雄安新区特色、创建路径可行、具备推广性、科学性的近零碳社区（单元），生态环境局组织开展示范项目评选工作。组织专家匿名打分，从目标设定、路径可行性、落地保障性3个维度，编制专家打分表，邀请多领域专家对社区申报材料进行评分，组织召开近零碳社区（单元）示范项目专家评审会及培训会，专家逐一对各社区申报材料进行点评，并为社区后续创建工作提供改进建议和技术指导。同时，围绕低碳生活认知、碳普惠项目运作实践、其他近零碳社区建设经验等内容，邀请专家开展针对性培训，为社区工作人员开展示范创建提供更多思路与技术支撑。最后，雄安商务服务中心等8个社区（单元）入选首批雄安新区近零碳社区（单元）示范项目，示范创建期两年，创建结束后将组织开展项目验收。

10.3.2　开展碳标签认证[1]

碳标签认证可有效核算单位产品全生命周期二氧化碳排放数据，帮助企业针对性制定节能减排举措，提高企业对碳交易的参与度。河北雄安容西混凝土有限公司（以下简称"容西混凝土公司"）积极开展产品碳标签认证，于2022年获得了预拌混凝土碳标签，为企业绿色发展赋能，也推动雄安新区绿色建材、低碳产品认证实践。

---

[1] 张舒栋，河北雄安容西混凝土有限公司。本节图表除标明来源之外，其余均为约稿作者提供。

10.3.2.1 情况概述

容西混凝土公司成立于2019年3月,采取"F+EPC+O"的模式运营,是雄安新区境内生产水泥混凝土、沥青混凝土、水泥稳定碎石的第一家预拌混凝土企业。混凝土搅拌站园区建筑面积5.1万m^2,分为厂前区、生产区两大部分。生产区包括预拌混凝土搅拌站、水泥稳定土拌和站、沥青混凝土搅拌站各一座。其中,预拌混凝土搅拌站具备四条HS240混凝土生产线,设计年产155万m^3。

容西混凝土公司积极开展绿色低碳技术创新,开创国内首个"装配式建筑+智慧建造+EPC+全周期运营"的绿色样板。容西1号混凝土搅拌站规避了传统搅拌站烟气、粉尘、噪声、污水等排污源,降低30%以上的能耗和60%以上的碳排放量,于2021年6月通过全国第一个"绿色建材产品认证"和业内首家"绿色示范工厂"评定。2022年4月,容西混凝土公司开展碳标签认证,是雄安新区首家开展碳标签认证的混凝土生产企业,经核算,每生产1m^3预拌混凝土产品碳排放为353.89kg二氧化碳当量。

10.3.2.2 碳排放核算

容西混凝土公司二氧化碳排放测算主要通过企业自查及碳标签认证机构核算。

(1)企业自查

根据《雄安新区预拌混凝土绿色生产管理导则》碳排放计算方法进行核算,核算边界为从预拌混凝土、水泥稳定土、沥青混凝土生产到产品运输为止,不包括原材料生产、运输及后续产品的使用和废弃阶段。企业按照燃料种类、活动阶段分别计算其燃烧产生的温室气体排放量,明确化石燃料燃烧活动水平数据、排放因子、电力消耗量及电力消费排放系数,如有外购热力的情况,则需继续补充企业的外购热力消耗量及热力消费排放系数数据。

(2)碳标签认证机构核算

碳标签认证机构根据《温室气体-产品碳足迹-量化要求及指南》ISO 14067:2018作为认证标准,核算边界涵盖了从原材料生产到产品交付使用此生命周期的各个阶段,建立预拌混凝土、水泥稳定材料系统边界图(图10-3-2)。在收集企业生产活动水平数据、明确排放因子数据后,利用GaBi软件及其数据库核算预拌混凝土、水泥稳定碎石各产品功能单位产品碳排放量。

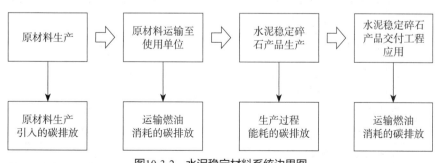

图10-3-2 水泥稳定材料系统边界图

10.3.2.3 碳标签认证

（1）认证流程

企业根据碳标签认定对产品单元要求进行申请。认证委托人向认证机构提交认证委托申请，并提供下列材料：①申请方的营业执照和组织机构代码复印件（加盖公章）；②生产厂的设备/设施平面图、主要产品工艺流程图；③产品质量证明，如产品认证证书或由法定检测机构出具的距申请日一年内的产品检测报告，检测报告应由国家级检验机构出具，检测报告应涵盖与所申请产品对应的产品标准出厂检验规定的项目（加盖公章）；④生产厂碳足迹数据清单，包括生产使用含碳物料消耗量数据，如能源、原材料、辅助材料消耗量，产品产量，副产品及固废产量，大气污染物排放数据等。认证机构通过前期文件审核后，开始现场检查进行综合评价，评价合格后，按申请认证单元向认证委托人颁发产品碳标签认证证书。

（2）实施成效

2022年4月容西混凝土公司开展碳标签认证工作，2022平均功能单位产品碳排放量降低12.09kg二氧化碳当量。容西混凝土公司通过前期节能减碳的工艺改进，逐渐达到更高的减少温室气体排放的级别，未来可获得更高级别的碳标签（图10-3-3）。

通过认证产品碳标签后，容西混凝土公司2022年企业每功能单位的预拌混凝和水泥稳定材料的产品碳足迹总量如表10-3-2所示。

图10-3-3　碳标签认证证书

表10-3-2　容西混凝土公司碳足迹统计表

产品名称 / 强度等级 / 施工条件	功能单位产品碳排放量（kgCO$_2$eq）
预拌混凝土 C15 常温施工	185.34
预拌混凝土 C15 冬期施工	229.32
预拌混凝土 C20 常温施工	215.63
预拌混凝土 C20 冬期施工	307.49
预拌混凝土 C25 常温施工	243.05
预拌混凝土 C25 冬期施工	328.27
预拌混凝土 C30 常温施工	263.58

续表

产品名称/强度等级/施工条件	功能单位产品碳排放量（$kgCO_2eq$）
预拌混凝土 C30 冬期施工	347.59
预拌混凝土 C30 抗渗 常温施工	272.82
预拌混凝土 C30 抗渗 冬期施工	354.20
预拌混凝土 C35 常温施工	284.84
预拌混凝土 C35 冬期施工	341.71
预拌混凝土 C35 抗渗 常温施工	292.24
预拌混凝土 C35 抗渗 冬期施工	349.11
预拌混凝土 C40 常温施工	314.33
预拌混凝土 C40 冬期施工	353.89
预拌混凝土 C40 抗渗 常温施工	321.73
预拌混凝土 C40 抗渗 冬期施工	362.31
预拌混凝土 C45 常温施工	341.30
预拌混凝土 C45 冬期施工	366.87
预拌混凝土 C50	363.90
预拌混凝土 C55	388.64
预拌混凝土 C60	413.20
水泥稳定碎石	55.14

10.3.3 探索降碳产品[1]

雄安新区探索多种方式将减排二氧化碳变现，建立适合新区实际的二氧化碳量化价值实现路径。以雄安站站房屋面分布式光伏发电项目与2018年秋季植树造林项目为例，介绍雄安新区降碳产品实践探索。

10.3.3.1 "光伏发电+碳排放交易"新模式

（1）项目概况

雄安站位于河北省雄安新区雄县城区东北部，距雄安新区起步区20km，京港台高铁、京雄城际铁路、津雄城际三条铁路线路汇集于此。站房采用水滴状椭圆造型（图10-3-4），站房面积约13万m^2，总建筑面积45.29万m^2，站场总规模11台19线。

光伏组件布置于雄安高铁站彩钢瓦屋顶，布置容量为5.966MWp，采用335Wp多晶硅电池组件，光伏发电系统以1回10kV出线接入至京雄场配套配电所的I段母线，项目采用为"自发自用，余量上网"的并网模式。自2020年12月光伏发电项目正式并网发电开始，项

---

[1] 于洪利、李雪薇，国网雄安综合能源服务有限公司。本节图表除标明来源之外，其余均为约稿作者提供。

目在实现经济效益的同时,年节约标准煤1800t,减少二氧化碳排放4500t,相当于植树12公顷,实现了绿色低碳高质量发展。

(2)碳排放交易

1)绿证交易

2021年7月29日,国网雄安综合能源服务有限公司与澳大利亚YNIWM公司签署完成《国际可再生能源证书(I-REC)项目购买协议》,将雄安高铁站屋顶分布式光伏发电项目2021年1至5月份67.5万kWh绿色发电量,签发获得675张国际绿证形成的碳资产出售给对方(图10-3-5),每张绿证10元,交易金额6750元,折合每千瓦时(度电)溢价0.01元。这是雄安新区首笔碳资产全球交易及首笔国际绿证业务,跨出了雄安新区能源交易领域的第一步,为雄安新区打造新能源为主体的新型电力系统提供了典型示范。

2)绿电交易

2021年9月3日,国网雄安综合能源服务有限公司参加北京电力交易中心组织的绿电交

图10-3-4 雄安站屋面造型图

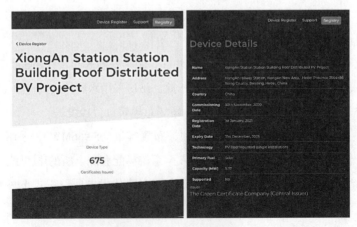

图10-3-5 绿证交易证明

易,就雄安高铁站屋顶分布式光伏发电项目2021年10—11月份15万kWh发电量达成交易,购电方是新兴铸管股份有限公司(河北省武安市境内),每千瓦时(度电)0.3844元,交易金额5.766万元,折合每千瓦时(度电)溢价0.02元。这是雄安新区达成的首笔绿电交易(图10-3-6)。

3)河北降碳产品交易

2022年8月22日,国网雄安综合能源服务有限公司投资建设运营管理的雄安站房屋面分布式光伏发电项目获准签发核算期(2020年12月25日至2021年12月31日)内项目341.15万kWh(扣除国际绿证、绿电交易电量外)发电量减排量2820.97t二氧化碳当量。8月23日,国网雄安综合能源服务有限公司与天津铁厂有限公司京雄城际雄安站站房屋面分布式发电项目降碳产品交易现场签约,每吨二氧化碳当量59元达成交易,交易金额16.6437万元,折合每千瓦时(度电)溢价0.049元。这是河北省首笔签发的分布式光伏降碳产品,实现生态价值有效转化(图10-3-7)。

图10-3-6　绿电交易证明

图10-3-7　河北省降碳产品交易

10.3.3.2 "千年秀林"固碳产品开发

开展"千年秀林"固碳产品开发和碳汇评估核证工作，是雄安新区贯彻"绿水青山就是金山银山"理念，落实河北省委省政府关于雄安新区植树造林市场化的工作要求，实现将生态价值转化为资金价值的一次重要探索和突破。新区组织相关单位，根据《承德市森林固碳生态产品试点项目方法学（版本号V01）》《碳汇造林项目方法学》（AR-CM-001-V01）以及适用的清洁发展机制工具，对"雄安新区2018年秋季植树造林项目"实施固碳量计算。该项目位于雄安新区安新县辖区，由中国雄安集团生态建设投资有限公司建设和运营，规模为17588.84亩[1]。

计算固碳量时采用树木生长年度实际观测数据，结合不同树种胸径对应的一元材积方程，对不同树种的蓄积量进行计算。项目计入期为2020年1月1日—2039年12月31日，共20年。本次核查期为2020年1月1日—2021年12月31日，经计算2年可产生固碳量总计11722t二氧化碳当量。按照目前国内主要交易所碳汇价格估算，本项目交易后预计实现收益约60余万元。

---

[1] 本碳汇项目是从原"雄安新区2018年秋季植树造林项目"孵化而来，原项目总面积约2.1万亩，其中含乔木林17588.84亩。

第十一章 打造未来之城

《河北雄安新区规划纲要》提出,要坚持数字城市与现实城市同步规划、同步建设,构建全域智能化环境,打造具有深度学习能力、全球领先的数字城市。雄安新区设立之初就规划地上、地下、云上三座城同步建设。设立6年多来,新区累计完成投资5300多亿元,开发建设3600多栋楼宇,总开发面积覆盖120km^2,"地上雄安"拔地而起。大规模开发建设中,雄安新区全过程融入数字化、智能化要求,适度超前部署建设智能基础设施,建设泛在安全的通信网络和全域覆盖的感知体系,在我国城市建设史上,首次全域实现了数字城市与现实城市同步建设。本章重点介绍"云上雄安"孪生生长和"地下雄安"别有洞天的建设实践,展现三个雄安打造"未来之城"现实图景。

11.1 "云上雄安"孪生共建

2022年底,全国首个城市级智能基础设施平台在雄安新区基本建成,包括"一中心四平台",即城市计算中心、综合数据平台、物联网平台、视频一张网平台和CIM平台,实现实体建筑与虚拟数据实现同生共长。

11.1.1 运营情况[1]

11.1.1.1 城市计算中心

雄安新区城市计算中心项目,作为新区批复的唯一一个永久性数据中心,是建设"数字雄安"的重要支撑,是雄安新区数字智能城市的"大脑"。项目建筑面积39851m^2,包括地上三层及地下一层。其中,地上建筑面积14408m^2,地下建筑面积25443m^2。该项目具有国际首例园林化生态机房大厅,国内首创景观化隐蔽式城市计算中心,国内首创模块化集装箱机房大厅,国内首创产、研、展复合机房大厅等十大亮点工程(图11-1-1)。

城市计算中心构建了"逻辑统一、物理分散"的基础云架构,形成了边、云、超一体化的计算能力,能够满足2025年之前雄安的城市计算需求。边缘计算方面,现已建成6个节点,有700台服务器,形成1.4万核算力、27P存储;云计算方面,政务云采用技术领

---

[1] http://epaper.hbjjrb.com/att/202304/06/6697a99c-ab28-4df3-8eb2-f4a76c908119.pdf,部分内容由中国雄安集团数字城市科技有限公司提供。

先、生态成熟的高质量信创产品，建有完整的信创技术路线，1334台物理服务器，形成9万核算力、42P存储。

云计算方面，作为统一的城市级云平台，城市计算中心整合先进自主国产技术，打造集城市云、信创云、融合云为一体的开放融合雄安云体系（图11-1-2）。

图11-1-1　城市计算中心内部
（来源：http://www.xiongan.gov.cn/2023-04/27/c_1212172036.htm）

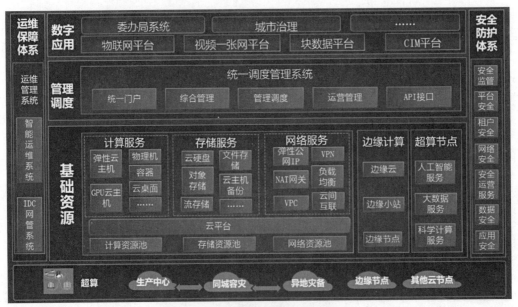

图11-1-2　雄安云体系结构示意图
（来源：中国雄安集团数字城市科技有限公司）

- 城市云以城市服务为主体，面向政府端、企业端、公众端等群体开放，有效支撑城市规划建设、城市运行、民生服务及产业发展；
- 信创云是数据安全、网络安全的基础，打造全链条国产化、全域IPv6"全信创适配中心"，面向民生重点领域应用；
- 融合云根据业务按需分配和灵活调度通用算力、智算算力、超算算力，实现数据与算力的高效随选、弹性、协同。

城市计算中心承载的边缘计算、超级计算、云计算设施，将为整个数字孪生城市的大数据、区块链、物联网、AI、VR/AR提供网络、计算、存储服务，在空气、水质监测、建筑物状态分析、路上老人跌倒、火灾等突发状况识别等方面发挥作用。同时建设算法开放平台，为各产业领域智能应用赋能。

11.1.1.2 综合数据平台❶

雄安新区综合数据平台项目于2019年11月1日开工，一期于2020年9月30日竣工并投入使用，平台通过汇聚雄安新区全域数据资源，以数据层统建统管为核心，构建城市级大数据中心。该平台作为雄安新区的服务赋能中心、数据服务中心、数据管理中心和数据汇聚中心，承担着汇聚新区全域数据、统筹新区数据管理、实现新区数据融合应用的重要任务，是数字经济发展的基础（图11-1-3）。

综合数据平台有三大作用：首先是实现政务数据的融合，并与社会数据、市场数据形成有效的沟通；其次是作为所有新区的信息化平台的数据层，横切进所有的管理系统，来保证在数据融合的基础上，支撑所有政府的应用在"综合数据平台"上生长、发展；最后

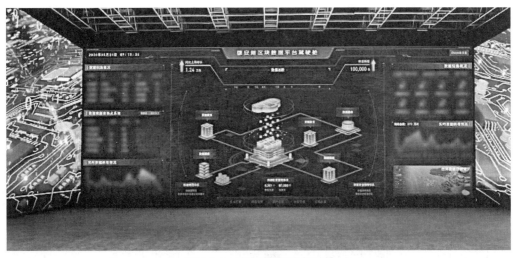

图11-1-3　综合数据平台驾驶舱
（来源：http://finance.people.com.cn/n1/2021/0331/c1004-32066193.html）

---

❶ http://finance.people.com.cn/n1/2021/0331/c1004-32066193.html

是确定统一的数据标准和数据资源目录，保证数据的资产化以及数据的可流动、可交换、可共享。截至2023年上半年，综合数据平台已汇聚管委会各委办局136个业务系统的471套数据库，数据量达238亿条，提供共享接口474个，数据共享服务接口累计被调用2.04亿次，支撑了多个业务系统的数据共享。未来将积极开展综合数据平台（二期）建设，稳步开展投资采购、国产化适配、建设实施等内容。

11.1.1.3 物联网统一开放平台

雄安新区物联网统一开放平台项目于2019年12月31日开工，2022年竣工上线，总投资2495万元。作为全国首个城市级物联网平台，该平台通过融合汇聚多维感知数据，形成全域、全时、互联互通的感知体系，实现新区全域感知设备的统一接入、集中管理、远程调控和数据共享、发布，有效支撑城市生命线、城市部件、公共安全、生态环境、民生服务等重点领域智能城市建设。

物联网统一开放平台通过"统一设备标识、统一设备接入、统一物联数据标准、统一资源共享"，具备终端接入、终端管理、端到端运维、开放共享等7大能力，实现了跨部门终端设备信息共享与管理服务协作。目前已有23个项目中的智能水表、燃气表、热计量表、水位水质监测、灯杆控制器等50万终端设备接入，完成4大类12小类323种终端设备接入雄安新建片区城市生命线智能终端，涵盖了生态治理、园区社区、市政设施、道路交通等领域，支撑多表集抄、生态环境智慧监管、智慧能源、智慧水务等雄安应用示范项目的建设与应用，实现系统化管理城市级感知终端的创新和全域生命线系统的实时感知（图11-1-4）。

图11-1-4 雄安市民服务中心设备接入解决方案
（来源：https://www.iotxiongan.cn/#/solution）

11.1.1.4 视频一张网平台

雄安新区视频一张网项目于2021年1月8日开工，2022年6月23日完成终验，总投资3122.78万元。视频一张网平台是新区唯一的城市级的"数字城市视频感知系统"，形成了新区视频监控的统建共享，统筹雄安新区各类视频终端的接入与联网，实现视频数据标准化、视频信息结构化、视频应用共享化。

该平台作为视频智能基础应用平台，通过视频AI技术和数字孪生、雷达、物联网等技术的结合，在管廊、社区、数字道路等多个场景进行应用。例如，平台将三县国省道沿线、铁路沿线、环雄安沿线、智慧平安社区、重要区域、要害部位等视频图像点位的多维立体接入，对人、车、行为、特定场所智能分析。该平台通过智能检索摘要、海量智能追踪，在应用上进行视频巡防、智能预警、指挥调度，可促进应急管理、公共服务、智能园区、智慧出行、智能教育等多种智能化业务场景的应用。截至2023年4月，视频一张网平台已接入视频终端4万台，雷达设备729台，为新区城市治理场景的智能识别提供视频数据支撑。

11.1.1.5 城市信息模型平台

雄安城市信息模型平台（CIM平台）自2019年开始建设，构建起新区1770km^{2}的全要素、全尺度、全过程的三维空间城市底板，已初步构建了空天、地表、地下一体化和室外与室内一体化的新区云上一座城，形成了与现实城市一一映射、虚实交融的数字孪生城市。

CIM平台数据层面建设内容涵盖了新区设立之初的全域倾斜摄影，不断汇聚新区全域地形地貌地理信息数据和新建城区的建筑信息模型数据，截至2023年上半年项目整体进度已完成近70%。数据资源汇聚了时空基础类数据、资源调查类数据、规划管理数据、工程建设项目数据共68TB，实现了城市级覆盖范围，影片级渲染效果，并且支持百亿级BIM构件、PB级数据容量。目前，平台层面已具备供数据汇聚与管理、场景配置、数据查询与可视化、数据共享与交换、运行服务、开发管理等能力，已为容东片区、雄东片区、雄安新区生态环境局、雄安新区税务局、郊野公园、商务服务中心等提供数据服务及场景赋能，后续将继续针对规划建设、自然资源管理、生态建设以及智慧城市综合治理、智慧交通、智慧社区、智慧园区、智慧管廊等在内的各类"CIM+"应用建设，构建CIM+智慧应用场景体系（图11-1-5）。

图11-1-5　基于CIM平台建设的智慧社区管理平台
（来源：http://www.xaxcsz.com/product/info.aspx?itemid=11&lcid=3）

11.1.2　场景实践[1]

依托"一中心四平台",雄安新区积极从政务服务、居民生活服务等多个方面打造创新发展示范区,利用信息化技术提升政府服务能力,不断提升新区人民的自豪感、幸福感和获得感。

以区块链技术为支撑,打造"雄安链"政务服务。雄安新区开发使用的征迁建设资金、工程建设资金区块链管理系统开创了财政资金链上支付的先河,实现资金拨付一键式"穿透式"管理,资金支付效率提升80%以上,拨付资金19万笔,累计拨付金额近1200亿元。项目建设互联网平台、产业互联网平台、住房互联网平台、疏解互联网平台四大平台,实现数据的汇聚融合。其中,产业互联网平台实现企业服务一点登录、一站尽享、一网通办,企业不用进政府、不用进银行即可享受政务办理、补贴申请、贴息、融资贷款等服务。住房系统互联平台利用区块链实现不动产登记、预售资金管理、公积金管理、房屋租赁等系统数据的标准化融合,确保真房、真租、真住,加速产城融合、职住平衡、租售并举、房住不炒目标的实现。

雄安新区通过数字化能力赋能民生应用,打造"数字民生服务网"。新区打造一批基于互联网移动端的服务平台,开发容东、容西、雄东等新建片区社区居民生活服务平台,持续为房修、物业公司提供系统运维保障。目前具备物业报修、生活缴费等社区服务功能,未来将逐步上线通信、家居、托儿、养老、家政等板块,并通过市场化手段为居民提供优质服务。截至2023年7月,"悦居容东"客户端累计用户数1487个、"幸福容西"注册用户超过4814个、"雄东e家"累计注册超4856个(图11-1-6)。打造"多表集抄"平台,多表集抄缴费平台降低了燃气、热力、自来水企业的抄表成本,为居民提供了集成化、便捷化的缴费、查询平台。建设智慧停车系统,2023年上半年按照集中交付时间节点如期完成各片区停车场计费接入

图11-1-6　"悦居容东"及"雄东e家"小程序界面功能截图

---

[1] http://www.rmxiongan.com/n2/2022/0406/c383557-35209787.html,部分资料由中国雄安集团数字城市科技有限公司提供。

工作，三个片区均完成无人值守设备上线，安置房停车场可实现云坐席远程值守场景。

11.2 "地下雄安"别有洞天

地下空间是城市的潜在空间资源，既可增大城市发展规模，又可帮助实现城市集约化发展。先地下、后地上，合理开发利用地下空间，是雄安新区规划建设的重要理念。本节将以容东片区地下基础设施及全域综合管廊建设实践为例阐述雄安新区"地下城"创新实践。

11.2.1 片区地下基础设施[1]

11.2.1.1 建设内容及原则

容东片区建设地下基础设施体系过程中秉持"五位一体"的建设思想，即一体化建设轨道交通、综合管廊、市政管网、地下空间和智能设施（图11-2-1），强调立体开发的协调性及多元功能的网络连通性，既竖向分层、突出功能，又横向联通、加强联系，以确保其系统有必要的抵抗力、可靠性和冗余度，构筑安全韧性、绿色低碳、智能创新、统筹兼顾的地下基础设施体系。

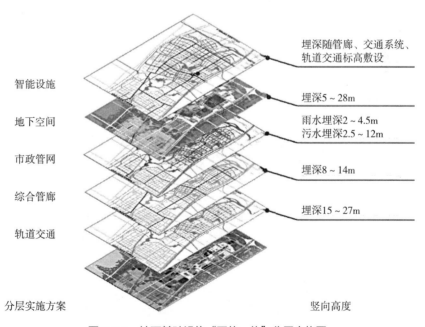

图11-2-1 地下基础设施"五位一体"分层实施图

---

[1] 张韵、杨京生，北京市市政工程设计研究总院有限公司。本节图表除说明来源之外，其余均为约稿作者提供。

竖向分层、突出功能是指，在容东片区地下10m以上的空间为浅层直埋市政管网、停车、公共服务设施、轨道交通站厅等城市功能性地下公共空间，地下10～30m主要为地下轨道交通站台、轨道区间段和综合管廊等骨干设施空间，地下30～50m控制为战略预留空间，适应各类功能的合理兼容和转换利用。

横向联通、加强联系是指，通过围绕轨道交通站点和公共服务中心规划地下空间整体建设区，强化地下各层各类空间通过联系通道相互衔接，实现地下商业、轨道交通、停车等功能互联互通。

11.2.1.2 轨道交通

容东片区轨道交通线网与新区总体规划轨道交通线网对接，规划两线五站的地下轨道交通网络，片区内所有轨道工程均按预留建设条件考虑（图11-2-2）。

建设过程中，根据车站主体、轨道区间两种不同的实施范围，综合考虑轨道线路与城市道路、综合管廊的空间关系，预留轨道区间沿线用地与周边地块的退线。同时统筹轨道站点的站型、站位、站台的空间尺寸及施工操作空间的控制因素，做好轨道站点与地下商业空间、人行步行空间的衔接预留。

11.2.1.3 综合管廊

容东片区统筹规划各专业管线的系统布局，在主要干路下形成了"一环七枝"的综合管廊干线布局，并预留与起步区联网接口，以最小综合管廊建设规模实现了所有市政主干线全部入廊。入廊管线包括给水管道、再生水管道、电力电缆、通信光缆、热力管道、燃气管道，实行统一规划、统一建设、统一管理、统一运营，切实保障城市安全稳定运行。

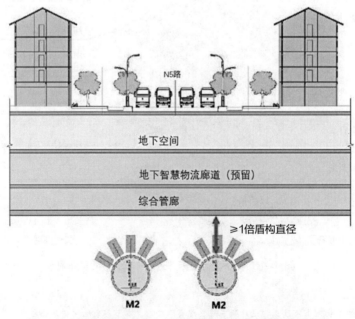

图11-2-2　轨道交通与管廊、地下智慧物流廊道空间预留示意图

图11-2-3　综合管廊与物流通道共构BIM模型图

综合管廊建设过程中，按照系统思维，核对各舱断面尺寸、梳理所有入廊管线清单、优化廊内管线布置，为远期发展预留弹性空间。同时根据竖向分层管控原则，结合新区先期开展的智慧物流配送模式创新研究成果，共构容东片区地下智慧物流廊道与综合管廊干线，为未来新区探索应用多功能地下设施廊道系统创造了可行性（图11-2-3）。

11.2.1.4　市政管网

容东片区市政管网建设采用综合管廊、浅埋缆线沟、组合排管、直埋相结合的管线敷设方式。建设过程中细化深化管线综合方案，为适应"窄路密网"的路网形式，主干管线集中纳入综合管廊并使其规模最小化且串通负荷密集区，支管直埋并最大程度减少敷设规模且集中布置。同时明确各管线和地下设施等分层控制要求，协调交叉点管线、设施的空间关系，细化各类管线的管径、管底标高和管线与设施之间距离，确保数据耦合，衔接一致。

市政供水方面，片区采用了"分区供水、回水循环"的供水模式，便于分区管理和精细化管理，能够实现对供水管网水量、水质和水压的有效控制。同时在供水分区管网末梢增设回水管道，通过可远程启闭的阀门进行连接，将停留时间较长区域的供水回流至增压泵站进行补氯消毒。

海绵设施方面，片区构建了源头削减、中途控制、末端治理的多级海绵净化系统，采用"渗、滞、蓄、净、用、排"综合措施最大程度实现海绵城市建设目标。在源头综合采用下沉式绿地、生态树池等措施拦蓄降低内涝风险并净化初期雨水；在雨水排放末端建设雨水调蓄池，串联相近雨水排放口，将初期4mm降水净化处置利用。

图11-2-4 地下空间分层建设图

11.2.1.5 地下空间

容东片区的各层地下空间拥有各自独立的功能，却又互联互通（图11-2-4），使整个城市不再是二维铺展，而是碰撞出无限可能。建设过程中按照综合利用、统一规划、上下一体、条块联动、复合利用、适当留白的原则，强化对地下空间建设利用方式的创新和探索，突出协调避让和分层管控，实现设计、实施、使用界面的高度协作与融合。

人行通道连通：整体建设区，联系地下商业及开放空间；独立建设区，连接公园绿地、广场及重要公共服务设施。

地下车库连通：车行连通道设置在地下二层，主要是连接地块与地块之间的交通联系，有效提升地下空间的利用率。

预留城市智慧物流廊道连通：利用地下道路、综合管廊形成结构共构体系作为预留城市智慧物流廊道，做好与道路周边地下空间充分衔接，物流专用车辆通过与地块之间连接的通道将货运包裹更便捷到达分拨中心。

11.2.1.6 智能感知与管理

以建设"智能容东"为目标，数字城市与现实城市同步建设，自下而上统筹集约部署面向地下轨道交通、管廊管线、停车场及商业空间、道路设施的智能感知终端，实现虚实空间的深度融合。建设过程中，明确不同应用场景下功能需求、数据分类、共用条件、安装方式、数据标准、施工要求等，通过搭建综合管理信息平台，实现信息的共建共享，支撑新型智能城市建设。

综合管廊：在地下综合管廊统筹部署环境感知、状态监测、信号传输、运行控制等数字化基础设施，预留支撑管廊智能巡检设备的通道，实现管廊运行的实时监测、自动预警和智能处置，推动管廊维护少人化和管理智能化。

地下道路：通过泛在感知系统实现对道路的实时感知，设备多附着于基础设施之上，随土建配套实施，为智慧城市提供数据支撑。

管控手段：通过建设管理模式的创新，打造覆盖工程全生命周期的BIM0~BIM5数字化审批平台，实现规划、设计、施工、运维全流程协同与融合，推动雄安数字基础设施实践。

11.2.2 全域"地下大动脉"❶

11.2.2.1 情况简介

按照"安全韧性、系统协调、创新智能"的建设要求，新区规划建设系统网络化、空间弹性化、运行智能化的"干线—支线"两级综合管廊，避免"马路拉链""空中蜘蛛网"现象，营造现代化市政环境，实现土地集约利用。

新区地下综合管廊断面标准为四舱，分为两至六舱不等，集纳了给水、再生水、电力、天然气、热力、通信、压力污水管线7种入廊管（图11-2-5）。设有专门检修口、吊装口和监测系统，实施统一规划、统一设计、统一建设和管理。目前已建成综合管廊约380km，分布在起步区、启动区、容东片区、容西片区、昝岗片区、雄县组团，其中干线管廊约178km，支线管廊约202km。

图11-2-5 地下综合管廊
（来源：http://www.xiongan.gov.cn/2023-04/04/c_1211964151.htm）

---

❶ 河北雄安新区管理委员会改革发展局.加快地下综合管廊建设 夯实高标准高质量建设雄安新区基础[J].习近平经济思想研究，2022，3：70-74.

11.2.2.2 主要做法

作为保障城市安全运营的重大基础设施，雄安新区综合管廊建设在系统布局、断面设计、附属设施、安全防灾等规划设计方面，充分考虑了综合管廊自身建设的安全性及韧性修复能力。在规划建设运营管理智能化方面，充分运用大数据、云计算、物联网、BIM、GIS等技术，建设系统网络化、空间弹性化、运行智能化的综合管廊体系，营造智慧高效、绿色安全的市政环境。具体表现为以下三方面：

（1）完善全流程标准体系

在国家标准规范的基础上，结合新区实际，综合考虑管廊结构、入廊管线敷设、质量安全管理、运营和维护要求，编制新区地下综合管廊设计、施工和验收系列标准以及操作规程、标准图集等，形成规范的标准体系。同时对综合管廊工程从地基基础到主体结构、机电设备安装全过程的工程施工、质量验收、资料管理等进行全面研究，制定施工技术标准和管理流程，出台《城市综合管廊工程施工及质量验收规范》等区域协同标准，完善综合管廊工程建设标准体系。

（2）创新建设技术工艺

创新管廊施工工艺。创新管廊滑移模架体系、绿色装配式护坡、台模早拆等新技术，保证施工的速度和质量，降低施工成本。

创新示范工程模式。在启动区NA8（EA1- EB4段）综合管廊建设中，创新实施长节段、大吨位整体式预制拼装综合管廊示范工程。建设以预制管件结构为主体的管廊结构，具有抗腐蚀能力强、使用寿命长、材料消耗低等优点，实现标准化、工厂化预制件生产，充分保证预制件质量和批量化生产，减少施工时间，保证预制装配式城市综合管廊安装的准确性。

创新智能化管理。同步布局建设智能感知和智能控制系统，每30m设一组沉降传感器、每100m装一组摄像头、每200m装一个氧气和温湿度传感器，运用物联网、现代传感技术、云计算等综合系统集成技术，对综合管廊内管线、环境、设备及运行进行实时监控、运营管理和安全预警，实现综合管廊的动态感知、安全预警和智能运行管理。管廊日常巡护引入机器人自动巡检，实现自动探测、报警等功能，并将数据自动上传到服务器进行分析，提高管廊维护效率（图11-2-6）。截至2023年3月，管廊已平稳运行18个月，廊内巡视监控10080h，廊内累计巡检3860.8km，地面安全区累计巡检7484.7km[1]。

全面推进BIM技术应用。搭建BIM管理平台，各种信息整合于三维模型信息数据库中，规划设计团队、施工监理单位、设施运营部门和业主等各方人员可以基于BIM进行协同工作。整个施工过程，利用建管平台、"雄安监理"APP进行管控，工程项目各个部位对应的每一位具体施工人员和管理人员都进行信息化录入，施工过程的每一道工序和检验

---

[1] https://mp.weixin.qq.com/s/xizD2gKTWp1Igvv05KfDow

图11-2-6 综合管廊智能设施
（来源：https://mp.weixin.qq.com/s/t93mx-JY4H0VnIISNwm58w）

验收都实时记录并上传，做到发现问题可追溯。实行工程建设项目全生命周期的BIM审查审批，推进工程建设项目规划、设计、建设、管理、运营全周期一体联动。

（3）科学化精细化管理

实施样板工程。综合管廊工程施工时选取具备代表性的节点，按照施工方案中的工艺要求先完成样板，随后对样板的各项质量指标进行检测，并不断优化工艺方案，强化验收标准，并最终确定工程样板，为后续管廊施工作业提供标准和参考，保证了施工质量，缩短了工期。

加强新技术新工艺应用。容东片区管廊某标段项目采用先进的管廊滑移模架体系，创新采用定制铝模和铝合金滑移系统，只需一次组装便可长时间施工，创新采用了墙体移动模架和顶板移动模架两个系统，实现了简易、轻巧、便捷施工。

推进全过程工程质量监督。建立全员、全过程、全方位的质量管理体系。建设过程中，始终把质量放在第一位，严把原料关、施工关、监理检验关，夯实参建各方质量责任。建设单位、监理单位、施工单位从事质量管理工作的人员熟练应用"雄安监理"过程控制小程序，实现质量管理架构无缝对接。

第四篇
绿色人文

第十二章　创新管理体制与机制
第十三章　引导绿色生活与文化

雄安新区绿色发展模型提出以政府善治为龙头，以人文引导为灵魂，以市场推动力为动力，以技术革新为保障，探索绿色智慧新城的建设模式。创新政府管理体制机制是雄安新区发展的核心要素，近两年雄安新区集中印发关于绿色建筑、绿色发展专项资金、科技项目管理等一系列实施方案和管理办法，制定产业创新政策体系和科技创新体系，逐步完善雄安新区绿色创新体制的构建。绿色生活与文化是雄安新区发展成为绿色新城的社会基础，通过成立行业协会、建立第三方智库服务公司、组织学术论坛、开展绿色生活理念的实践活动等多种形式，为社会公众提供绿色生活与文化氛围。

第十二章创新管理体制与机制，重点阐述雄安新区在建筑领域绿色发展机制、产业政策体系和特色科技创新体系构建三方面的工作。从工作机制、顶层设计、标准构建、金融创新和技术产业支撑五个方面阐述新区建筑领域绿色创新体制构建；介绍新区产业发展顶层政策设计、产业专项政策和配套服务政策，全面展示雄安新区在产业创新发展方面的具体措施，为雄安新区产业发展提供有力的政策依据和实施路径。特色科技创新体系方面，分别介绍《河北雄安新区科技创新专项规划》《河北雄安新区科技创新"十四五"规划》两个重要规划，根据规划指引的方向，制定科技发展的具体实施策略，通过设立雄安科技创新专项等工作，集聚科技创新要素，提升新区科技基础研究能力。

第十三章引导绿色生活与文化，重点阐述新区在多方主体构建绿色发展生态、绿色实践活动和公共传播三个方面的工作。多方主体推动雄安绿色发展生态体系构建，介绍行业协会和第三方智库在近年工作成果，展现新区构建绿色协同创新发展生态的进程。社会实践活动，从"雄安行"、儿童友好活动、生态文明宣传活动和学术论坛等方面，展现新区绿色实践活动的丰富多样性。公共传播主要从媒体矩阵和图书文化两个方面介绍雄安新区的绿色文化传播方式，通过新媒体与传统媒体相结合的方式，向公众传播绿色发展的新方向，促进雄安新区打造成为绿色人文之城。

Part IV Green Culture

Xiongan New Area proposes to explore a green development model of the city by taking comprehensive governance as the leading role, culture guidance as the core, market orientation as the driving force, and technology innovation as the assurance. The innovative approach to the government management systems and mechanisms are the core elements of the development of the Xiongan New Area. In the past two years, the government has intensively issued a series of implementation plans and management regulations for green buildings, specific funds for green development, and technological project surveillance, and also has set up an innovative policy system for industry and technology development, which have contributed to Xiongan's overall innovative and green governance. Xiongan recognizes that forming a green city requires social foundations which includes an eco-friendly lifestyle and culture. Consequently, it has established industry associations, founded third-party think-tanks, and organized academic forums and practical activities centered around green life to achieve this objective.

Chapter 12, *Innovative Management and Mechanism*, outlines three main aspects of the work in Xiongan, including development mechanisms in green buildings, industrial policy systems, and featured scientific and technological innovation systems. In the field of green building development, it provides a working framework, top-level design, standard construction, financial supervision, and industrial technical support. In terms of the industrial policy system, it comprehensively presents the specific measures for the industrial development in Xiongan, such as the leading policies, as well as the specific industrial policies and its matched services, to provide a firm basis and way for the development of industries in the Xiongan. As for the scientific and technological innovation systems, Chapter 12 respectively highlights the two important plans of Xiongan New Area: *"Special Plan for Scientific and Technology Innovation"* and *"14th Five-Year Plan for Scientific and Technology Innovation"*. Driven by their guidance, Xiongan formulates specific implementation strategies and works to gather related elements and improve its fundamental research ability, which fosters the growth of scientific and technological innovation.

Chapter 13, entitled *Leading a Green Life and Culture*, discusses the efforts of Xiongan about the collaboration among multiple agents, green practical activities, and effective public communication. It discusses the outcomes of the work carried out by industry associations and third-party think tanks in recent years, showing the progress made in building a green, collaborative, and innovative development ecosystem in Xiongan. The chapter provides an overview of various social practical activities, such as the "Xiongan Go (a mobile app for the public transportation within Xiongan)", child-friendly activities, ecological civilization popularity activities and academic forums, to illustrate the rich diversity of green social impacts in Xiongan. In the part of public communications, this chapter emphasizes the combination of new and traditional media channels in using social media matrix and book publication to disseminate the green lifestyle and awareness to the public in order to build the "Xiongan Green Culture."

第十二章 创新管理体制与机制

12.1 绿色发展机制构建

建筑领域绿色创新发展是城市践行新发展理念、推动高质量发展、加快生态文明建设的重要抓手，也是推动城乡建设提质增效，实现建筑领域质量变革、效率变革、动力变革的重要战场。雄安新区自设立以来，坚持绿色发展，创新构建建筑领域绿色发展工作机制，高质量推动城乡建设和建设科技绿色发展，目前各项工作取得重要阶段性成效。新区建筑领域绿色创新机制包括完善工作机制、明确顶层设计、构建标准体系、加强金融支持和完善技术和产业支撑等方面。

12.1.1 完善工作机制

2022年6月，雄安新区成立城乡建设绿色发展领导小组（简称"领导小组"），统筹协调新区城乡建设绿色发展和碳达峰碳中和工作，推动各部门、机构密切配合，将城乡建设与生态环境保护、资源合理利用相结合，实现经济发展与环境保护的良性循环，形成城乡建设绿色发展合力。

领导小组的工作包括：统筹规划，制定城乡建设绿色发展规划和总体方案，确保城乡建设与环境保护、资源节约和生态建设相协调；政策研究，研究和制定相关政策和措施，推动城乡建设绿色发展，包括《雄安新区推进工程建设全过程绿色建造的实施方案》等；项目推进，推动绿色发展项目实施，分类推进示范区试点项目，开展近零能耗建筑、街坊（社区）、园区等不同类型示范项目建设，开放创新技术应用场景。创建绿色建造示范工程，推进绿色策划、绿色设计、绿色建材选用、绿色施工和绿色交付一体化协同；监督检查，监督和评估城乡建设绿色发展情况，确保政策和措施有效实施，及时发现和解决问题。通过施工能耗与碳排放计量监测、统计核算和考核评价，全面提升工程建设绿色水平。

12.1.2 明确顶层设计

雄安新区出台"1+4+2"政策文件，从总体指导到实施方案、配套管理办法，涵盖绿色建筑高质量发展各个方面，为新区城乡建设绿色发展提供全面政策支撑。

"1"：《雄安新区绿色建筑高质量发展的指导意见》，是核心文件，提出绿色建筑高质量发展的总体指导、政策框架、重点任务。

"4"：《雄安新区推进工程建设全过程绿色建造的实施方案》《雄安新区政府采购支持绿色建材促进建筑品质提升工作实施方案》《雄安新区近零能耗建筑核心示范区建设实施方案》《雄安新区智能建造试点城市实施方案》四个实施方案，明确规定示范工程、绿色建材、近零能耗示范区等多个领域的具体建设措施和要求。

"2"：《雄安新区城乡建设领域绿色发展专项资金管理办法（试行）》《雄安新区银行业金融机构支持绿色建筑发展前置绿色信贷认定管理办法（试行）》，规定绿色发展专项资金管理方式和银行业金融机构对绿色信贷的认定范围。

（1）《雄安新区绿色建筑高质量发展的指导意见》

雄安新区坚持建设高质量绿色生态宜居新城，以绿色建筑高质量发展为先导，推动绿色建筑在更广范围、更深程度、更高水平上发展。2021年8月，雄安新区印发《雄安新区绿色建筑高质量发展的指导意见》（以下简称"《指导意见》"）。《指导意见》提出近中远期发展目标，到2022年，新区绿色建筑高质量发展机制初步形成，试点示范项目取得显著进展；到2025年，新区高品质绿色建筑全面推广，绿色社区全面创建；到2035年，新区绿色建筑高质量发展样板全面实现，形成绿色生活方式，树立国际领先绿色低碳智慧典范，绿色生态宜居新城区蓝图全面形成。

《指导意见》分别从绿色建筑、绿色建造、技术应用、产业支撑和全过程管控五个方面提出重点任务。

1）推动绿色建筑全方位高质量发展

全面推广绿色建筑。城镇新建民用建筑、工业建筑全面执行绿建标准，鼓励农村新建建筑参照绿建相关标准建设绿色农房。

规模化推广高星级绿色建筑。新建民用建筑和工业建筑全面执行二星级以上绿色建筑标准，新建政府投资及大型公共建筑全面执行三星级绿色建筑标准，启动区、起步区等重点片区新建建筑力争达到国际领先水平。

大力提升新建建筑能效水平。鼓励在"一主五辅"区域内大力推广超低能耗建筑、近零能耗建筑和零能耗建筑，发展低碳建筑。

高品质推动"绿色建筑+"融合发展。大力支持绿色建筑与近零能耗建筑、零碳建筑、健康建筑、智慧建筑、装配式建筑等"绿色建筑+"融合发展。

探索开展绿色城市建设试点。在新建片区和组团内全面开展绿色街坊、绿色社区、绿色生态城区创建行动。

积极推进既有建筑绿色化改造。改造后的居住建筑100%达到一星级及以上既有建筑绿色改造标准。改造后的公共建筑100%达到二星级及以上既有建筑绿色改造标准。

2）加快推进工程建设全过程绿色建造

大力推进绿色建造示范工程创建行动。鼓励新建房屋建筑和市政基础设施工程推广绿色化、工业化、信息化、集约化和产业化新型建造方式。

大力推广装配式建造。鼓励工业建筑、医院和学校等公共建筑优先采用钢结构，积极推进钢结构住宅和农房建设。在工业建筑、低层公共建筑和住宅及平改坡等工程中积极推广应用现代木结构。鼓励全面推广应用预制构件。

全面推动信息技术集成应用。在新建房屋建筑和市政基础设施工程中全面推广BIM等技术在新型建筑工业化全寿命期的一体化集成应用。积极推动5G、物联网、智能建造等信息技术在建筑中集成应用，开展"5G+智慧工地"试点示范、智能光伏应用示范。

加快推广绿色建造技术。推进多专业绿色协同设计；推行建筑全装修和成品交房，推广管线分离、一体化装修技术，推广集成化、数字化和模块化建筑部品。

全面推广新型组织管理模式。在新区重点片区全面推广工程总承包、全过程工程咨询、建筑师负责制等集约化组织管理模式。

3）积极推广绿色建筑技术应用和示范引领

快速提升可再生能源应用水平。鼓励太阳能光热技术、太阳能光伏技术、地热资源、再生水源及余热等热泵技术在建筑中进行应用。加强智能电网建设，鼓励新建项目采用光储直柔技术。

不断提升绿色建材应用质量和水平。政府投资和使用财政性资金的新建工程全面采用绿色建材，引导和鼓励市场投资项目积极使用绿色建材。

奋力打造绿色建筑"雄安示范"。开展零碳建筑技术示范、绿色建造与绿色建材应用示范、绿色低碳健康宜居示范。

4）加强绿色建筑技术和产业支撑

加快政策法规和标准体系建设。推动《雄安新区绿色建筑条例》立法；全面制修订雄安新区绿色建筑设计、建造、建材、验收、运行、检测、评价等工程建设标准和产品标准。

规划碳达峰实施路径。研究制定新区建筑领域碳达峰碳中和实施路径、能源消费总量控制和碳排放总量控制及强度双控目标方案，探索建立建筑行业低碳发展、建筑碳排放报告、核查以及碳交易等工作机制。

大力培育绿色建筑产业。做大做强绿色建筑规划设计、绿色建造、绿色运维管理、绿色建筑科技服务业、绿色金融、绿色建筑商贸和会展业等绿色建筑产业链网。

推进创新交流。利用国家、省和新区绿色建筑专家库、绿色建筑人居环境创新中心、绿色建筑展示中心等平台，定期组织技术培训或讲座。实施绿色建筑人才资格认证与奖励制度。举办新区绿色建筑国际论坛。

5）加强绿色建筑全过程管控

强化立项用地管控。规划条件中将绿色建筑等级、能耗和碳排放指标、可再生能源应用、绿色建材、绿色建造等要求纳入，并写入国有建设用地使用权出让合同或国有土地划拨决定书。

加强建设过程管控。制定绿色建筑施工设计图审查要点、绿色建筑验收指南。

推进绿色建筑运维管理。依托CIM平台、应用建筑信息模型（BIM），推广"物联网+"在建筑运行优化中的应用。建立绿色建筑性能评价制度及建筑物性能质量检查制度和绿色物业管理模式，建立绿色建筑使用者监督、评价和反馈机制。

加强绿色建筑标识管理。落实国家、省绿色建筑标识管理办法要求，开展绿色建筑标识管理工作。建立新区绿色建筑专家库系统，引入绿色建筑第三方服务机制。

严控公共建筑用能水平。制定新区公共建筑能耗定额标准，建立公共建筑能源监控、能耗统计、能源审计和公示制度，鼓励合同能源管理等方式。

专栏12-1 《雄安新区绿色建筑高质量发展的指导意见》解读[1]

《雄安新区绿色建筑高质量发展的指导意见》（以下简称"《指导意见》"）的发布为雄安新区下一阶段绿色建筑高质量发展明确了目标、指导思想和重点任务。表1中对《指导意见》重要条文内涵进行解读，以期为各方读者、建筑行业从业者提供更多思路与参考。

表1 《指导意见》专家解读

章节	序号	原文	专家解读
基本原则	1	立足国内，放眼全球，构建雄安新区绿色建筑规划设计、建造、产品、运维、更新全过程标准体系，以"雄安标准"引领产品、工程、服务和质量品质持续提升，打造绿色的"雄安设计""雄安建造""雄安运维"品牌，成为全国绿色建筑高质量发展的标杆。	从事雄安规划建筑设计工作，在具体工作中都会面临一个问题：雄安新区建设项目执行的建设标准问题。建设项目参考北京、天津、上海、广州、深圳等国内一线城市，或者相邻城市相关标准，或者参考英国、德国、日本、美国等发达国家标准，或者根据国家建设法规体系要求，执行河北省标准的前提下参考其他标准执行？在实际工作中，需要雄安新区出台具体工程相关标准，统一认识，明确标准，有据可依。这个指导意见非常重要。
			雄安新区前期制定了一些地方规程和标准，希望既不冒进导致很难落地或造价飙升，也不落伍能把控"雄安质量"底线。希望雄安系列标准能结合现有建设经验，总结提升，控底线标准，底线控好，基本质量有保障，项目拔高、特色提升可以由具体项目责任规划师、责任建筑师来结合建设单位需求把控。

---

[1] 本节选自雄安绿研智库公众号推文：《专家解读 | 看雄安新区绿色建筑高质量发展指导意见有哪些隐藏知识点》。https://mp.weixin.qq.com/s/ilWdYvQoue3H9APjatLs7A

续表

章节	序号	原文	专家解读
主要目标	2	到2035年，绿色建筑高质量发展样板全面实现，建筑碳排水平快速提升，人民群众生产生活空间品质优良，形成绿色生活方式，树立国际领先绿色低碳智慧典范，绿色生态宜居城区蓝图全面形成。	从新区规划和各类文件中可以看出，2035年对雄安新区是一个关键的年份。这个时间节点，是新区建设样板基本规模性兑现的时候。 中国承诺，在2030年前力争碳达峰，这意味着，未来十年的时间窗口对雄安新区非常重要，在完成大规模建设的同时，还需要对城市的碳达峰和碳中和目标和解决路径给出答卷，才有可能在后续的2030—2035年期间完成国家整体双碳目标。
规模化推广高星级绿色建筑	3	雄安新区规划范围内城镇新建民用建筑和工业建筑全面执行二星级及以上绿色建筑标准，新建政府投资大型公共建筑全面执行三星级绿色建筑标准，启动区、起步区等重点片区新建建筑力争达到国际领先水平。	这是雄安新区第一次对建设项目具体绿色建筑标准给出明文要求，现在各建设项目都要根据《指导意见》进行跟进落实。
积极推进既有建筑绿色化改造	4	引导建立新型改造投融资模式，吸引社会资本介入，推动形成绿色改造内生动力。到2025年，建成一批既有建筑绿色化改造示范项目。	新区三县既有建筑肯定不会全面搞大拆大建，未来4~5年，预计绿色化改造是县城建设的发力点。《指导意见》给出了具体的改造建设的绿色建筑标准，对提升改造品质有重要指导意义。
大力推广装配式建造	5	大力发展钢结构建筑，鼓励工业建筑、医院、学校等公共建筑优先采用钢结构，积极推进钢结构住宅和农房建设。在工业建筑、低层公共建筑和住宅及平改坡等工程中积极推广使用现代木结构。鼓励全面推广应用预制内隔墙、预制楼梯板、预制楼板、市政预制构件，不断提升通用部（构）件工厂化标准化生产水平，推动形成绿色建造完成产业链，推动智能建造和建筑工业化协同发展。到2025年，建成一批高质量高水平的装配式建造的绿色建筑示范项目。	《指导意见》给出装配式建筑发展的方向，但是新区装配式建筑评价的具体建设要求、评价的组织方式、采用的评价标准依然没有明确，期待新区后续出台装配式建筑更加明晰的相关要求。
加快推广绿色建造技术	6	研究推广建造过程碳排放准确监测与核查关键技术，推进碳排放数据公开透明化。	碳排放的准确计算是实现双碳目标的基础工作，在新区大规模建设的当下，应该提前评估城市建设和运行的碳排放情况，并根据总体碳排放的目标和时间表，制定相关核算标准和方法，为新区建设项目的碳排放计算标准提供编制依据。
全面推广新型组织管理模式	7	在新区重点片区全面推广工程总承包、全过程工程咨询、建筑师负责制等集约化组织管理模式，健全配套的发包承包、造价管理等制度，促进设计、生产、施工深度融合，提高建造集约化水平。	有工程总承包、全咨、建筑师负责制等项目经验的单位在新区未来建设过程中会更受益，新区建设项目也会在这种组织模式下从质量、成本、速度上得到收益。
积极推广绿色建筑技术应用和示范引领，不断提升绿色建材应用质量和水平	8	推进绿色建材提供碳足迹指标，加强应用情况评估，不断提升绿色建材应用和管理水平。到2025年，新建建筑绿色建材应用比例达到70%以上。	目前，如汽车行业的造车企业已就上游基材企业提出碳减排要求（减排规划及目标，废钢比，绿色能源，碳足迹LCA评价，第三方信息披露，冶炼路径规划等）。雄安新区的建筑行业应迅速学习跟进，引领全国建设领域的低碳产业发展。

续表

章节	序号	原文	专家解读
规划碳达峰实施路径	9	贯彻落实国家应对气候变化和碳减排战略部署，研究制定新区建筑领域碳达峰碳中和实施路径、能源消费总量控制和碳排放总量控制及强度双控目标方案，探索研究建立建筑行业低碳发展、建筑碳排放报告、核查以及碳交易等工作机制，推动建筑领域进入碳交易平台。	目前我国碳交易采用行业碳配额的方式，一旦确定新区建筑领域要进入碳交易市场，因为新区还处在大规模建设的阶段，很可能会产生大量的附加成本，所以配额总量的核算、免费配额的确定，配额的缺口填补都应提前规划设计。
强化立项用地管控	10	自然资源和规划主管部门在出具地块规划条件时，要将绿色建筑等级、能耗和碳排放指标、可再生能源应用、绿色建材、绿色建造等要求纳入规划条件并写入国有建设用地使用权出让合同或国有土地划拨决定书。项目设计方案需达到规划条件要求后，方可出具设计方案审查意见。	《指导意见》这些要求意味着在新区建设的前期工作中，要深入探究建筑建设和运营阶段的碳排放情况，否则后期建设可能完全无法达到规划条件。由于建筑碳排放计算和评价在国内也处于新兴状态，市场服务机构的技术供应能力及服务水平也值得关注。

（2）《雄安新区推进工程建设全过程绿色建造的实施方案》

2022年6月，雄安新区印发《雄安新区推进工程建设全过程绿色建造的实施方案》，引导新建房屋建筑和市政基础设施工程推广绿色化、工业化、信息化、集约化和产业化新型建造方式，以示范工程创建为抓手，探索建立雄安新区绿色建造实施推广机制，全面提高工程建设资源利用效率，保护环境，减少排放，提升建设工程品质。

该方案明确扎实开展示范工程创建行动、全面提升工程建设全过程建造活动绿色化水平、加快推进新型建筑工业化发展、大力推进建造手段信息化应用、积极推进建造管理集约化发展、加快构建绿色建造产业体系等6方面20项任务，提出到2025年，雄安新区绿色建造示范工程创建行动取得明显成效，建成20个高水平、标志性绿色建造项目，初步形成适宜新区的绿色建造标准体系，培育10个绿色建造龙头骨干企业，建立较为完善的产业生态和服务体系，呈现绿色建造规模化发展态势；同时，新区构建绿色建造全过程供应链体系，完善绿色建造工作机制，推进建筑工业化、绿色化、智能化水平显著提高，形成可复制推广的绿色建造政策体系、管理体系、技术体系、评价体系等在内的绿色建造创新体系，初步形成长效发展机制，为全国绿色建造提供示范样板。

（3）《雄安新区政府采购支持绿色建材促进建筑品质提升工作实施方案》

2022年6月，雄安新区印发《雄安新区政府采购支持绿色建材促进建筑品质提升工作实施方案》，提出明确绿色建材采购应用范围、制定绿色建材采购需求标准、打造绿色建材政府集中采购平台、创建集中采购模式等重点任务。预计到2025年底，雄安新区建立完善绿色建材推广应用政策措施体系、工作机制和管理模式，形成绿色建材供应链体系探索绿色金融支持绿色建材应用的有效途径。

（4）《雄安新区近零能耗建筑核心示范区建设实施方案》

《雄安新区近零能耗建筑核心示范区建设实施方案》于2022年6月印发，提出雄安新区以推广超低能耗建筑规模化为重点，开展近零能耗建筑、街坊、园区等示范建设，创新性递进推进超低能耗建筑规模化发展。实施方案明确示范区建设工作机制、提出示范区建设技术路径、分类推进示范区试点项目三个主要任务，其中建设技术路径方面围绕建筑、街坊（社区）、园区三个维度制定不同类型近零能耗建筑示范技术体系、指标体系以及落地实施管控机制。

截至2022年12月底，新区已有10个项目，总建筑面积约50万m^2均按超低能耗建筑标准高质量建设和运行。计划到2025年底，雄安新区建成一批近零能耗建筑、街坊（社区）、园区等不同类型近零能耗示范项目和创新技术应用场景，形成可推广的近零能耗建筑核心示范区建设政策体系、技术体系和评价体系，为全国其他地方提供示范。

（5）《雄安新区智能建造试点城市实施方案》

2023年2月，雄安新区印发《雄安新区智能建造试点城市实施方案》，提出要结合雄安新区实际情况，制定符合雄安新区智能建造发展的政策体系、数字设计、智能生产、智慧绿色施工、智慧运维等10项重要任务。同时，通过示范工程创建等形式，探索雄安新区智能建造实施推广机制，全面提高工程建设资源利用效率，提升工程质量安全和品质，实现建筑业转型升级和持续健康发展。

预计2025年，雄安新区智能建造相关标准逐步建立，智能建造产业体系基本形成，培育出不少于10家具有智能建造系统解决能力的龙头骨干企业，完成不少于20个智能建造试点项目，建立不少于2个建筑产业互联网范例平台，智能建造试点城市初见成效。

（6）《雄安新区城乡建设领域绿色发展专项资金管理办法（试行）》

为响应河北省住房和城乡建设厅等四部门联合出台的《关于有序做好绿色金融支持绿色建筑发展工作的通知》，2022年7月，雄安新区多部门共同印发《雄安新区城乡建设领域绿色发展专项资金管理办法（试行）》，提出专项资金的支持范围、支持方式和支持标准，对建筑节能与绿色建筑、智能建造与装配式建筑、建筑废弃物减排与综合利用、绿色城市等方面给予资金支持，同时也对不同类型和等级的项目制定不同补贴标准。部分标准见表12-1-1。

表12-1-1　绿色发展专项资金补贴标准

序号	类型	补贴标准
1	三星级运行标识绿色建筑项目	每平方米补贴20元，单个项目不超过100万元
2	近零能耗建筑示范项目	每平方米（近零能耗建筑区域部分）补贴100元，单个项目不超过300万元

续表

序号	类型	补贴标准
3	其他类示范项目	按其增量成本10%的比例进行补助，单个项目不超过300万元
4	列入新区城乡建设领域绿色发展的工程建设标准制（修）订计划项目、建设科技计划项目	依据所制定标准的重要性、先进性及工作难度予以区别补助，每项最高补助一般不超过20万元

截至2023年8月，雄安新区已公布3批、12个示范项目，共获得专项资金补贴，支持超过1700万元，这些项目已成为新区绿色低碳集中展示地和参观学习点，形成了良好的示范带动作用。

12.1.3 构建标准体系

（1）构建工程建设标准体系框架

雄安新区于2022年2月印发《"雄安质量"工程标准体系》（以下简称"《标准体系》"），构建新区工程建设标准体系框架，明确通用标准、项目标准、专用技术标准三个层级，涵盖城乡规划、建筑工程等9个领域的标准体系（图12-1-1），逐步建立具有雄安特色、国内领先、面向未来的雄安工程建设标准体系。

（2）开展地方标准研究制定❶

在《标准体系》指引下，新区建立健全城市规划设计建设管理标准体系，推进基础设施、城市建筑等领域标准化，目前已发布《雄安新区绿色建筑设计导则（试行）》等地

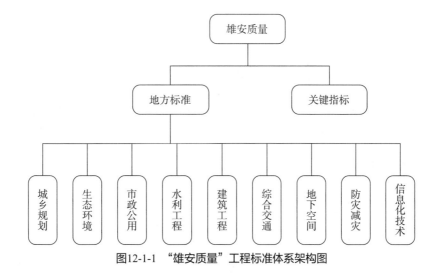

图12-1-1 "雄安质量"工程标准体系架构图

---

❶ https://mp.weixin.qq.com/s/un2i1VlpApnnDHyreLBS-A

方标准20项，发布规程、导则、指南等成果文件30余项，其中有10项达到国际国内领先水平、8项填补了专业领域的标准空白。绿色建筑领域标准较为完善，如《雄安新区绿色建筑设计标准》《雄安新区绿色街区规划设计标准》《雄安新区绿色低碳社区评价标准》《雄安新区绿色城区规划设计标准》《雄安新区绿色建筑施工图审查要点》《雄安新区绿色建筑工程验收指南》等，实现了新区绿色建筑从建筑到街区、社区、城区全尺度，从设计、施工、审查到验收的全过程标准覆盖（图12-1-2）。

2023年，新区组织新一批地方标准研究共48项，涵盖节能验收、绿色低碳建筑、零碳建筑、光伏新能源、装配式、智慧工地、儿童友好城市等多个领域，计划2023年下半年、2024年上半年分批发布。

同时，雄安新区制定地方标准编制工作激励政策，广泛征集标准立项，积极鼓励新区工程建设相关单位参与标准化工作。为加强标准管理，雄安新区还印发了《雄安新区工程建设地方标准管理办法》，进一步指导机构、企业、协会参与新区地方标准编制。

（3）研究编制关键质量指标体系建设[1]

通过系统梳理国家标准、行业标准、地方标准，并对标国际标准，雄安新区建立一整套行之有效的工程建设关键质量指标体系，目前已发布实施包含9个领域的《雄安新区工程建设关键质量指标体系》（图12-1-3），从设计源头强化工程建设全过程质量管控，共确定定量、定性指标条文1713项，突出指标体系在支撑工程建设中的引领性、前瞻性价值，支撑创建"雄安质量"，这是国内首次编制涵盖工程建设全领域的关键质量指标体系管控文件，具有示范带动效应。

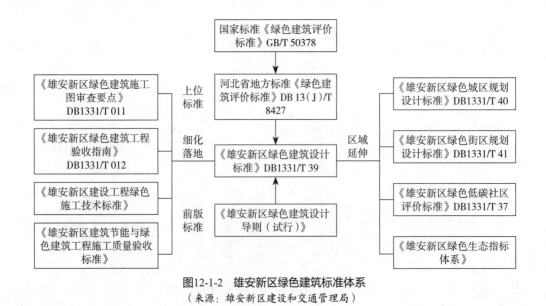

图12-1-2 雄安新区绿色建筑标准体系
（来源：雄安新区建设和交通管理局）

---

[1] https://mp.weixin.qq.com/s/AAWfz_gD_yAvaUWRPlmySw

图12-1-3 雄安新区工程建设关键质量指标体系：建筑工程
（来源：http://www.chxda.cn/Article/82）

12.1.4 加强金融支持

绿色金融是推动城市绿色低碳高质量发展的有效工具。2022年4月，雄安新区出台《雄安新区银行业金融机构支持绿色建筑发展前置绿色信贷认定管理办法（试行）》，明确绿色建筑信贷支持领域，创新性地将绿色信贷认定环节前置至项目建设前，用款企业可提早享受绿色信贷优惠政策，相关工作入选河北省自贸区第五批制度创新典型案例。2022年9月，中国人民银行雄安新区分行联合新区五部门印发《金融支持雄安新区绿色低碳高质量发展的指导意见》，通过一系列投融资工具，包括绿色信贷、绿色债券、绿色基金等，引导和撬动金融资源向节能降耗项目、绿色转型项目、碳捕集与碳封存等低碳技术创新项目倾斜，完善新区绿色金融发展顶层设计框架。

（1）《雄安新区银行业金融机构支持绿色建筑发展前置绿色信贷认定管理办法（试行）》（以下简称"《办法》"）❶

在《办法》指导下，紧紧围绕深化绿色建筑产业金融服务，雄安新区绿色信贷推广工作全面提速降价。再造绿色信贷认定流程。认定时间较传统模式提前2~3年，跑出雄安"加速度"；降低受理行资金成本。金融机构总行给予绿色信贷项目内转价格优惠、综合

---

❶ http://www.xiongan.gov.cn/2023-02/03/c_1211724893.htm

定价授权扩大、减值承担、经济资本差别化考核、信贷资源保障等系列绿色信贷差别化优惠政策支持，激发金融机构绿色信贷投放动力；降低企业融资成本。通过金融机构内部到需求终端的"两级传导"机制，可以较低价格润泽新区全部绿色建筑项目，增强企业信贷"获得感"，增强企业发展绿色产业内生活力。

《办法》除大力支持雄安新区绿色建筑发展外，还将符合要求的上下游供应链企业、普惠小微企业整体"打包"囊括进政策支持范围，并辅以绿色建筑项目和信贷同步审批、绿色贷款审批绿色通道、绿色建筑信贷专项统计报表及报告等配套措施，实现事前界定、事中控制、事后跟踪三个环节协同配合及相互印证，一体推进雄安新区建筑行业全产业链绿色转型。

截至2023年2月，雄安新区累计有22个绿色建筑项目获得银行授信2132亿元，发放绿色信贷资金392亿元，每年帮助企业节约成本超1.2亿元，实现减碳约41万t，金融支持雄安新区绿色建筑高质量发展取得良好效果。

（2）《金融支持雄安新区绿色低碳高质量发展的指导意见》（以下简称"《指导意见》"）❶

《指导意见》根据雄安新区实际情况，构建具有雄安特色的绿色金融政策体系、组织体系和产品体系，具有三大"雄安特色"：

1）突出重点产业发展。引导金融机构加大对绿色建筑、绿色交通、绿色能源三大重点产业的支持力度，对雄安新区在大规模建设和承接北京非首都功能疏解过程中引进的新一代信息技术、现代生命科学和生物技术、新材料、高端现代服务业、绿色生态农业等绿色低碳产业提供金融支持，推动绿色产业集聚发展。

2）突出科技创新引领。多维度运用区块链、大数据、人工智能等信息技术，完善绿色项目库、碳信息采集核算、绿色信用数据体系等绿色金融基础设施建设，提升绿色金融服务效率。依托金融科技创新监管工具，推动金融科技创新成果在绿色金融领域示范应用，实现金融科技和绿色金融有机融合。

3）突出试点效应传导。发挥雄安新区在数字人民币试点方面先行先试优势，丰富各类绿色低碳消费场景，对绿色低碳行为给予金融支持，提升普惠金融服务能力。加快推进雄安绿色交易中心建设，借助雄安新区政策支持和技术引领优势，积极参与全省降碳产品交易活动。在中国（河北）自由贸易试验区雄安片区范围内，开展绿色金融领域开放创新，充分利用跨境资金降低绿色企业融资成本。

《指导意见》的实施为引导各金融机构以金融活水浇灌新区绿色发展提供了支撑，截至2023年6月末，雄安新区绿色贷款余额773亿元，同比增长232%，较2023年初增加191亿元❷。同时，2023年9月，河北省首笔"碳中和挂钩"贷款雄安新区落地，该笔贷款由交通

---

❶ http://www.xiongan.gov.cn/2022-09/13/c_1211684293.htm

❷ http://www.xiongan.gov.cn/2023-09/13/c_1212267433.htm

银行河北雄安分行为华能（雄安）城市综合能源服务有限公司项目发放。与传统贷款方式不同，该"碳中和挂钩"贷款将贷款利率与企业的二氧化碳中和量等关键绩效指标挂钩，有效激励企业积极实施碳减排措施，促进经济与社会效益相融合。首笔"碳中和挂钩"贷款落地雄安新区，体现了雄安作为绿色发展城市典范，引领全省绿色低碳转型的示范作用。

12.1.5 完善技术和产业支撑

在完善绿色建筑技术发展方面，雄安新区印发《雄安新区城乡建设领域科技计划项目管理办法（试行）》，明确城乡建设领域科技计划项目申报、立项、实施与管理、验收、技术创新和成果转化与推广应用等内容，组织多批次的项目申报，为确保新区绿色建筑高品质发展提供保障。新区积极开展建设科技研究，推动BIM技术在超大型工程建设项目施工阶段的应用等前沿研究，15个研究项目列为河北省建设科技研究计划项目，30个项目列入新区第一批建设科技计划。推广"技术+工程"的组织实施模式，开展新技术集成应用和示范工程（项目）建设，7个项目列入住房和城乡建设部科技示范工程。

在支撑绿色建筑产业发展方面，2023年9月，雄安新区最新印发《推动雄安新区建筑产业高质量疏解发展的若干措施》，支持新区建筑业企业推动建筑产业数字化、智能化、绿色化转型升级，推广应用数字化技术、系统集成技术、智能化装备和建筑机器人；支持预制拼装管廊技术研发和应用，加快部品部件生产数字化、智能化升级；鼓励企业推广应用智能建造、装配式新技术、新工艺。

12.2 产业政策体系引领

12.2.1 顶层政策体系

近年来，雄安新区搭建完成"四梁八柱"的顶层设计，出台"1+4+26"规划体系，形成"1+5+22+100"城乡空间格局，制定"1+10"疏解配套政策，构建完善"1+N+X"疏解方案政策体系及"1+24"政策体系。其中"1+N+X"是雄安新区为推动疏解承接，构建出符合高质量发展和未来发展方向的制度体系，"1+24"是雄安新区在经济运行方面制定的政策体系，在稳定经济、扩大投资、支持服务业、促进外贸外资等方面，保障新区经济发展运行。两个顶层政策体系相互协同、相互促进，为新区产业高质量提供有力支撑。

（1）"1+N+X"政策体系（图12-2-1）

"1"：《中共中央 国务院关于支持河北雄安新区全面深化改革和扩大开放的指导意

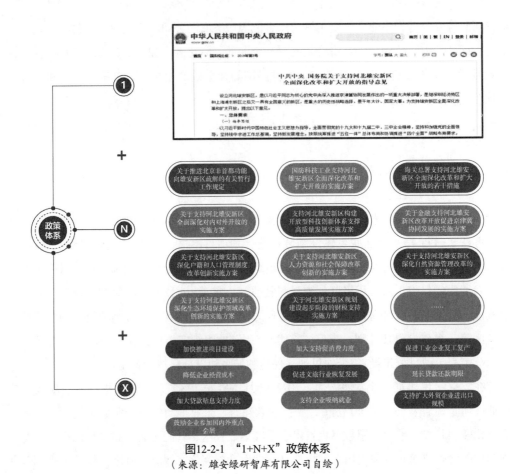

图12-2-1 "1+N+X"政策体系
(来源:雄安绿研智库有限公司自绘)

见》,是雄安新区创新产业发展的总体指导文件,意见中提出九个重点领域、若干重点任务和政策举措,涉及创新驱动、城市治理、公共服务、选人用人、土地人口管理、生态环保、扩大开放、财税金融、治理体制机制等方面。

"N":改革创新配套实施方案,是对《中共中央 国务院关于支持河北雄安新区全面深化改革和扩大开放的指导意见》的具体落实,目前第一批已出台19个相关领域实施方案,主要围绕财税、自然资源、生态环境、建设项目投资审批、户籍和人口、教育、科技等重点领域制定印发政策,例如《支持雄安新区深化生态环境保护领域改革创新的实施方案》等。

"X":稳定经济发展的政策措施,为更好承接北京非首都功能疏解,目前已制定10个接续政策措施,涉及项目建设、促进消费、贷款贴息等方面。

"1+N+X"政策体系从民生、财税、生态环境保护、科技创新等多个方面制定实施方案和支持政策,体现中央对雄安新区建设的高度重视和大力支持,也显示了雄安新区建设的系统性、创新性和前瞻性。"1+N+X"政策体系覆盖多个行业领域,为雄安新区改革创新和经济发展提供强有力的制度保障,推动雄安新区各项改革创新任务落地生根。

（2）"1+24"政策体系（表12-2-1）

"1"：《关于扎实稳定雄安新区经济运行的一揽子政策措施》，是雄安新区经济发展的总体指导文件，提出加强财政金融支持、优化营商环境、推动重点项目建设、加快产业发展、完善社会保障等五个方面的工作要求。

"24"：经济发展配套实施方案，是对《关于扎实稳定雄安新区经济运行的一揽子政策措施》的具体落实文件，包括《关于稳住经济的二十四条财政政策措施》《关于稳定经济的十九条货币金融政策措施》等。

"1+24"政策体系从雄安新区建设国家科技创新中心、国家数字经济创新发展试验区、国家绿色发展示范区等方面制定政策措施，增强承载北京非首都功能疏解的吸引力，构建符合高质量发展要求和未来发展方向的制度体系。

表12-2-1 "1+24"政策体系（节选）

序号	政策名称
	1个总体文件
1	关于扎实稳定雄安新区经济运行的一揽子政策措施
	24个配套政策措施
1	关于稳住经济的二十四条财政政策措施
2	关于稳定经济的十九条货币金融政策措施
3	关于扩大投资工作成效的七条政策措施
4	关于支持服务业领域纾困发展十一条政策措施
5	关于促进外贸外资高质量发展的三十二条政策措施
6	关于保粮食能源安全的五条政策措施
7	关于保产业链供应链稳定的十条政策措施
8	关于保基本民生的十条政策措施
9	关于支持传统产业抗疫纾困转型升级的十条政策措施
10	关于扎实推进新区农业经济发展的十二条政策措施

12.2.2 创新产业专项政策

《河北雄安新区规划纲要》提出，"雄安新区将聚焦新一代信息技术、现代生命科学和生物技术、新材料、高端现代服务业、绿色生态农业等五大高端产业，并明确新一代信息技术产业要围绕建设数字城市，重点发展新一代通信网络、物联网、大数据、云计算、人工智能、工业互联网、网络安全等信息技术产业"。数字经济产业的发展成为推动雄安新区高质量高标准建设发展的重要内容和支撑。

目前，雄安新区已进入大规模建设与承接北京非首都功能疏解并重阶段，数字经济产业作为实体经济的血脉作用将更加凸显，既是雄安新区建设发展的关键支撑，也是雄安新区承接疏解和创新发展的重要产业。

2023年9月，雄安新区管理委员会在数字雄安论坛上发布空天信息产业、软件和信息技术服务业和城市鸿蒙产业三项数字经济专项支持政策，并从企业培育、技术研发、人才培育等方面给予资金支持或补助，进一步促进雄安新区数字经济产业发展，全力打造数字经济创新发展、高质量发展的样板。

（1）空天信息产业

从企业培育方面，给予不超1000万元的落户补助；购置设备给予不超1000万元的补助；重大科技成果产业化项目和应用示范项目，分别给予不超5000万元和2000万元的补助。从技术研发方面，对新建的省级创新平台按1：1给予配套资金支持。从人才和团体培育方面，对优秀的个人和团体给予不超20万元和200万元的补助。

（2）软件和信息技术服务业

从企业培育方面，按培育规模分别给予20万元、30万元、50万元、100万元、150万元、200万元的补助；技术外包和融资贷款，给予不超100万元的补助。从技术研发方面，按研发投入给予不超100万元的资金支持，承担国家项目的，按1：1配套资金支持。从人才培育方面，对新建的IT实训基地，一次性给予100万元补助。

（3）城市鸿蒙产业

从企业培育方面，按培育规模分别给予15万元、30万元、50万元的补助；对符合条件的鸿蒙终端设备生产项目，给予不超过500万元的补助。从产品推广方面，对获得开源和鸿蒙智联相关认证证书的企业，给予累计不超30万元和50万元的补助；支持自研产品，按研发投入给予不超500万元的补助。从人才培育方面，对取得鸿蒙、欧拉认证的人才，一次性给予2000元补助。

12.2.3 创新产业支持政策

（1）企业服务政策

近年来，为促进雄安新区企业高质量发展，新区陆续印发《河北雄安新区支持企业创新发展若干措施》《关于促进"专精特新"企业和数字经济核心产业高质量发展的若干措施》《关于服务承接非首都功能疏解培育和支持雄安新区企业挂牌上市的实施意见》等系列政策。以下主要对前两个政策进行简要介绍。

1)《河北雄安新区支持企业创新发展若干措施》❶

2023年8月，雄安新区印发《河北雄安新区支持企业创新发展若干措施》（以下简称"《若干措施》"），《若干措施》是对2021年2月10日印发的《河北雄安新区关于支持企业创新发展的若干措施》的接续更新，包含10项具体措施，主要涉及奖补力度、支持范围、创新平台三大方面更新。

奖补力度大幅升级。全面提升新区企业被初次、再次认定为国家级高新技术企业、国际级科技型中小企业的补助力度，对新区企业初次认定为国家级高新技术企业的补助金额提升至40万元。提高被认定为新区级孵化载体的奖补力度，使新区级孵化载体的奖励金额与国家级、省级金额持平。大幅提高新区企业研发投入后补助的补贴力度，对根据河北省科学技术厅科技型企业研发费用后补助政策，享受上一年度研发费用加计扣除新增部分10%补助的企业，新区按省级奖励金额的3倍予以配套补助，单个企业年度最高补助可达500万元。对"四库"在库企业给予更大力度、更有条件支持。

支持范围不断扩大。参照目前新区存量孵化载体发展实际，适当降低新区级孵化器在场地面积上的认定标准，明确孵化器对在孵企业的准入要求，确定在孵企业的毕业条件，精准扶持新区中小企业科技创新发展。增加对直接疏解或以成立控股子公司形式迁移的国家级高新技术企业和专精特新"小巨人"企业的奖励政策，每家企业分三年给予总额100万元奖励。增加支持新区企业申报升级重大研发项目，新区按照实际获得省级专项经费1∶0.5配套资金支持，单个项目配套资金原则上不超过500万元。

创新平台重点支持。扶持建设一批新区级科技创新平台，支持新区企业作为科技创新平台依托、共建单位。新区企业成功申报省级以上创新平台或国家级科技项目的，可获得实际专项经费1∶1配套资金支持，单个项目配套资金原则上不超过1000万元。

2)《关于促进"专精特新"企业和数字经济核心产业高质量发展的若干措施》

雄安新区于2022年5月印发《关于促进"专精特新"企业和数字经济核心产业高质量发展的若干措施》，分别从增加信贷投放、支持再贷款融资、支持票据融资、实行贷款贴息、给予开办补助、降低运营成本、建立科技创新券制度等20个方面给予支持政策，如在科技企业库方面：对首次入库的企业一次性给予2万元补助；入库后，支持信贷投放、再贷款融资、票据融资，按照贷款合同签订实际贷款利率的50%予以贴息，期限两年，每家企业的贴息总额不超过100万元；对在新区孵化载体内租赁且自用办公用房的企业，给予1.5元/（m^2·d）租金补贴。在"专精特新"企业培育库方面：对首次入库的企业一次性给予20万元奖励；首次评定为省级"专精特新"企业，再次给予30万元奖励；首次评定为国家级专精特新"小巨人"企业再次给予50万元奖励；对新区产业贡献度较大的在库企业，按照贡献程度分别给予不超过100万元、300万元、600万元的奖励资金。

---

❶ http://www.xiongan.gov.cn/2021-02/19/c_1211031821.htm

截至2023年7月，雄安新区"专精特新"企业培育库共有83家企业完成入库，培育认定河北省"创新型"中小企业148家，河北省"专精特新"中小企业65家，累计发放企业支持资金4000余万元❶。

（2）人才服务政策

为落实"五新"目标，聚焦"新人才"，近年来雄安新区陆续出台《河北雄安新区人才发展"十四五"规划》《关于加快聚集支撑疏解创新创业新人才的实施方案》《雄安新区青年人才安居工程实施办法（试行）》《河北雄安新区支持企业引进培育急需紧缺人才暂行办法》《河北雄安新区"雄才卡"管理办法（试行）》等系列人才政策。以下重点介绍《河北雄安新区"雄才卡"管理办法（试行）》。

《河北雄安新区"雄才卡"管理办法（试行）》对"雄才卡"的分类和作用做出明确规定。根据社会贡献、专业程度和学位等级分为ABC三类。"雄才卡"可在行政事务、文体休闲、交通出行、医疗健康、车驾管理、子女教育、费用减免、融资支持、乐享消费、银行保险服务、金融管家服务、住房贷款、知名专家预约挂号、机场贵宾厅服务、雄安高铁站贵宾通道共15个方面享受服务。如在住房方面，"雄才卡"持卡人可优先申请入住人才公寓；在新区无自有产权住房的，可根据有关规定在新区购买商品房或共有产权房。在落户方面，持卡人及其共同居住生活的配偶，未成年子女可以办理雄安新区常住户口，可将户口迁入工作单位所在县人才发展中心集体户、单位集体户或者合法产权自有房屋所在地址。

雄安新区于每月1日至10日开展常态化雄才卡线上申领工作，截至2023年8月，已累计发布6期，共有8300余人申领雄才卡，其中A卡90人，B卡1100人，C卡7100人。

12.3　科技创新体系建立

《河北雄安新区规划纲要》提出："创新驱动发展引领区。坚持把创新作为高质量发展的第一动力，实施创新驱动发展战略，推进以科技创新为核心的全面创新，积极吸纳和集聚京津及国内外创新要素资源，发展高端高新产业，推动产学研深度融合，建设创新发展引领区和综合改革试验区，布局一批国家级创新平台，打造体制机制新高地和京津冀协同创新重要平台，建设现代化经济体系。"近年来，雄安新区积极谋划带动科技创新发展，编制科技创新顶层规划、制定科技发展实施策略、开展雄安科技创新专项，科技发展取得了阶段性成效。

---

❶ http://www.xiongan.gov.cn/2023-07/11/c_1212243248.htm

12.3.1　明确科技创新顶层规划

雄安新区先后编制《河北雄安新区科技创新专项规划》(以下简称"《专项规划》")和《河北雄安新区科技创新"十四五"规划》(以下简称"《科技创新"十四五"规划》"),对雄安新区科技创新如何开展工作,以及下一步重点任务和目标给出明确答案。

《专项规划》明确提出近、中远期发展目标,到2025年,雄安新区科技创新水平得到全面提升,形成一批具有国际影响力的高水平科技创新平台和重大成果,有效承接北京非首都功能;到2035年,雄安新区成为具有全球竞争力的国际一流科技创新高地,成为现代化经济体系的新引擎。《专项规划》从加快集聚高水平科技创新要素资源、深入推进产学研用深度融合、构建开放创新生态和优化科技创新环境体系四个方面提出重点工作任务。

《科技创新"十四五"规划》从创新平台、创新主体、创新人才、创新生态、创新产业、科城融合六个方面明确重点任务方向,提出雄安新区应与北京科技创新供给形成差异化、市场化、互补性发展路径,与北京共同建立科技自立自强的协同创新格局的发展定位。《科技创新"十四五"规划》提出到2025年,雄安新区基本建成一大批科技创新重大基础设施和项目,高端创新要素集聚实现爆发式增长,新兴产业培育取得显著进展,开放型科技创新生态初具雏形,走出一条"科教产城"一体推进、融合发展的区域协同创新路径,成功打造极具雄安特色的现代创新型城市。

12.3.2　制定科技发展实施策略

雄安新区研究制定特色科技创新体系"3+3+3+3"的总体工作思路,即三个重点产业方向、三个协同创新场景、三个重要创新平台和三个科技创新集聚区。

(1) 三个重点产业方向

雄安新区面向世界发展前沿和国家重大战略需求,结合新区发展实际,聚焦三个重点产业方向,即新一代信息技术、生物医药和新材料。

新一代信息技术主要指空天信息产业。空天信息产业是雄安新区重点发展产业之一,集聚中国卫星网络集团总部、中国航天科工信息中心等龙头企业,成立了以"中国星网+三大电信运营商"及核心制造企业为主体单位的空天信息产业联盟。

在大健康产业领域,雄安新区瞄准数字生命、高性能医疗器械等三大赛道,以生物医药关键技术和核心部件攻关、创新产品突破和产业化为主线,布局建设一批重大创新和转化平台,发挥雄安宣武医院、北大国际医院、北京协和医院等医疗机构资源优势,建设产医融合创新示范基地。

在新材料跨界融合的新趋势下,雄安新区瞄准电子信息材料等三大赛道,聚焦战略性、先导性和颠覆性新材料，实现一批关键材料国产化替代，抢占新材料产业发展制高点，推动新材料促进新区产业发展。

（2）三个协同创新场景

围绕产教融合协同创新，打造疏解高校创新场景。雄安新区推动四校在大学园片区开展协同创新。鼓励四校教学设施、科研设施更大程度上共建共享；引导四所疏解高校科技领军人才带项目、带团队、带技术在大学园周边落位，开展科技成果转化。

围绕空天信息产业，打造卫星互联网创新场景。雄安新区以互联网产业园为核心，辅以昝岗科创中心中试基地等区域，开展空天信息场景协同创新。组建空天信息产业联盟，发挥产业联盟引领作用，开展系列科研攻关，举办空天信息产业创新发展大会，形成空天信息融合发展的雄安名片。

围绕新一代信息技术，打造车联网创新场景。利用城市计算中心的产业集聚优势，在雄安城市计算中心和商务服务中心打造新区数字产业创新引领示范区；结合启动区、容东等新建区域智能道路，开展车联网场景协同创新。

（3）三个重要创新平台

围绕京津冀协同发展，打造国家级创新中心。雄安新区推动京津冀国创中心挂牌，成立雄安国创中心，全面融入京津冀协同发展国家战略；对接北京科研单位，以项目合作方式导入科研资源；推进清华大学大科学装置项目落地雄安，全力打造新区科创标杆。

依托中科院资源，建设雄安创新研究院。依托中国科学院雄安创新研究院导入科研团队及各类创新资源，聚焦小切口，瞄准2~3个重点领域，引入1个大科学装置、1~2个全国重点实验室，加快推动雄安创新研究院科技园区平台建设。

推进科创综合服务中心建设，打造创新驱动引擎。目前，科创综合服务中心（一期）已率先建成，共有3座单体建筑，分别承担科技成果展示与服务、企业创新资源承载与服务、科技与人才服务。未来将积极对接疏解高校和央企，推动创新项目落地，探索共建公共技术平台。

（4）三个科技创新集聚区

依托启动区+五组团北片区，打造雄安创新驱动发展先行区。雄安创新驱动发展的先行区分为总部区、互联网产业园、科学园、金融岛和五组团北片区。五组团北片区构建开放创新生态，利用有利条件，结合各高校"双一流"优势和专业特色，推进校际校地、校企、校所共建共享、协同创新。

依托朱各庄产业区，打造科技成果转化过渡承载区。雄安新区通过朱各庄综合保税区、产业园的税收优惠政策等，吸引头部企业入驻，形成研发及科技成果转化的聚集区。综合保税区作为朱各庄产业区发展核心，以融资租赁、现代供应链等细分产业为重点方向，加快推动知名头部企业落地。

依托昝岗组团，打造雄安高端高新产业落位区。雄安新区依托昝岗组团产业优势，重点打造中交科创未来城和科创中心中试基地两个产业园区，将科技创新与成果转化相结合，形成创新型园区。

12.3.3 开展雄安科技创新专项

2021年中华人民共和国科学技术部与河北省政府共同印发《支持河北雄安新区构建开放型科技创新体系支撑高质量发展实施方案》，明确提出要支持雄安新区实施一批重大科技项目。2022年中华人民共和国科学技术部批复设立"雄安科技创新专项"（以下简称"雄安专项"），这是2014年国家科技计划改革以来面向地方设立的首个专项。"雄安专项"首期实施周期3年（2022—2024年），每年中央财政和新区管委会按照1∶1配套资金，每年1.2亿元资金，支持雄安创新主体立足雄安开展研发工作、支持雄安培育创新创业服务平台、支持全国优势单位围绕雄安建设的科技创新需求开展协同攻关，带动新区创新主体科技创新能力实现跨越发展。

2022年首批雄安专项立项27项，其中13项由4所首批疏解高校承担，14项由新区创新企业承担，共计1.6亿元。首批27项任务中既包括新区函需的城市网络安全、地下管廊智能监测、交通不堵车、绿色低碳园区等建设需求，也包括空天信息、智能网联车、清洁能源、区块链、生物医学前沿等产业培育方面的关键技术需求，对后续产业全链条发展有较强带动作用。

4所首批疏解高校承担各自专业领域的课题研究，如北京交通大学承担激光高精度多参数快速综合测量仪等课题，中国地质大学承担雄安地区地热能开发利用的理论与应用研究等课题，北京林业大学承担林木良种选育与开发利用研究等课题。新区创新型企业也承担了各自行业发展方向的课题研究工作，如中电信数字城市科技有限公司开展面向雄安新区窄路密网的多粒度交通系统仿真与协同控制技术研究，悦享雄安科技有限公司开展基于数字道路的高级别自动驾驶公交车研发及示范运营研究等。

2023年4月，第二批雄安专项立项申报工作启动，雄安专项将继续发挥科技创新引领作用，服务疏解高校，引领带动新区科技创新工作。

12.3.4 科技创新阶段性成效

目前，雄安新区科技创新已在创新能力、科企培育、人才引进、生态建设等方面取得阶段性成效，为打造雄安新区科技创新高地，推动经济转型升级和可持续发展，实现高质量发展的目标提供基础。

创新能力方面。雄安新区创新能力主要依托北京疏解高校、实验室和科研院所的研究能力。目前，首批疏解高校，在智能交通、智能制造、绿色农业、生态环境治理等方面发挥学科优势并开展相关研究工作；航天科工与河北省、雄安新区共建全国重点实验室，积极开展实验室挂牌准备工作，并同步推进国家实验室申创工作，为雄安新区科研能力提供有力的平台支撑；河北省政府与中科院共建雄安创新研究院，依托中科院创新资源力量，将符合雄安新区科技创新发展方向的科创资源集聚起来，形成科研工作的核心力量。

科企培育方面。雄安新区科技创新企业分为两类，一部分是北京疏解的龙头企业和高新企业，如中国星网、中国中化、中国华能、中矿集团等综合型央企，以及中国移动、中国联通、中国电信三大运营商；另一部分是新区成长的本地化科技型企业，如中国雄安集团数字城市科技有限公司、河北雄安建安科技集团有限公司、雄安绿研检验认证有限公司等。截至2023年8月，新区共注册设立产业类企业市场主体一万余家，其中央企在新区设立90余家，高企200余家，国家科技型中小企业近150家，省级"专精特新"企业40余家，新区级科技企业孵化器5家。

人才引进方面。雄安新区依托"雄才计划"，对接服务清华大学10余个高端人才团队，柔性引进院士、高层次专家等12名，引进重点人才100余名，招聘"双一流"高校人才3000余名。

生态建设方面。雄安新区科技创新生态建设包括人才引育、技术研发、资金支持和平台建设四个方面。通过"1"项三年行动计划，"2"项引才措施，"3"项助企活动，"4"项留才、用才行动，形成"1234"人才引育工作方案；围绕新区五大主导产业，依托先期入驻的创新主体，立足各先导片区，初步建立创新链、产业链相融合的技术创新体系，为技术要素快速聚集、有效流动创造一定条件；设立两支政策性引导基金，推动市场化募资管理新一代信息技术产业基金，划拨10亿元作为科技创新专项支持资金，初步建立科创投资体系。

第十三章 引导绿色生活与文化

13.1 多方主体构建绿色发展生态

13.1.1 行业协会带动绿色产业协同发展

随着新区大规模建设的推进，近年来涌现出很多与绿色发展相关的行业协会与组织，在促进新区绿色、创新、智能等发展目标上发挥行业服务、行业管理、行业协调、行业自律等功能，为新区建设提供专业支持和服务。以下以河北雄安新区勘察设计协会绿色人居环境分会等3家协会为例，介绍在地行业协会发展情况。

（1）河北雄安新区勘察设计协会绿色人居环境分会

河北雄安新区勘察设计协会绿色人居环境分会（以下简称"绿色人居环境分会"）于2021年2月成立，是河北雄安新区勘察设计协会的二级分会，该分会依托单位为深圳市建筑科学研究院股份有限公司。绿色人居环境分会以绿色、健康人居环境设计理念为核心，推广可持续健康生活方式，重点开展绿色人居和建筑环境健康的研究与实践，将建设绿色生态宜居新城作为办会宗旨和理念。

绿色人居环境分会坚持为党和政府科学决策服务、为绿色人居环境相关企业服务、为绿色人居环境工作者服务，促进会员与政府部门、会员之间的交流与合作。自成立以来，围绕雄安新区绿色发展，绿色人居环境分会重点开展政策制定、专题调研、标准编制、活动组织等工作。

参与新区政策制定。绿色人居环境分会开展绿色建筑、低碳生态、儿童友好等多领域政策研究与咨询，研究编制《雄安新区绿色建筑高质量发展的指导意见》《雄安新区建设领域碳达峰碳中和实施方案》《雄安新区儿童发展规划（2021—2030年）》《雄安新区儿童友好城市建设实施方案》等文件，有效推动新区在绿色低碳和儿童友好领域的政策制定、项目建设和政府治理。

开展绿色专题调研。绿色人居环境分会以新区绿色发展为出发点，对雄安新区持续开展多次、多类型绿色专项调查，跟踪了解新区绿色发展成效及发展诉求，研究编制《雄安新区规划建设领域高质量发展纪实》《"绿色是普遍形态"建设绿色生态宜居雄安调研报告》等调研报告，为新区绿色高质量发展工作提供参考。

组织编制绿色建筑相关标准。绿色人居环境分会主编或参编多项雄安系列绿色建筑标准，包括《雄安新区绿色建筑施工图审查要点》《雄安新区绿色建筑工程验收指南》《雄安新区绿色建筑设计标准》等（表13-1-1），从设计、施工、验收、交付全过程制定相关标准和规定。

表13-1-1　绿色人居环境分会主编、参编雄安系列绿色建筑标准

序号	标准编号	标准名称	提出单位	起草单位	发布日期	实施日期
1	DB1331/T 010—2022	雄安新区起步区住宅设计指南	河北雄安新区管理委员会规划建设局	中国建筑标准设计研究院有限公司/河北雄安新区管理委员会规划建设局	2022-02-21	2022-03-01
2	DB1331/T 011—2022	雄安新区绿色建筑施工图审查要点	河北雄安新区管理委员会规划建设局	中国建筑科学研究院有限公司/河北雄安新区管理委员会规划建设局	2022-02-21	2022-03-01
3	DB1331/T 012—2022	雄安新区绿色建筑工程验收指南	河北雄安新区管理委员会规划建设局	中国建筑科学研究院有限公司/河北雄安新区管理委员会规划建设局	2022-02-21	2022-03-01
4	DB1331/T 025—2022	雄安新区工程建设关键质量指标体系	河北雄安新区管理委员会规划建设局	中国建筑标准设计研究院有限公司/河北雄安新区管理委员会规划建设局	2022-06-27	2022-07-01
5	DB1331/T 037—2023	雄安新区绿色低碳社区评价标准	河北雄安新区管理委员会建设和交通管理局	深圳建筑科学研究院股份有限公司	2023-04-13	2023-05-01
6	DB1331/T 039—2023	雄安新区绿色建筑设计标准	河北雄安新区管理委员会建设和交通管理局	中国建筑科学研究院有限公司	2023-04-13	2023-05-01
7	DB1331/T 040—2023	雄安新区绿色城区规划设计标准	河北雄安新区管理委员会建设和交通管理局	中国建筑科学研究院有限公司	2023-04-13	2023-05-01
8	DB1331/T 041—2023	雄安新区绿色街区规划设计标准	河北雄安新区管理委员会建设和交通管理局	中国建筑科学研究院有限公司/中国城市科学研究会	2023-04-13	2023-05-01
9	在编	雄安新区零碳园区评价标准	—	中国建筑设计研究院有限公司	—	—
10	在编	雄安新区园区碳排放核算标准	—	中国建筑设计研究院有限公司	—	—
11	在编	雄安新区建筑光伏一体化低碳设计与技术应用标准	—	中国建筑设计研究院有限公司	—	—

（来源：河北雄安新区勘察设计协会绿色人居环境分会）

开展活动策划组织。绿色人居环境分会自2021年至今已组织5场大型会议活动，吸引大批专业人士与公众共同参与新区绿色城市建设与发展。包括2021年7月"绿色建筑创新发展"主题讲坛、2022年3月"现代木结构助力雄安新区绿色建筑高质量发展行业交流

会"、2023年8月"童心共建绿色雄安、营造美好人居典范"雄安设计论坛（图13-1-1）、2023年9月"绿色建筑高质量发展论坛"（图13-1-2）等。

图13-1-1　雄安设计论坛
（来源：https://mp.weixin.qq.com/s/iyaEMjg02_iOoKgxKECM_g）

图13-1-2　绿色建筑高质量发展论坛
（来源：https://mp.weixin.qq.com/s/_g_lRF8tpsgqpX3zROPy_g）

（2）雄安新区绿色建材协会

为保障新区大规模开发建设建材的供应，规范大宗建材采购，引导选用绿色建材，提升新区工程质量水平，雄安新区绿色建材协会（以下简称"绿色建材协会"）于2022年1月成立，牵头单位为河钢集团有限公司。绿色建材协会主要开展以下工作：协助主管部门推广绿色建材、推进绿色建造，创造"雄安质量"；协助规范新区大宗建材采购；协助研究雄安新区建材采购和管理的政策制度；参与或组织制定新区绿色建材标准规范，组织实施行业统计等工作；协助建立行业诚信机制，强化行业自律，推进诚信经营，规范市场环境，承担行业评优评选工作。目前，绿色建材协会已有146家成员单位，其中具有绿色建材认证的39家。2022年6月，绿色建材协会成立了专家委员会，建立专家库，首批征集110多名专家，服务于新区大宗建材集采服务平台，以及企业入围评审等工作。

绿色建材协会已举办两期"雄安新区绿色建材讲坛"系列讲座（图13-1-3），积极推广绿色建材，为会员单位提供交流展示平台。同时，协会也积极参与新区绿色建材相关政策和标准的讨论和制定，如《雄安新区回弹法检测混凝土抗压强度技术规程》《关于进一步提高防水质量降低渗漏的要求》等，并及时与协会会员单位分享新区绿色建材的相关政策的解读。

（3）雄安新区绿色低碳与能源标准化技术委员会

雄安新区绿色低碳与能源标准化技术委员会（以下简称"绿标委"）于2022年12月成立，

图13-1-3　"雄安新区绿色建材讲坛"之推广绿色建材应用助力超低能耗建筑
（来源：https://mp.weixin.qq.com/s/0lAwnLn6XcjtecWLOSqN1A）

旨在推动雄安新区能源绿色低碳转型和高质量发展，牵头单位为国网雄安综合能源服务有限公司和国投中标质量基础设施研究院有限公司。绿标委的主要工作包括：研究制定新区能源、节能技术和装备、碳服务等领域的地方标准；组织实施已制定的绿色低碳、节能标准，进行标准宣传推广和培训；监督标准执行情况，评估标准实施效果和影响，及时修订完善标准内容；与国家及国际相关标准机构的沟通协作，参与国家及国际相关标准的制定和修订。

自成立以来，绿标委围绕新区能源、节能技术和装配、碳服务等领域，开展地方标准制修订及标准宣贯等工作，并邀请行业领域的专家进行技术分享和交流讨论。参与新区重大项目标准制定和评审工作，建立统一协调的绿色低碳与能源标准体系，推动绿色低碳、能源的地方标准与国家、国际标准有效衔接。2023年3月，绿标委召开2023年第一次工作会议，邀请中国工程院院士、国家电网公司一级顾问、绿标委主任委员郭剑波及绿标委委员等5位专家对绿色低碳发展形势及最新技术进行分享交流。

13.1.2　第三方智库赋能绿色雄安

党的十八大以来，"加强中国特色新型智库建设，建立健全决策咨询制度"被提到重要的战略高度，第三方专业智库在推动城市科学决策、民主决策，推进城市治理体系和治理能力现代化，增强城市软实力等方面发挥了重要的作用。雄安新区正处于承接疏解和大规模开发建设同步推进的重要阶段，加强智库建设，强化智库作用，能为新区破解发展难题、创新发展路径提供科学的决策咨询。以下以三家扎根新区本地的智库型公司、机构、组织的近年工作情况为例，呈现第三方专业智库在"绿色雄安"建设中发挥的技术支撑和决策建议作用。

（1）雄安绿研智库有限公司

自2017年成立以来，雄安绿研智库有限公司（以下简称"雄安绿研智库"）始终致力于成为"城市绿色发展的推动者"，深度参与雄安新区建设，为绿色雄安的城市、产业和社会发展提供理论、政策和技术研究的高端智库服务。近两年来，雄安绿研智库坚持业务创新、服务客户创造价值，在绿色低碳创新研究与实践、第三方研究观察、绿色低碳相关标准编制、绿色城市交流与宣传等方面持续开展相关工作。

1）开展绿色低碳创新研究与实践

雄安绿研智库依托团队丰富的绿色城市实践经验，积极推动新区绿色低碳领域创新实践。近两年来参与《雄安新区建筑领域碳排放核算及碳达峰实施方案》《雄安新区绿色建筑高质量发展的指导意见》《雄安新区近零碳区示范创建工作方案》《雄安新区碳中和二期路径探索》《北京城市副中心绿色建筑高质量发展专项规划》等绿色低碳研究；参与新区疏解承接相关政策制定及出台，如《雄安新区住房专项规划及配套政策》《雄安新区土地储备和一级开发利用研究》《雄安新区土地资产化运营研究》《雄安新区安置住房分配办法及系列政策》等；积极推动新区妇女儿童发展与实施落地，负责编制《雄安新区妇女发展规划（2021—2035年）》《雄安新区儿童发展规划（2021—2035年）》《雄安新区儿童友好城市建设实施方案》等，助力新区成功申报国家儿童友好试点城市。

图13-1-4 《雄安新区绿色发展报告》

雄安绿研智库定期出版雄安新区绿色发展系列书籍，全方位、多维度总结雄安绿色创新发展历程与成就。目前已由中国城市出版社正式出版书籍两部（图13-1-4）：《雄安新区绿色发展报告（2017—2019）——新生城市的绿色初心》，出版时间为2020年3月；《雄安新区绿色发展报告（2019—2021）——生长城市的绿色版图》，出版时间为2022年4月。

2）积极发挥第三方研究观察作用

雄安绿研智库坚持以独立第三方研究机构身份，将新区民生作为出发点，对雄安新区持续开展多次、多类型公众调查，跟踪了解新区公众对新区建设的关注度、民生感知变化及城市发展诉求等，为新区规划建设工作提供参考（表13-1-2、图13-1-5）。近两年共开展9次专题公众调查，收集问卷2万余份，包括2次新区全域范围内年度公众民生调查，围绕住房需求、公众低碳行为、居民环境健康素养、暴雨应对等多个话题开展专题调研，并形成专项研究报告，成果多次被新区党政办内刊《决策咨询》录用。同时，协助编制新区领导班子内部学习资料"理论学习在线小助手"，截至2023年9月已完成400余期。

表13-1-2 雄安绿研智库自2021年7月以来开展的调查

序号	调研时间	调研内容
1	2021年7月	农村用能方式调研
2	2021年12月	2021雄安新区公众调查问卷
3	2022年2月	雄安新区住房发展现状及需求调研报告
4	2022年7月	居民环境健康素养调研
5	2022年7月	"绿色是普遍形态"建设绿色生态宜居雄安调研
6	2022年11月	雄安新区乡村旅游摸底调研项目
7	2022年12月	2022雄安新区公众调查问卷
8	2023年8月	雄安新区暴雨城市安全调研评估
9	2023年8月	雄安新区公众低碳行为应用场景调研报告

图13-1-5　雄县居民环境健康素养调研现场

3）参与绿色低碳相关标准编制

雄安绿研智库近两年重点参与编制行业及地方绿色低碳领域相关标准、导则等5项。其中行业标准1项；雄安新区地方标准2项；其他地方导则2项（表13-1-3）。

表13-1-3　雄安绿研智库参编标准

序号	标准类型	标准名称
1	行业标准	零碳村庄评价标准
2	地方标准	雄安新区绿色低碳社区评价标准
3	地方标准	雄安新区绿色建筑与建筑节能工程施工质量验收标准
4	地方导则	攀枝花仁和区绿色小区建设导则
5	地方导则	攀枝花仁和区零碳村庄建设导则

4）推动绿色城市交流与宣传

雄安绿研智库积极发挥绿色城市领域的研究和资源整合能力，重点推动雄安新区的绿色城市科研交流、资源整合和绿色生活方式的文化传播。"绿研智库"是雄安绿研智库重点运营的微信公众号，开设"研有料""研福利""研社区"三个栏目，打造外部了解新区动态和绿色发展的重要观察窗口，目前累计发布内容达2000余次、关注人数万余位。

"绿研沙龙"是雄安绿研智库旗下的活动品牌之一，主要面向雄安新区以及在雄机构，定期邀请国内外知名专家学者，组织绿色创新发展论坛、工作坊等，塑造本地化的绿色发展交流品牌活动，有效宣传推广绿色雄安建设进展、开展经验交流，目前"绿研沙龙"共举办118期，其中2023年上半年举办6期，包括1次新区级论坛。2023年5月，由雄安绿研智库协办的"中国雄安科技活动周·雄安新区科技体系布局论坛"在雄安新区召开，60余位来自全国科技发展领域的专家学者、企业代表、重点企事业单位相关科技工作者参会，围绕"构建雄安新区创新体系，打造新时代创新高地"开展研讨（图13-1-6）。

图13-1-6 中国雄安科技活动周·雄安新区科技体系布局论坛
（来源：https://mp.weixin.qq.com/s/SnF1td7peyESsFSne9NYIw）

图13-1-7 雄安绿色建设项目巡礼之"沉浸式"走访雄安商务服务中心活动
（来源：https://mp.weixin.qq.com/s/9_BLznXFRh6LEI1B9YNRYw）

自2022年起，雄安绿研智库策划开展"走进绿色雄安"系列巡礼活动6期（图13-1-7）。通过参观讲解、座谈交流、媒体宣传等渠道，收录一批典型绿色雄安项目案例，汇编绿色雄安智慧集锦，建立"榜样引领+环境协同"的绿色低碳发展推广模式，以点带面，扩大雄安新区绿色低碳发展影响。如巡礼复合型公交枢纽项目——容西片区公交枢纽工程，该项目统筹公交停保场、社会停车场和公路客运城乡公交站等功能，配套街角公园、社区服务等多项城市服务设施，推广"公交场站+"理念示范落地。

（2）河北省绿色建筑人居环境技术创新中心

2021年7月，河北省绿色建筑人居环境技术创新中心（以下简称"人居环境创新中心"）由河北省科技厅批准筹建，是雄安新区首个在绿色建筑、人居环境领域开展科学研究、技术创新、实现技术突破的科技创新平台，由雄安绿研检验认证有限公司作为建设依托单位。人居环境创新中心重点针对绿色建筑人居环境指标体系模糊、本土化评估数据缺失、室内污染物处置难度高等技术问题开展创新研究，实现技术突破，培养绿色建筑人居环境检测和咨询专业人才，推动绿色建筑人居环境检测和咨询技术行业向精细化和专业化发展（图13-1-8）。

人居环境创新中心的研究方向主要包括绿色建筑人居环境评估指标体系、绿色建筑人居环境空气污染控制技术、绿色建筑人居环境空气异味分子人体健康评估和绿色建筑人居环境检测评估方法集成四个方面。经过2年建设期，人居环境创新中心新增研发场地面积500m²，新增研发设备78台套，新增研发投入760万；主编或参编国家、行业、地方、协会

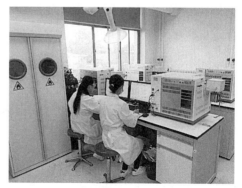

图13-1-8 河北省绿色建筑人居环境技术创新中心实验室
（来源：河北省绿色建筑人居环境技术创新中心提供）

标准8部，如《建筑遮阳热舒适、视觉舒适性能分级及检测方法》GB/T 42786—2023等；在研省市级课题4项，如河北省建设科技研究指导性计划项目"低污染装修材料快速筛选装置"；自主立项课题6项；发表高水平论文13篇，其中1篇中文核心，12篇SCI；申请发明及实用新型专利13项，如发明专利"一种人体呼出气体离线采集装置及方法"等；引进中职或硕士学位人员6人；设立开放课题6项，如"雄安新区装修材料异味分子清单"等。

（3）雄安国创中心科技有限公司

雄安国创中心科技有限公司（以下简称"雄安国创中心"）由河北雄安新区管理委员会发起，于2022年8月联合6家央企单位共建。雄安国创中心承担雄安新区科技成果交易中心运营工作，致力于推进科学技术成果转化，促进重大基础研究成果产业化。依托京津冀国创中心的全球创新资源，集聚雄安新区创新要素，是雄安新区规划建设发展的综合集成创新平台。

基于雄安新区建设场景和战略需求，雄安国创中心组织股东单位分别在优势领域进行交叉融合，共建6个专业研究所，分别为智能交通研究所、绿色低碳研究所、智慧政务研究所、金融科技创新研究所、智能制造研究所和城市安全与时空研究所。

其中绿色低碳研究所由中交雄安投资有限公司牵头，与中移雄研院、联通雄安数字科技有限公司、东风悦享科技有限公司共建，主要研究方向为工程建设领域减碳、建筑交通运营领域零碳和碳资产管理领域。工程建设领域减碳技术研究包括绿色建造（如装配式建造、智能建造等）以及绿色生态（如流域开发与水环境综合治理、固废资源化利用等）；建筑交通运营领域零碳技术研究包括零碳建筑（如光伏光热、隔热材料等）和零碳交通（新能源车等）；碳资产管理领域技术研究包括碳排放管理（如监测碳排放现状、统计核算碳排放数据等）、CCUS与碳汇管理（碳捕捉、封存及再利用技术、碳交易等）。

目前，绿色低碳研究所参与了4项规范编制，如《数字化碳管理体系建设规范》《建筑碳排量在线监测与核证管理技术规程》《雄安新区零碳园区评价标准》《雄安新区园区碳排放核算标准》；已有专利4项，包括智慧监测防坠井盖、一种利用巷风发电的先导加滚链带风叶传输发电新技术等；2023年参与5项科研项目和6项工程项目，以及白洋淀流域综合治理工作。

13.2 实践活动引领绿色生活风尚

13.2.1 实践活动类

（1）开展绿色出行行为引导

依托"雄安行"APP，通过"绿色雄安行，步数换积分，积分换红包"的模式，雄安新区创新开展绿色积分活动,把鼓励市民绿色出行、营造健康生活氛围的绿色城市建设理念和数字人民币应用示范结合起来。2023年初,"雄安行"APP推出绿色出行积分功能,形成"量化—核算—获取—兑换"的绿色积分流通闭环,探索新区交通出行碳积分换算与流动环节,创新新区绿色低碳公众行为应用场景(详见第九章9.2.3节)。

(2)打造儿童友好实践样板

雄安新区是全国第二批儿童友好城市建设试点,自纳入试点以来,新区落实《雄安新区儿童友好城市建设实施方案》等文件要求,将儿童友好的公服设施、文化设施融入城市建设规划,依托郊野公园、社区公园、城市广场,进行适儿化改造,打造儿童友好开敞空间;结合道路街区尺度,完善儿童活动场地、出行系统和学径网络,打造儿童友好街区空间。同时,汇聚中国儿童中心、宋庆龄基金会等国内外优秀资源,联合举办河北国际工业设计周–设计赋能儿童友好活动,组织减塑环保科普、非遗文化体验活动,开展儿童友好实践基地征集、主题歌曲征集、短视频大赛等丰富多彩的赛事,广泛宣传儿童友好理念,营造新区儿童参与、社会共建共享的友好氛围,奋力打造雄安品牌特色(图13-2-1)。

图13-2-1 儿童友好系列活动

(3) 创新科普宣传教育活动

雄安新区策划开展以绿色生态为主题的浸入式、互动式宣教活动，同时，打造科普基地，提升居民生态环保意识，初步建立绿色生活宣传和展示平台。

1) 开展环保宣传教育活动。雄安新区结合世界环境日、世界地球日、森林日等，组织策划各类环保主题活动，普及生态环保知识，传播生态文明理念。如2023年6月举办以"建设人与自然和谐共生的现代化"为主题的"六五"世界环境日宣传活动，现场布置生态环境保护成就展、六五环境日主题绘画作品展、废旧物品再利用文创展等多个展览，组织公众参与性强的亲手做环境监测实验、"艺"同呵护地球涂鸦活动、骑行单车测算减碳量活动等，活动当天向全省发出参加"美丽河北你我共建"活动倡议；2023年6月，于安新县府河河口湿地组织国际生物多样性日宣传活动，呈现白洋淀生态治理成效，组织游览府河湿地鸟类栖息地、登观鸟塔观鸟等活动，营造关注、支持和参与生物多样性保护的良好氛围。

2) 打造低碳生态科普宣教基地。近年来，雄安新区涌现出了一批体现新区建设特色的生态环境科普基地。剧村"1+5+X"城市智慧能源融合站是第八批国家生态环境科普基地，站内通过沙盘、滑轨屏等多种形式，直观展示新区"站园片村"四级新型电力系统示范项目、雄安高铁站屋顶光伏清洁能源发电项目等系列绿色低碳创新实践。同时，还设置双碳互动专区、未来生活体验空间、绿色漫步影像长廊，增强了科普过程的趣味性和互动性；安新县人民法院建设成立的白洋淀环境资源法庭生态司法保护教育基地是新区首家生态司法保护教育基地，基地呈现了白洋淀人文环境、生态治理、生物多样性司法保护、庭审现场实况等内容，集理念传播、成果展示、法治教育、文化推广等功能于一体，展示白洋淀生态治理和环境资源司法保护事业取得的新成就，旨在提升公众环保意识和法治理念（图13-2-2）。

(4) 打造城市志愿服务品牌

雄安新区高标准高质量不仅体现在城市硬件设施，也包括城市文明等软实力。基于此，中国雄安集团有限公司（以下简称"雄安集团"）2020年组建党员学雷锋志愿服务队伍，并坚持以"强心扩圈"践行国企担当，打造雄安新区城市志愿服务品牌。到2023年底，雄安集团志愿行动参与人员近万人次，累计志愿服务时长近18万小时。雄安集团"悦容"志愿行动荣获2021年雄安新区"全面深化改革创新奖"一等奖、"河北省志愿服务创新项目"荣誉称号（图13-2-3）。

图13-2-2 白洋淀环境资源法庭生态司法保护教育基地
（来源：https://mp.weixin.qq.com/s/VJ2xeSSO75xYNSd0wsTdIQ）

图13-2-3 "悦容"志愿行动
（来源：http://www.chinaxiongan.com.cn/2022/04/18/991421.html）

专栏13-1　雄安新区城市志愿服务品牌打造[1]

习近平总书记强调，志愿服务是社会文明进步的重要标志，志愿者事业要同"两个一百年"奋斗目标、同建设社会主义现代化国家同行。2016年，中宣部、中央文明办、民政部等8部门联合印发了《关于支持和发展志愿服务组织的意见》，鼓励企事业单位组织建立志愿服务队伍，形成志愿服务工作合力，扩大志愿服务社会覆盖。党的二十大报告更是明确指出，要完善志愿服务制度和工作体系。国有企业是中国特色社会主义的重要物质基础和政治基础，是党执政兴国的重要支柱和依靠力量，履行社会责任是国有企业天然的职责所在，其中员工志愿服务已经成为国企履行社会责任的重要形式。

雄安集团作为雄安新区建设发展的先锋队和主力军，力求为雄安新区高质量发展探索实践可复制、可推广的中国方案与中国智慧，近年来，探索以党员学雷锋志愿服务队伍为基础的志愿服务行动，强心扩圈，践行国企担当，打造雄安新区城市志愿服务品牌。

一、发展情况

容东片区是雄安新区开发建设的先行区域，担负着承接北京非首都功能疏解和安置回迁群众的重要任务。在容东首批安置房交付之际，为服务百姓顺利回迁，促进回迁群众文明习惯养成，为回迁群众打造"精致细腻、整洁有序"的容东新家园，2021年10月起，雄安集团策划组织"悦容"志愿行动，促进容东片区从"工地到城区"、从"城区"到"宜居"的巨大转变，"悦容"志愿品牌初步打造。

2022年初，安新突发疫情，雄安集团发起"暖心行动"，携手各参建单位，满载物资，多次前往安新慰问抗疫一线工作者，展现企地联合、共抗疫情的深厚情谊，让安新人民在寒冷冬天感受到温暖和爱心，"悦容"志愿品牌得到深化。

2022年5月，为加快建设高质量高水平的社会主义现代化城市，打造"妙不可言、心向往之"的典范之城，雄安集团发起了"悦居容东"志愿行动，聚焦解决居民反映突出、城市管理亟需改进提升的各类问题，切实增强了容东居民的获得感、幸福感、安全感，逐步形成"共建、共享、共治"管理格局，"悦容"志愿品牌再次发展。

---

[1] 邹晓蕊、张明通、韩志锋，雄安新区悦容志愿者协会。本部分图表除标明来源外，其余均为作者提供。

2022年7月，雄安集团联合9家央国企、1家民办非企业，共同发起成立雄安新区级第一个志愿者协会——雄安新区悦容志愿者协会，力求探索更多志愿服务参与城市治理现代化的有益形式，助力新区后续建设运营和城市现代化管理水平的提升。2022年8月，协会牵头发起"端村学校绿色、低碳、生态、智能、儿童友好改造行动"，"悦容"志愿品牌持续迭代，彰显了雄安集团的国企担当。

2023年，自雄安新区科技人才创新周开始，伴随雄安集团启动的华望城、商务服务中心、雄安国际酒店"三大攻坚战"暨华望城"一线磨炼·悦容志愿行动"及开展的"三招三引"工作，雄安集团的志愿者积极投身新区各类展会中近80次，有效服务新区"三高并举"工作重点，展现了新区的城市热情，叫响了"悦展"志愿服务子品牌。同时协会还持续开展了推动助力新区建设项目品质提升的"悦居"志愿活动，助力新区儿童友好城市建设、教育发展的"悦学"志愿活动，助力灾后重建及新区和谐社会构建的"悦助"等志愿活动。仅2023年一年，志愿人次达6000人次，服务时长高达62800多小时。雄安新区志愿服务品牌得到新区内外的广泛关注与认可。

二、措施及特色

（一）找准小切口，坚持为人民，扩展志愿多形式

容东片区即将回迁之时，不管在外部环境条件上，还是回迁群众的思想观念上，都面临着从工地到城区、从村民到市民的巨大鸿沟，雄安集团的"悦容"志愿行动选择了"烟头革命"这一小切口，率先组织全体干部职工开展了环境卫生整治志愿服务行动，对容东片区的交付区域和未交付区域进行了作业划分，各部门、各公司对相关作业区域进行包干，确保志愿服务行动横向到边、纵向到底、无盲区、无死角。12.72km^{2}区域得到了综合整治，容东片区城区面貌焕然一新。

此后，由70名业务骨干担任路长的地面专项整治，全面解决路段内道路管护情况、绿化养护和围挡安装情况等难点、堵点问题。以47名中层干部为主体的地下车库志愿服务小组，专项推进容东片区地下车库卫生整治、通信信号整改、标识系统完善等工作，容东片区各小区地下空间焕然一新，实现了从"城区"到"宜居"的巨大转变。以500余名志愿者为参与对象的"拼搏十天，幸福回迁"志愿行动，成功实现计划签约数的99.4%的回迁目标，保障了容东群众回迁顺利、入住安心。此后，雄安集团继续开展抗击疫情、垃圾分类宣传、就业帮扶、社区共建、学校改造升级等各类多形式的志愿服务。

（二）坚持开好头，强化自主自发，确保志愿力量强

志愿者在志愿活动中，践行雄安集团"四铁四心"的企业文化，发挥各自主观

能动性，充分发扬"奉献、友爱、互助、进步"的志愿服务精神，展现了集团志愿者的责任担当。从"悦容"志愿行动到2023年底，集团参与志愿者近万人次，累计志愿服务时长近18万小时。仅在容东首批群众回迁时，就出动了500余名志愿者连续服务15天，帮助回迁群众办理手续、陪同验房、答疑解惑、解决供气供暖问题、提供维护修缮和居住指导等，既当服务员，又当预验员，更当协调员，切切实实为回迁群众办实事、解难题。2023年，雄安集团城市发展公司启动了"悦居"系列志愿行动。由容东向容西、雄东片区辐射，按照"组织全覆盖、服务全方位"的原则，以社区书记管辖范围为依据，近400名职工分成23个志愿服务小组，每个小组由一名领导班子成员担任导师，小组成员自行建立内部工作机制，与社区书记"一对一"结对子开展活动，持续服务基层治理，围绕大小市政地砖专题、充电桩/车棚调研、公共设施维修、就业调研、关爱老年人、普法宣传、居民精神文化生活等方面，开展系列志愿服务活动70余次，有力提升群众幸福感、获得感。

（三）坚持大系统，确保可持续，实现志愿效益好

志愿"蓝马甲"不仅是志愿服务精神的践行者，也是志愿服务精神的宣传者与引领者。2022年5月，雄安集团组织开展的"悦居容东"行动，吸引到新区各政府机关、各社区、项目管理单位、物业、总包施工企业、一线建设者及容东居民，约4900余人次参与其中，共同发现和解决50余类千余项具体问题，切实带动居民们增强参与现代化城市治理的自主性和主观能动性，共同打造容东优美居住环境。在此过程中，容东各社区的志愿服务队伍也得到组建和发展，居民志愿者持续增加，逐步形成"共建、共享、共治"的良好管理格局。代表雄安集团的志愿"蓝马甲"和代表管委会的志愿"红马甲"相互映衬，形成了新区靓丽的志愿风景线。2023年，志愿"蓝马甲"更是作为新区内外的重要链接点，在各大展会会前、会中、会后全过程发力，以专业的志愿服务助力着新区各项重大活动的圆满完成，得到了新区内外领导和嘉宾的一致认可，也以志愿服务精神丰富和传递了雄安新区开放包容、热情友好的城市文化。

13.2.2 学术论坛类

（1）学术会议

近两年，雄安新区举办了绿色低碳、智能城市、数字经济、科技创新等多个领域大型学术会议，汇聚各界专家学者和社会各界力量，交流分享最新的研究成果和创新理念，为

雄安新区提供智力支持和政策建议（表13-2-1）。如2021年4月，举办的"2021低碳建筑与绿色建材高峰论坛"，基于低碳建筑和绿色建材行业的现状，从建筑设计、材料创新、技术应用等不同的角度，提出建筑设计和建筑材料相结合实现低碳建筑发展的路径；2023年1月，新区举办"雄安新区智慧城市全球高峰论坛"，研讨智慧城市建设领域的行业趋势、前沿科技、落地应用等话题，展示智慧城市领域最新成果和创新案例，强调高标准、高质量建设雄安新区的重要性。

表13-2-1 雄安学术会议主题（部分）

期数	主题	主办单位	举办时间
1	2021低碳建筑与绿色建材高峰论坛	中关村人居环境工程与材料研究院	2021年4月
2	生物医药及新一代信息技术产业论坛	中国雄安集团、海通证券	2023年8月
3	2023中国国际数字经济博览会数字雄安论坛	河北雄安新区管理委员会	2023年9月
4	2023中关村论坛雄安智能城市论坛	科学技术部、河北省人民政府、河北雄安新区管理委员会	2023年5月
5	第三届雄安新区高质量发展学术研讨会——金融助力京津冀协同发展	河北金融学院、财达证券股份有限公司、中国人民大学书报资料中心和全国经济地理研究会	2023年8月
6	雄安新区智慧城市全球高峰论坛	中国电力建设集团	2023年1月
7	中国雄安科技活动周·雄安新区科技体系布局论坛	河北雄安新区管理委员会	2023年5月

（2）学术沙龙

雄安新区设立以来，河北雄安新区管理委员会、企业、行业协会等积极跟进新区建设及研究需求，打造了一批高质量的学术交流平台，如"雄安设计讲坛""雄安创新大讲堂""绿研沙龙"等。

"雄安设计讲坛"是河北雄安新区勘察设计协会的常态化交流活动，定期在雄安设计中心召开，旨在打造集设计、创新、交流为一体的平台。2021年7月至2023年9月，"雄安设计讲坛"共举办11期，围绕绿色建筑、场馆设计、园林景观、新市政等主题（表13-2-2）。

表13-2-2 "雄安设计讲坛"主题及嘉宾（部分）

期数	主题	演讲嘉宾	举办时间
1	立足本土，探索绿色建筑新美学	中国工程院院士，中国建筑设计研究院有限公司名誉院长、总建筑师　崔愷 深圳市建筑科学研究院股份有限公司董事长　叶青	2021年7月
2	新加坡实践分享及对雄安规划的建议	新加坡墨睿设计事务所董事长　刘太格	2021年11月

续表

期数	主题	演讲嘉宾	举办时间
3	体育与生态共生的北京冬奥场馆设计研究实践	全国工程勘察设计大师，中国建筑设计研究院总建筑师　李兴钢	2022年3月
4	总部办公空间的思考	德国gmp建筑师事务所合伙人兼执行总裁　吴蔚	2022年4月
5	大型复杂公共建筑新技术集成及雄安实践	雄安新区勘察设计协会副会长，同济大学建筑设计研究院（集团）有限公司总裁　汤朔宁	2022年5月
6	高质量发展背景下的风景园林实践与思考	雄安新区勘察设计协会副会长，全国工程勘察设计大师，上海市园林设计研究总院有限公司名誉董事长　朱祥明	2022年6月
7	融自然、低建造、承传统——"平实建造"的路径与实践	全国工程勘察设计大师，内蒙古工业大学建筑学院教授、院长　张鹏举	2022年12月
8	群体取胜——从地域建筑到文化城市	全国工程勘察设计大师，中国建筑西北设计研究院首席总建筑师　赵元超	2023年1月

"雄安创新大讲堂"是由雄安新区党工委和雄安集团组织举办的系列讲座活动，是雄安集团"创新论坛"的升级与扩展，主要面向雄安集团及驻雄建设企业代表，打造理论研讨新高地与思想交流新平台。从2021年7月到2023年9月，"雄安创新大讲堂"共开展9期，主要围绕绿色交通、白洋淀保护、"雄安质量"等关键议题开展研讨交流（表13-2-3）。

表13-2-3　"雄安创新大讲堂"主题及嘉宾（部分）

期数	主题	演讲嘉宾	举办时间
1	雄安新区交通规划和政策（以容东片区为例）	深圳市政府原副秘书长、河北雄安新区管理委员会主任特别顾问　赵鹏林 中国城市规划设计研究院雄安研究院副院长　杜恒	2021年7月
2	我们要给西方看什么样的中国	新华社领衔编辑、新华社系列微纪录片《国家相册》图片主编及讲述人、中国摄影家协会副主席　陈小波	2023年2月
3	元宇宙的发展与挑战	清华大学新闻学院教授、元宇宙文化实验室主任　沈阳	2023年3月
4	硬科技：大国竞争的前沿	中科创星创始合伙人、中科院西安光机所研究员、陕西光电子先导院执行院长　米磊	2023年7月

"绿研沙龙"是由雄安绿研智库有限公司主办，以雄安绿色发展为主题的系列学术沙龙。2021至2023年，雄安绿研智库共举办"绿研沙龙"26期，累计举办118期。沙龙主要分为绿色技术、绿色发展理论、绿色生活三类，涉及城市规划、建筑技术、产业发展、清洁能源等多个领域，为传播绿色生态理念提供群众基础，为绿色发展提供技术、路径及建议等智力支持（表13-2-4）。

表13-2-4 精品"绿研沙龙"主题清单(部分)

期数	主题	合作单位
1	雄安绿色建设项目巡礼之雄安剧村"1+5+X"城市智慧能源融合站	国网雄安新区供电公司
2	现代木结构助力雄安新区绿色建筑高质量发展行业交流会	加拿大木业
3	雄安绿色建设项目巡礼之走访容西公交枢纽工程	中国雄安集团交通公司
4	区域生态修复规划与生态价值实现的技术方法讨论	中节能铁汉有限公司、深圳建筑科学研究院
5	思考韧性碳中和城市的发展及技术方法	河北雄安新区生态环境局、深圳市建筑科学研究院
6	"我与雄安一同成长"系列活动 雄东兴庆社区儿童友好科普教育基地巡礼	雄东兴庆社区

13.3 公共传播助力绿色发展宣传

13.3.1 媒体矩阵

雄安新区作为贯彻新发展理念的创新发展示范区,稳步推进高质量建设进程,城市功能不断完善,自我发展能力不断增强。新华社、河北日报、雄安人民网等中央、省、新区级媒体围绕社会各界普遍关心关注的话题,为新区建设发展持续营造良好舆论氛围、凝聚强大精神动力。雄安新区通过官方媒体、企业机构公众平台和大众自媒体等多种渠道,全面报道承接北京非首都功能疏解任务的进展、白洋淀生态环境治理所取得的阶段性成果等,向世界展示城市建设的崭新范式。

13.3.1.1 权威媒体推高新区曝光度

随着雄安新区建设进程不断加快,雄安新区不断加强在承接北京非首都功能、促进京津冀协同发展方面的作用,社会各界对新区政策、规划、城建、治理、产业、交通、环境、对外合作等方面尤为关注。人民日报、新华社、中央广播电视总台、光明日报等中央媒体和省直主要媒体记者,深入企业、园区、重点疏解项目等发展一线采访,持续聚焦京津冀协同发展和雄安新区建设,直观感受雄安发展脉动,及时进行阶段性总结,通过镜头、文字记录下新区在高水平社会主义现代化城市建设中的举措成效和经验做法。

2023年1月,雄安新区宣传网信局出版《雄安这一年——年度新闻作品集》,经数据统计,2021—2022年,中央、省、新区等各级媒体共刊发涉雄安新区稿件22万余篇,其中智能、绿色、创新作为雄安新区的亮丽名片,始终是各级媒体争相报道的重点。

在生态环境方面,2021年3月中央电视台全国两会特别节目《我们的"十四五"》在白洋淀孝义河河口湿地架机直播,介绍孝义河河口湿地水质净化工程,以及近年来白洋淀生态治理和修复取得的显著成效。2022年4月央视网中国新闻栏目系列报道《雄安新貌（二）》，以"植树治污，打造蓝绿交织的生态之城"为题，讲述雄安新区先植绿后建城的新理念，报道千年秀林和白洋淀污水治理的亮眼成效。2022年10月1日，央视新闻推出国庆特别节目《江河奔腾看中国》，节目镜头对准白洋淀生动展现了碧波荡漾"活"水来，生态湿地鸟翩跹。2023年5月中央电视台《焦点访谈》栏目播出《"干渴"河湖"解渴"记》，聚焦以白洋淀流域为代表的"母亲湖"水生态水环境治理，再次肯定雄安新区在修复淀区生态所做的努力。

在绿色交通方面，2022年4月1日中央电视台《新闻联播》5分钟超长播报，其中重点介绍雄安新区交通网络从无到有、连接四方。2023年4月1日，中央电视台《新闻联播》栏目以《雄安新区："未来之城"雄姿初显》为题作报道，雄安新区无人驾驶智能网联巴士成为画面的焦点。中央电视台《央视新闻·正直播》栏目在同一天报道雄安新区建设成就，其中22分钟的直播时间全程聚焦无人驾驶智能网联巴士，深度报道智慧交通下的雄安新区。此外在央视纪录片《雄安 雄安》中，也着重介绍了雄安新区"构建快捷高效交通网，打造绿色交通体系"的新发展格局，助力雄安建设跑出加速度。

在城乡建设方面，光明网、中国新闻网围绕绿色建造发布《雄安新区："低碳成长"向绿而生》《雄安新区的"绿色工地"：施工科技赋能"未来之城"》等多篇报道。住房和城乡建设部直属期刊出版单位《建筑》杂志社刊发雄安高质量建设系列报道，以《绿色发展 铺展雄安新区壮美画卷》为题展现雄安新区顶层规划设计、推广绿色建筑、绿色建造和智能建造等多项工作取得的重要阶段性成效；2023年河北卫视大型全媒体新闻航拍报道《飞阅河北 第三季》聚焦雄安，全景展现了一座生态宜居的高水平的现代化城市；同年河北卫视专题宣传节目《走遍河北》聚焦雄安新区商务服务中心、雄安站、市民服务中心等现代化公用建筑讲述雄安新区绿色建筑的低碳未来。

权威媒体平台通过开设专题专栏、报道典型案例等形式，跟踪报道雄安新区建设成果，形成了电视上有图像、广播上有声音、报纸上有专栏、网络上有阵地的宣传局面，快速提升雄安新区品牌价值，为承接疏解和项目建设提供了强大的思想保证、精神动力、舆论支持和文化条件。

13.3.1.2 市场主体拓展城市观察视角

随着百余家高端高新企业在新区扎根落户，一批以企业机构、专业协会为主体的新媒体传播平台快速成长，为公众补充更多来自市场主体的观察视角，其运营主体的专业度也为媒体信息的准确性提供保障。

专题服务类。"政通雄安"微信公众平台提供掌上在线政务服务，定期发布与政务服务相关的资讯，提高了行政审批、公共服务类事项的办理效率和信息公开程度，让政务服务有温度；"雄安人才"微信公众平台是河北雄安人力资源服务有限公司创建的雄安新区人才一站式服务平台，发布人才政策与相关解读，汇总最新最全的人才工作动态，为用工企业与来雄人才对接提供便利。

行业信息类。"雄安新区产业互联网"微信公众平台是针对雄安传统产业转型升级现实需求，在河北雄安新区管理委员会改发局指导下建设的服务于传统企业数字化、智能化提升的公共服务平台，发布最新项目信息及各地产业发展最新政策；"雄安勘察设计协会"微信公众平台致力于为雄安新区建设的勘察设计单位提供相关建设信息和服务，并持续为行业提供国内顶端、国际一流的"雄安设计讲坛"；"河北雄安新区建筑业协会"始终以推动雄安新区建筑行业发展为目标，开展各项活动，促进行业交流；"雄安新区科技创新企业联合会"是由雄安新区高科技企业、科技服务企业、科研机构、高等院校、社团组织等机构自愿发起成立的综合性社团组织，发挥桥梁纽带作用，在促进会员单位间交流合作，搭建会员企业间资源共享方面发挥了积极作用。

学术研究类。雄安绿研智库有限公司以微信公众号平台为宣传主阵地，追踪雄安发展动态、政策解读、行业热点等内容，累计关注人数达11000余人次，目前已成为新区城市绿色发展的专业解读和公众传播平台。2023年3月雄安绿研智库创建"绿研创新产业发展"公众平台，致力于雄安新区产业发展的研究和服务，通过提供对产业理论、发展态势、优秀案例等深度研究，为雄安新区提供前瞻资讯和信息服务。在视频创作方面，雄安绿研智库以视频号作为微信生态重要补充板块，提供学术论坛直播回放等服务，观看总量达上万次。在知识付费方面，雄安绿研智库创建开辟知识星球平台，打造雄安首个绿色城市政策类星球，沉淀日常研究成果与积累，至今已积累百余项新区政策文件，涵盖绿色建筑、住房、土地、公共服务等多领域，构建政策图谱，提供更为准确、便捷的政策依据。在私域社群方面，雄安绿研智库运维绿色发展交流群、雄安创新学习系列交流群，面向众多雄安参建人员创造互动热点，提供创新共学等高价值知识服务，社群累计人数突破2500余人，营造共创共享高效的线上交流平台。

市场主体新媒体不仅体现了各企业、机构、协会积极融入国家发展战略、顺势而为开拓经营版图、践行企业社会责任的正面形象，也生动彰显了雄安新区繁荣的经济活力、高水平的创新能力、包容开放的营商环境和令人期待的建设蓝图，成为雄安创新发展进程的生动注脚。

13.3.1.3 自媒体讲述雄安故事

雄安新区的重要战略地位和日新月异的城市变化，吸引着全国各地自媒体创作者的目光。

2023年6月，任汉军（抖音"任汉军财富故事会"）、刘秀丽（微信公众号"全球财说"）、孙不熟（微信公众号"城市战争"）、白丽（微信公众号"勇砺商业评论"）、吉·青珂莫（抖音"金融民工吉胖子"）等多位来自北京、广州的"网络大V"相约来到雄安新区，参观建设成果、体验建设历程，并先后根据见闻感受发布《另一个视角看雄安：一天接待19个考察团的未来之城》《走进雄安新区，寻找你关心的答案》《走进雄安新区，感受创新之城|混沌学园北京分社一行赴雄安集团参访交流》等多篇视频解说及文章作品，借

助"KOL"较强的影响力让雄安新区"开放""创新"的城市形象得以广泛传播。雄安新区在各社交媒体平台的热度持续攀升,打开抖音搜索"雄安新区",相关视频总播放量达28.5亿次,微博 #雄安# 话题总阅读量达6550.7万,讨论量达4.8万,互动量达7.7万;今日头条 #雄安# 话题总阅读量达2747.9万,小红书相关笔记发布量达8万+篇(图13-3-1)。

图13-3-1 抖音、微博、今日头条、小红书关于雄安相关话题的数据

舆情热度促进了雄安本地自媒体的快速发展,越来越多的本地民众与来雄青年根据自己对新区的体验、感悟随时更新状态、发布作品,呈现出全程传播、全员传播的状态。依据内容题材不同,雄安新区本地自媒体大致分为以下四类:

1)民生资讯类,如雄安攻略、雄安新生活。内容关注拆迁安置、交通出行等民生实事,广泛搜集惠民资讯,贴近百姓需求。随着新区商业活力不断提升,民生资讯类的内容也在不断丰富,一方面依托前期内容积累为来雄游客提供游玩攻略,另一方面也承接商家软文宣传,目前民生资讯为数量最多的自媒体类型。

2)规划解读类,如亚男叔、复兴碑。创作者多为常驻新区的自媒体人,致力于为受众群体提供关于雄安规划的深入解读、项目建设一线的最新情况,内容客观、全面,积累了良好的受众口碑,成为很多人了解雄安、认识雄安的重要窗口。

3)城市风光类,如瞰见·雄安。创作者将镜头聚焦雄安城市风貌,发现美丽雄安,记录雄安蝶变。

4)新闻热点类,如新区晚参。此类账号关注新区建设进程中的热点话题,所创作的内容具有很强的时效性和传播性,创作者会第一时间对新闻事件进行深入了解和分析,内容因思想深刻、态度鲜明收获广泛关注。

13.3.2 图书文化[1]

随着雄安新区建设的不断发展,相关图书出版不仅是伴生式的,而且应该体现出一定

---

[1] 金强、陈锦潇,河北大学新闻传播学院。本节图表除标明来源外,其余均为约稿作者提供。

的针对性、丰富性和原创性，并在个别非关键和核心领域能够体现出一定的引领性和超越性。新的发展阶段下，有关雄安新区题材的图书也应不断创新，在雄安建设过程中充分发挥文化、思想、精神等方面的引领作用。

本节梳理新区设立6年多以来，以雄安新区为题材的图书持续出版且形成的独特的出版景观。以中国国家图书馆检索为主，并通过孔夫子旧书网、中图网、京东、当当网、中国国家书目中心、全国新书目以及中国新闻出版署国家版本数据中心等平台检索补充，共整理关于雄安新区题材图书317种；从内容特征、形式特征及出版要素等方面分析发现相关图书以社科方向为主，自然科学、哲学等方面的出版数量不足，图书多以平装和精装的纸质载体形式为主，作者、出版机构及出版年度特征明显，读者及市场反馈存在缺陷等特征。

13.3.2.1 图书出版内容特征分析

（1）雄安新区题材图书出版的选题特征

从2017年4月至今，北京和河北当地的诸多出版机构相继出版了一系列雄安新区相关题材的图书，其选题方面主要呈现出以下特征：

历史汇编类图书较多，并成为雄安新区近几年图书选题的一大重心。莲池书院编写的《雄安新区旧志集成》（图13-3-2）、熊烨编写的《雄安历代别集丛刊》、梁松涛等人编写的《雄安〈申报〉文献卷》等书都是围绕雄安地区历史、地理、文化发展的重要史料汇编。以2018年为例，全年出版的有关雄安题材的图书共计242种，其中历史汇编类图书约计180种，在全年相关题材图书出版中占据了较大比例。

图13-3-2 《雄安新区旧志集成》出版物

（来源：https://www.gov.cn/yaowen/2023-05/10/content_5754808.htm）

选题针对性较强，学科类目分布集中。在各个平台检索到的317种纸质书中，自然科学仅有53种，哲学书目也极为少见，其余200多种图书均为社会科学类图书，且主要涉及雄安新区的历史、地理、文化、经济发展等方面，图书的学科指向比较集中。雄安新区题材图书以社科类见长，而在自然科学、哲学及马列思想方面的图书存在较大的提升空间。

（2）雄安新区题材图书出版的细类特征

以雄安新区为题材的图书涉及的领域十分广泛，具体分类并没有绝对的界限，尤其是社科类图书多为历史、地理、文学和艺术的交叉内容。本研究结合中国图书馆分类法，将搜集到的雄安新区题材图书根据中图分类号按照5大部类，并对22个基本大类进行了区分，具体分布及特征见表13-3-1。

表13-3-1 雄安新区题材图书分类[1]

年份	社会科学							自然科学	哲学	册数
	文学类	历史、地理类	艺术类	经济类	政治、法律类	文化、科学、教育、体育	社会科学总论			
2017年	1	20	1	11	3	0	0	1	0	37
2018年	14	14	5	26	4	4	3	8	0	78
2019年	8	10	1	17	2	4	3	5	0	50
2020年	4	8	0	20	1	5	1	13	0	52
2021年	3	12	4	17	2	5	1	21	0	65
2022年	1	4	0	17	3	1	1	5	1	33
2023年	1	1	0	0	0	0	0	0	0	2
合计	32	69	11	108	15	19	9	53	1	317

通过以上提到的相关数据库检索发现，2017年4月1日到2023年4月1日，雄安题材图书合计出版317种，其中社科领域图书数量最多，共计出版263种，哲学领域出版数量最少，仅有2种，自然科学领域有53种。在317种社科类图书中又以历史、地理类图书数量最大，社会科学总论、艺术类、政治与法律类、文化、科学、教育、体育类数量均相对偏少。

雄安新区题材图书主要集中在社科类，尤其是历史、地理类和经济发展类。一方面是由于该地位于河北省中部，是北京、天津和保定三市的腹地，拥有丰富的历史文化、革命文化和民间文化遗产，这其中不乏燕赵大地的慷慨悲歌、重情尚义的人文精神、抗战伏敌的传奇故事、一脉相承的朴素民风，这些都为历史、地理类图书的选题创作提供了丰富的素材。另一方面，雄安新区设立以来，经济社会发展一直是重中之重，各种有关经济建设和改革方案不断被提出并汇总成书籍，专门研究雄安新区经济发展状况和布局的图书有了产生的强大动机和发行的广阔市场。雄安新区题材图书在哲学及自然科学等领域表现不佳也是因为六年时间相对较短，发展科技和哲学类图书需要更为深厚的积淀。2023年3月27日，河北省委书记、省人大常委会主任倪岳峰在雄安新区主持召开座谈会，与首批四所疏解到雄安新区的高校一同研究讨论推进协同创新的机制措施[2]。通过疏解高校到雄安新区，可以在一定程度上拉动雄安的科学技术发展，培育新的科技发展土壤。待人才空间进一步拓展，科学研究得到充分布局，相关图书出版的面貌也一定会得到改观。

---

[1] 据中国国家图书馆、孔夫子旧书网、当当、京东、中图网、中国国家书目中心、PDC平台、全国新书目相关信息整理。数据截至2023年5月25日，下同。

[2] 人民网. 深化雄安新区高校协同创新 为办好千年大计国家大事注入强大动力 [EB/OL]. [2023-03-28]. http://he.people.com.cn/n2/2023/0328/c192235-40353879.html.

（3）雄安新区题材图书出版的用途分类

按照用途可以将图书分为专业类图书、大众类图书和教育类图书。其中，专业类图书通常是某一领域、某个专业的针对性图书，大众类图书通常是与大众的日常生活、休闲娱乐以及文化体验相关的图书，而教育类图书通常包括用于学校教学使用的教材及教辅资料等（表13-3-2）。

表13-3-2　雄安新区题材图书用途分类❶

年份	专业类（种）	大众类（种）	教育类（种）
2017年	27	10	0
2018年	48	28	2
2019年	29	19	2
2020年	33	14	5
2021年	47	18	0
2022年	28	5	0
2023年	0	2	0
合计	212	96	9

雄安新区题材的专业类图书较多，六年时间总计212种，其次是大众类图书96种，而教育类图书只有9种。专业类图书在2018年和2021年的出版数量分别达到48种和47种。雄安新区历代著作广泛涉猎了经、史、子、集四部，还包括许多丛书与总集，以及近现代学术专著、日记行记、普及类读物、戏剧图谱等，内容极为丰富，也颇具地方特色。《雄安历代著作集成》是首次对这些著作进行整理的汇刊，此类图书更深入地挖掘了雄安的文化遗产，更好地彰显了雄安的历史底蕴。但此类图书通常作为专业的文献史料进行梳理收藏，因此不具备大众类图书的通俗性和趣味性。以雄安为题材出版的教育类图书数量十分有限，其原因需要从教育类图书的用途出发。教育类图书或用作教材出现在学校课堂，或用作教辅图书成为课外读物。然而，纵观表中雄安新区题材图书的分类可知，相关题材多是以历史、地理或经济发展相关政策介绍类的图书为主，这类图书不适用于课堂教学，作为课外读物也缺乏了趣味性和知识性，其更适合于作为学术或政策研究的参考资料。

---

❶ 据中国国家图书馆、孔夫子旧书网、当当、京东、中图网、中国国家书目中心、PDC平台、全国新书目相关信息整理。

13.3.2.2 图书出版形式特征分析

（1）雄安新区题材图书出版的形式类型

根据图书的出版形式，按照特征分为线装书、精装书、平装书、袋装书、电子书、有声读物、盲人书以及民族语言类图书等。检索到的雄安新区题材图书以精装书和平装书为主，还有少量的电子书和有声读物（图13-3-3）。

图13-3-3 《美哉雄安》《壮哉雄安》《善哉雄安》系列图书封面

（2）雄安新区题材图书出版的载体分类

雄安新区题材图书以传统纸介质为主要载体，辅以电子及网络载体，共同构成了相关题材的系列图书。雄安新区题材图书不乏许多历史文化故事集，这类图书采用纸质出版使用更加直观，可以使读者在阅读过程中拥有更好的满足感，其他纸质出版的雄安题材史料汇编类的图书也因此具有较好的收藏价值。

伴随着互联网技术的发展，为了满足广大读者新的阅读需求，许多雄安新区题材的图书通过网络传播的方式出现。读屏时代的到来，使得电子书日益盛行。当当平台上输入关键词"雄安"，选择"分类"里的"电子书/听书"选项，可以检索到《雄安新区：地理、历史与文化》《雄安新区破晓时》《雄安草木行》《雄安气质》《白洋淀故事》等电子图书，这些电子书大多是由纸质书电子化而来的。

13.3.2.3 图书出版要素特征分析

（1）雄安新区题材图书出版的作者及作者群特征

雄安新区题材图书的作者主要为相关科研机构和智库人群。例如，出版书目较多的梁松涛教授是河北省社科优秀青年专家。河北大学文学院编写了《燕赵文化研究》，雄县地方志编纂委员会和任丘市地方志编纂委员会在2018年分别编写了与当地相关的《雄县志》和《任丘年鉴》。雄安家谱文化丛书编委会在充分研究雄安当地的家谱文化后，于2021年出版有关雄安家谱的文化丛书——《烽烟阵阵》《九河滔滔》《细语丝丝》《执念殷殷》《箴规切切》等。

相对于普通大众类图书而言，雄安新区题材历史、地理类图书的作者大多是专业的科研机构和高校的智库人群，或者是专门研究雄安当地历史、地理文化的组织机构人员，群体范围相对集中，且具有专业性、权威性等特点。其他经济类和文学类的雄安新区题材图书作者群体虽然也以科研机构和智库人群为主，但来源相对广泛。

（2）雄安新区题材图书出版的年度特征

雄安新区题材图书的出版存在着较为明显的年度特征，历史、文化、民俗、政治和经济等成为近几年图书出版热门选题（表13-3-3）。

表13-3-3　雄安新区题材图书年度出版数量[1]

年份	数量
2017 年	37
2018 年	78
2019 年	50
2020 年	52
2021 年	65
2022 年	33
2023 年	2
总计	317

自2017年4月1日到2023年4月1日的六年时间内共计出版317种，平均每年出版约53种。其中2017年雄安新区设立初期的相关题材图书仅37种，2018年到2023年每年分别出版了78种、50种、52种、65种、33种和2种。由于图书从编辑、出版到发行存在较长的周期，2017年本该是雄安新区设立热潮时期，但图书出版数量却不太突出，主要原因是相关出版机构资源储备不足，并需要一定的准备周期。经过一段时期的酝酿，2018年大量研究雄安新区历史、地理、文化、经济的图书如雨后春笋般涌现于出版市场，并出现了图书出版高潮。2019至今，社会各界关于雄安新区的研究和关注逐渐降温，相关题材的图书也就随之有所减少。

纵观雄安新区题材图书的出版历史线，其发展存在较为明显的年度特征，随着雄安新区的设立大量涌现相关图书并出现出版热潮，又伴随着热度的降温出版数量逐渐减少。雄安新区的设立作为我国的一项重大战略决策，受到国家的高度重视，因此，这种热度的冷却和数量的减少并不会表现得太过明显，在今后雄安新区的发展过程中仍然会再次或多次

---

[1] 据中国国家图书馆、孔夫子旧书网、当当、京东、中图网、中国国家书目中心、PDC平台、全国新书目相关信息整理。

随着政策改革和经济文化的发展变动，不断涌现出更多优秀的精品题材出版物。

（3）雄安新区题材图书出版的出版机构主体特征

雄安新区出版图书最多的出版机构为人民出版社，已检索到的图书为25种，其次是河北大学出版社、北京燕山出版社和国家图书馆出版社，分别出版了18种、15种和14种，知识产权出版社和河北美术出版社分别出版了13种和12种。还有许多出版社也零散出版了数种相关题材图书。

（4）雄安新区题材图书出版的读者与市场反馈特征

通过当当平台的购买评价、豆瓣书评以及微信读书平台可以获取到关于雄安新区题材图书在读者群体的基本评价。微信读书平台显示，截至2023年5月30日，有251人在线阅读过《雄安，雄安》这本书（图13-3-4），其中有22人参与了图书点评，10人推荐阅读、6人认为一般、6人不太推荐。部分读者认为这本书"资料丰富，书中插图很有代表性，但是总体阅读难度高"。参与当当购书评价和豆瓣书评的读者大多来自雄安当地或者京津冀地区。这类群体因为和雄安在地理上有着天然的联系，因而会对此类图书产生阅读兴趣。还有部分读者是因为工作需要或常识了解，带着目的和需求阅读。例如，豆瓣书评关于这本书的评价群体中有不少是新闻出版机构的工作人员，这类群体除了对书本内容进行了总结，还提出了一些改进建议。从读者群体来看，雄安新区题材图书主要受众是京津冀地区

图13-3-4 《雄安，雄安》微信读书信息页面、豆瓣书评

或新闻出版行业的相关人群，由于内容深度问题，普通大众的阅读兴趣不高。

在微信读书和豆瓣书评上参与阅读及讨论的读者数量总体不多。以《雄安，雄安》为例，豆瓣评分为6.1，页面显示仅有14人阅读过，参与短评人数仅7人。当当平台搜索"雄安"字样出现的图书，销量排行第一位的《雄安新区绿色发展报告（2019—2021）》在建筑类的"城乡规划/市政工程"排行榜中仅排行第60名。由此可见，读者的阅读兴趣也相对有待提升，相关题材的市场反馈需得到进一步重视。

总体而言，目前雄安新区题材图书出版的选题和内容方向集中、针对性强，有利于在相关领域进行深度挖掘，产出更多高质量的精品图书。作者群体主要为相关科研机构和智库，图书则是出于相关政策宣传和出版规划的需要。图书的质量和效益都有待提高，应该发现和培育更为贴近市场需求的作者队伍，尤其注重培养伴随雄安新区成长的新作者，开发具有畅销书潜质的图书，并进一步培养国际图书选题开发思维，为相关部门的决策和科研机构的研究提供价值参考。

第五篇
未来展望

第十四章 雄安调查

第十五章 未来展望

自设立以来，雄安新区不忘初心，一直坚持"生态优先，绿色发展"，稳扎稳打推进顶层设计，贯彻落实绿色低碳的可持续发展目标。经过六年多的发展，雄安新区取得多维度重大进展，将蓝图落地成实景，在现代化城市建设中起到模范作用。其中，非首都功能疏解已初现雏形、白洋淀生态环境治理成效明显、产业发展及创新要素逐步完善、回迁安置工作有序进行、城中新房林立、绿道荫荫，绿色雄安、智慧雄安的愿景已逐步实现。

"让人民群众从新区建设发展中感受到实实在在的获得感、幸福感"，关注公众切身利益、时刻把握公众感知、积极倾听公众需求，是雄安新区发展中的重要抓手。雄安绿研智库一直高度关注新区民生热点，持续组织年度调查及专题研究，以详细了解新区公众在新区发展中的感知与诉求。

第十四章以2022年雄安绿研智库发起的新区民生调查为基础，通过对新区整体民生评价、青年人才吸引、公众低碳意识及重点工作成效等进行专题调查，分析国内外学者在近两年内围绕新区开展的研究热点，构建公众眼中的雄安形象。2022年度民生观察为雄安绿研智库独立发起，以建设新功能、形成新形象、发展新产业、聚集新人才、构建新机制的"五新"目标为核心，对建设进展感知及青年人才现状进行梳理，真实记录反馈民生关注点，为雄安新区建设发展提供参考。"雄安新区公众低碳行为应用场景调研"由河北雄安新区管理委员会生态环境局与雄安绿研智库联合发起，围绕新区居民的低碳环保意识及日常践行开展，旨在对新区整体节能减排、未来近零碳社区建设及降碳措施推广提供参考。结合新区重点工作成效，雄安绿研智库发起"十大绿色发展事件"调查，进一步了解公众对雄安新区绿色发展的关注及期望，为新区未来绿色发展方向提供参考。热点研究方面，梳理国内外学术文献资料，分析热点话题，对新区整体技术发展及研究热点进行归纳，关注其变化情况。

雄安新区是国家在新型城镇化的重要决策与探索，是十万多名建设者夜以继日的心血，是承载了新区原居民期待的未来家园。作为如此"年轻"的城市，雄安新区肩负着重要的历史使命，需牢记设立初心，明确近中远期目标，确保其建设发展的正确方向。第十五章结合新区发展现状，对新区持续推进绿色典范建设、促进科技创新疏解落地、打造对外创新交往平台融合三方面工作进行展望，并对其过程中可能遇到的问题及挑战进行思考延展。

Part V   Prospects for Future

Since it was established, Xiongan New Area has remained steadfast to its original mission while adhering to the principle of "prioritizing ecological concerns and pursuing green development". Xiongan has steadily promoted top-level design and implemented the goal of green and low-carbon sustainable development. Xiongan New Area has made significant progress in multiple dimensions over the past six years, transforming its blueprint into reality and setting an example for modern cities. The construction of Xiongan has made achievements in many aspects: the relocation of non-essential functions outside the capital is in progress, the ecological environment in Baiyangdian Lake has been reclaimed, the innovative elements for industrial development have gradually improved, and the local residents have been relocated and moved back in well-organized. For now, Xiongan's urban fabric is comprised of new residential buildings and green corridors. All this ecological, economic, and social progress has further contributed to the vision of "Green Xiongan" and "Intelligent Xiongan," forwarding on the right track.

President Xi Jinping pointed out "The need to give the people a more concrete sense of fulfillment and happiness through the development of Xiongan New Area." Xiongan is highly attached to people's gains, opinions, and needs while actively listening to the public to build a people-oriented city. Xiongan Green Development Research Institute has been paying attention to the issues of the people's livelihood, regularly organizing annual surveys and thematic studies to track the residents' perceptions and demands during the process of Xiongan's development.

Based on the series of surveys conducted by Xiongan Green Development Research Institute in 2022, Chapter 14 *Surveys in Xiongan* focuses on the people's livelihood, attractions of young talented adults, low-carbon awareness, and the research interests of internal and international scholars in the past two years to present a view of Xiongan's in the eyes of people. The *Survey 2022*, independently initiated by Xiongan Green Development Research Institute, regards the Five New Development Goals of Xiongan- Adding New Functions, Building a New Image, Developing New Industries, Gathering New Talents, and Constructing New Mechanisms as the core, describes the public opinions on livelihood and current situation of the youths, in order to record down the public feedback and concerns and to provide references for the development of Xiongan.

In terms of *Xiongan New Area Public Low-Carbon Behavior Research*, jointly conducted by the Xiongan New Area Ecological and Environmental Bureau and Xiongan Green Development Research Institute, focuses on the environment protection awareness and daily practices of the local residents. The survey seeks theoretical and practical support for overall energy saving, promoting carbon emission-reducing measures, and constructing net-zero communities in the future. At the same time, based on the critical achievements in the last two years, Xiongan Green Development Research Institute initiated a questionnaire on the "*Top 10 Green Development Events*" to further detect the concerns and expectations about green development in Xiongan from public perspectives and to guide for future direction. In terms of popular academic topics related to Xiongan, this chapter sorts out the internal and international studies, analyzes the hit topics, summarizes the overall technical development, and concerns the research shifts.

The Xiongan New Area is the major decision of the CPC Central Committee as the exploration of the new urbanization. It's the work made by the diligent effort of more than 100,000 builders and the future home that carries the expectations of the local residents. As such a "young" city, Xiongan New Area shoulders its responsibility for the historical mission, which requires Xiongan to bear in mind the original intention, clarify the short-term and long-term goals, and ensure the right direction. Chapter 15, *Prospects for Future,* based on the current development situation of Xiongan, provides an outlook on three aspects of the work: building the model city with green development, promoting scientific and technological innovation along with relocating the non-essential functions of Beijing, and forming the innovative platform for opening-up. And it also illustrates the problems and challenges that may be encountered in the works.

第十四章 雄安调查

14.1 延续年度民生观察[1]

14.1.1 基本情况

本次调查于2022年12月下旬开展，历时1个月，采取问卷调查、访谈、现场踏勘相结合的形式，共收集有效问卷1019份。其中，对雄安三县、容东片区实地踏勘，访谈雄安常住人口及本地居民10人。

14.1.2 关注程度

2022年，雄安新区持续推进大规模建设，推进容东片区、容西片区、雄东片区安置住房分配，三县县城改造提升成效显著。期间，公众始终保持对新区的建设发展、民生服务的高度关注，对新区总体成果展现出较大信心。

（1）**新产业、新功能关注度高**

雄安新区印发的《关于加快实现"五新"目标高标准高质量推进雄安新区建设发展的指导意见》提出"五新"目标，其中民众对于"发展新产业""建设新功能"关注度位居前两位（图14-1-1）。城市发展需要合理的产业结构支撑，平稳发展的产业结构是经济可持续发展的重要保障之一，也是增加就业的重要路径。随着新区大规模建设逐步推进，征迁安置等基本民生问题得到有效解决，非首都功能疏解工作进入加速轨道，公众对新区经济产业发展有了更高的期待，同时对新区建成支撑有序疏解、促进繁荣经济、配套以人为本的新功能有了更高要求。

（2）**基础民生关注度高**

2022年，公众关注方向依然"务实"，"先低头过好日子，再抬头看新区发展"，基础民生服务：医疗、教育、住房仍是居民最关注的内容。半数以上的受调查者最关注医疗条件与教育水平，其次为住房政策、就业创业环境、青年/人才政策、商业配套服务状况（图14-1-2）。

---

[1] 本节内容选自雄安绿研智库公众号系列推文：《雄安六年·智库调研|公众对雄安信心增长明显》。https://mp.weixin.qq.com/s/i1RjcohnaH1waaTnvnDzgw

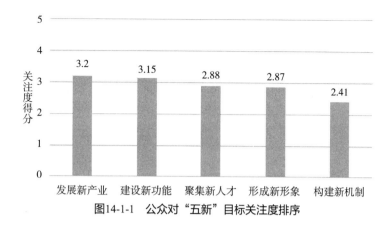

图14-1-1　公众对"五新"目标关注度排序

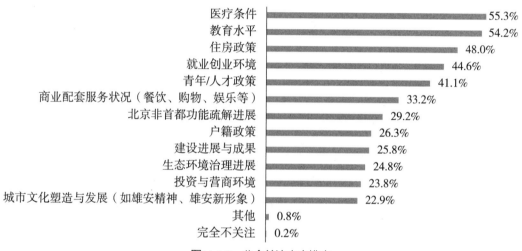

图14-1-2　公众关注内容排序

（3）公众对雄安信心提升

2022年，公众对雄安信心显著提升，信心指数由2021年的3.9分上涨至4.2分。

1）信心增强原因

半数以上的受调查者认为，国家及地方政策支持力度大、基础设施持续改善是其信心增强的重要原因，与此同时，容东、容西、雄东、启动区等新城区的建设成果、交通路网的不断完善、四家央企总部的疏解落地均对公众对雄安的信心有显著振奋作用。

2018—2019年，雄安新区正处于规划阶段，公众信心主要来源于政策支持及对未来场景的畅想，随着2019年新区征迁启动、建设推进，2022年，多片区从乡村到塔吊林立的工地，最终变为满是烟火气的楼栋邻里、园林绿地、宽敞大道……居民看到了实实在在的变化，并享受到了高品质住房、高水平学校教育、逐步完善的公共服务和交通组织等新区建设红利。当前是新区第一批建设成果采摘期，公众对雄安的信心大大增强（图14-1-3）。

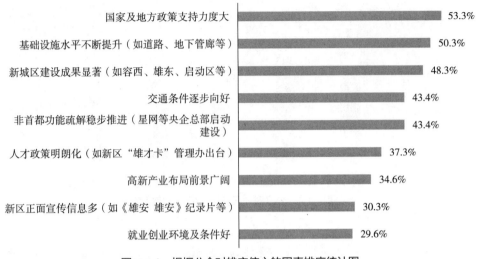

图14-1-3 提振公众对雄安信心的因素排序统计图

2）发展提升关键点

影响公众提升雄安信心的因素中，人才吸引力、核心/重点产业、公共服务水平成为关键点。人才不仅是推动经济发展的核心要素，更是城市活力的重要源泉和城市吸引力的证明。因此，多维度提升新区人才吸引力或可成为下一阶段雄安信心增强的突破点。核心/重点产业是经济持续稳定发展的重要基础，新区已经由一张白纸到框架全面拉开阶段，初步具备了产业发展条件，在建设中积极探索新产业及新增长点，或将成为提升公众信心的又一关键。同时，住房、户籍等民生政策不明晰，北京非首都功能疏解进展较慢等因素也使公众对雄安的信心产生一定影响（图14-1-4）。

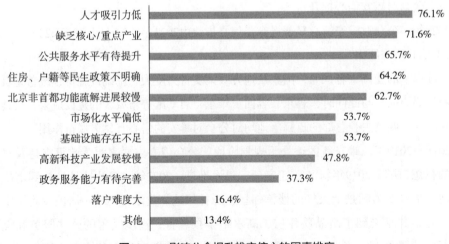

图14-1-4 影响公众提升雄安信心的因素排序

3）公众未来期待

在公众对雄安的期待及建议中,"人才"出现38次,内容以吸引人才、培育人才为主;"加快/加速"出现34次,表现了公众对新区加快建设的期待;"医疗"出现17次,内容以提升医疗水平为主;"疏解"出现9次,体现了公众对疏解进展的要求想法。值得注意的是,"本地人"出现20次,内容以关注本地人民生等问题为主(图14-1-5)。

"加快/加速"与"医疗""教育"连续5年位居公众期待关键词前列,"人才""疏解""本地人"成为2022年度关注新词。随着新片区住房交付、新建学校运营、道路等基础设施初步完善,公众对"教育""住房"等关键词的关注度相对有所下降。另一方面,在新区城市框架全面拉开后,"人才""疏解"等新词映入公众的视线。"集中力量建设新片区"也引起了本地居民的关注,表达了希望在新片区建设的同时能够重视三县居民的民生问题、对本地居民需求持续关注的诉求。

图14-1-5　公众对雄安的期待及建议留言词频统计图

近两年,由于新冠疫情防控等原因,公众对医疗始终保持高度关注,疫情防控工作也对新区医疗服务完善提出更高要求。

4）多元信息渠道建立

调查发现,公众获取雄安信息渠道多元,官媒稳占媒体矩阵顶端。与往年相比,传统媒体及线下信息渠道需求回暖,在新媒体需求保持较高态势的情况下,41.7%的公众选择了《新闻联播》等电视节目作为对雄安信息的了解来源。与此同时,随着疫情结束,42.6%的公众对现场参观及研学等线下形式的信息渠道需求增强,这就需要新区打造、梳理一批具有雄安特色的"雄安场景",以满足公众对新区各类信息场景需求(图14-1-6)。

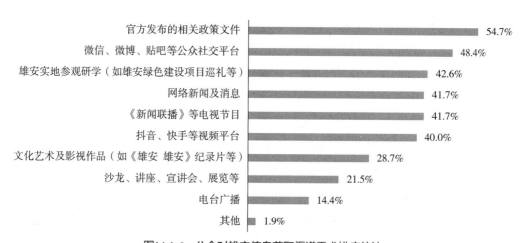

图14-1-6　公众对雄安信息获取渠道需求排序统计

14.1.3 民生评价

调查延续往年公众调查维度，请公众对新区民生情况进行评价，对比发现，2022年，公众对新区民生各维度评价显著提升。

（1）民生评价整体良好

从评分来看，生态环境、社会治安、城市形象达到良好水平，评价较高；居住条件、交通环境、教育环境接近良好水平；婚恋生育养育条件、创业就业、休闲娱乐达到合格水平；收支水平、医疗水平接近合格水平，亟待补齐短板（图14-1-7）。

与2021年相比，公众对新区民生各方面内容评价均有大幅度增长，其中，居住条件、交通环境评分上涨最为明显。居住方面，安置住房的分配交付及入住有效降低了住房供需压力；安置区周边学校等基础设施正式投入运营，商业配套逐步规范、丰富，均稳步提升整体居住品质及公众满意度。交通方面，道路改造工程陆续完工，L1通道等新建道路开始通行，显著缓解交通压力，提升交通网络稳定性及便利性，公众对交通满意度上升明显。

（2）六个民生指标

在六项基本民生指标中，具体维度评价均在3～4分之间（1分代表"非常不满意"，2分代表"满意"，3分代表"一般"，4分代表"满意"，5分为最高分，代表"非常满意"）。调查结果显示，教育质量、生态环境的各维度综合评价最高；其次为居住环境、交通环境；后两位为就业/创业环境及医疗状况（图14-1-8）。

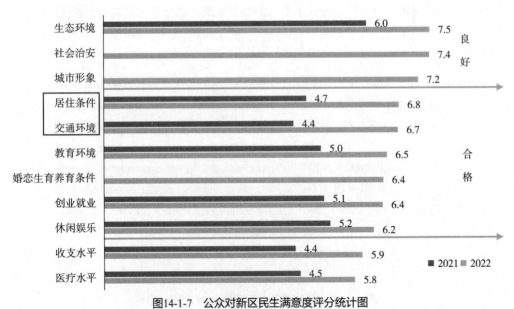

图14-1-7　公众对新区民生满意度评分统计图

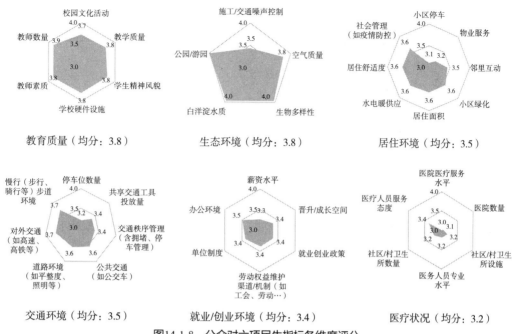

图14-1-8　公众对六项民生指标各维度评分

1）教育服务整体优秀

公众对教育质量各维度评价均衡且整体评价接近"满意"水平。对比发现，乡村居民对教育水平各维度评价较低于新建片区及县城居民。2022年，容西片区、容东片区、雄东片区共有24所学校建成投用，教职人员均为面向全国选聘或招聘而来的优秀人才，故而新建片区学校师资力量强、校内设施好，教育服务得到了有力保障，公众对新建片区高质量的教育服务给予了肯定（图14-1-9）。

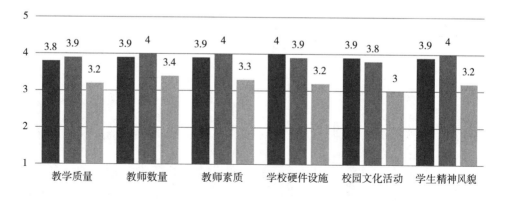

图14-1-9　新区不同居住地人群对教育水平各维度评价对比

2）生态环境普遍较好

公众对新区公园/游园、白洋淀水质、生物多样性评价均达到"满意"水平。其中，空气质量评价为3.8分，噪声控制相对偏低，为3.5分（图14-1-10）。经过五年多的生态环境治理，公众普遍感受到新区生态环境的改善。2022年，郊野公园、悦容公园等城市公园陆续开放运营，在为公众提供了丰富的休闲空间的同时，也为新区整体生态环境改善及绿色城市形象做出贡献。

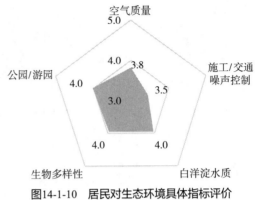

图14-1-10 居民对生态环境具体指标评价

3）居住环境评价均衡

公众对居住环境中的社区管理、居住舒适度、水电暖供应、居住面积、小区绿化几项评价较均衡；邻里互动得分接近"满意"水平；但物业服务、小区停车得分较低，其评价短板明显（图14-1-11）。

新建片区相较于老城区及乡村而言，小区绿化、停车、物业服务等城市社区服务配置相对完善，因此，除了水电暖供应、邻里互动、社区管理三个维度外，新建片区居民的综合评价普遍高于三县县城及乡村内居民。

4）交通环境提升显著

2022年，公众对交通环境中的慢行步道环境及对外交通方面评价最高；道路环境、公共交通次之；交通秩序管理、共享交通工具投放量再次之；停车位数量评分相对较低（图14-1-12）。2022年，新区道路已运营里程267km；新开公交线路10条，总运营里程约达190km，有效覆盖容东、容城、容西、雄东A社区等各片区。此外，新区已完成141km的"四好农村路"建设任务，基本实现乡镇三级及以上公路、行政村硬化道路连通。五年多的交

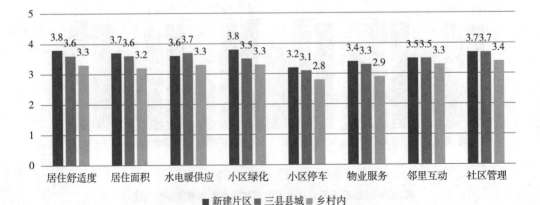

图14-1-11 各区域居民对居住环境具体指标评价

通建设，为新区建设发展奠定了基础，也让居民真正享受到了交通便利。

对比来看，除了共享交通工具投放量，新建片区居民对其他各项交通指标评价普遍高于三县县城及乡村，新建片区可根据需求，适当增加共享交通工具。

5）就业、创业环境有待提升

总体来看，各维度中公众对办公环境评价最高；单位制度、劳动权益维护渠道机制、就业创业政策、晋升/成长空间评分次之；薪资水平最低（图14-1-13）。

对比发现，博士学历对就业/创业环境各维度评价最高，均达到"满意"水平；本科及大专学历人口对就业环境评价略高于硕士人口；高中（职高）以下学历人口对就业创业环境评价最低。在引才同时，应同时做好各类劳动者的就业、创业服务，使每位在新区踏实肯干的劳动者能在劳动市场获得应有的回报与尊重。

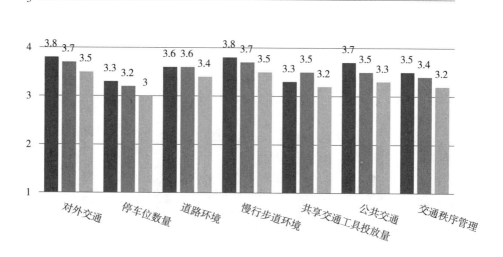

图14-1-12　各区域居民对交通环境具体指标评价

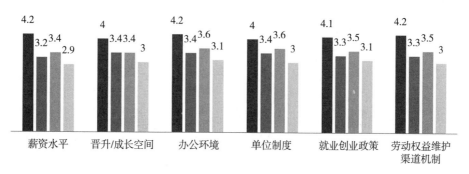

图14-1-13　各学历受调查者对就业环境具体指标评价

6）医疗水准亟待进步

公众对医疗水平中各维度评价均不高于3.5分。其中，医疗人员服务态度评价最高；社区/村卫生所数量、医务人员专业水平、社区/村卫生所设施次之；医院数量、医院医疗服务水平评价最低（图14-1-14）。

对比发现，县城居民对医疗各维度评价普遍高于新建片区及乡村。当前新区主要医疗资源仍以原三县县级医院为主，新建片区初步建成，基础设施基本完善，但医疗等资源仍需重点培育。

（3）居民社区服务有待丰富

目前公众对于休闲娱乐中餐饮服务评价最高，为3.5分；旅游观光/度假方面，依托白洋淀景区、悦容公园等新建游览点，评分相对较高，为3.4分；儿童游乐学习、体育活动评分均为3.3；个人提升/兴趣培训、文化活动、购物消费评分较低，为3.2分（图14-1-15）。总体来看，新区各类商业配套能够有效满足居民基础生活需求，但个人提升、文体活动、购物消费等高层次消费需求仍待高效满足。

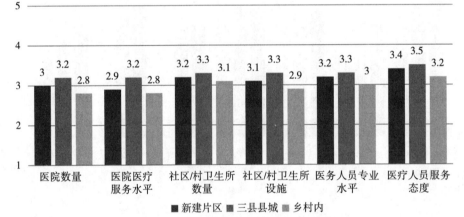

图14-1-14　各区域居民对医疗条件具体指标评价

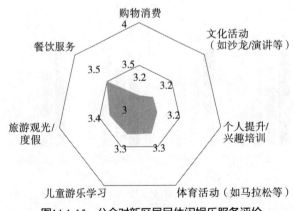

图14-1-15　公众对新区居民休闲娱乐服务评价

对比来看，县城居民对各项休闲娱乐服务评价较高，新建片区仍处初步建成阶段，相应商业服务配套有待完善。而县城作为老城区，其商业服务具备一定基础，如容城县的惠友超市、双隆超市，雄县天奕商厦等。这些商业服务在新区发展的五年里受需求推动，不断扩量升级，一定程度上能够更好地满足居民休闲娱乐需求（图14-1-16）。

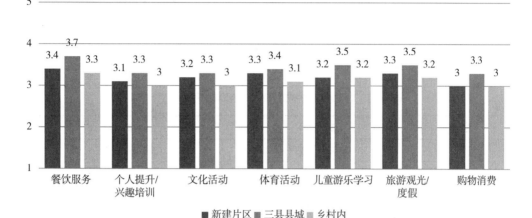

图14-1-16 各区域居民对休闲娱乐服务具体指标评价

14.1.4 结论建议

（1）以利民为本作为主要目标

党的二十大报告提出"增进民生福祉，提高人民生活品质"的任务要求，江山就是人民，人民就是江山。雄安新区应该是一座让人幸福的城市，在加快推进城市建设的同时，民生目标应同步跟进，把群众的操心事、烦心事、揪心事作为"上心事"，加快完善民生相关的社会保障等政策制度，抓实就业、居住、教育等几件基础民生，高标准高质量建设新片区民生工程，在建设中惠民生、暖民心，提高人民生活品质，让百姓体会到实在的民生福祉。

（2）以民生需求为建设核心

选取居民医疗、教育等关键性需求，拆解细化，寻找破局点。以公众评价最低的医疗为例，公众对新区医院数量、社区/村卫生所设施评价最低，在医院建设需要一定周期的前提下，强化社区/村卫生所建设，立足容东等新建片区及美丽乡村，打造示范社区/村卫生所，探索社区医疗服务新模式，让公众能够在基层获得高品质医疗服务，提升居民幸福感。

14.2 研究青年友好吸引[1]

14.2.1 基本情况

本次调研围绕新区当前的青年（本文青年指18～45岁人群）吸引力现状及需求开展。调查发现，青年的留雄意愿评分为4分（4分代表"愿意"，最高分为5分，代表"非常意愿"，最低分为1分，代表"非常不愿意"），总体来看吸引力良好。发展前景较好始终是吸引人才留在新区的首要因素，其次为距离家乡较近（表14-2-1）。

表14-2-1　2021—2022年雄安新区对青年吸引力因素排序

序号	2021 年	2022 年
1	发展前景较好	发展前景较好
2	距离家乡较近	距离家乡较近
3	生态环境更好	本地人返乡发展

雄安新区对本地及周边人口吸引力高，41.7%的受调查者因距离家乡较近选择来雄安发展，35.8%的受调查者为雄安本地人在家乡发展，同时有34.4%的受调查者认为支持新区建设能够实现更多人生价值而选择留在新区。建设雄安新区是国家大事，为吸引汇聚各地区人才集思广益，一方面要选拔好、培养好"身边人"，另一方面要引得进、留得下"远方人"（图14-2-1）。

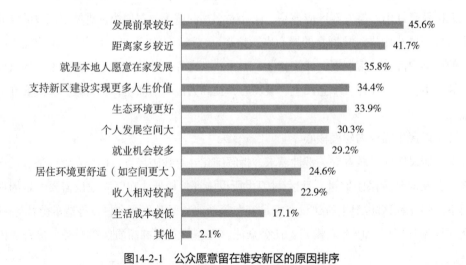

图14-2-1　公众愿意留在雄安新区的原因排序

---

[1] 本节内容选自雄安绿研智库公众号系列推文：《雄安六年·智库调研| 提升青年吸引力是发展的关键》。
https://mp.weixin.qq.com/s/-E71R1YGNmwFcdMOlOeV-g

薪资待遇、公共服务是引才软肋。40%以上的受调查者认为，薪资待遇偏低、住房或子女教育等公共服务政策不完善、公共服务水平低是影响新区就业吸引力的重要因素；30%以上受调查者认为，对口工作岗位少、对本土人才重视程度不足、住房成本高、缺少高质量的青年社交活动平台与组织、城市国际化与开放度水平不高会影响新区吸引更多青年人（图14-2-2）。新区大规模建设持续推进，亟需更多人才参与新区创新发展，薪资待遇、公共服务等软环境的打造还需政策环境、产业发展、配套设施的持续发力、合力营造。应充分利用新区发展前景、政策优势、生态环境、成长平台等特有磁力，在短期内先聚集一批人、留下一批人、带动一批人，循序渐进改善提升新区吸引力。

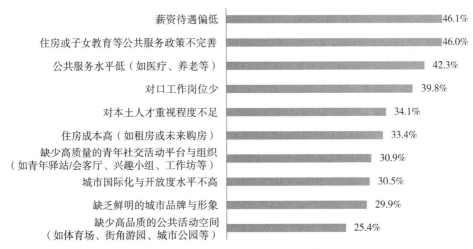

图14-2-2　影响青年吸引力的问题排序

14.2.2　人才引进政策

（1）政策宣传到位

2022年11月，雄安出台《河北雄安新区"雄才卡"管理办法（试行）》（以下简称"办法"），凡符合办法的申请人才，可通过"雄安人才智慧服务"平台系统申报。调查发现，约86%的受调查者听说过"雄才卡"，约50%的受调查者比较了解政策，约有28%的受调查者具备申报资格，体现政策宣传比较到位（图14-2-3）。

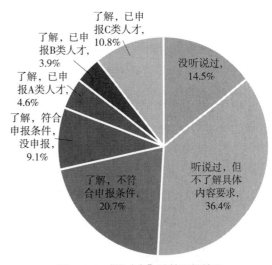

图14-2-3　"雄才卡"政策了解情况

(2) 潜在资源待调动

了解且符合"雄才卡"申报条件,但却未申报的受调查者中,65%以上持先观望状态,40%以上认为人才待遇没有吸引力(图14-2-4)。"潜在"雄才资源待进一步挖掘整合,应尽快明确人才相应配套权益及政策,切实让更多人才愿意申报"雄才卡",激发留下来的想法。

(3) 公众对"雄才卡"的态度

缺乏货币补贴、租购房折扣等实际内容,门槛过高,并非对所有青年人友好,人才待遇吸引力不强,是公众对于"雄才卡"态度中排名前三的选项(图14-2-5)。整体看来,"雄才卡"办理政策的出台对于增强人才吸引力起到一定作用,但同时也反映了公众对于后续配套政策、人才引进和保障措施尽快出台的热忱期待,其中人才社会保障、人才住房补贴、购房政策等是公众最期待出台的配套政策(图14-2-6)。

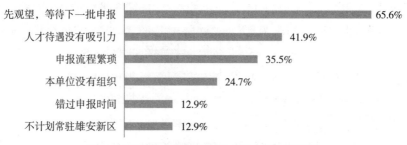

图14-2-4　符合条件但未申报"雄才卡"的原因

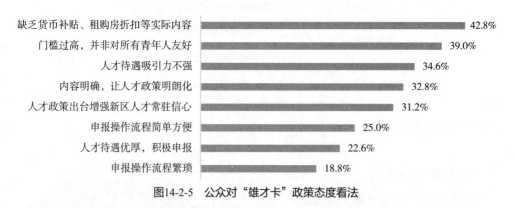

图14-2-5　公众对"雄才卡"政策态度看法

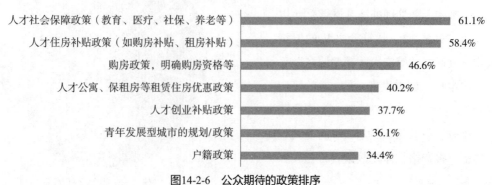

图14-2-6　公众期待的政策排序

14.2.3 青年人才需求

结合国家《关于开展青年发展型城市建设试点的意见》，调查组梳理了与青年发展吸引力相关的六个维度进行详细探索，分别为就业环境、居住环境、健康环境、教育环境、生活服务及城市形象与文化氛围。本次调查发现，青年首要需求是就业环境，立业方能安身，其后依次是居住环境、教育环境、生活服务、城市形象与文化氛围、健康环境（图14-2-7）。

将六个维度分解来看，就业环境方面，公众需求最高的是就业、创业政策支持；居住环境方面，公共服务配套完善度是首要因素；教育环境方面，教育质量最为重要；生活服务方面，基本养老服务体系最受关注；城市形象与文化氛围方面，政府形象与服务能力是重点；健康环境方面，健康的生态环境是首要需求（表14-2-2）。

当前新区仍处于大规模建设阶段，六个维度的全面发展仍需要时间周期，如何寻求能够快速突破或见效明显，即能够给公众留下深刻印象的"解渴"点，以此做出典型，或可成为新区青年吸引力提升乃至整体改善的关键点。

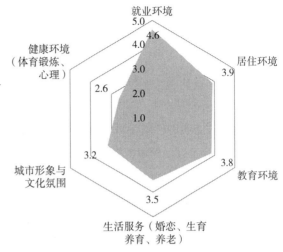

图14-2-7 青年吸引力因素排序

表14-2-2 各维度中青年需求点排序

排名/类别	1	2	3
就业环境	就业、创业政策支持	就业、创业补贴	劳动权益保障机制（如劳动争议调解仲裁）
居住环境	公共服务配套（如学校、医院）完善度	交通便利程度	房屋居住舒适度
教育环境	教育质量	教师素质	教育基础设施品质
生活服务	基本养老服务体系	休闲娱乐设施及平台	婚前保健、妇产、儿科、儿童保健医疗资源供给
城市形象与文化氛围	政府形象与服务能力（如政务办理）	城市品牌与影响力（城市知名度提升等）	城市青年活动空间
健康环境	健康的生态环境（如空气质量等）	开放、平价的公共体育设施	健康环境营造（如公共场所无烟管理等）

14.2.4　结论建议

（1）错位竞争，摸索打造雄安引才核心竞争力

北上广深就业岗位、教育等公共服务水平竞争力强，新区暂时无法追平此类特大城市的公共服务水平，但特大城市存在居住成本高、消费水平高、交通拥堵等典型"大城市病"，正是新区在设立之初就着重研究以避免或解决的议题。因此，雄安在补齐公共服务短板时，应找准发力点，寻找单点破局的机会，同时，在居住条件、健康环境等方面继续夯实基础，逐步形成吸引青年人的核心竞争力。

（2）放开手脚，营造创新氛围打破"人才孤岛"现象

党的十八大以来，习近平总书记反复强调人才工作的重要性，指出："人才难得，轻视不得，耽误不得""人才政策，手脚还要放开一些"。政策方面，建立新区特色的人才分类与认定标准，促进人才的合理流动与柔性引进，增强新区人才政策的落地性和衔接性，尽快补充具体实施细则。

营造创新方面，增强对"五湖四海"人才的吸引力，提升本地人力资源质量，以及赋能吸纳能力并重，结合多层次人才多元化需求，构建年轻化、国际化、文艺化、强交流、景观化、混合化、烟火气、亲子化、运动化等类型且具有"未来感"的人才创新场景，激发人才创新活力，逐步形成公众"创新研究、干事创业，就要来雄安"的认知共识。

14.3　初探公众低碳行为[①]

14.3.1　基本情况

本次调研围绕衣、食、住/用、行四个民生需求开展，旨在了解雄安新区居民生活中的低碳意识及其落实情况，为后续"近零碳社区"建设及碳普惠等政策实施提供数据参考与技术支撑。本次调查于2023年3月开展，采用电子问卷与线下访谈相结合的方式，累计回收问卷2213份，其中线上问卷回收2160份、线下访谈回收53份，共收集有效问卷1066份。

本次调研对象主要为雄安新区三县常住居民，男女比例约为6∶4，年龄主要集中在18～50岁，占比近90%，其中18～35岁占50.79%、36～50岁占39.12%。职业上，各行各业都有涉及，以国有企业工作人员（28.71%）、民营企业工作人员（27.13%）、个体工商户

[①] 本次调研由河北雄安新区管理委员会生态环境局与雄安绿研智库共同发起，本节选自《雄安新区公众低碳行为应用场景调研报告》。

（12.30%）为主。户籍以新区三县户籍人口居多，占50.16%，常住居民占39.75%，目前短暂到访但计划常住占6.62%。59.94%的调研对象居住在三县县城，28.08%居住在新建片区，11.67%居住在乡村内（表14-3-1）。

表14-3-1　问卷对象基本特征分析表

类别		频次	类别		频次
性别	1. 男	58.68%	工作单位	1. 党政机关工作人员	4.42%
	2. 女	41.01%		2. 事业单位工作人员	11.04%
年龄	1. 18岁以下	1.00%		3. 国有企业工作人员	28.71%
	2. 18～35岁	50.79%		4. 民营企业工作人员	27.13%
	3. 36～50岁	39.12%		5. 个体工商户	12.30%
	4. 51～65岁	7.89%		6. 务农	5.68%
	5. 65岁以上	1.89%		7. 学生	2.84%
户籍	1. 新区三县户籍居民	50.16%		8. 离退休人员	3.79%
	2. 非三县户籍，常住居民	39.75%		9. 待业	2.21%
	3. 目前短暂到访但计划常住	6.62%		10. 其他	1.26%
	4. 短暂到访	2.84%	教育程度	1. 博士	1.89%
居住地区	1. 新建片区	28.08%		2. 硕士	15.14%
	2. 三县县城	59.94%		3. 本科及大专	63.09%
	3. 乡村内	11.67%		4. 高中（职高）及以下	18.93%

14.3.2　低碳生活行为

（1）四大维度——衣

1）居民回收利用表现较好

超七成居民选择对旧衣物二次利用，主要方式为放入旧衣物回收箱（58.04%）、给亲戚朋友（46.37%）、捐赠给福利机构（37.54%）。旧衣丢弃率为27.76%（图14-3-1）。丢弃原因主要为处理起来较麻烦（占丢弃原因55.29%）、不知道哪里有旧衣物回收箱（占丢弃原因43.53%），同时41.18%的居民认为旧衣物没人需要（图14-3-2）。

2）不同片区居民衣物丢弃率差异较大

分居住区域来看，乡村居民和新建片区居民旧衣物丢弃率（均超过37%）显著高于三县县城居民（21.58%）（图14-3-3）。容片区东、容西片区等新建片区居民以征迁安置群众为主；一方面近年来征迁安置群众由于居所置换率提高，伴随带来旧衣物丢弃率的提高，另一方面数据反映了乡村居民在回收利用意识方面和回收利用方式上知晓度普遍低于

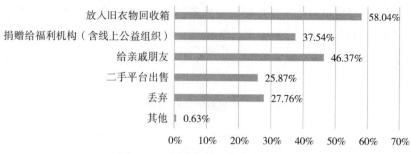

图14-3-1　旧衣物处理方式比例分布

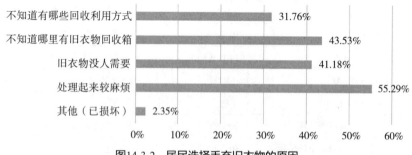

图14-3-2　居民选择丢弃旧衣物的原因

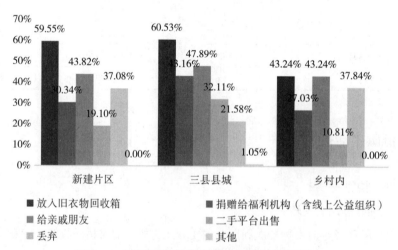

图14-3-3　不同居住地居民旧衣物处理方式比例分布

城镇居民。建议以社区为单位，提高旧衣物回收箱配置率，推广二手流通模式，鼓励个人闲置资源有效利用，推进新区"无废城市"建设。

（2）四大维度——食

1）不同场景下剩菜及处理方式上差异显著

饮食方面，大部分居民勤俭节约、按需饮食，居家就餐和工作餐从来不剩菜的比例最高，均占比约60%。商务宴请的剩菜频率普遍高于其他场景，经常会剩菜的频率约24.24%，是外出聚餐经常剩菜频率的2倍左右,是工作餐经常剩菜频率的10倍左右。在外出聚餐和商务宴请场景中,偶尔会剩的频率较高,分别为45.45%和34.47%。从来不剩的人群以居家就餐场景最为明显,占比达59.09%(图14-3-4)。

剩餐处理方式上,外出聚餐场景中打包带回的频率最高,为74.04%,不打包的原因主要是认为打包麻烦,占38.78%。商务宴请和工作餐的剩菜扔掉、不打包的频率较高,分别为31.73%、26.44%(图14-3-5),其中,商务宴请不打包的主要原因为"没面子",占比为57.81%,工作餐不打包的主要原因为"不好吃",约37.50%(图14-3-6)。可见,不同情景下居民的就餐需求和行为表现有所不同,外出聚餐、商务宴请情景中的节约用餐

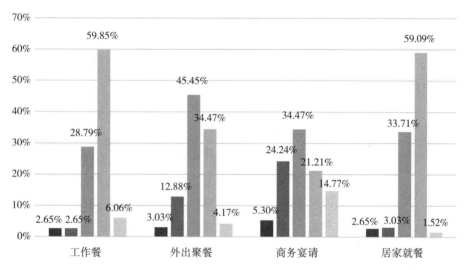

图14-3-4　不同场景下剩餐情况

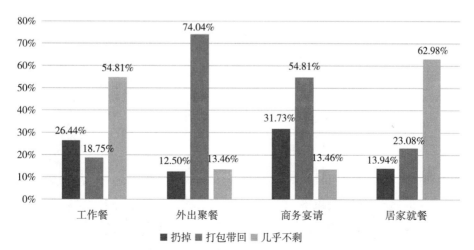

图14-3-5　不同场景下剩餐处理情况

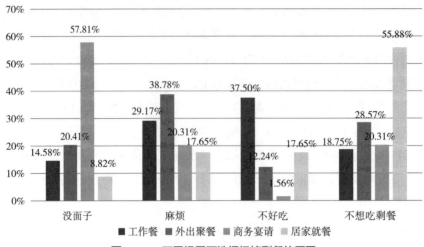

图14-3-6 不同场景下选择扔掉剩餐的原因

观念仍有待提升。建议以商家为主体,大力推进"光盘行动",同时加大半份或小份餐食普及力度,积极弘扬节约理念,制止餐饮浪费,倡导绿色消费、勤俭节约。

2)商户的绿色经营,"无需餐具"行动有待提升

选择点外卖用餐时,51%的居民受减塑、环保意识影响,会主动选择无需餐具,23%的居民偶尔会选择无需餐具,12%的居民不会选择无需餐具(图14-3-7)。选择无需餐具后,仅有24%的商户严格执行"无需餐具",仍有35%和26%的商户会经常或偶尔主动提供餐具(图14-3-8)。可以看出,居民有较好的意识参与"无需餐具"的低碳环保行动,而倡导商户参与环保行动、加深环保理念、鼓励"绿色经营"还有待进一步加强。

(3)四大维度——住/用

1)生活用能以电力及天然气为主

居民家庭用能(不含交通出行)以天然气及电力为主,现场调研中发现,部分沿街商户使用液化石油气。自2016年以来,雄安新区三县实施了"气代煤""电代煤""地热代煤"的清洁取暖改造工程,成效显著,至2021年底全域已基本实现清洁取暖。居民家庭每月用

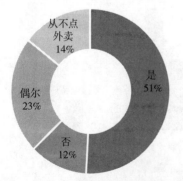

图14-3-7 点外卖时是否会选择无需餐具

图14-3-8 选择无需餐具后是否会收到餐具配送

气支出中以100元以下为主，占比64.76%；居民家庭每月用电支出中以200元以下为主，共占比76.19%；用电支出中，40.00%的居民每月用电支出为101~200元，36.19%的居民每月用电支出为100元以下（图14-3-9）。

2）高能效家用电器认知度有待提升

购买家用电器时，省电（55.21%）、经久耐用（50.16%）、经济实惠（46.37%）为居民考虑的三大主要因素（图14-3-10），同时也有45.11%的居民考虑购置能效等级高的电器。未购买能效等级高家用电器的主要原因为其价格更高（47.65%）和认为能效等级高的产品不一定能节约很多电（42.94%）（图14-3-11）。我国自2005年起实施能源效率标识制度，该制度的施行有效提高耗能设备能源效率，旨在提高消费者节能意识，有利于节能社会的建立。新区相关部门需加强对其的宣传科普，提升居民对电器能效的认知和关注度。

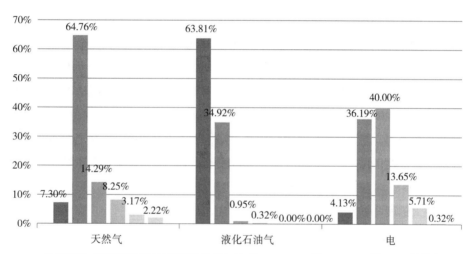

图14-3-9 居民使用能源类型及每月支出比例分布

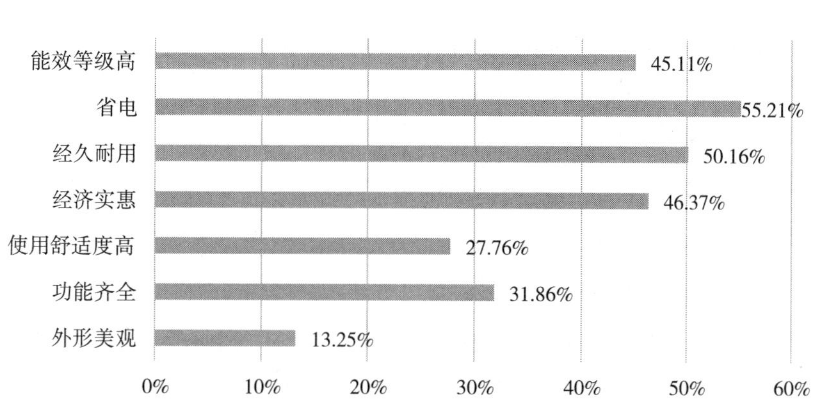

图14-3-10 购买家用电器时的主要考虑

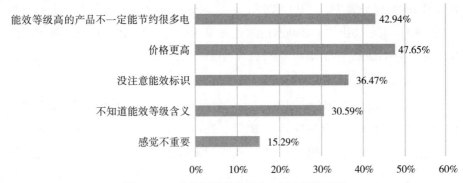

图14-3-11 未购买能效等级高家用电器的原因

3) 旧电器主流处理方式为废品回收

在处理旧电器时, 废品回收和以旧换新为最主要的处理方式, 分别占比62.88%、49.24%。二手平台转卖、送给家人朋友、丢弃和放着的占比依次递减, 分别为44.32%、29.55%、15.53%和13.26%（图14-3-12）。居民会通过不同方式和渠道进行旧电器回收再利用, 闲置和丢弃旧电器的整体占比较低, 选择"放着"或"丢弃"的原因主要为处理起来较麻烦（58.33%）或电器损坏无法维修（41.67%）, 也有37.50%的居民不知道有哪些处理方式（图14-3-13）。处置和利用好废旧家电, 可以有效减少拆解废旧电器带来的安全隐患和环境污染, 一方面建议加强宣传普及力度和开展回收利用废旧家电的实践活动, 提高居民参与积极性；另一方面建议完善和规范废旧家电回收利用渠道及市场, 促进废旧家电合理循环利用。

（4）四大维度——行

1) 超八成居民拥有私家车, 出行以私家车、电动车为主

调查显示, 超过8成新区居民（或家庭）拥有私家车, 汽车保有量较高。家用私家车以燃油车为主, 燃油车保有量约为新能源汽车的2.3倍（图14-3-14）。

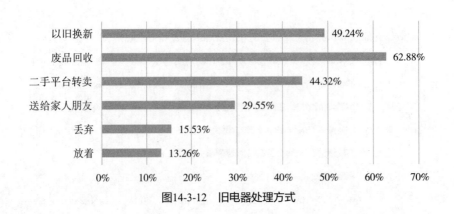

图14-3-12 旧电器处理方式

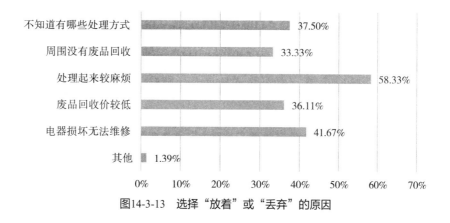

图14-3-13 选择"放着"或"丢弃"的原因

居民最主要的出行方式为电动车（21%）、私家燃油车（20%）；自行车、公共交通和步行这类绿色出行方式也较为常见，有10%~17%的占比；此外，也有10%的居民选择私家新能源车出行（图14-3-15）。

2）是否购买私家车、出行距离对出行方式选择影响较大

是否购买私家车对居民出行方式选择影响较大，无车居民出行首选为公共交通（26.19%）及电动车（17.86%）；拥有燃油汽车的居民出行首选为燃油汽车（29.76%）及电动车（18.15%）；拥有新能源车的居民出行首选为新能源车（25.00%）及电动车（23.57%）（图14-3-16）。出行距离与出行方式选择上，2km以内，居民出行主要选择为步行、自行车、电动车及公共交通，20km以内，居民出行首选为电动车、燃油汽车及公共交通，20km以上，居民出行主要选择为燃油汽车及新能源汽车（14-3-17）。

整体来看，由于新区仍处于规划建设初期，公交线路及站点覆盖率在逐步完善中，居民通勤出行方式以汽车、电动车为主，后续随着"90/80"绿色交通先行示范区建设目标的不断推进，通过增设城市公交线路、开展弹性接驳、试验智能巴士、投放共享单车等措施，新区公共交通出行便捷性将进一步优化。

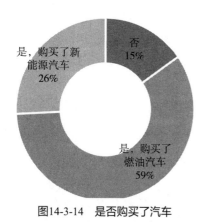

图14-3-14 是否购买了汽车

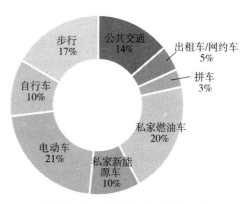

图14-3-15 日常最主要的出行方式

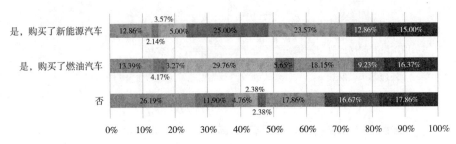

从左至右：■公共交通 ■出租车/网约车 ■拼车 ■私家燃油车 ■私家新能源车 ■电动车 ■自行车 ■步行

图14-3-16　是否购买私家车对出行方式的影响

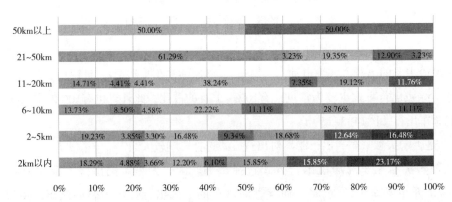

从左至右：■公共交通 ■出租车/网约车 ■拼车 ■私家燃油车 ■私家新能源车 ■电动车 ■自行车 ■步行

图14-3-17　出行里程对出行方式的影响

3）绿色出行认知度有待提升

堵车严重（48.84%）、停车不便且费用较高（38.95%）、油价上涨（35.47%）为居民自愿放弃开车出行的三个主要原因，也有超过30%的居民认为公交出行便利也会促使自愿放弃开车出行。在线下问卷调研和访谈过程中，部分居民表示因为近期新区推广的"数字人民币绿色雄安行"活动，公交出行成为部分人的通勤首选，新区公交出行的便利度有所提升。"响应绿色出行号召"占比不高（24.42%），在一定程度上反映了居民对于绿色出行的认知度还有待提升（图14-3-18）。

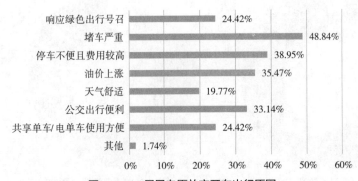

图14-3-18　居民自愿放弃开车出行原因

（5）垃圾分类意识较好

在日常生活习惯方面，有近8成居民平时会进行垃圾分类或意识到垃圾分类的重要性，但仅有31.55%的居民几乎每次都能做到垃圾分类后丢弃，22.40%的居民经常分类后丢弃、24.29%的居民偶尔分类后丢弃（图14-3-19）。居住地为三县县城和新建片区的居民垃圾分类习惯有所差异，有约63%的三县县城居民经常进行垃圾分类处理，约45%的新建片区居民经常进行垃圾分类，而乡村居民几乎从不进行垃圾分类比例最高，为29.73%（图14-3-20）。

图14-3-19　垃圾分类情况

在居民进行垃圾分类的原因方面，有71.34%的居民认为垃圾分类是"举手之劳，致力环保"，55.49%的居民认为可以提升资源回收利用率，51.83%的居民认为需将有害垃圾分类后丢弃，43.29%的居民认为可从废品回收中获得收益。整体来看，居民愿意通过自身行为为环境保护做出贡献，也有较大比例认可垃圾分类可以分离有害垃圾以及提高资源回收利用率（图14-3-21）。

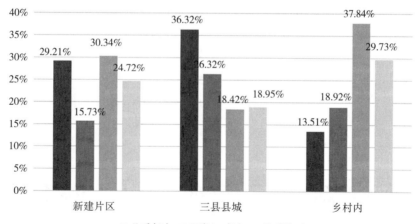

图14-3-20　不同居住地居民垃圾分类行为

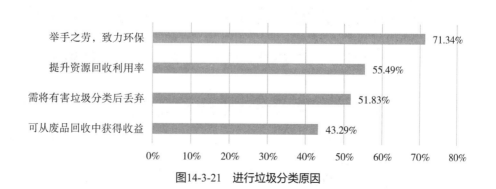

图14-3-21　进行垃圾分类原因

居民未进行垃圾分类的最主要原因为公共垃圾箱没有分类，个人分类无意义，占比为70.80%，显著高于其他选项；24.82%的居民不知道如何分类；21.90%的居民认为垃圾分类太麻烦了，不愿意做；14.60%的居民不进行垃圾分类是因为没有强制政策要求，不分类不会有任何处罚。调研所得，目前新区的垃圾分类实施情况欠佳，居民对个人垃圾分类的执行和意义存在疑虑，公共垃圾分类设施的配置率会较大影响个人垃圾分类行为，垃圾分类的宣传教育、实施指引、公众认知度和参与度等都有待提升，相应配套规范政策法规也应完善和加强（图14-3-22）。

（6）生活环保意识有待提高

在居民日常使用的一次性用品中，一次性口罩及塑料袋的使用频率较高，平均每周使用3次以上，占比分别为61.2%和46.05%。一次性筷包、一次性手套、一次性纸杯总体使用频率较低，平均每月使用2~3次，表明一次性餐具的使用已经得到了一定的限制和控制（图14-3-23）。不方便随身携带（41.26%）、忘记携带导致只能选择一次性用品

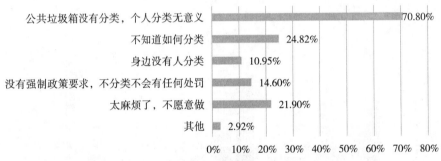

图14-3-22　未进行垃圾分类原因

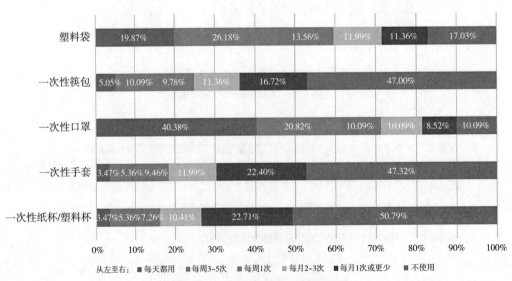

图14-3-23　一次性用品的使用情况

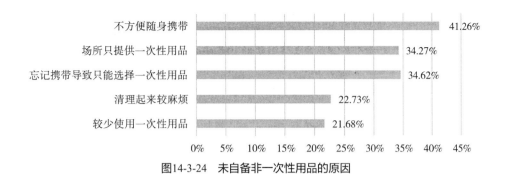

图14-3-24　未自备非一次性用品的原因

（34.62%）、场所只提供一次性用品（34.27%）为居民不自备非一次性用品、选择使用一次性用品的主要原因（图14-3-24）。虽然部分居民环保意识有所提升，但暂未形成"减少使用一次性用品有利于环境保护"等生活观念和习惯，使用场所对一次性用品的无限制供给也会提升一次性用品使用概率。建议加大对商家的绿色低碳理念宣传力度，倡导一次性用品按需索取、减少一次性用品的主动提供，提高多次使用用具的供给和卫生性。

14.3.3　低碳生活意识

（1）不同人群低碳意识差异显著

不同人群低碳意识呈现出显著差异，18~50岁的人群对"双碳"概念认知度较高，了解及非常了解的占比超过70%，35岁以下居民仅有6.29%从未听说过"双碳"目标，而65岁及以上居民中这一比例高达83.33%。常住居民有近95%听说过"双碳"目标，但三县户籍居民有15.82%的居民从未听说过。教育水平上，在本科（及大专）及以上居民了解程度显著高于高中及以下居民，超95%本科（及大专）及以上居民对"双碳"目标有所了解，但高中及以下居民没听过的比例高达40.35%（图14-3-25）。

对碳达峰、碳中和有所了解的居民中，49%的居民认为碳达峰、碳中和对他们生活会有较大影响，11%的居民认为不太懂或说不好，13%的居民认为几乎没影响（图14-3-26）。

（2）低碳生活认知、低碳行为践行有待提升

整体来看，随着近年来媒体对于国家"双碳"政策的宣传和引导增多，居民对于减少温室气体排放、低碳生活的认知度有一定提升，但对于低碳生活与全球温室气体排放的关系、"双碳"政策与日常生活的关系等还是不够明确。居民进行低碳生活时更关注其对于日常生活的现实意义，如物尽其用，减少浪费，对地球负责（52.92%），通过可持续发展造福后代（50.32%），可以使生活更健康（41.23%）等，而对于可以遏制全球变暖的趋势（35.06%），有利于高质量的经济发展（30.52%）认同度较低（图14-3-27）。因此，有关绿色低碳生活方式推动经济社会转型的科普还有待加强，重点加强以社区、学校为主阵地的线下宣传，针对性面向中老年、征迁群众等群体进行普及。

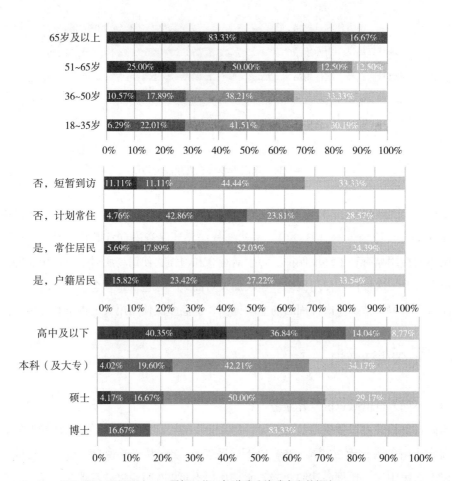

图14-3-25 不同特征居民对碳达峰、碳中和的了解程度

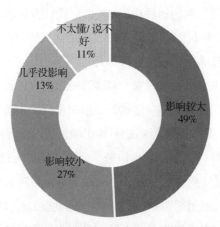

图14-3-26 居民认为碳达峰、碳中和对日常生活的影响程度

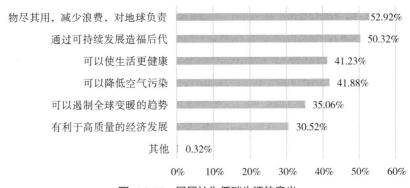

图14-3-27 居民认为低碳生活的意义

生活中节约用电、用水、用气，尽量使用公共交通或非机动车出行，减少一次性用品使用是居民最愿意尝试的三种低碳生活方式。受限于外部条件，外出用餐时点小份/半份餐食，使用可持续原材料生产的衣被，每周自愿少开一天车这三种低碳生活方式选择度相对低于其他选项（图14-3-28）。针对新区的绿色低碳活动组织及宣传，调查显示，"宣传内容不够深入，可操作性低""公众绿色低碳知识普及不足""公众参与不够积极"与"活动形式单一缺少特色"均有超过30%的占比，是居民认为需要重点提升的四个方面（图14-3-29）。

（3）多措并举，提升绿色生活意识

在如何有效提升绿色生活意识方面，居民认为加强绿色生活知识的科普是最为有效的方式，占比达66.29%；其次是提高企业绿色生产意识、加强媒体宣传力度和建立健全的政策法规，均占比为50%左右；也有34.85%的居民认为需加强政府监督（图14-3-30）。提升全社会的绿色低碳生活意识，离不开政府引导、市场激励、居民参与，建议做好顶层

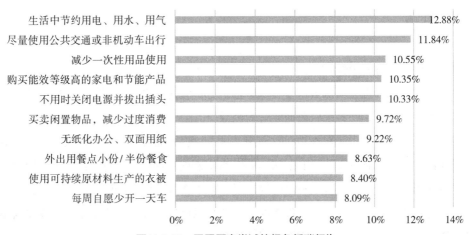

图14-3-28 居民愿意尝试的绿色低碳行为

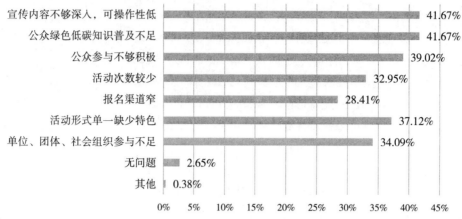

图14-3-29　在绿色低碳活动组织和宣传中哪些方面有待提升

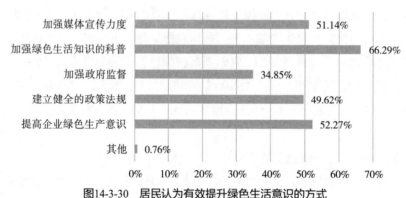

图14-3-30　居民认为有效提升绿色生活意识的方式

设计，建立引导绿色低碳生活制度的系统性、体系性和全面性，形成政府-市场-居民的共同合力，推动绿色生活的普及和发展。

14.3.4　结论

（1）居民低碳行为画像

针对上述分析，现可从低碳行为、低碳意识与行为的关系、不同特征居民的低碳行为差异三个角度，描述雄安新区居民低碳行为画像。

在低碳行为方面，居民在衣物回收利用、日常饮食方面表现较好，而在生活垃圾分类丢弃和绿色出行方面有较大的提升空间。居民愿意尝试低碳行为，有节约用电、用水、用气，尽量使用公共交通或非机动车出行等意愿。对于新区绿色低碳活动的组织和宣传，居民普遍认为宣传内容不够深入、可操作性低、公众绿色低碳知识普及不足、公众参与不够积极、活动形式单一缺少特色，需要加强宣传和活动组织力度。

在低碳意识与行为的关系方面，居民能有效认识到衣物回收利用、垃圾分类后丢弃、减少一次性用品使用对于绿色生活的意义，但受限于配套设施及相关政策影响，日常践行度仍有待提升。居民对于低碳生活的认知度较高，但对于低碳生活与全球温室气体排放的关系、"双碳"政策与日常生活的关系等还不够明确，需要进一步加强对碳达峰碳中和、绿色低碳生活方式的宣传，提高居民的低碳意识。

在不同特征居民的低碳行为差异方面，35岁以下、教育水平较高、外来居民对碳达峰碳中和的了解程度高，认知度较高；但65岁以上、教育水平低的本地居民则了解程度较低；不同特征居民的低碳意识呈现出显著差异。对年龄、教育和户籍等属性不同的居民需要有针对性地进行宣传和引导，推广低碳生活方式和提高其践行度。

（2）居民低碳生活转型现存问题

依据调研结果分析，促进新区居民低碳生活转型仍存在以下几点问题：

一是虽然居民的低碳生活意识较强，但是在低碳行为实践上存在很大的阻力，大多数居民践行低碳行为时受朴素的节约意识和生活习惯驱动，更多地处于减少浪费角度，无法意识到节约与低碳行为的内在联系。

二是绿色低碳生活场景供给不足，居民绿色低碳生活的积极性因此受到限制，居民在日常生活中容易做到的方面更乐于践行低碳行为（如生活中节约用能、尽量使用公共交通或非机动车出行等），但受基础设施覆盖率不够的客观条件限制（如15分钟生活圈配套设施尚不完善、垃圾分类收集措施不健全、公共交通覆盖率较低等），只能选择进行高碳行为。

三是绿色低碳宣传及活动组织力度不够，存在宣传不够深入、可操作性低、公众绿色低碳知识普及不足、积极性低、活动形式单一及缺少特色等问题，最终导致居民实践低碳行动的动力有所不足。

四是缺少绿色低碳生活的顶层设计，如新区绿色生活行动方案、个人碳账户、碳普惠机制等，需进一步出台体系性、系统性的相应建设方案，为新区居民践行绿色生活方式提供标准化引导及激励。

14.4 十大绿色发展事件[1]

14.4.1 调查概况

本次调研基于习近平总书记提到的雄安新区七大任务，结合雄安新区2022年重点工

---

[1] 本节内容选自雄安绿研智库公众号推文：《2022绿色雄安十大事件评选结果出炉！》。https://mp.weixin.qq.com/s/s2IU9s51SN7rMN7AZMsqGw

作或成效,以绿色城市建设和发展的7个维度,包括环境友好、低碳循环、绿色金融、绿色人文、政府治理、智慧城市及高端高新产业,梳理提出20项2022年雄安新区绿色事件作为公众投票选项(表14-4-1),以期通过调查了解公众对雄安绿色发展的关注、需求与期望,为新区的未来绿色发展方向提供参考。

表14-4-1　2022年雄安新区绿色事件

类别	序号	事件名称	事件内容
环境友好	1	森林覆盖率提高至34%	"千年秀林"工程累计造林46.9万亩,新区森林覆盖率从11%提高到34%
	2	白洋淀水质实现从劣V类到Ⅲ类跨越性突破	白洋淀水质从2017年的劣V类全面提升至Ⅲ类,进入全国良好湖泊行列,白洋淀野生鸟类种类达237种
	3	悦容公园、郊野公园等高品质城市公园显雏形	启动区中央绿谷及东部溪谷加快建设,金湖公园、悦容公园、郊野公园等建成
低碳循环	4	河北首个利用高速公路开发光伏发电项目落户雄安	荣乌高速计划安装光伏组件总容量43MW,每年可提供清洁能源5300万kWh
	5	启动区地热采矿权成功挂牌出让	雄安新区启动区、容西片区地热资源采矿权成功出让,总交易面积达43.71km^2
	6	绿色建筑三星级园区雄安商务服务中心投入使用	作为新区首个绿色建筑三星级园区、首个标志性城市建筑群,雄安新区商务服务中心的会展中心及会展中心酒店正式投入运营
	7	三县进行雨污分流改造	雄安新区三县开展庭院、市政排水管网雨污分流改造,完善公共服务配套设施建设
	8	雄安快轨R1线联通北京,1小时抵京核心	R1线跨京德高速连续梁顺利合龙,为R1线全线贯通奠定了坚实基础
绿色金融	9	发行首单绿色"碳中和"债券	中国石化新星公司所属中石化绿源地热能开发有限公司在上海证券交易所成功发行雄安新区首单绿色"碳中和"ABS债券
	10	达成首笔国际绿证业务,完成首批固碳和降碳产品交易	国网雄安综合能源公司与澳大利亚YNIWM公司签署协议,将雄安站屋顶光伏项目的67.5万kWh上网发电量形成的碳资产出售对方,可抵消二氧化碳排放约465t
绿色人文	11	"1分钱坐公交"便民政策落地实施	"1分钱坐公交"成为雄安新区首个数字人民币交通出行领域试点落地项目
	12	《雄安新区绿色发展报告(2019—2021)——生长城市的绿色版图》出版	该报告是雄安绿研智库有限公司组织编写的雄安新区绿色发展系列报告,聚焦2019—2021年期间雄安新区绿色发展的最新动态思想理念、技术实践
政府治理	13	发布多项绿色发展政策及技术标准,打造绿色城区	雄安新区目前已发布《雄安新区绿色建筑高质量发展的指导意见》《雄安新区绿色建筑施工图审查要点(试行)》等绿色发展政策与技术标准
	14	"政通雄安"上线,打造"数字身份+政务服务"新模式	个人和企业通过登录"政通雄安"可申领"雄安数字身份"或电子印章,"一码通"将智慧生活落实到方方面面

续表

类别	序号	事件名称	事件内容
智慧城市	15	"无废城市"建设大力推进,无废乡村、无废社区等涌现	雄安新区积极编制《雄安新区深入推进"无废城市"建设实施方案(2022—2025年)》《2022年雄安新区"无废城市"建设工作要点》,印发《雄安新区容东片区"无废城市"建设实施方案》等
	16	雄安产业互联网平台上线,实现首笔基于产业互联网平台的线上贷款投放	由雄安区块链实验室联合中国农业银行、中国银行等单位基于区块链技术建设,是各方深化合作、互利共赢的重要平台
	17	全国首个城市级智能基础设施平台"一中心四平台"体系基本建成	雄安城市计算中心、块数据平台、物联网平台、视频一张网平台和CIM平台已逐步对接运营
高端高新产业	18	将能源互联网行业作为9类核心产业之一	雄安新区推动布局能源互联网、绿色能源关键技术产业攻关和产业布局,发展新能源产业链
	19	连续举办第五届河北国际工业设计周	以"设计赋新未来之城"为主题的第五届河北国际工业设计周在雄安举行
	20	启动区承接功能疏解取得标志性突破	雄安新区首批标志性疏解项目有序推进,"三校一院"渐次落地,三家央企总部开工建设

14.4.2 投票结果

本次调研共收集百余份有效问卷,根据投票数据整理形成"2022绿色雄安十大事件",解码雄安新区这一年的成长基因。经统计,在排名前十位的绿色大事件中,主要包括四大类型。其中,环境友好类三项全部上榜,低碳循环类占三项,比重最高,表明公众对于环境保护类事件关注度更高。同时,绿色人文类两项事件全部上榜、智慧城市类事件占两项(图14-4-1、图14-4-2)。

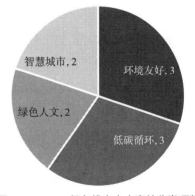

图14-4-1 2022绿色雄安十大事件分类项数

随着雄安新区顶层规划设计的平稳落实,新区蓝绿空间占比不少于70%、森林覆盖率40%的主要目标正逐步推进。悦容公园、郊野公园等高品质城市公园形成了雄安新区重要的生态板块,为新区居民提供了绿色生态、开放共享的公共空间。白洋淀作为"华北之肾",在淀城关系、生态系统中的重要性显而易见,白洋淀的水质突破与生态修复为雄安新区打造"蓝绿交织、清新明亮"的环境提供了坚实基础,也为打造人与自然和谐共生的城镇化发展路径提供探索经验。

随着雄安新区建设与社区制度的完善,公众对于公共服务设施的体验及使用感受愈加

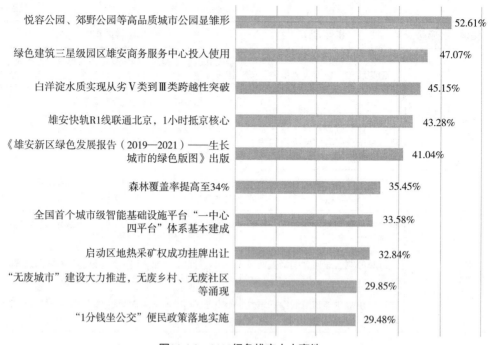

图14-4-2　2022绿色雄安十大事件

明显。从其排名可见，雄安商服会展中心作为雄安新区首个标志性城市综合体，不仅承接北京非首都功能疏解和北京先期入驻企业的职住一体功能，同时起到了新区绿色技术实践探索及创新示范作用，也为公众期待的雄安新区绿色发展雏形提供了现实场景。从排名前十位的占比与公众关注方向来看，非首都功能疏解持续保持广泛讨论。新区至北京大兴机场快线（R1线）跨京德高速连续梁顺利合龙，为R1线的全线贯穿奠定了坚实的基础，完成其重要的节点作用。根据中央批复的总体规划，雄安R1线是兼具城际铁路、市域（郊）铁路、城市轨道技术特征的复合功能线，"创新、协调、绿色、开放、共享"的新发展理念在R1线项目得到充分体现，对于促进京津冀协同发展和支撑建设雄安新区具有重要意义。

14.4.3　小结

新区设立的六年多时间里，从蓝图到实景，雄安新区成为高水平现代化城市建设模范，取得重大阶段性进展。大规模开发建设与北京非首都功能疏解同步推进，城市绿色发展显现雏形，公众对于绿色低碳的理解逐步提高。特别是2023年5月，总书记来雄安新区考察，对雄安新区近年建设成果做出肯定，其取得的成绩是"世界百年未有之大变局"，提出要"坚持绿色化、低碳化发展，把雄安新区建设成绿色发展城市典范"，为雄安新区的绿色发展提出了下一步要求与展望。

14.5 把握新区研究热点

雄安新区自2017年4月1日设立至今已六年有余，受到了国内外学术界的广泛关注。近年来，新区同步推进北京非首都功能疏解、高质量高标准建设，国内外学者从各学科角度出发对于雄安新区过去、当下以及未来的发展进行深刻的剖析与思考。

14.5.1 国内研究热点

本研究使用VOSviewer 1.6.19与Citespace 6.2.R4作为分析工具，围绕有效文献数目、引用频次、学科分布、关键词共现等方面对雄安新区相关中文期刊文献展开分析。以下使用的数据来源于中国知网（CNKI），以"雄安"或"雄安新区"作为主题检索词，选取2021年7月1日—2023年7月1日时间段，剔除报纸、图书及其他主题无关的期刊文献。结果显示，两年时间内共发表有效文献991篇，其中期刊941篇、会议47篇、辑刊3篇，与前两年相比数目基本持平。

（1）期刊及学科、高频被引文献、研究机构分析

按照期刊类型划分，包括SCI 1篇、EI 27篇、北大核心225篇与CSSCI 66篇。其中，SCI期刊文章为2022年《地球物理学报》上发表的《雄安牛驼镇凸起区高渗性白云岩对上覆地层温度场的影响》一文。

按照学科分布划分，将文献数量较多的前十项学科绘制成统计图（图14-5-1）。从图中可以看出建筑科学与工程、经济体制改革、工业经济、环境科学与资源利用等学科对雄安新区的建设发展更为关注。近两年除了城市建设、生态环境相关学科之外，围绕雄安新区还涌现出了较多在经济体制改革、工业经济、宏观经济管理与可持续发展等学科的研究。

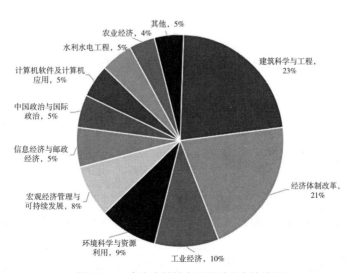

图14-5-1 中文文献前十项学科分布统计图

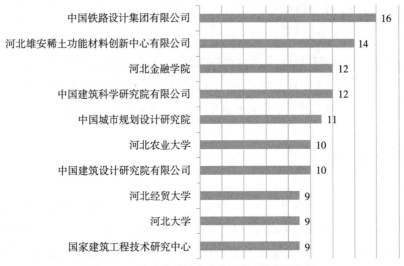

图14-5-2 中文文献前十名机构发文数量统计图

按照机构发文数量排序，将文献数量较多的前十名机构发文数量绘制成统计图（图14-5-2）。如图所示，对雄安新区研究有较多贡献的多为京津冀地区的基础建设、规划设计、高等院校等机构，企业发文高于高等院校和科研院所。从发文数目来看，规划建设领域的"国字头"企业是相关研究核心力量，如中国铁路设计集团有限公司（16篇）、中国建筑科学研究院有限公司（12篇）、中国城市规划设计研究院（11篇）、中国建筑设计研究院有限公司（10篇）。

按照被引频次对所统计文献进行排序，将前十名文献绘制成表格（表14-5-1）。总体来看，研究雄安的文献被引频次相对较低、总被引频次较低。引用频次前十名的文献研究方向较为集中，主要来自生态环境、城市建设领域，这与雄安新区规划之初就注重生态环境保护与修复、大力倡导高质量高标准建设息息相关。

表14-5-1 中文文献前十名被引频次统计表

排名	标题	作者	来源	频次
1	模拟多情景下白洋淀流域土地利用变化及生态系统服务价值的空间响应	高星，杨刘婉青，李晨曦，宋昭颖，王杰	生态学报	30
2	我国农村污水处理现状问题分析及治理模式探讨	李鹏峰，孙永利，隋克俭，司绍林，陈建刚，张建民，周宗玉，李家驹	给水排水	26
3	数字孪生城市导向下的智慧规建管规则体系构建——以雄安新区规划建设BIM管理平台为例	鲍巧玲，杨滔，黄奇晴，刘颖	城市发展研究	19
4	基于土地利用变化的雄安新区景观生态风险评价与预测	陈丁楷，石龙宇	生态经济	16

续表

排名	标题	作者	来源	频次
5	雄安新区国土空间开发的生态系统服务价值响应特征	刘礼群，江坤，胡智，冯徽徽	生态学报	14
6	区域发展的高等教育因素：概念框架与案例分析	周光礼	湖南师范大学教育科学学报	13
7	雄安站屋盖钢结构无线健康监测系统设计与开发	罗尧治，赵靖宇，范重，宋志文，沈雁彬，蔡朋程，张宇，朱丹	建筑结构	11
8	"双碳"目标下雄安新区发展碳金融的思考	杨兆廷，吴祎伦	区域经济评论	11
9	基于层次分析-有序加权平均多准则评估的雄安新区生态安全格局模拟研究	李皓，翟月鹏，杨小龙，董旭彤，杨佳，马子川，刘敬泽	生态学报	11
10	雄安新区公租房建设应用REITs融资模式的关键探讨	王子柱，张玉梅，李依蔓，林然	建筑经济	10

（2）关键词共现分析

在关键词方面，将文献数据导入VOSviewer中❶，对于英文等不合理关键词进行清洗，运行后得到软件预设的雄安新区文献关键词共现网络关系图（图14-5-3），图中节点大小代表关键词频次，节点间连线粗细代表共现连接强度。筛选有效的关键词进行频次统计，并与前两年的结果进行比较绘制统计表（表14-5-2）。

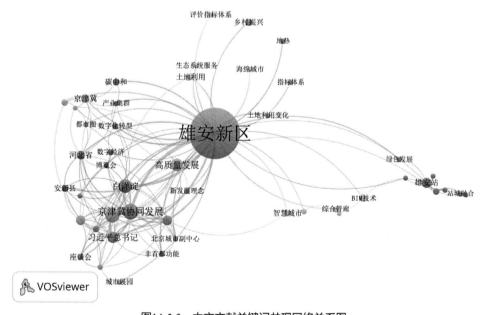

图14-5-3　中文文献关键词共现网络关系图

---

❶ 选择分析单元类型为关键词共现，计数方式为全部计算。

表14-5-2　中文文献关键词共现频次统计表

排名	关键词（2019—2021 年）	关键词（2021—2023 年）	频次（2021—2023 年）
1	雄安新区建设	京津冀协同发展	47
2	京津冀协同发展	雄安新区建设	41
3	白洋淀	白洋淀	34
4	习近平总书记	高质量发展	34
5	京津冀	习近平总书记	23
6	高质量发展	雄安站	20
7	城际铁路	非首都功能疏解	18
8	非首都功能疏解	BIM	18
9	疫情防控	京津冀	15
10	同比增长	BIM 技术	11
11	研究院	碳中和	10
12	雄安市民服务中心	铁路客站	9
13	燕赵大地	智慧城市	9
14	白洋淀流域	座谈会	8
15	人工智能	党中央	8
16	深圳经济特区	土地利用	8
17	协同发展	协同发展	8
18	京津冀协同发展战略	数字化转型	7
19	安全度汛	新理念发展	7
20	非首都功能	数字经济	7

由表14-5-2可见，雄安新区近两年热点关键词包括"京津冀协同发展""雄安新区建设""白洋淀""高质量发展""习近平总书记"等。再将文献数据与有效关键词导入Citespace中进一步聚类分析[1]形成聚类（表14-5-3）。结合关键词共现网络与聚类图谱，近两年雄安新区相关研究归纳为白洋淀生态环境保护、京津冀协同发展、大数据与智慧城市、铁路站线建设、碳中和路径技术五个主要研究主题。与2019—2021年的聚类单元——"白洋淀""区块链""疫情防控""人才培养""京津冀协同发展"相比，主要增加了对于大数据、高铁站、碳中和等方面的关注。

---

❶ 采用Log-likelihood Ratio的排序方法进行统计。

表14-5-3　聚类单元[1]的重要关键词

聚类单元	聚类名称	关键词数量	主要关键词	Silhouette 值
聚类 #0	白洋淀	16	白洋淀、综合治理、生态补水、山水林田湖草、水安全保障	0.949
聚类 #1	京津冀	13	京津冀、协同发展、城市群、协同联动、管理平台	0.933
聚类 #2	大数据	13	大数据、高铁站、物联网、智慧城市、智能化	0.842
聚类 #3	铁路客站	11	铁路客站、雄安站、高速铁路、新理念、客站建设	1.000
聚类 #4	碳中和	11	碳中和、空间结构、有限元模拟、承载能力、节点设计	0.995

14.5.2　国际研究热点

近两年国外研究方面在文献数量与文献质量上均有所上升。以下使用的数据来源于Web of Science核心数据库，以"Xiongan"或"Xiong'an"作为主题检索词，选取2021年7月1日—2023年7月1日时间段，剔除报纸、图书及其他主题无关的期刊文献。结果显示，两年时间内共搜集到有效文献107篇，其中期刊105篇、会议2篇，与前两年相比数目有所增加。

按照期刊类型划分，文献来源中共有SCI-Expanded 98篇、SSCI 11篇、ESCI 4篇。按文献地区划分，绝大多数集中在东亚与东南亚地区，少部分来自欧洲与北美地区。按照学科分布划分，将文献数量较多的学科绘制成统计图（图14-5-4），由图可得，国外研究与国内相比更偏向于自然科学研究，例如环境科学、多学科地质科学等。

图14-5-4　外文文献学科分布统计图

---

[1] Citespace聚类结果中选择大小大于10、Silhouette值大于0.6的聚类。

按照被引频次对于时间范围内的文献进行排序，将前十名文献绘制成表格（表14-5-4）。总体来看，外文期刊相关文献被引频次与国内期刊类似，前十名的文献主要来自地下水与水资源、植物与农作物、湿地保护与生态系统等生态环境科学领域。就所统计的数据来看，外文期刊的发文作者绝大多数为中国人，部分为中外作者合作发表，外国作者独立发文的较少或目前还不是高频被引文献。

表14-5-4 外文文献前十名被引频次统计表

排名	标题	作者	来源	频次
1	Occurrence and distribution of antibiotics in groundwater, surface water, and sediment in Xiong'an New Area, China, and their relationship with antibiotic resistance genes	Fu, CX; Xu, BT; Chen, H; Zhao, X; Li, GR; Zheng, Y; Qiu, WH; Zheng, CM; Duan, L; Wang, WK	SCIENCE OF THE TOTAL ENVIRONMENT	27
2	Crops Fine Classification in Airborne Hyperspectral Imagery Based on Multi-Feature Fusion and Deep Learning	Wei, LF; Wang, K; Lu, QK; Liang, YJ; Li, HB; Wang, ZX; Wang, R; Cao, LQ	REMOTE SENSING	21
3	Review on strategies of close-to-natural wetland restoration and a brief case plan for a typical wetland in northern China	Cai, YJ; Liang, JS; Zhang, PY; Wang, QY; Wu, Y; Ding, YR; Wang, HJ; Fu, C; Sun, JJ	CHEMOSPHERE	24
4	Tradeoffs in the Spatial and Spectral Resolution of Airborne Hyperspectral Imaging Systems: A Crop Identification Case Study	Jia, JX; Chen, JS; Zheng, XR; Wang, YM; Guo, SX; Sun, HB; Jiang, CH; Karjalainen, M; Karila, K; Duan, ZY; Wang, TH; Xu, C; Hyyppa, J; Chen, YW	IEEE TRANSACTIONS ON GEOSCIENCE AND REMOTE SENSING	16
5	Assessing heterogeneity of trade-offs/synergies and values among ecosystem services in Beijing-Tianjin-Hebei urban agglomeration	Li, Q; Li, WJ; Wang, S; Wang, JF	ECOLOGICAL INDICATORS	14
6	A multi-objective optimization design method for gymnasium facade shading ratio integrating energy load and daylight comfort	Fan, ZX; Liu, MX; Tang, SN	BUILDING AND ENVIRONMENT	13
7	A Multi-Scenario Simulation and Optimization of Land Use with a Markov-FLUS Coupling Model: A Case Study in Xiong'an New Area, China	Huo, JE; Shi, ZQ; Zhu, WB; Xue, H; Chen, X	SUSTAINABILITY	11
8	Effect of afforestation mode on rhizosphere soil physicochemical properties and bacterial community structure of two major tree species in Xiong'an New Area	Wang, KF; Qiu, ZL; Zhang, M; Li, XY; Fang, X; Zhao, MY; Shi, FC	FOREST ECOLOGY AND MANAGEMENT	8
8	Mapping basin-scale supply-demand dynamics of flood regulation service-A case study in the Baiyangdian Lake Basin, China	Li, J; Fang, ZH; Zhang, JX; Huang, QX; He, CY	ECOLOGICAL INDICATORS	8

续表

排名	标题	作者	来源	频次
10	System dynamics modeling of food-energy-water resource security in a megacity of China: Insights from the case of Beijing	Li, XQ; Zhang, LX; Hao, Y; Zhang, PP; Xiong, X; Shi, ZM; Jin, MZ	JOURNAL OF CLEANER PRODUCTION	7
10	Hydrogeochemical characteristics of groundwater and pore-water and the paleoenvironmental evolution in the past 3.10 Ma in the Xiong'an New Area, North China	Zhao, K; Qi, JX; Chen, Y; Ma, BH; Yi, L; Guo, HM; Wang, XZ; Wang, LY; Li, HT	CHINA GEOLOGY	7

14.5.3 小结

近两年国内外对于雄安新区的研究数量与质量上均有一定程度提升，国内学术界仍然是新区研究主力军，研究方向既延续了以往的城市建设、绿色生态等重点方面，还新增了数字城市、轨道交通、碳中和等领域，研究覆盖面逐步拓宽，研究成果伴随着建设实践同步产出。

第十五章 未来展望

乘风破浪开新局，雄安新区于2017年设立，开创了高水平社会主义现代化城市建设的新型实践探索路径。在"双碳"背景下，雄安新区坚持生态优先、绿色发展，以资源环境承载力为刚性约束条件，建设人与自然和谐共生的新时代绿色典范城市，以此成为中国城镇化下半场的城市样板，更是"妙不可言 心向往之"的人民城市。

目前"十四五"规划已步入末期，雄安新区非首都功能疏解初见成效，绿色城市理念推广领跑，城市规划建设取得瞩目成就，逐步推进"十四五"开局期间设定目标，实现了城市高标准、新理念发展目标。随着城市基础建设工作日渐完善，新区工作重心将转向高质量建设、高水平管理、高质量疏解发展并举。依托新区创新力优势，构建绿色低碳发展的空间格局、产业结构、生产方式、生活方式新模式，坚持推进绿色典范城市建设，稳扎稳打，善作善成，方能不负使命，敢为争先，走在时代前列。

15.1 全面推进绿色典范城市建设

雄安新区设立以来，认真学习贯彻落实生态文明思想，坚持生态优先、绿色发展，打好"减污、降碳、扩绿、增长"的组合拳，持续推动绿色低碳发展，取得阶段性成效。目前，白洋淀水环境质量实现历史性跨越，绿色低碳产业迅速发展，节约资源和保护环境的生产生活方式正在形成，空间格局和体制机制不断完善，一座水城共融的绿色城市雏形显现。

2023年5月，习近平总书记第三次来到雄安新区实地考察并主持召开高标准高质量推进雄安新区建设座谈会，肯定雄安新区6年以来的阶段性建设成绩，作出"坚持绿色化、低碳化发展，把雄安新区建设成为绿色发展城市典范"的重要指示。而后7月，习近平总书记出席全国生态环境保护大会并发表重要讲话，系统部署全面推进美丽中国建设的战略任务和重大举措，这为雄安新区深化生态文明建设，继续高标准高质量建设绿色发展城市典范指明了前进方向，提供了根本遵循。

打造高品质生态环境。"提升生态系统多样性、稳定性、持续性"，以白洋淀生态功能区和生态保护红线为重点，加快实施重大保护修复工程，加大鸟类栖息地保护力度，持续恢复鸟类生境，远景规划建设白洋淀国家公园。按照到2035年森林覆盖率达到40%的目标，科学有序开展国土绿化，积极筹办2025年中国绿化博览会，积极创建森林城市。建设全域覆盖的区域绿道、城市绿道和社区绿道三级绿道网络，构建由大型郊野生态公园、大型综合公园及社区公园组成的生态公园体系，恢复微水网生态系统，构筑"内部大循环、外部大联通"的城市水系。持续完善"一淀、三带、九片、多廊"的生态空间，形成具有调蓄洪水、维护生态平衡、抵御不良生态环境影响、保护生物多样性等多重功能的生态安全格局。

推进绿色低碳建城和营城。坚持绿色低碳发展，全面推进绿色建城，不断提高资源节约集约循环利用水平。大力发展绿色建筑和超低能耗建筑，加大建设科技创新力度，围绕高品质绿色建筑、近零能耗建筑、零碳建筑等方面，开展关键共性技术攻关。加强科技成果和新技术推广应用，推进"绿色建筑+"、近零能耗建筑、装配式建筑、行业信息化等示范工程建设。完善海绵城市建设，构建高效可靠的供排水系统。深入推进"无废城市"建设，全面推行垃圾分类，至2025年，建筑垃圾综合利用率超过90%，城市生活垃圾无害化处理率保持100%。

打造新型能源供应体系。建设绿色电力供应系统和清洁环保的供热系统，实施能源消费总量和强度双控行动；智能电网先进技术应用快速推广，提升新区电网安全、可靠、稳定运行保障能力；太阳能、生物质能、地热能等可再生能源规模化应用，加强光伏发电和太阳能热利用，充分发挥地热资源区位优势，以地热为供热基础热源，建立地热利用集群，持续提高可再生能源消费比重。可再生能源与建筑项目深度融合，通过光伏发电、储能、直流配电、柔性用电的"光储直柔"技术利用，打造清洁环保的绿色建筑示范群。

构建现代化绿色交通体系。完善智慧交通运行网络，发展智能交通，构建新区交通大脑平台，拓展新区综合交通大数据资源充分汇聚和有效共享，开展特定场景的示范应用。新建片区优先发展公共交通和慢行交通，建立15分钟生活圈，推广公共交通换乘中心与城市生活圈中心一体化开发模式，逐步建立优质多元的公共交通系统及城市公共服务空间。实施智能公交调动系统、公交定制化出行、弹性接驳服务，实现以预约技术为核心的交通组织重构，选择公交车、自行车、步行等绿色交通出行模式占比提升至80%以上。

形成绿色生活社会新风尚。广泛推行绿色生活，构建绿色积分制度体系，探索绿色积分与公共服务挂钩机制，建立个人与机构自愿减排机制，探索形成市民绿色生活指南，创建一批节约型机关、节水型公共机构、绿色家庭、绿色社区、绿色学校等。建立企业和个人碳账户管理系统，探索碳普惠机制，以量化管理模式和激励制度引导居民低碳生活，形成政府推动、企业践行、多方参与的新区绿色低碳文化建设局面。

15.2 加快形成科技与人才双驱动

（1）科技创新驱动产业集聚

雄安新区是继深圳经济特区和上海浦东新区之后又一具有全国意义的新区，是重大的历史性战略选择，在新一轮科技革命、产业变革蓬勃发展及中美博弈日趋激烈的新形势下，雄安新区肩负着科技引领发展的重要使命。《河北雄安新区规划纲要》提出"坚持把创新作为高质量发展的第一动力，实施创新驱动发展战略，推进以科技创新为核心的全面创新，积极吸纳和集聚国内外创新要素资源，发展高端高新产业，推动产学研深度融合"，同时明确了雄安新区科技创新产业发展重点，包括新一代信息技术产业、现代生命科学和生物技术产业、新材料产业、高端现代服务业、绿色生态农业等。

经过六年多的发展，雄安新区科技创新已在创新能力、科企培育、人才引进、创新生态建设等方面取得一定进展。未来五年，是我国科技创新逆势突破的关键五年，也是雄安新区科技创新亟需跨越式实质发展，以有效承接北京疏解科研、产业、平台等资源的关键五年，雄安新区需以科技创新驱动产业集聚，加速培育高端高新产业新动能。

完善现代化的区域创新体系，促进各类创新主体的蓬勃发展和互动合作。探索构建前沿科学、应用基础研究、共性技术、技术开发和商业应用等完备的现代化区域创新体系。行业领军企业在新区设立高水平的研发机构，建立完善的研发组织体系，汇聚海内外科技人才，建立高效的人才培养和激励体系，提升创新型企业整合、利用和转化国内外科技资源能力。提高科技成果的转移转化效率，高校和科研院所知识产权归属和处置权进一步下放，消除制约科研人员在履行职责和完成工作的前提下进行创新创业的障碍，鼓励有条件的高校和科研院所探索多样化的科技成果转移转化机制。

加强科技创新和产业创新对接，强化企业创新主体地位。发挥中央科技型骨干企业的引领作用，强化科技领军企业在创新链、产业链中的双链主地位，激发中小企业创新活力，推动创新链、产业链、资金链、人才链的深度融合。

中央企业等科技领军企业发挥支撑作用，以新机制、新模式建设创新联合体、产业孵化器，对接服务国家重大科技项目、重大科技基础设施建设和重大科技成果转化，推动科技研发、成果孵化和中小企业创新能力提升；强化科技领军企业在创新链、产业链中的双链主地位，支持科技领军企业牵头，联合重点高校、科研院所、社会资本建设世界级新型研发机构，推动开展联合攻关，制定技术标准，解决重点产业发展的关键技术问题。

健全"科技型中小微企业—科技型骨干企业—科技领军企业—世界一流企业"梯度培育体系；激发中小企业创新活力，为中小企业发展营造良好环境，加大对中小企业支持力度，坚定企业发展信心，着力在推动企业创新上下功夫，激发涌现更多聚焦主业、精耕细作的专精特新中小企业。

（2）人才导入驱动城市活力

雄安新区经过近年大规模建设已具备优质的建筑空间载体、较为完善的住房保障体系、不断提升的公共服务品质，随着央企、高校、医院、市场化企业的逐步入驻，未来五年将是雄安新区人口导入、人才引进的关键时期。高素质人才队伍的建设是雄安新区成为科技创新中心的首要环节，源源不断的人才供给需要从储备到吸引多个环节共同支撑，雄安新区未来应多措并举，推动"人科产城"融合，打造创新人才友好型城区。

建设人才管理改革试验区。设立雄安新区人才高地特殊支持计划，在人才评价、科研项目管理、税收政策及外籍人才准入等方面先行先试，争取中央支持，以清单式批量申请授权方式在人才管理改革、人才要素流动、人才公共服务等重点领域进行改革试验，在新区优先开展全国人才重大管理改革举措和创新政策试点。

打造人才安居城市。完善国际化公共服务设施配置，建立规范化、可视化、人性化的城市标识系统，创造便捷的工作、社交、居住空间，打造生命安全、生产发展、生活富裕、生态良好的多功能国际化创新社区。以科技创新场景为牵引，加快智慧城市、韧性城市建设，打造集约高效、经济适用、绿色智能、安全可靠的现代化基础设施体系，营造创新人才安全舒适的工作和生活环境。

完善人才吸引政策。全面实施"雄才计划"，持续优化"雄才卡"运行机制，且着重加强对高端人才（"A"类人才）的引进，优化人才结构比例。大力引进集聚掌握关键核心技术、引领未来产业变革的"高精尖缺"人才，以开放便捷的思路，在技术移民和外籍人才入境、停居留、永久居留等方面提供更加便利的措施。建设国家级"中国雄安人力资源服务产业园"，打造优质人力资源服务集聚辐射基地，建成国际高端人才集聚区和人才特区。

15.3 努力打造开放城市展示窗口

自2017年以来，雄安新区坚持扩大开放，依托自贸试验区，加快打造高水平对外开放平台，推动合格境外有限合伙人业务试点、首笔碳排放权跨境交易、自贸试验区"证照分离"等改革试点相关工作，新区对外开放初见成效。当前，雄安新区工作重点已转向高质量建设和疏解、高水平管理同步推进，亟需进一步提升对外开放水平，打造扩大开放新高地和对外合作新平台。

加速集聚高水平创新要素，打造开放的产业生态布局。围绕加快集聚产业要素资源的目标，持续举办"千企雄安行"、科技-产业-金融路演等系列活动，聚焦空天信息、生物医药、人工智能、科技服务等领域，吸引优质企业资源，构建具有雄安特色的数字创新产业体系，打造联动发展的科技创新园区链。布局创建一批标杆性、特色性、主题性的产业园区和楼宇，促进产业集聚，推动境外企业、疏解央企、高新技术企业相应板块入驻，建立健全关联企业之间的信息和资源共享机制，引导企业协调联动发展，促进产业强链、延链、补链，持续优化产业生态。

加强数据融合与治理，打造科学的政府决策模式。建立健全城市数据治理制度和标准体系，加强数据汇聚融合、共享开放和开发利用，促进数据依法有序流动，充分发挥数据的基础资源作用和创新引擎作用，提高政府决策科学化水平和管理服务效率。探索建立数据产权制度，推动数据产权结构性分置和有序流通，结合数据要素特性强化高质量数据要素供给。鼓励先行先试，培育试点企业，探索数据全周期规范治理的制度和方法。

加强国际创新合作，打造全球创新网络重要节点。探索制定开放包容的国际化政策，完善国际组织入驻环境，提供安全稳定的社会环境、便利的工作条件、优美的工作环境；加快形成具有国际竞争力的制度创新成果，加强与国际规则对接，集聚国际高端创新要素。争取国家支持，高规格举办国际论坛、国际展览，争取国内外影响力会议的永久会址，推动人才交流、开放创新、国际合作。策划打造新区以"创新"为特色的国际性品牌会议（论坛），汇聚全球一流科学家资源和广泛联络核心科学机构，积极打造国家战略科技力量重要平台，与"中关村论坛"相得益彰，联动北京国际科技创新中心建设，推动我国更好地融入国际创新网络。

"风好正是扬帆时，奋楫逐浪天地宽。"六年多来雄安新区上下求索，一座生态之城、智能之城、创新之城初见规模。在中国式现代化的新征程中，雄安新区担负着党和人民的时代重任，努力建设新时代高质量发展的全国样板，提供城市发展的中国方案。

雄安新区绿色发展大事记 | 附录

1. 2021年7月，《河北省氢能产业发展"十四五"规划》印发，规划明确了河北省氢能产业发展目标，吸纳和集聚京津及国内外创新资源，打造以雄安新区为核心的氢能产业研发创新高地。

2. 2021年7月29日，国网雄安综合能源公司与澳大利亚YNIWM公司签署完成《国际可再生能源证书（I-REC）项目购买协议》，这是**雄安新区首笔国际绿证业务**，打通了项目开发、签发、撮合销售和碳中和抵消的全链条碳资产管理商业模式，跨出了雄安新区能源交易领域的第一步。

3. 2021年7月《河北省节约用水条例》印发并实施，条例指出雄安新区管理委员会应当对标国际先进节水标准，建立健全深度节水控水指标体系，推进优水优用，循环循序利用，建设节水型标杆城市。

4. 2021年8月18日，第十三届全国人民代表大会常务委员会第三十次会议，审议国务院关于雄安新区和白洋淀生态保护工作情况的报告，**报告显示雄安新区和白洋淀生态保护取得明显成效。**

5. 2021年8月23日，雄安新区发布**2021年低碳环保倡议书**，呼吁广大新区朋友通过推进资源节约集约利用、践行绿色低碳生活方式、加强生态环境保护力度等方式，共建雄安绿色低碳之城。

6. 2021年8月25日，《河北省"十四五"循环经济发展规划》印发，提出要大力推广绿色低碳建筑，率先在雄安新区建设**"绿色建筑发展示范区"**。

7. 2021年8月30日，《雄安新区绿色建筑高质量发展的指导意见》印发，提出要完善绿色建筑高质量发展长效机制，形成绿色建筑高质量发展格局。

8. 2021年9月1日，雄安首部综合性地方法规《河北雄安新区条例》正式实施，是全国**第一部关于支持雄安新区改革创新和建设发展的综合性法规**，填补了雄安新区综合立法的空白。

9. 2021年9月6日，**2021中国国际数字经济博览会智能雄安建设发展论坛**举办，发布了《雄安新区城市大脑框架》《雄安新区容东数字交通建设》《雄安人工智能算法开放平台》《科创企业服务区块链平台》等成果。

10. 2021年9月9日，《河北省"十四五"残疾人保障和发展规划》印发，提出支持雄安新区打造无障碍环境建设全国标杆。

11. 2021年9月24日，**雄安新区氢能产业发展合作论坛**成功举办，以"绿色雄安、氢启未来"为主题，旨在将雄安新区打造成为全球知名、全国领先的氢能高质量发展样板。

12. 2021年10月，雄安新区**首支生态环保基金——河北雄安白洋淀生态环保基金**成立，该基金重点投资于雄安新区生态环保及绿色基础设施等领域。

13. 2021年10月26至28日，**2021雄安新区低碳建筑与新材料博览会暨论坛**举办，以"双碳目标下的雄安机遇"为主题，旨在为供需双方搭建沟通交流合作平台，为新区参建企业提供性能最优、质量最佳的环保建材产品。

14. 2021年11月，河北省印发《**关于推动城乡建设绿色发展的实施意见**》，意见提出要确保雄安新区生态系统完整性，打造雄安新区绿色生态宜居新城。

15. 2021年11月12日，河北省印发《**河北省建设京津冀生态环境支撑区"十四五"规划**》，规划指出加快雄安新区生态文明建设，加速构建区域绿色协调发展格局，持续深化生态环境联建联防联治。

16. 2021年11月，《**河北省林业和草原保护发展"十四五"规划**》印发。根据规划，雄安将构建20条连续景观通道和绿色通廊，形成串联"一淀""三带"和"九片"及整个新区城市绿地斑块的全域绿色生态网络骨架。

17. 2021年12月14日，水利部印发《**关于高起点推进雄安新区节约用水工作的指导意见**》，推动把雄安新区打造成全国节水样板，保障雄安新区高质量发展。

18. 2021年12月30日，河北省委、省政府印发《**关于完整准确全面贯彻新发展理念认真做好碳达峰碳中和工作的实施意见**》，提出开展雄安新区近零碳区试点，积极组建中国雄安绿色交易所，推动北京与雄安联合争取设立国家级CCER交易市场。

19. 2021年1月12日，河北省印发《**河北省生态环境保护"十四五"规划**》，提出高标准开展雄安新区环境保护与生态建设，打造雄安新区绿色高质量发展的"样板之城"。

20. 2022年2月，雄安新区印发《**传统产业转移升级工作的实施方案**》，支持传统产业数字化、智能化、绿色化发展，加快推动传统产业改造提升和转移升级，打造"区内总部基地+区外制造基地"协同发展模式。

21. 2022年3月3日，百度智能云、百度商业智能实验室在京联合发布《**雄安新区2021年大数据研究报告**》，数据显示2021年雄安新区常住人口持续增长、城市建设加速推进、绿色发展成效显著、集成创新开始涌现、政策措施稳妥有效、新区居民安居乐业。

22. 2022年3月20日，河北省人民政府办公厅印发《**河北省"十四五"时期"无废城市"建设工作方案**》，提出加快雄安新区无废城市建设，形成雄安新区率先突破、各市梯次发展的无废城市集群。

23. 2022年4月8日，**雄安新区智能网联汽车道路测试与示范应用启动仪式**在雄安市民服务中心举行，这标志着雄安新区智能网联汽车道路测试与示范应用正式启动。

24. 2022年4月，《**雄安新区银行业金融机构支持绿色建筑发展前置绿色信贷认定管理办法（试行）**》印发，国内首个前置绿色信贷认定支持绿色建筑发展管理办法在雄安落地实施。

25. 2022年4月,《河北省"十四五"现代综合交通运输体系发展规划》印发,提出推动雄安新区融入以京津为中心的京津冀国际性综合交通枢纽集群,**明确交通强国建设雄安新区试点任务工程**。

26. 2022年4月,由雄安绿研智库有限公司编制的《**雄安新区绿色发展报告（2019—2021）——生长城市的绿色版图**》正式发售,书中回顾梳理了2019年7月至2021年7月这一时期雄安新区的绿色发展脉络,总结了新区在大规模建设初期的绿色发展经验。

27. 2022年6月13日,雄安新区积极推广近零能耗建筑,研究出台了《**雄安新区近零能耗建筑核心示范区建设实施方案**》。

28. 2022年7月,河北省印发《关于加强白洋淀鸟类栖息地管理的通知》,雄安新区在白洋淀划定9个鸟类重要栖息地。

29. 2022年7月15日,《河北雄安新区重大气象灾害应急预案（修订稿）》印发,加强雄安新区气象灾害监测、预报预警和气象防灾减灾等工作,全面建设可持续韧性城市。

30. 2022年7月,**雄安新区分布式光伏项目降碳产品方法学获批**,这是今年以来全省首批发布的降碳产品方法学,也是全省首个以雄安项目为示范开展的降碳产品方法学。

31. 2022年7月29日,《关于支持北京非首都功能疏解总部企业创新发展的六条措施》发布,开辟注册"绿色通道",实行企业开办"一窗办理",完善线上线下"保姆式、一条龙"帮办服务。

32. 2022年8月2日,雄安新区印发《关于全面推进雄安新区数字经济创新发展的指导意见》,雄安新区将以空天、交通、新一代通信、能源互联网、金融科技、数字贸易等产业为重点,积极打造和培育数字经济核心产业。

33. 2022年8月22日,雄安新区印发《**关于促进中国（河北）自由贸易试验区雄安片区高质量发展的意见**》,意见提出研究构建绿色金融体系,建设绿色低碳综合保税区。

34. 2022年9月,雄安新区生态环境局联合省检察院雄安新区分院等五部门印发《**关于建立生态环境资源保护协作配合机制的意见**》,并成立了生态环境保护公益诉讼工作协作机制联络组。

35. 2022年9月8日,雄安新区中级人民法院公开开庭审理**雄安新区管理委员会生态环境局诉某卫生服务有限公司等12名被告生态环境损害赔偿诉讼一案**。该案不仅是雄安中院环境资源审判庭揭牌成立、实行涉白洋淀流域环境资源案件跨区域集中管辖改革后的"第一案",也是雄安新区设立后的首例生态环境损害赔偿案件。

36. 2022年9月,雄安新区五部门印发《金融支持雄安新区绿色低碳高质量发展的指导意见》,为新区绿色金融发展搭建了顶层设计框架。

37. 2022年10月25日,住房和城乡建设部发布《关于公布智能建造试点城市的通知》,将在北京、广州、河北雄安新区等24个城市开展智能建造试点。

38. 2022年11月1日,雄安新区率先完成了气象物联网5G应用场景的搭建,这标志着**雄安气象**

物联网全面进入5G时代，有力地推动了雄安智慧城市的建设。

39. 2022年11月16日，以"擘画千载，逐梦雄安"为主题的2022中国国际数字经济博览会数字雄安高峰论坛在线上举办，论坛上雄安城市计算中心正式投入运营、算法训练中心平台、容东片区首片数字道路正式投入运营三项数字建设成果发布。

40. 2022年11月，**雄安新区绿色低碳与能源标准化技术委员会成立**，主要负责雄安新区能源、节能技术和装备、碳服务等领域地方标准制修订及标准宣贯等工作。

41. 2022年12月10日，雄安新区"无废城市"宣传月启动仪式召开，本次宣传月的主题为"共建无废城市，共享美丽雄安"。

42. 2022年12月12日，**雄安新区综合能源调度中心**揭牌仪式在雄安商务服务中心举办，标志着**全国首家城市级综合能源调度中心成立**，为新区能源安全运行与"双碳"目标实现提供坚强保障。

43. 2022年12月，雄安新区建成**生态环保智慧监测项目**，依托高速率、低延时的5G网络实现5G+VR无人机、5G+多功能无人船监控白洋淀的水质。

44. 2022年12月14日，《河北省国土空间生态修复规划（2021—2035年）》印发，提出到2035年全面建成天蓝地绿水秀的美丽河北，强调突出对雄安新区建设重大战略的生态支撑。

45. 2022年12月15日，雄安新区**高铁枢纽片区首座110kV变电站——荷露（昝岗1号）站投运**，提高高铁枢纽片区用电可靠性，保障片区内高端高新产业用电需求。

46. 2022年12月，雄安新区六部门联合印发《**河北雄安新区新能源重卡推广应用实施方案（2022—2025年）（试行）**》，为新区交通运输领域能源绿色低碳转型，助力碳达峰、碳中和提出可行方案。

47. 2022年12月，《**雄安新区儿童友好城市建设实施方案**》印发，提出将坚持儿童视角，以儿童需求为导向。到2025年前，力争新区纳入国家儿童友好城市建设试点。

48. 2022年12月29日，《中国式现代化河北绿色智能低碳建筑场景行动方案》印发，方案提出到2027年，全省建筑领域绿色低碳转型初步实现，智能建造与建筑工业化协同发展体系基本建立。

49. 2022年12月31日，**京雄高速北京六环至京冀界段建成通车**，与京雄高速河北段主线贯通，成为北京中心城区到雄安新区最便捷的高速公路，是京雄1小时交通圈的重要组成部分。

50. 2023年1月1日，**雄安智慧城市全球高峰论坛**在雄安新区举行，该峰会以"智高点 汇未来"为主题，旨在稳中求进推动雄安新区数字化建设，促进京津冀协同发展。

51. 2022年1月1日，**雄安新区首批市场化项目——雄安电建智汇城**迎来首期开园运营，以"智慧低碳产业、幸福产业、智能制造产业"三方向为重点，是**新区首次以市场化运作方式大规模集中引进企业入驻**，是落实疏解北京非首都功能集中承载地的重要进展。

52. 2023年2月，雄安新区管理委员会印发《**河北雄安新区承接北京非首都功能疏解住房保障实施细则（试行）**》及相关配套政策，首批承接北京非首都功能疏解市场化项目住房保障工作即将正式启动。

53. 2023年3月1日，《雄安新区智能建造试点城市实施方案》印发，提出到2025年10月底，智能建造相关标准逐步建立，智能建造产业体系基本形成，企业创新能力大幅提高，产业集群优势逐步显现。

54. 2023年3月15日，雄安新区党工委管委会党政办公室印发**《河北雄安新区农村人居环境整治提升五年行动实施方案（2021—2025年）》**，提出"到2025年，农村人居环境显著改善，生态宜居美丽乡村建设取得新进步"的要求。

55. 2023年3月，**中国雄安集团智慧能源运营平台及调度监控展示系统建设项目投运，首次实现了雄安新区将燃气与热力生产的运营融合的探索。**

56. 2023年3月31日，雄安新区召开高质量发展大会，完整准确全面贯彻新发展理念，努力打造新时代高质量发展的全国样板。

57. 2023年4月25日，**"城市之眼 洞见未来"**活动在雄安城市计算中心举行，标志着历时两个半月的**雄安城市计算中心形象展示工程正式完工**，雄安城市计算中心崭新亮相，为建设数字城市、打造"云上雄安"提供重要支撑。

58. 2023年5月7日，**"雄安印象"**展览正式对外开放，为雄安新区增添一座新的地标，为雄安城市建设增添一个新的展示窗口。

59. 2023年5月7日，由雄安新区党政办公室主办、河北省汽车文化协会承办的**雄安新区首届党政机关新能源汽车推广展**在雄安市民服务中心举办，本次车展以"绿色出行 机关先行"为主题，对标雄安新区在党政机关新能源汽车推广使用方面进行试点。

60. 2023年5月10日，**习近平在河北雄安新区考察并主持召开高标准高质量推进雄安新区建设座谈会**，强调要坚持绿色化、低碳化发展，把雄安新区建设成为绿色发展城市典范。

61. 2023年5月29日，**2023中关村论坛雄安智能城市论坛**举行，论坛在"雄安新区智能城市的建设成果和经验""雄安新区创新场景的实践与展望""雄安新区建设未来发展方向"三大方面进行探讨交流。

62. 2023年5月，雄安新区首个挂牌的央企产业链楼宇——**雄安·中国电建正式挂牌**，这是一座集智慧、数字、绿色、高效理念于一体的现代化甲级写字楼。挂牌后，中电建河北雄安建设发展有限公司乔迁进驻。

63. 2023年6月5日，今年六五环境日河北主场活动在雄安新区举行，活动主题为"建设人与自然和谐共生的现代化"，引导全社会做生态文明理念的积极传播者和模范践行者。

64. 2023年6月20日，**雄安干渠工程正式开工建设**，从南水北调中线总干渠新建输水线路至雄安新区原水应急调蓄池，未来将作为雄安新区主要的供水水源。

65. 2023年6月25日，**雄安综合保税区正式获得国务院批复同意设立**。雄安综保区将充分依托"雄安新区+自贸试验区+跨境电商综试区+综合保税区"四区叠加的政策优势，秉承创新、开放、智慧、绿色、协同的理念，打造全国综合保税区发展样板。

66. 2023年6月29日，**我国首条直通雄安的天然气主干管道——蒙西管道项目一期工程成功投产**。这对于发挥液化天然气接收站和储气库对华北地区的调峰保障作用，促进天然气资源在京津冀地区灵活调配，更好保障国家能源安全和经济安全具有重要意义。

67. 2023年6月30日，中共中央政治局召开会议，审议《**关于支持高标准高质量建设雄安新区若干政策措施的意见**》，中共中央总书记习近平主持会议。会议指出高标准高质量建设雄安新区的重要意义，强调创造"雄安质量"，要求把党的领导贯穿全过程、各领域、各环节。

68. 2023年6月，雄安新区印发《*加快引导北京非首都功能疏解促进新开发功能片区楼宇经济发展的七条措施*》，提出2023年底支撑新区楼宇经济发展的政策体系基本完善，2025年楼宇经济成为驱动新区经济发展的重要载体的发展目标。

参考文献

[1] AC建筑创作. 专访龙瀛: 从城市大数据到新城市科学[J]. 建筑创作, 2018, (5): 18-20.

[2] 鲍世行. 钱学森建筑科学书信手迹[M]. 北京: 国防工业出版社, 2013.

[3] BATTY M.The New Science of Cities[M]. Cambridge: MIT Press, 2013.

[4] BETTENCOURT L M A.Introduction to Urban Science: Evidence and Theory of Cities as Complex Systems[M]. Cambridge: MIT Press, 2021.

[5] 陈秀红. 城市社区治理的制度演进、实践困境及破解之道———"十四五"时期城市社区治理的重点任务[J]. 天津社会科学, 2021(2): 75-79.

[6] COSTANZA R, DARGE R, GROOT R, et al. The value of the world's ecosystem services and natural capital[J]. Nature, 1997, 387(6630): 253-260.

[7] 高吉喜, 范小杉, 李慧敏, 等. 生态资产资本化: 要素构成·运营模式·政策需求[J]. 环境科学研究, 2016, 29(3): 315-322.

[8] 高吉喜, 李慧敏, 田美荣. 生态资产资本化概念及意义解析[J]. 生态与农村环境学报, 2016, 32(1): 41-46.

[9] 谷树忠. 产业生态化和生态产业化的理论思考[J]. 中国农业资源与区划, 2020, 41(10): 8-14.

[10] 河北雄安新区管理委员会改革发展局. 加快地下综合管廊建设 夯实高标准高质量建设雄安新区基础[J]. 习近平经济思想研究, 2022(3): 70-74.

[11] 扈海波. 城市暴雨积涝灾害风险突增效应研究进展[J]. 地理科学进展, 2016, 35(9): 1075-1086.

[12] 胡咏君, 吴剑, 胡瑞山. 生态文明建设"两山"理论的内在逻辑与发展路径[J]. 中国工程科学, 2019, 21(5): 151-158.

[13] 李国庆, 邢开成, 黄大鹏. 雄安新区社会重构期暴雨洪涝风险的社区分类调适[J]. 中国人口·资源与环境, 2020, 30(6): 53-63.

[14] 李迅. 防控重大风险建设韧性城市[J]. 城市发展研究, 2020, 27(4): 1-6.

[15] 廖茂林, 潘家华, 孙博文. 生态产品的内涵辨析及价值实现路径[J]. 经济体制改革, 2021(1): 12-18.

[16] LIAO K H. A theory on urban resilience to floods: a basis for alternative planning practices[J]. Ecology and Society, 2012, 17(4): 388-395.

[17] 刘吕红,李绍军.习近平关于城市建设重要论述的理论来源、思想内涵与时代价值[J].江西财经大学学报,2022,(5):3-13.

[18] "绿水青山就是金山银山"理念提出15周年理论研讨会召开[N/OL].人民日报,2020-08-16[2023-11-15]. http://paper.people.com.cn/rmrb/html/2020-08/16/nw.D110000renmrb_20200816_2-02.htm.

[19] MA G X, PENG F, YANG W S, et al. The valuation of China's environmental degradation from 2004 to 2017[J]. Environmental Science and Ecotechnology, 2020, 1:100016.

[20] 孟楠.数字建筑赋能全产业链共赢未来——第九届中国建设行业年度峰会在西安召开[J].建筑,2018,(14):20-21.

[21] 孟卫东,吴振其,司林波.雄安新区绿色智慧新城建设方略探讨[J].行政管理改革,2017(7):5.

[22] 欧阳志云,林亦晴,宋昌素.生态系统生产总值(GEP)核算研究——以浙江省丽水市为例[J].环境与可持续发展,2020,45(6):80-85.

[23] 格迪斯.进化中的城市:城市规划与城市研究导论[M].李浩,译.北京:中国建筑工业出版社,2012.

[24] 钱学森.关于建立城市学的设想[J].城市规划,1985,9(4):26-28.

[25] 钱学森.再谈开放的复杂巨系统[J].模式识别与人工智能,1991,4(1):1-4.

[26] 深化雄安新区高校协同创新 为办好千年大计国家大事注入强大动力[N/OL].人民网,2023-03-28[2023-11-15]. http://he.people.com.cn/n2/2023/0328/c192235-40353879.html.

[27] SILLMANN J, CHRISTENSEN I, HOCHRAINER-STIGLER S, et al. ISC-UNDRR-RISKKAN briefing note on systemic risk[R]. Paris:International Science Council, 2022.

[28] 石英,韩振宇,徐影,等.6.25km高分辨率降尺度数据对雄安新区及整个京津冀地区未来极端气候事件的预估[J].气候变化研究进展,2019,15(2):140-149.

[29] 盛广耀,廖要明,扈海波.气候变化下雄安新区洪涝灾害的风险评估及适应措施[J].中国人口·资源与环境,2020,30(6):40-52.

[30] 唐恢一.在钱学森学术思想指导下参与创建《城市学》的一点体会——纪念钱学森回国50周年[J].城市发展研究,2005,12(5):9-17.

[31] TAYLOR N.Anglo-AmericanTownPlanningTheorysince1945:Three Significant Developments but No Paradigm Shifts[J]. Planning Perspectives, 1999, 14(4):327-345.

[32] United Nations Office for Disaster Risk Reduction. Global assessment report on disaster risk reduction 2022:our world at risk:transforming governance for a resilient future[R]. Geneva, 2022.

[33] 万励,金鹰,崔博庶,等.空间均衡模型在北京城市副中心规划中的应用[J].城市与区域规划研究,2019,11(2):140-158.

［34］王东杰，谢川豫，王旭东. 韧性治理：城市社区应急管理新向度［J］. 江淮论坛，2020（6）：33-38，197.

［35］汪光焘，李芬，刘翔，等. 新发展阶段的城镇化新格局研究——现代化都市圈概念与识别界定标准［J］. 城市规划学刊，2021，（2）：15-24.

［36］王金南，王夏晖. 推动生态产品价值实现是践行"两山"理念的时代任务与优先行动［J］. 环境保护，2020，48（14）：9-13.

［37］WANG J N. Revive China's green GDP programme［J］. Nature, 2016, 534（7605）：37.

［38］王树魁，崔蓓，迟有忠，等. 南京CIM全息底板建设初探［J］. 地理空间信息，2023，21（2）：41-45.

［39］王夏晖，朱媛媛，文一惠，等. 生态产品价值实现的基本模式与创新路径［J］. 环境保护，2020，48（14）：14-17.

［40］王晓锋，刘红，袁兴中，等. 基于水敏性城市设计的城市水环境污染控制体系研究［J］. 生态学报，2016，36（1）：30-43.

［41］温铁军，张俊娜. 疫情下的全球化危机及中国应对［J］. 探索与争鸣，2020（4）：86-99.

［42］吴婕，高学杰，徐影. RegCM4模式对雄安及周边区域气候变化的集合预估［J］. 大气科学，2018，42（3）：696-705.

［43］吴韬. 习近平的大数据观及当代价值［J］. 中共云南省委党校学报，2018，19（4）：51-56.

［44］向德平，华汛子. 中国社区建设的历程、演进与展望［J］. 中共中央党校（国家行政学院）学报，2019，23（3）：106-113.

［45］杨东昇. BIM+GIS在雄安新区地下综合管廊项目应用浅谈［J］. 中华建设. 2023（09）：117-119.

［46］杨滔，鲍巧玲，李晶，等. 雄安城市信息模型CIM的发展路径探讨［J］. 土木建筑工程信息技术，2023，15（1）：1-6.

［47］杨滔，单峰. 复杂系统视角下的城市信息模型（CIM）建构［J］. 未来城市设计与运营，2022，（10）：8-13.

［48］易楷翔. 促进数字经济发展加强数字中国建设整体布局［J］. 网信军民融合，2022，（3）：5-6.

［49］俞敏，李维明，高世楫，等. 生态产品及其价值实现的理论探析［J］. 发展研究，2020（2）：47-56.

［50］张林波，虞慧怡，郝超志，等. 生态产品概念再定义及其内涵辨析［J］. 环境科学研究，2021，34（3）：655-660.

［51］张林波，虞慧怡，李岱青，等. 生态产品内涵与其价值实现途径［J］. 农业机械学报，2019，50（6）：173-183.

［52］张文明，张孝德. 生态资源资本化：一个框架性阐述［J］. 改革，2019（1）：122-131.

［53］张政，魏菲宇. 高密度城市建成区公共空间参与式设计研究——以北京磁器口大街周边公共空间设计为例［J］. 北京建筑大学学报，2019，35（2）：24-31.

［54］钟方雷，徐中民，张志强. 生态经济学与传统经济学差异辨析［J］. 地球科学进展，2008，23（4）：401-407.

［55］中国信息通信研究院. 中国数字经济发展白皮书（2021年）［R］. 北京：中国信息通信研究院，2021.

［56］周艺南，李保炜. 循水造形：雨洪韧性城市设计研究［J］. 规划师，2017，33（2）：90-97.

后记

加快发展方式绿色转型，是党中央立足全面建成社会主义现代化强国、实现第二个百年奋斗目标，以中国式现代化全面推进中华民族伟大复兴作出的重大战略部署，具有十分重要的意义。中国式现代化是人与自然和谐共生的现代化，在全面建设社会主义现代化国家新征程上，必须统筹产业结构调整、污染治理、生态保护、应对气候变化，协同推进降碳、减污、扩绿、增长，推进生态优先、节约集约、绿色低碳发展。

雄安新区从设立之日起，树立"生态优先、绿色发展"的发展理念，坚持以人民为中心，坚持高标准高质量建设，努力打造贯彻落实新发展理念的创新发展示范区和新时代高质量发展的全国样板。六年多时间，雄安新区聚焦实现生产空间集约高效、生活空间宜居适度、生态空间山清水秀，在规划、建设、承接疏解各个领域，积极推动绿色低碳发展在雄安的实践与探索，致力于打造"智能、绿色、创新"三张名片，逐步呈现"妙不可言、心向往之"的未来之城。

本报告是雄安绿研智库有限公司（以下简称"雄安绿研智库"）组织编写的雄安新区绿色发展系列报告第三本，在第一本：《雄安新区绿色发展报告（2017—2019）——新生城市的绿色初心》与第二本：《雄安新区绿色发展报告（2019—2021）——生长城市的绿色版图》的编写经验基础上，本报告聚集2021—2023年期间雄安新区绿色发展的最新动态与热点议题。本报告首先分析绿色发展的国际趋势、国内进展，然后通过介绍城市研究的新理念、新实践、新动态，试图为雄安新区更好地应对城市建设治理的机遇与挑战提供更多前沿研究思路。最后，本报告详细阐述雄安新区近两年在生态环境、清洁能源、绿色建筑、绿色交通、"双碳"实践、未来城市、创新管理体制与机制、引导绿色生活与文化等方面的绿色低碳技术、方法与案例，以全方位、多维度、广视角向读者展示雄安新区绿色发展的实践成果与探索方向，总结雄安经验、讲好雄安故事、展现雄安画卷。编制期间，编写组通过专家约稿、问卷调查、访谈、学术交流等形式对报告进行补充完善，于2023年11月成稿。

本报告吸纳了相关领域众多学者最新研究成果，得到了河北雄安新区管理委员会及相关部门、中国雄安集团有限公司、深圳市建筑科学研究院股份有限公司、中国城市科学研究会生态城市研究专业委员会、雄安绿研检验认证有限公司、国网河北省电力有限公司雄安新区供电公司等单位和专家的指导与支持，在此，再次对为本报告做出贡献的各位专家学者致以诚挚的感谢。

作为因雄安而成立、伴雄安而成长的企业，雄安绿研智库在雄安扎根落地六年多，围绕服务非首都功能疏解、服务实现"五新"目标、服务高质量建设等领域，持续开展前瞻性、战略性、创新性的专业研究，为河北雄安新区管理委员会及相关局办、企业单位提供政策建议、发展规划、技术咨询等智库服务，形成百余项研究报告、决策建议、专著期刊和公众调查等成果，成长为一支"专业强、听得懂、接得住"的新区本土新型智库团队。2000多个日日夜夜，我们见证了一座城市从无到有、拔地而起，听到过希望、失望，也迎来送往许许多多建设者、同行、朋友，我们始终驻守着，因而也深切体会到建一座新城是多么不易，需时时刻刻满怀希望、坚守初心、保持正念正道。面向未来，梦想已起航，路虽远行则将至，事虽难做则必成，未来我们将继续聚焦城市可持续发展战略，开拓创新，进阶求变，有力推动新区的政策研究与实施、提供技术与决策支撑、服务高质量建设发展，成为雄安新区创新思想的重要参与者与引领者，助力美好城市建设。

高起点，新梦想。雄安新区着力建设绿色生态宜居新城区、新时代的绿色发展典范城市，绿色低碳发展等新理念在雄安新区不断得到全面实施。建设雄安新区是一项历史性工程，需要保持历史耐心，稳扎稳打，久久为功。雄安绿研智库将不忘绿色初心，持续输出雄安绿色发展的新理念、新举措、新技术，欢迎各界读者朋友提出宝贵意见，并欢迎各界读者、专家、朋友关注雄安绿研智库有限公司官方微信公众号（公众号名称：lvyanzhiku），进行指导与交流，共同见证"绿色雄安"拔节生长。

《雄安新区绿色发展报告（2021—2023）》编写组

2023年11月

《雄安新区绿色发展报告》系列书籍
前书概述

绿色，是生命的颜色，是当代中国发展最鲜明的底色。雄安新区作为中国城镇化下半场的探路者，从设立之初确定以"生态优先、绿色发展"作为顶层设计的指导思想与原则，提出打造"妙不可言、心向往之"的绿色发展城市典范。绿色发展作为雄安新区的天然基因贯穿规划建设全过程。

《雄安新区绿色发展报告》是定期、全面梳理雄安新区绿色发展历程的系列书籍，目前已出版三部，前两部《雄安新区绿色发展报告（2017—2019）——新生城市的绿色初心》《雄安新区绿色发展报告（2019—2021）——生长城市的绿色版图》先后于2020年3月、2022年4月出版。该系列书籍旨在通过及时梳理总结绿色雄安的新思想、新理念、新技术和新实践，一方面思考雄安绿色发展的方向与挑战，稳步走好后续的高质量发展道路；另一方面形成雄安新区绿色发展的绿皮书和可供参考借鉴的工具书，宣传雄安绿色发展理念，客观总结新时代高质量发展的全国样板经验。

《雄安新区绿色发展报告》系列书籍由雄安绿研智库有限公司主编，深圳市建筑科学研究院股份有限公司及中国城市科学研究会生态城市研究专业委员会为支持单位。该系列报告吸纳了相关领域众多学者最新研究成果，编制期间得到了河北雄安新区管理委员会及相关部门、中国雄安集团有限公司、雄安绿研检验认证有限公司、国网河北省电力有限公司雄安新区供电公司等单位和专家的指导与支持。

系列之一：雄安新区绿色发展报告（2017—2019）
——新生城市的绿色初心

规划建设雄安新区，是以习近平同志为核心的党中央深入推进京津冀协同发展作出的一项重大决策部署，是重大的历史性战略选择，对承接北京非首都功能、调整优化京津冀空间结构、培育推动高质量发展和建设现代化经济体系的新引擎，具有重大现实意义和深远历史意义。

自2017年4月1日设立以来，雄安新区一直坚持"生态优先、绿色发展"的核心发展理念。《雄安新区绿色发展报告（2017—2019）——新生城市的绿色初心》写于雄安新区设立两周年，顶层设计已经完成，即将转入大规模、实质性开工建设之际，全面回顾新区成立两周年以来的绿色城市发展历程，全书共分为五篇、十七章、两个附录。

第一篇　绿色使命

工业文明时代追求经济效率、规模效益，城市建设以高密度的高楼大厦、水泥森林、玻璃幕墙等为城市风貌代表。生态文明时代追求的是生态友好、资源循环、城市品质、乡愁记忆、绿色科技等，以人性化的尺度重塑城市结构。生态文明时代的"绿色发展方式"是对工业文明时代的"灰色发展方式"的深刻变革，当前，绿色发展不再仅仅是一种潮流、可选项，已成为未来城市可持续发展的必然选择。

第一篇"绿色使命"是本书的开篇。第一章开宗明义地指出雄安新区设立的定位、要求及其决策历程，突显其设立的严肃性与重要性。第二章通过国际绿色发展背景、理论演进与实践探索分析，梳理国际城市绿色生态发展情况，强调绿色发展是城市可持续发展的必然规律；同时，站在科技创新和产业发展的角度为城市迈向深度绿色化提供国际视角。第三章分析国内生态文明理论的发展历程，解析新型城镇化的绿色内涵，阐明国内绿色发展的理论高度；并从政策推动、实践示范和产业发展等方面分析我国现有的实践探索。第四章通过国家战略的时空认知、区域协同发展、流域环境治理等角度，认识雄安新区设立的战略价值及其作为京津冀区域协同重要引擎的深远意义。第五章基于绿色雄安专题研究，提出浅议绿色雄安的核心使命与重要意义。

第二篇　顶层规划

雄安新区始终坚持先规划、后建设，到2018年12月底，《河北雄安新区总体规划（2018—2035年）》批复，雄安新区规划建设顶层设计基本完成，建立了横向全覆盖、纵向有层次、定位清晰、科学合理、内容完善的"1+4+26"的规划体系，形成了"1+N"的政策体系，出台了第一批12个相关配套实施方案。同时，为确保规划的顺利落地实施，《雄安新区规划建设标准总则》等一系列建设标准和技术规范编制完成，构建具有新区特色的标准体系框架。

从2017年4月设立到2019年初，外界看来，这20多个月新区看上去基本是"安静"的。安静的背后，其实是1000余名规划编制专家、200多支团队、2500多名技术人员长期奔忙在京雄两地，精心打造支撑新区高质量发展的规划体系、标准体系和政策体系，为新区后续将要开始的高标准大规模建设打下坚实基础。"考察一个城市首先看规划，规划科学是最大的效益，规划失误是最大的浪费，规划折腾是最大的忌讳。"习近平总书记关于规划的重要论述，是雄安新区规划编制工作的根本遵循。

本篇"顶层规划"包括四章内容。第六章从行政区划、社会经济、交通区位、人文历史、气候环境、自然环境和资源禀赋等方面介绍雄安新区现状概况。第七章"规划体系"系统阐释新区规划体系的编制背景、过程与概况，对《河北雄安新区规划纲要》《河北雄安新区总体规划（2018—2035年）》《白洋淀生态环境治理和保护规划（2018—2035年）》《河北雄安新区起步区控制性规划》《河北雄安新区启动区控制性详细规划》等重点规划内容进行绿色方面的导读。第八章"标准体系"，重点介绍《雄安新区规划技术指南》《雄安新区绿色建筑设计导则》等相关技术标准文件的编制背景、内容及特点。第九章"政策体系"分析新区"1+N"的政策体系，并以《中共中央 国务院关于支持河北雄安新区全面深化改革和扩大开放的指导意见》《关于河北雄安新区建设项目投资审批改革试点实施方案》等创新政策为例进行详细说明与介绍。

第三篇　先行实践

雄安新区在完善顶层规划的同时，率先实施了一批绿色发展探索项目，如白洋淀环境治理和生态修复；土壤、大气、水污染综合治理；打造近自然森林的"千年秀林"植树造林；水、电、路、气、信、热等基础设施完善；构建快捷高效的交通网及城市安全和应急防灾体系等，这些先行先试项目为新区大规模开工建设打好基础、做好准备。本篇从自然友好、低碳循环和智慧高效三个维度介绍新区当前所开展的重点工程和项目的主要内容，分析其技术特点和创新模式。

与一些城市先选择开发建设用地，再挤出剩余空间作为生态保障的做法不同，新区首先划定了以白洋淀、森林斑块、生态廊道为核心的"生态保护红线"，生态空间由城市"底线"转变为发展的"前提"。第十章"自然友好"从千年秀林植树造林工程、白洋淀生态环境治理、容东片区截洪渠一期工程和土壤资源保护与利用等四个方面，介绍新区环境治理和生态建设类项目的绿色实践探索。

第十一章"低碳循环"围绕优化新区能源结构，推进资源节约和循环利用，倡导低碳出行模式，打造便捷安全、绿色智能的交通体系，全面推动绿色建筑设计、施工和运行等方面介绍新区能源、交通、公共建筑等基础设施建设，以及固废利用、城市改造等领域的重点项目建设情况。

雄安新区坚持数字城市和物理城市同步规划、同步建设。第十二章"智慧高效"从数字政府、数字经济和数字生活三个方面阐释"数字雄安"的基本框架和主要构成，介绍新区智能基础设施建设、智能公共服务体系、民众智慧生活等开展情况，新区数字孪生城市建设进展。

第四篇　创新机制

建设一座融合绿色、低碳、智慧的城市，要解决好政府与市场、经济与生态、产业与生活的配置问题，通过政府体制机制和管理创新、基于金融手段和科技智力的市场推动及社会人文引导，探索高质量的雄安绿色发展之路。第十三章"体制机制"重点介绍以政府为主导的规划管理和打造"雄安质量"的创新做法。创新规划管理模式是新时期提高城市管理科学化、精细化水平的关键路径，新区的规划管理创新主要从改革城市规划编制方法、建立科学高效的规划设计机制以及全过程城市管理模式等方面开展。创造"雄安质量"是打造高质量发展全国样板的要求，"雄安质量"的内涵与实践通过规划、建设和政府服务三个层面进行阐述。

第十四章"市场推动"阐述雄安新区基于绿色发展的金融市场和科技与智力的创新推动。充分发挥市场机制的作用并加以金融有效支持，促进实现雄安新区产业绿色升级与转型；完善科技与智力产学研生态，助力雄安新区建设低碳智慧城市。

第十五章"人文引导"展现新区多元化媒体、专业化会议和展览、开放型沙龙与社会活动等多种绿色理念宣传方式，以及开展丰富绿色生活实践引导公众思维、行为方式绿色化转型。

第五篇　绿色展望

绿色雄安不仅需要系统性规划，还需及时了解人民生活、产业转型升级、环境综合治理等各方面的需求。时刻关注公众对绿色雄安的感知、理解与期待是新区规划建设的重点把握方向。

第十六章"雄安调查"基于绿色雄安目标框架与路径，通过公众感知、舆论关注、研究热点三个维度的调研，反映公众对新区的认识、期待及愿景，探究人民眼中的绿色雄安。第十七章"绿色未来"在总结已有阶段性成效基础上，阐述新区绿色未来发展的工作重点：以重点项目为抓手、健全工作制度、优化工作流程；同时，从创新制度、城市建设、产业与公众参与等方面对绿色雄安进行多维度展望，新区绿色发展不是单一层面的应用与推广，而是全面、系统、体系的"绿色组合拳"。

目录

第一篇 绿色使命

第一章 新区设立 ··································· 006
  1.1 落实新发展理念的未来样板 ··················· 006
  1.2 把握时代趋势的历史性决策 ··················· 007

第二章 国际趋势 ··································· 009
  2.1 绿色发展成为国际普遍共识 ··················· 009
  2.2 科技创新推动城市绿色发展 ··················· 013

第三章 国内实践 ··································· 016
  3.1 生态文明理论引领绿色城镇化 ················· 016
  3.2 绿色城市的系统性探索与实践 ················· 019

第四章 区域协同 ··································· 030
  4.1 京津冀战略：国家战略的空间转向 ············· 030
  4.2 京津冀协同：历史视角的演进分析 ············· 031
  4.3 雄安新区：区域破冰的定盘星 ················· 032
  4.4 流域治理：区域协同的先行者 ················· 034

第五章 绿色雄安 ··································· 035

第二篇 顶层规划

第六章 新区概况 ··································· 042
  6.1 行政区划 ··································· 042
  6.2 社会经济 ··································· 043
  6.3 交通区位 ··································· 046
  6.4 人文历史 ··································· 047
  6.5 气候环境 ··································· 048

  6.6　自然环境 ·· 049
  6.7　资源条件 ·· 052
 第七章　规划体系 ·· 056
  7.1　"1+4+26"的规划体系 ······································· 056
  7.2　重点规划绿色解读 ·· 061
 第八章　标准体系 ·· 094
  8.1　技术导则和标准体系 ·· 094
  8.2　重点导则和标准概览 ·· 094
 第九章　政策体系 ·· 105
  9.1　"1+N"的政策体系 ·· 105
  9.2　重点政策创新导读 ·· 105

第三篇　先行实践

 第十章　自然友好 ·· 118
  10.1　"千年秀林"奠定生态之基 ·································· 118
  10.2　白洋淀治理恢复华北之肾 ·································· 126
  10.3　市政工程保障城市韧性安全 ································ 151
  10.4　土壤资源管理保护生息之地 ································ 153
 第十一章　低碳循环 ·· 156
  11.1　优化城乡能源结构 ·· 156
  11.2　构建绿色交通体系 ·· 171
  11.3　推进"无废城市"建设 ······································ 177
  11.4　打造绿色园区示范 ·· 181
  11.5　探索城市"微改造" ·· 200
 第十二章　智慧高效 ·· 210
  12.1　"数字政府"提升治理水平 ·································· 210
  12.2　"数字经济"推动科技发展 ·································· 213
  12.3　"数字生活"提供服务便捷 ·································· 216

第四篇 创新机制

第十三章 体制机制 ······ 228
13.1 推动城市高效治理 ······ 228
13.2 建设"雄安质量"体系 ······ 242

第十四章 市场推动 ······ 246
14.1 绿色金融打造新引擎 ······ 246
14.2 科技创新激发源动力 ······ 250

第十五章 人文引导 ······ 258
15.1 传播绿色发展理念 ······ 258
15.2 引导绿色生活方式 ······ 264

第五篇 绿色展望

第十六章 雄安调查 ······ 272
16.1 体察公众感知 ······ 272
16.2 聚焦舆论关注 ······ 289
16.3 把握研究热点 ······ 295
16.4 发起未来展望 ······ 300

第十七章 绿色未来 ······ 301
17.1 筑牢绿色初心 ······ 301
17.2 开创绿色征程 ······ 302

特邀报告（代后记）"智慧"城市与"智能"城市 ······ 304
附录 ······ 309
  附录1 雄安新区绿色发展大事记 ······ 310
  附录2 雄安新区规划编制大事记 ······ 315
参考文献 ······ 318

系列之二：雄安新区绿色发展报告（2019—2021）——生长城市的绿色版图

站在"十四五"开局的新起点，雄安新区大规模建设全面提速，逐步转入大规模建设阶段，120多个重大项目同步推进，形成了塔吊林立、热火朝天的建设场景，为承接北京非首都功能疏解打好基础、做好准备。《雄安新区绿色发展报告（2019—2021）——生长城市的绿色版图》在前书的基础上，回顾梳理新区2019年7月至2021年7月这一时段雄安新区的绿色发展脉络，注重总结雄安新区在大规模建设初期的绿色发展经验。全书共分六篇、十三章、一个附录。

第一篇 趋势进展

第一篇"趋势进展"是本书的开篇，主要综述2019—2021年国内外绿色发展的实质性进展情况，期望通过对国内外政策、技术、实践以及大事件的总结，分析探讨绿色发展的整体趋势与未来发展，为新区绿色发展提供理论与实践支撑。

第一章"国际趋势"简述新形势下全球在应对气候变化、绿色经济转型等方面的愿景与行动。从宏观态势来看，联合国气候变化大会、联合国贸易和发展会议以及全球人居环境论坛年会等国际会议，深入推进《巴黎协定》实施细则落实，呼吁全球开展绿色新政改革。区域层面，欧盟、美国、韩国等相继发布绿色战略协议和转型措施，以政策和法规引导绿色经济发展。实践方面，以日本、墨西哥等地区为例，介绍其先进低碳技术及具备地方特色的绿色发展项目，为全球探索绿色低碳发展提供借鉴经验。

第二章"国内进展"主要介绍我国生态文明建设主要成就、各地区对绿色经济发展探索，以及在"双碳"目标下我国对降碳路径的探索等三方面内容。生态文明建设成就方面，围绕绿色发展政策发布、法律法规制定、行业标准确立与更新、绿色技术更新迭代、绿色金融创新等方面展开详细介绍。地方层面，着重展示了各地区结合区域经济实力、生态本底基础、已有实践经验，推动多维多样的绿色经济发展形式。落实"双碳"目标方面，随着我国"双碳"1+N政策体系的正式建立，各省市纷纷将"双碳"工作列入本地区的发展蓝图，各行各业积极探索"降碳"新蓝海，全国上下掀起了"全民学碳"的热潮。

第二篇　顶层设计

继2019年雄安新区构建起横向全覆盖、纵向全贯通的"1+4+26"的规划体系以来，各个片区控制性详细规划相继完成编制并公示，为建设项目的开展提供法定条件，基因街坊等相关导则陆续发布，为新区规划实施提供指引与保障。

第三章"规划引导城市建设"重点介绍新区2019—2021年间在完善规划顶层设计、探索协同规划模式以及责任规划师单位总牵头制等方面的探索。顶层设计方面，以实施层级确保规划理念有效传递、以控制性详细规划拉开建设蓝图、以城市建设风貌设计精细引导未来、以基因街坊设计打造理想社区空间四个方面内容，保障新区规划的层层传递和有效衔接。规划协同和创新模式方面，以雄安站枢纽片区"站城一体、路地合作"的项目为例，阐述新区通过规划协同模式和责任规划师总牵头制，开展从规划设计到建设实施全过程技术支持的规划工作模式创新。此外还介绍新区在推进三县旧城改造提升、保留城市发展历史与文脉等方面工作。

第四章"智慧赋能城市发展"通过对智能城市建设专项规划、建设标准体系框架、"一中心四平台"的基础设施体系构建以及容东智慧社区等的介绍，全方位展现新区打造智慧城市的高标准谋划。规划方面，新区创新出台《雄安新区智能城市建设专项规划》；标准体系方面，新区于2020年发布智能城市建设标准体系框架（1.0版本）和第一批八项成果，为新区智能城市顶层设计的落地提供保障；社区建设方面，以容东G组团为例，生动展现新区打造社区空间的智能化场景；基础设施方面，以一体化环境监测系统、地下综合管廊为例，介绍新区绿色智慧新型基础设施的构想；智慧金融方面，介绍新区在全国率先应用5G技术开展金融创新试点。

第三篇　环境友好

良好的生态环境是雄安新区的重要价值体现,雄安新区在大规模建设过程中同步开展环境治理与生态项目建设,把生态环境保护治理作为新区建设发展的"生命线"。

第五章"深化环境治理与保护"聚焦新区推进白洋淀环境综合治理、"千年秀林"植树造林工程、大气环境综合治理等方面的工作进展,阐释具有雄安特色的环境保护与治理建设模式。雄安新区持续推进白洋淀综合治理工作,充分发挥白洋淀水专项课题的特色智库决策系统平台的智力支撑作用,完善生态环境治理决策参考机制,颁布首部地方法规,全面规范白洋淀及其流域的规划管控、污染治理、防洪排涝、修复保护、保障监督等方面动作,白洋淀治理取得显著成效。城市森林建设方面,"千年秀林"植树造林工程和雄安郊野公园建设均取得阶段性进展,并开始探索市场化运营机制。大气环境治理方面,新区开展创制、减煤、治企、降尘、控车的"组合拳",空气质量明显改善,优良空气天数稳步上升。

第六章"探索资源循环与利用"聚焦新区探索建设海绵城市典范、打造绿色智慧水厂样板、提速建设无废城市试点的实践。海绵城市建设方面,梳理新区相关规划和标准要求,并以雄安商务服务中心为例,介绍三级海绵城市体系设计方案和先进理念。水资源利用方面,通过起步区2号水资源再生中心工程和容东片区再生水工程两个案例,展示新区再生利用及再生水厂工程的建设示范。固废利用方面,介绍新区固体废物管理体系和无废城市建设试点创建亮点模式,展示提升农村人居环境品质方面的重点做法。

第四篇　低碳循环

绿色、低碳、循环,是新区发展的新动能。新区推广绿色低碳的生产生活方式和城市建设运营模式,在绿色交通出行、能源转型与高效利用和绿色建筑高质量发展方面开展先行先试。

第七章"推行绿色交通与出行"首先探讨新区基于"90/80"绿色交通目标开展的政策顶层设计,系统解读"90/80"目标内涵,对新区交通政策基本原则和整体框架进行了详细论述。在顶层设计的指引下，新区为落实交通强国建设试点的相关任务，开展一系列绿色交通探索。雄安在国内首次提出"城际轨道"概念，建设联系北京和雄安的轨道R1线系统；提出构建四级综合交通枢纽体系，探索站城一体理念在雄安站落地实践；提出"窄路密网、开放街区"的道路空间结构；创新绿色交通服务和管理模式；提出按照MaaS（出行即服务）理念打造新型一体化公共交通系统；构建"以静制动"的交通需求管理模式等。

第八章"打造能源发展新高地"在"双代"（气代煤、电代煤）清洁取暖改造工程和燃煤锅炉治理两方面，阐述新区在能源消费结构调整的具体工作；围绕顶层政策、规程标准、动态监管机制，介绍新区在地热资源可持续开发利用的超前部署；电能发展方面，分析新区电网发展挑战，并通过介绍雄安站屋顶分布式光伏发电示范项目等3个项目，阐述新区在绿色电网的实践；以雄安商务服务中心开展的低碳高效能源系统规划为例，概述多种能源示范的综合优化能源利用方案。

第九章"高质量发展绿色建筑"围绕新区在规模化建设绿色建筑、开展高星级绿色建筑示范技术集成、全范围推广绿色建材等方面探索展开。规模化建设绿色建筑方面，以安置房及配套设施项目、雄县第三高级中学、绿色建筑展示中心等项目为例，阐述雄安新区绿色建筑设计理念与整体应用情况。高星级示范技术集成方面，展现了被动式技术、主动式技术在雄安商务服务中心应用与实施情况。全范围覆盖绿色建材方面，介绍了新区积极贯彻落实《雄安新区绿色建材导则》，在推广大宗建材集采服务平台、推进绿色建材数字管理与服务等方面的尝试。

第五篇　绿色人文

在全面深化改革、构建新发展格局的战略大背景下，新区以规划建设的全方位、立体式制度需求为目标，探索生态环境、住房开发、科技创新、基层治理、行政改革等领域的新体制和新思路，深化管理体制机制创新，确保城市管理体制机制能够紧跟新区发展趋势，满足居民日益增长的城市管理需求。

第十章"创新管理体制与机制"重点阐述新区在行政管理体制机制改革和生态环境保护机制建立与基层社会治理试点推动的三方面工作。行政管理方面，《河北雄安新区条例》出台，明确了雄安新区管委会法律地位，赋予管理职权，为新区行政管理体制机制创新发展提供有力的法律依据；生态环保方面，新区创建国家生态文明试验区，开创地方生态立法先河，发布《白洋淀生态环境治理和保护条例》；基层治理方面，新区充分发挥在地组织及居民的积极性，形成各具特色的基层治理模式，如白塔村"共生、共建、共享、共赢"模式等。

第十一章从多方参与、实践活动、媒体宣传三方面阐述新区在绿色生活与文化的实践经验。多方参与方面，新区积极培育绿色发展多元主体，推动第三方智库赋能绿色雄安，鼓励科研机构深度开展工作坊等形式探索新区绿色发展路径；实践活动方面，通过多种实践活动，壮大新区绿色发展参与主体规模，引导居民形成绿色发展理念；媒体宣传方面，运用多种媒介向公众传播绿色发展理念，使绿色发展深入人心。

第六篇　调查展望

时刻关注公众对绿色雄安的感知、理解与期待是新区规划建设的重点把握方向。在过往的四年多期间，雄安绿研智库一直关注新区民生热点，定期组织开展年度调查和专题调查，跟踪了解新区公众对新区建设变化感知及城市发展诉求等，目前已开展16次调查工作。

第十二章围绕2020年以来雄安绿研智库携手专注新区发展的研究者共同开展的公众民生感知、社会融合现状、生态环保意识、出行体验与参与意愿等方面专题调查，以及专家学者近两年围绕新区开展的学术研究热点进行分别阐释。2020年度民生观察和社会融合调查，由雄安绿研智库独立发起，围绕新区形成新形象、建设新功能、发展新产业、聚集新人才、构建新机制的"五新"发展目标，梳理总结公众的民生关注、民生变化感知、社会融合状况，以期真实记录反馈民生舆情，为雄安新区建设发展开展提供参考；"雄安新区居民生态环保意识调查"，由雄安新区生态环境局与雄安绿研智库联合开展，围绕新区居民环保意识、环境道德培养开展调研，旨在为下一步的环保宣传工作提供参考；针对新区居民的绿色出行体验与参与意愿调查，由雄安绿研智库联合海内外青年学者共同发起，旨在为新区后续绿色交通出行管理与引导提供支撑与参考；研究热点方面，围绕国内外学术文献资料，分析新区的近年研究热点变化情况。

"十四五"时期是我国全面建成小康社会、实现第一个百年奋斗目标之后，乘势而上开启全面建设社会主义现代化国家新征程、向第二个百年奋斗目标进军的第一个五年，是京津冀协同发展向远期目标进军的新起点，也是雄安新区大规模开发建设向纵深发展的关键时期。第十三章结合新区建设现状和绿色发展要求，对新区持续推进城市绿色低碳发展、高质量推进城市建设和运营、稳妥有序承接北京非首都功能疏解三方面工作进行展望，并对三方面工作中可能遇到的问题及挑战展开思考。

目录

第一篇 趋势进展

第一章 国际趋势 ·· 006
1.1 全球深化气候应对共识 ······························ 006
1.2 各国兴起绿色复苏热潮 ······························ 009
1.3 各地致力智慧技术应用 ······························ 016

第二章 国内进展 ·· 020
2.1 生态文明建设纵深发展 ······························ 020
2.2 绿色循环成为发展底色 ······························ 027
2.3 "双碳"引领绿色经济转型 ························· 042

第二篇 顶层设计

第三章 规划引导城市建设 ································· 054
3.1 深入完善规划顶层设计 ······························ 054
3.2 同步推进旧城改造提升 ······························ 072
3.3 探索协同规划模式创新 ······························ 087
3.4 实施责规单位总牵头制 ······························ 093

第四章 智慧赋能城市发展 ································· 103
4.1 构建智能城市顶层设计 ······························ 103
4.2 建立智能城市标准体系 ······························ 111
4.3 开展智慧社区示范建设 ······························ 113
4.4 完善基础设施全面保障 ······························ 118
4.5 探索智慧金融创新模式 ······························ 124

第三篇　环境友好

第五章　深化环境治理与保护 ·· 132
 5.1　"华北明珠"白洋淀重绽风采 ······································ 132
 5.2　森林城市雏形初现绿意盎然 ······································ 149
 5.3　雾霾治理组合出击保卫蓝天 ······································ 162
第六章　探索资源循环与利用 ·· 165
 6.1　探索建设海绵城市典范 ·· 165
 6.2　打造绿色智慧水厂样板 ·· 173
 6.3　提速建设无废城市试点 ·· 179

第四篇　低碳循环

第七章　推行绿色交通与出行 ·· 208
 7.1　"90/80"绿色交通政策设计 ······································ 208
 7.2　交通强国建设试点整体方案 ······································ 214
 7.3　R1线绿色发展实践与应用 ·· 222
 7.4　四级综合交通枢纽体系搭建 ······································ 229
 7.5　站城一体化规划与交通组织 ······································ 232
 7.6　"窄路密网、开放街区"交通设计 ······························ 244
 7.7　一体化公共交通服务模式创新 ···································· 250
 7.8　"以静制动"交通需求管理模式 ·································· 256
 7.9　超大规模集中建设区交通管理 ···································· 261
第八章　打造能源发展新高地 ·· 266
 8.1　推进能源消费结构调整优化 ······································ 266
 8.2　加快地热资源高效开发利用 ······································ 267
 8.3　建设高标准电网基础设施 ··· 269
 8.4　低碳高效能源系统创新实践 ······································ 282

第九章　高质量发展绿色建筑 ·················· 296
 9.1　规模化建设绿色建筑 ·················· 296
 9.2　高星级集成先行示范 ·················· 308
 9.3　全范围覆盖绿色建材 ·················· 321

第五篇　绿色人文

第十章　创新管理体制与机制 ·················· 340
 10.1　区域行政管理体制改革 ················ 340
 10.2　生态环境保护机制建立 ················ 346
 10.3　基层社会治理试点推动 ················ 348

第十一章　引导绿色生活与文化 ················ 354
 11.1　多方参与构建绿色文化 ················ 354
 11.2　实践活动引领绿色生活 ················ 366
 11.3　媒介矩阵营造绿色氛围 ················ 372

第六篇　调查展望

第十二章　雄安调查 ·················· 386
 12.1　延续年度民生观察 ·················· 386
 12.2　初探社会融合现状 ·················· 392
 12.3　摸底生态环保意识 ·················· 403
 12.4　试问绿色出行意愿 ·················· 409
 12.5　把握新区研究热点 ·················· 416

第十三章　未来展望 ·················· 420
 13.1　持续推进城市绿色低碳发展 ············ 420
 13.2　高质量推进城市建设和运营 ············ 423
 13.3　稳妥有序承接非首都功能疏解 ·········· 424

附录 雄安新区绿色发展大事记 …………………………………… 425
参考资料 ………………………………………………………………… 431
后记 ……………………………………………………………………… 435

Green is the color of life, at the same time, it is also regarded as the representative color for China's contemporary development. As the exploration for the second half of China's urbanization, Xiongan has adhered to the philosophy of " ecological priority and green development" from its top-level design since it was established, and it proposed to create a model city for green development which is "indescribable and attractive". Green development, will be recognized as the Xiongan' gene which drives through the whole process of planning and construction.

"Xiongan New Area Green Development Report" is a series of books documenting Xiongan's practice and progress. Three books of this series have been published until now. Published in March 2020 and April 2022, the first two books, titled *Xiongan New Area Green Development Report (2017-2019)——A Green Beginning of the New City* and *Xiongan New Area Green Development Report (2019-2021)——A Green Map of the Growing City*, have been respectively documented the city's new ideas, concepts, technologies, and practices of green development. On the one hand, this series aims to guide for further direction and challenges for the Xiongan high-quality development; and on the other hand, to play as the reference tool for Xiongan's green development while expressing the concept and summarizing the experience for high-quality development model in the new era.

The series book *Xiongan New Area Green Development Report* is edited by Xiongan Green Development Research Institute and supported by Shenzhen Institute of Building Research Co., Ltd. (IBR), and Eco-city Research Committee of Chinese Society for Urban Studies. This report has been crafted with the support of relevant experts and departments that integrated the latest research studies from Government of Xiongan New Area, China Xiongan Group, Xiongan Green-Research Inspection and Certification Co., Ltd. (GRiC), China State Grid (Xiongan New Area), and etc.

Series I : Xiongan New Area Green Development Report (2017-2019) ——A Green Beginning of the New City

The establishment of Xiongan New Area in Hebei Province is a strategic decision with profound historic significance made by the Central Committee of the Communist Party of China (CPC) with General Secretary Xi Jinping at the core. Receiving Beijing's non-capital functions, it is part of the country's measures to optimize the spatial structure and advance the coordinated development of the Beijing-Tianjin-Hebei (BTH) Region, and thus foster a new engine to boost high-quality development with a modern economic system in BTH Region.

Since its inception on April 1, 2017, Xiongan New Area has adhered to the core philosophy of "ecological priority and green development". After two years of development, Xiongan has completed the top-level planning and is about to enter the stage of large-scale construction. The report, *Xiongan New Area Green Development Report (2017-2019) ——A Green Beginning of the New City*, will comprehensively review the green development progress of Xiongan New Area in the past two years. A total of five parts, seventeen chapters, and two appendices are included in this report.

Part I Green Mission

The high-density skyscrapers, concrete jungle and curtain wall used to symbolize the economic advancement and scales pursued in the era of industrial civilization. In contrast, the era of ecological civilization pursues ecological friendliness, resource recycling, urban quality, history protection, green-tech, etc., and will reshape the urban structure on a humanistic scale. The "green development mode" in the ecological era will profoundly change its "gray" predecessor to strike a balance between people and nature, as well as urban and rural. It is no longer just an option but a must-do for sustainable urban development.

As the beginning of this report, the first chapter makes clear the positioning, requirements and decision-making process of Xiongan New Area, highlighting the ambition and significance of its establishment. The second chapter analyzing various countries' transformation background, theoretical evolution and exploration, emphasizes green development as an inevitable trend for sustainable urban development, also provides an international perspective for cities to dive into green development considering technological innovation and industrial development. The third chapter explains the development of ecological civilization theory, the green requirements of new urbanization, and the theoretical accumulation of green development in China. In addition, this chapter further analyzes China's existing practice and exploration in terms of policy promotion, demonstration areas, and industrial development. The fourth chapter introduces the strategic value of Xiongan New Area and its profound significance as an important engine for BTH region synergy from the perspectives of space-time considerations, regionally coordinated development and basin environmental governance. The fifth chapter discusses the core mission and significance of Xiongan's green development.

Part Ⅱ Top-level Planning

Xiongan New Area has always adhered to the principle of "planning every inch well before construction". By the approval of the master plan at the end of December 2018, the top-level planning of Xiongan New Area has been basically completed. Both the "1+4+26" planning system with full coverage, clear positioning, and comprehensive and reasonable content and the "1 + N" policy system with the first 12 related supporting implementation plans have been established. To smoothly implement the relevant planning, Xiongan New Area has initially established a standard system framework with Xiongan characteristics, represented by a series of construction standards and technical specifications such as the *"General Rules for the Planning and Construction of Xiongan New Area"*.

From the outside, over the past 20 months or so, Xiongan was "tranquil". However, hidden behind the quiet are more than 1,000 planning experts, over 200 teams, and no less than 2,500 technical staff working extremely hard in Beijing and Xiongan. It was their hard work that has laid a solid foundation for Xiongan's future high-standard, high-quality and large-scale construction. "When you look at a city, you first look at its planning. Proper planning is equal to the greatest benefit, or it will lead to the greatest waste. A city must avoid futile repetitive planning." The important speech of General Secretary Xi Jinping has become the fundamental criterion for the planning of Xiongan New Area.

The second part of this report includes four chapters. Chapter 6 sets out the general and current situation of Xiongan from the aspects of administrative division, society, economy, transportation, history, climate, natural environment, and resource endowment. Chapter 7 describes the background, process and overview of the planning system, followed by a green-development interpretation of various key documents such as *Planning Outline for Xiongan New Area of Hebei, 2018-2035 Master Plan for Xiongan New Area of Hebei, 2018-2035 Baiyangdian Lake Eco-Environmental Governance and Protection Plan*. Chapter 8 focuses on the background, content and characteristics of technical standard documents such as *Technical Guide for Xiongan New Area Planning* and *Green Building Design Guideline for Xiongan New Area.* Chapter 9 analyzes Xiongan's "1+N" policy system, exampled by *Guiding Opinions of the CPC Central Committee and the State Council on Supporting the Comprehensive Deepening of Reform and Opening Up in Xiongan New Area*, and other innovative policies.

Part Ⅲ Leading Practice

While improving the top-level planning, Xiongan New Area also took the lead in implementing several green development projects, such as environmental governance and ecological restoration of Baiyangdian Lake; comprehensive governance of soil, air and water pollution; large-scale afforestation of Millennium Forest Project; infrastructure improvement for water, electricity, roads, gas, communications, heating, etc.; construction of fast and efficient transportation network; and creation of urban safety and emergency disaster prevention system. These pilot projects have prepared Xiongan for further large-scale construction. Part Ⅲ will elaborate on those projects, analyze their technical characteristics and innovative models from three dimensions: natural-friendly, low-carbon cycle, intelligent and efficient.

Traditionally, cities will develop land for construction, and then squeeze out the remaining space for ecological usage. However, Xiongan has delineated the "red line of ecological protection" with Baiyangdian Lake, forest, and ecological corridors as the core, shifting the role of ecological space from the "bottom line" to the "prerequisite" of urban development. Chapter 10, "Nature Friendly", explores the environmental governance and ecological construction of Xiongan New Area through four aspects, namely the large-scale afforestation of Millennium Forest Project, the ecological-environment governance of Baiyangdian Lake, the first-stage flood interception project in Rongdong area, and the protection and utilization of soil resource.

Chapter 11, "Low Carbon and Cycling", describes a series of measures related to energy, transportation, public buildings, and urban renewal, such as optimizing the energy structure, advocating conservation and recycling, creating a convenient, safe, green and intelligent transportation system, calling for green building design, sustainable construction and operation.

Xiongan New Area has been pursuing "synchronously plan and construct of the digital city and physical city. Chapter 12, "Smart and Efficient Society", emphasizes

Xiongan's efforts in building a digital government, digital economy, and digital living focusing on smart infrastructure, public service systems, and people smart living.

Part Ⅳ Mechanism Innovation

A green, low-carbon and smart city requires a balance between government and market, economy and ecology, as well as work and life. To this end, Xiongan must explore a high-quality and reproducible way to achieve green development through innovations in government systems, mechanisms, and management, supplemented by financial, technological, market and social means.

Chapter 13, "Mechanism System", describes the innovative approach of government-oriented planning management and creating "Xiongan Quality". Innovative planning and management mode is the key path to improve the scientific and refined level of urban management in the new era. The planning and management innovation of Xiongan is mainly carried out from the aspects of reforming the urban planning method, establishing a scientific and efficient planning and design mechanism, and the whole process of urban management. In this chapter, the connotation of building a "Xiongan Quality" will be further explained from the perspective of planning, construction and government services.

Chapter 14, "Market Promotion", goes through the financial, market, technological and intellectual means adopted in Xiongan for green development. The market mechanism plays the role to realize the green transformation of industries through financial approaches. The innovation of systems and mechanisms in this field mainly focuses on establishing ecosphere among technology with industries, universities, and research institutes, and boosting the transformation of research achievements and the application in the low-carbon and smart city development.

Chapter 15, "Culture Guidance", shows a variety of green concept promotion methods such as media communication, professional conferences and exhibitions, open salons and social activities, to guide the green transformation of public thinking and behavior.

Part V Green Prospects

The green development in Xiongan should not only be equipped with refined planning systems, but also take into consideration the needs of people's lives, industry transformation and upgrading, and environmental management. Public's perception, understanding and expectation of a green Xiongan will always be a key grasp of Xiongan's planning and construction.

Chapter 16 tries to reflect the public's understanding of a green Xiongan by surveying their concerns, perception, expectations and vision. On the top of the existing results, Chapter 17 summarizes the work priorities for Xiongan's future green development, including implementing key projects, improving work systems, and optimizing work processes. At the same time, from the perspectives of innovation system, urban construction, as well as public participation, the chapter concludes that Xiongan should embrace a portfolio of comprehensive and systematic methods in its future green development.

Contents

Part I Green Mission

1   Establishment of Xiongan New Area ·············· 006
    1.1   A Future Development Model ·············· 006
    1.2   A Historic Decision ·············· 007

2   International Trends ·············· 009
    2.1   Green Development as International Consensus ·············· 009
    2.2   Technological Innovation Promoting Green Development ·············· 013

3   Chinese Practice ·············· 016
    3.1   Ecological Civilization Theory ·············· 016
    3.2   Exploration and Practice of Green City ·············· 019

4   Regional Synergy ·············· 030
    4.1   BTH Strategy: Spatial Transformation of National Strategy ·············· 030
    4.2   BTH Synergy: A Historic Evolutionary Analysis ·············· 031
    4.3   Xiongan New Area: A Key of Icebreaking ·············· 032
    4.4   Basin Governance: Forerunner for Regional Synergy ·············· 034

5   Green Xiongan ·············· 035

Part II Top-level Planning

6   Xiongan Overview ·············· 042
    6.1   Administrative Division ·············· 042
    6.2   Society and Economy ·············· 043
    6.3   Transportation ·············· 046

  6.4 Culture and History ································· 047

  6.5 Climate ·· 048

  6.6 Natural Environment······························· 049

  6.7 Natural Resources ································ 052

7 Planning System ·· 056

  7.1 "1+4+26" Planning System ······················ 056

  7.2 Green Interpretation of Key Planning ·········· 061

8 Standard System ·· 094

  8.1 Technical Guideline and Standard Systems ··· 094

  8.2 Key Guidelines and Standards Overview ······ 094

9 Policy System ·· 105

  9.1 "1+N" Policy System ······························ 105

  9.2 Interpretation of Major Policy Innovation ····· 105

Part Ⅲ Leading Practice

10 Nature Friendly ·· 118

  10.1 Millennium Forest Project ························ 118

  10.2 Ecological Restoration of Baiyangdian Lake ··· 126

  10.3 Municipal Engineering for Urban Resilience ··· 151

  10.4 Soil Resource Management ······················ 153

11 Low Carbon and Cycling ····························· 156

  11.1 Energy Structure Optimization ·················· 156

  11.2 Green Transportation System ··················· 171

  11.3 Waste-free City ···································· 177

  11.4 Green Park Project for Demonstration ········ 181

  11.5 "Micro-renovation" of City························ 200

12	Smart and Efficient Society	210
	12.1 Digital Government	210
	12.2 Digital Economy	213
	12.3 Digital Living	216

Part IV Mechanism Innovation

13	Mechanism System	228
	13.1 Efficient Governance	228
	13.2 Xiongan Quality	242
14	Market Promotion	246
	14.1 Green Finance as a New Engine	246
	14.2 Technology Innovation as Source Power	250
15	Culture Guidance	258
	15.1 Popularization of Green Development Concept	258
	15.2 Guidance of Green Lifestyles	264

Part V Green Prospects

16	Xiongan's Survey	272
	16.1 Public Perception	272
	16.2 Public Opinion	289
	16.3 Research Hotspots	295
	16.4 Future Prospects	300
17	Green Prospects	301
	17.1 Firm Green Beginning	301
	17.2 Start Green Future	302

Invited Report (Postscript) ——Intelligent vs. Smart Cities ············ 304
Appendix ·· 309
    1   Major Events of Green Development in Xiongan New Area ··· 310
    2   Major Events of Urban Planning in Xiongan New Area ······ 315
References ··· 318

Series Ⅱ : Xiongan New Area Green Development Report (2019—2021) —— A Green Map of the Growing City

At the new starting point of the "14th Five-Year Plan", Xiongan has accelerated its building progress and gradually shifted into the stage of large-scale construction and operation, with more than 120 majors projects being pushed forward simultaneously, which lays a comprehensive foundation for the taking over the non-capital functions from Beijing. Building upon the previous book, the *Xiongan New Area Green Development Report (2019-2021) —— A Green Map of the Growing City* documented the city's green development footprint from July 2019 to July 2021, emphasizing Xiongan's green development practice explorations in the beginning stage of large-scale construction. The book will include six parts, thirteen chapters, and one appendix.

Part Ⅰ   Trends and Progress

As an opening section, the first part of the *Xiongan New Area Green Development Report (2019-2021)* provides an overview of the substantial progress of green development at home and abroad from 2019 to 2021. Through a review of domestic and international policies, technologies, practices and big events, this part seeks to analyze and discuss the general trends and progress of green development, thus providing theoretical and practical support for Xiongan.

Chapter 1, entitled "International Trends", briefly summarizes the prospection and activities in transition to a green economy to meet the global climate change. From the worldwide perspective, international conferences such as the United Nations Climate Change Conference, the United Nations Conference on Trade and Development, and the Global Forum on Urban Resilience and Adaption have pushed the *Paris Agreement* forward in depth and sought for new regulations and innovations for further green development. At regional level, the European Union, the United States, Korea, and other countries have issued green strategies agreements and transformation approaches to guide the green economy development with policies and regulations. In terms of green practice, instances such as Japan, Mexico and others have introduced their advanced low-carbon technologies and green development projects with local characteristics, providing practical references for global explorations in the field of low-carbon development.

Chapter 2, "Progress in China", mainly introduces achievements of China's ecological construction progress, regional exploration of green economy, and the carbon reduction path under the "dual-carbon" goal. The ecological construction section focuses on the extensive green attempts from local to central governments, covering policy introduction, law and regulation development, industry-standard establishment and update, green technology update and iteration, green financial innovation. At the local level, with the dramatic increase in awareness of green and low-carbon development, regions are spontaneously pursuing multi-dimensional, diversified and multi-domain approaches to green economic development that match their respective economic strengths, ecological status and established practical experience. In terms of the implementation of "dual-carbon" goal, China has set up a national blueprint with a "1+N" policy framework for carbon peak and carbon neutrality. This was followed by a positive response from local governments, where a wide range of industries are actively exploring new ways to "reduce carbon", and a bottom-up trend of "advocating green and low-carbon development" has taken off in the private sector.

Part II Top-level Planning

Since 2019, In terms of physical city development, a "1+4+26" planning system for Xiongan New Area was set up with full coverage, clear positioning, and comprehensive and reasonable content. Detailed control plans of each district have been completed and published, providing the legal conditions for carrying out construction projects. On the other hand, the guidelines of Gene Neighborhood (5-minute living circles) have been issued one after another, offering orientation and guarantee for the plans' implementation.

Chapter 3, "Planning Guides Urban Construction", highlights the exploration of Xiongan in improving the top-level design of planning, exploring collaborative planning mode and the responsible planner-led system in the past two years. In terms of planning, Xiongan follows four principles to ensure the effective delivery of the planning: a hierarchy of implementation to ensure the effective transmission of planning concepts, regulatory plan to draw up a blueprint for construction, cityscape planning to guide the future in a sophisticated manner, and Gene Neighborhood (5-minute living circles) design to create ideal community. With regard to the synergy and innovative modes of planning, this report presents an example of the Plan of Xiongan High-speed Railway Station Hub District. In addition to construction of Xiongan, this chapter introduces the renovation and upgrading of three old counties in Xiongan are also being advanced simultaneously, in an effort to preserve the history and culture.

Chapter 4, "Smart City Development", is an all-round presentation of the high standard smart city planning of Xiongan, which illustrates its special scheme for smart city construction, standardized system framework, infrastructure system of "one center and four platforms", and a case study of Smart Community in Rongdong District. Specifically, in terms of planning, Xiongan has formulated the unique *Xiongan New Area Smart City Construction Special Plan*; in respect of standardized systems, Xiongan released the *Smart City Construction Standard System Framework*

(Version 1.0) and the first batch of eight achievements in 2020 to provide a guarantee for the implementation of the top-level planning; regarding community construction, Group G of Rongdong District is used as an example to vividly demonstrate the practical experience of Xiongan in building a high-standard "Xiongan Smart Community" with smart scenarios; on infrastructure, the integrated environmental monitoring system and the underground integrated pipeline corridor are shown as examples to explain Xiongan's vision in green and intelligent infrastructure; in terms of smart finance, Xiongan's financial innovation pilot, the first-of-its-kind in the country to apply 5G technology, is also illustrated.

Part Ⅲ Environmental and Eco-friendly

"Ecological protection" is a "lifeline" and one of the key values of Xiongan New Area, Xiongan has carried out a series of environmental management and conservation projects accordingly during large scaled expansion and construction progress.

Chapter 5, "Deepening Environmental Governance and Protection", explains the progress of a few selected projects with Xiongan characteristics, such as the restoration of Baiyangdian Lake, Millennium Forest Project, and the comprehensive management of the air environment. In the case of Baiyangdian Lake, ecological management has achieved obvious results. The progress cannot be separated from the support of the characteristic think-tank decision-making system platform, the introduction of the first local regulation, and the comprehensively implementation of planning management, pollution management, flood control and drainage, restoration and supervision of Baiyangdian Lake and its watershed. With regard to afforestation, the "millennium" afforestation project and the construction of Xiongan Country Park have both seen progress and begun to explore market-based operation. In terms of air management, the air quality has improved significantly with the number of good air days rising steadily, thanks to a series of measures such as improving environmental management systems, reducing coal, managing production pollution, reducing dust, and controlling vehicles in the Xiongan New Area.

Chapter 6, "Practice on Resource Recycling and Utilization", is an introduction to the Xiongan's practices in Sponge City, Green and Smart Water Plant, and Waste-Free City. A systematic review of the background of sponge city and related planning, standards and requirements of Xiongan New Area is presented in this chapter, with a case study of Xiongan Business Service Center to illustrate its three-level sponge city system design scheme, among other advanced concepts. In terms of water resources utilization, the two cases of water reclamation projects in the Start-up Area and Rongdong District respectively are used to illustrate how Xiongan facilitates the development of a water-saving society. In terms of the utilization of solid waste, it introduces the pilot creation of a waste-free city construction and the highlight mode and illustrates notable practice in improving the quality of the rural living environment.

Part IV　Low Carbon and Recycling

Green, low-carbon and recycling is the new driving force for Xiongan New Area. Xiongan has undertaken a wide range of early and pilot measures to facilitate green and low-carbon production, lifestyles and urban operations. Several key areas of focus include green transportation and mobility, energy transformation and efficient use, and high-quality development of green buildings.

Chapter 7, "Promoting Green Transport and Mobility", discusses the top-level policy design of Xiongan New Area based on the "90/80" green transportation goal with a detailed explanation, and elaborates on the basic principles and overall framework of its transportation policy. Under the guidance of the top-level design, Xiongan has carried out a series of green transportation exploration including proposed the first "intercity rail" concept in China and built the R1 rail line connecting Beijing and Xiongan, planned a four-level integrated transportation hub system, and practiced in Xiongan integrated station-city development. On the other hand, Xiongan designed a spatial structure of "narrow roads, dense networks and open neighborhoods", which constructs the green innovative green transportation services and management models, with MaaS, or Mobility as a Service, and flexible and adaptive transportation demand management model being created to enable an integrated public transportation system.

Chapter 8, "Building a New Highland for Energy Development", is a summary of the green energy development in Xiongan. First, the chapter describes the efforts in restructuring energy consumption, including the clean heating renovation project with gas instead of coal and the treatment of coal-fired boilers with electricity instead of coal. This is followed by a depiction of Xiongan's future-ready plans for the sustainable development and utilization of geothermal resources, including how it designs top-level policies, regulation standards, and dynamic regulatory mechanisms. On the power side, grid development challenges for Xiongan are outlined in light. Three projects, including a rooftop distributed photovoltaic power generation demonstration project at the Xiongan High-speed Rail station, are presented to demonstrate the practices of high-quality green grid development in Xiongan. The final part of the chapter gives an overview of the integrated and optimized energy use scheme for multiple energy sources, using the example of the low-carbon-efficient energy system planning carried out in the Xiongan Business Service Center.

Chapter 9, "Developing High Quality Green Buildings", is centered on the exploration carried out by Xiongan in scaling up the construction of green buildings, integrating green building demonstration technologies with a high star rating, and extending green building materials across the whole range. In terms of scaled construction of green buildings, the design concepts and overall application of green building in Xiongan are elaborated in detail, taking the resettlement housing project, the Third Senior High School in Xiong County and the Green Building Exhibition Center as examples. The application and implementation of passive and active technologies in the Xiongan Business Service Center are also presented to illustrate the integration of high-star demonstration technologies. In addition, this chapter profiles the proactive response of Xiongan to the *Xiongan New Area Green Building Materials Guidelines*, including its efforts to promote a bulk building materials collection service platform, as well as digital management and services for green building materials.

Part V   Green Humanity

With the background of deepening reform and building new development pattern in a strategic way, Xiongan aims to build an all-round and multi-level system for planning and construction, many explorations on new systems in the fields of ecological environment, housing supplement, scientific and technological innovation, primary-level governance and administrative reform are being conducted. Innovations of institutional mechanism are being encouraged to ensure that the urban management system and mechanism can keep pace with the development of Xiongan and meet the residents' growing demand on urban management.

Chapter 10, "Innovations on Management Systems and Mechanisms", illustrates the efforts of Xiongan in three aspects, including the reform of the administrative system, the establishment of the ecological and environmental protection mechanism and the pilot program of primary-level governance. In terms of administration, the introduction of the *Hebei Xiongan New Area Regulations* clarifies the legal status of the Xiongan New Area Administrative Committee and grants its administrative power, providing a strong legal basis for the innovative development of the administrative mechanism of Xiongan. In terms of ecological protection, Xiongan has established a national ecological civilization pilot zone, pioneered local ecological legislation by introducing the *Baiyangdian Ecological Environment Management and Protection Regulations*. In terms of primary-level governance, Xiongan has given a full play to the local organizations and residents to form distinctive governance models.

Chapter 11 describes the practical experience of Xiongan in green lifestyle and culture from three aspects: multi-party participation, activities and publicity. In terms of multi-party participation, Xiongan is actively working with partners with diversified backgrounds, promoting the development of think tanks to empower green development and encouraging scientific research institutions to carry out various forms activities, like workshops, to explore the green development path. In terms of activities, growth of different agents has been facilitated through various practices, and help residents form a green development concept. In terms of publicity, Xiongan has gathered media resources and used various media to spread the concept of green development to the public and establish the image of green Xiongan, so that green development will be deeply rooted in people's minds.

Part VI Surveys and Prospects

Paying close attention to the public awareness, perception and expectation on green Xiongan is the key direction for the planning and construction of Xiongan. During the past four years, Xiongan Green Development Research Institute has been paying attention to the issues of the people's livelihood in Xiongan, regularly organizing annual and thematic surveys to track the residents' perception of the changes and their demands for urban development. Sixteen surveys have been conducted so far.

Chapter 12 focuses on the public perception, social integration, ecological and environmental awareness, mobility experience, as well as the research on hot spots conducted by experts and scholars in the past two years. The 2020 survey on people's livelihood and social integration initiated by Xiongan Green Development Research Institute focuses on the Five New Development Goals of Xiongan-Building a New Image, Adding New Functions, Developing New Industries, Gathering New Talents and Constructing New Mechanisms, and describes the public opinions on livelihood and changes in people's livelihood and social integration, in order to record down the public opinion and to provide reference for the construction and development of Xiongan. The *Xiongan New Area Residents' Ecological and Environmental Protection Awareness Survey*, jointly conducted by the Xiongan New Area Ecological and Environmental Bureau and Xiongan Green Development Research Institute, focuses on the residents' awareness of environmental protection and the education on environmental ethics, with the aim of providing a reference for the further publicity work on environmental protection. The survey on the green mobility experience and residents' willingness to engage was initiated by the Xiongan Green Development Research Institute together with young scholars from home and abroad, aiming to provide support and reference for the subsequent management and to provide guidance for green mobility in Xiongan. In terms of research on hot spots, the changes of research hot spots in Xiongan in recent years are analyzed based on domestic and international academic literature.

The "14th Five-Year Plan" period is the first five-year period after the establishment of a moderately prosperous society and the completion of the first 100-year goal. It starts a new journey towards a modern socialist country and the second 100-year goal, marks a new starting point for Jing-Jin-Ji synergistic development to march towards the long-term goal, and is a critical period for the development and construction of the Xiongan New Area to scale up. Chapter 13, based on the current situation of the construction and the requirements of green development in Xiongan, provides an outlook on three aspects of the works: the green and low-carbon development of the city, the high quality urban construction and operation, and the steady and orderly take-over of non-capital functions from Beijing, and illustrates the problems and challenges that may be encountered in the works.

Contents

Part I Trends and Progress

1 International Trends ·· 006
    1.1 Deepening global consensus on climate change ···················· 006
    1.2 The boom of green recovery in various countries···················· 009
    1.3 The application of intelligent technology ···························· 016

2 Progress in China ·· 020
    2.1 Deepening the development of ecological civilization ············· 020
    2.2 Green cycle has become the cornerstone of development ······ 027
    2.3 "Dual Carbon Goals" leads the transformation of
         green economy ·· 042

Part II Top-level Planning

3 Planning Guides Urban Construction ··· 054
    3.1 In-depth improvement of the top-level planning ···················· 054
    3.2 The renovation and upgrading of historic streets ·················· 072
    3.3 Exploring innovations in collaborative planning ···················· 087
    3.4 Implementing the responsible planner-led system ··············· 093

4 Smart City Development ··· 103
    4.1 Building the top-level design of smart cities ························ 103
    4.2 Establishing a standard system for smart cities ··················· 111
    4.3 Developing demonstrations of intelligent communities ········· 113
    4.4 Improving the oepration and security of the infrastructure ······ 118
    4.5 Exploring the innovative model of smart finance ··················· 124

Part Ⅲ Environmental and Eco-friendly

5 Deepening Environmental Governance and Protection ·············· 132
    5.1 Baiyangdian-the "Pearl of North China" ························ 132
    5.2 A forest city is taking shape ····································· 149
    5.3 Combats against smog pollution ································· 162
6 Practices on Resource Recycling and Utilization······················ 165
    6.1 Exploring sponge city construction ······························ 165
    6.2 Building green and intelligent water plant ····················· 173
    6.3 Accelerating the waste-free city pilot ··························· 179

Part Ⅳ Low Carbon and Recycling

7 Promoting Green Transport and Mobility ···························· 208
    7.1 The "90/80" policy design of green trasport ···················· 208
    7.2 The pilot program for building a transport powerhouse ········ 214
    7.3 Green development and practice of "Line R1" ················· 222
    7.4 The four-level integrated transport system ···················· 229
    7.5 Planning and transport arrangement of TOD ··················· 232
    7.6 Transport design for "Narrow Roads, Dense Networks, Open Neighbourhoods"·· 244
    7.7 Innovations of integrated public transport service ············· 250
    7.8 Traffic demand management······································ 256
    7.9 Traffic management in mega-concentrated construction areas ··· 261
8 Building a New Highland for Energy Development ················· 266
    8.1 Adjusting and optimizing the energy consumption structure ··· 266
    8.2 Accelerating the utilization of geothermal resources ··········· 267
    8.3 Building high standard grid infrastructure ······················ 269
    8.4 Innovations of low-carbon and efficient energy system ········ 282

9 Developing High quality Green Buildings ·················· 296
  9.1 Scaled construction of green buildings ················· 296
  9.2 The demonstration of high star green buildings with new
      techonologies ··· 308
  9.3 The wide application of green building materials ········· 321

Part V Green Humanity

10 Innovations on Management Systems and Mechanisms ········· 340
  10.1 Reforms of the administrative system ··················· 340
  10.2 The establishment of the ecological and environmental
       protection mechanism ···································· 346
  10.3 The pilot program of primary-level governance ·········· 348
11 Leading Green Lifestyle and Culture ························ 354
  11.1 Multi-party participation ······························· 354
  11.2 Green activities ······································· 366
  11.3 Green development publicity ···························· 372

Part VI Surveys and Prospects

12 Xiongan Survey ··· 386
  12.1 Annual survey on livelihood ···························· 386
  12.2 Current status of social integration ···················· 392
  12.3 Ecological and environmental awareness ················· 403
  12.4 Willingness of green mobility ·························· 409
  12.5 Research hot spots in the Xiongan ······················ 416
13 Future Prospects ·· 420
  13.1 The green and low-carbon development of the city ······· 420
  13.2 The high quality urban construction and management ····· 423

13.3 The steady and orderly take-over of non-capital functions from Beijing ·· 424

Appendix   Milestones of Xiongan New Area Green Development··· 425
References ·· 431
Afterword ··· 435